中学受験

偏差値ではなく「合格力」で決まる!

鉄人の志望校別攻略法

中学受験鉄人会

晶文社

はじめに

中学受験を取り巻く環境は変化し続けています。

平成20年のリーマンショック以降の不況の影響は中学受験にもおよび、中学受験者数全体の減少、学費の高い中学校の人気が下がるなどのさまざまな現象を生みました。経済情勢を鑑みても、状況がすぐに好転することは考えられず、一受験生あたりの受験校数が今後も減少する可能性は高いと言わざるを得ません。それだけに、絞られた受験校に対する情報はより深く特化したものであるべきです。

また、平成22年には中学受験業界に衝撃的な出来事がありました。日能研、四谷大塚に加えて、難関中学の合格実績で圧倒的な優位を誇るサピックスが、独自の公開模試を開始したのです。それまでサピックス生は四谷大塚の合不合判定テストを受けていましたが、これで大手塾の塾生がそれぞれ自分の通う塾の模試を受験することになりました。別の塾生同士が同じ模試を受験することがなくなり、模試結果だけで合格可能性を算出することが難しくなってしまいました。

こうした厳しい状況の中で、偏差値では測れない、志望校に対する「合格力」の養成はこれまで以上に重要な要素になります。「合格力」を鍛え上げるための具体的な対策について、受験生の願いに手厚く応えられるのは、本書をおいてほかにありません。

本書は2部構成で、第1部【合格は偏差値ではなく「合格力」で決まる！】では、まず「合格力」とは何かを説明した上で、合格のためのカレンダーのつくり方を解説し、過去問演習の鉄則とコツを伝授しています。さらに大手塾などが主催する公開模試を徹底的に比較分析し、より有効な模試の受け方を紹介しています。

第2部【志望校別攻略法】では、首都圏の主要50校を細部に至るまで解析し、合格するための具体的な勉強方法を科目別、通塾別に詳細に解説しています。すべての科目で、独自のデータからの分析を紹介しているので、データを見れば一目で学校の特徴がわかり、どの単元により力を入れればよいのか、綿密な目標設定ができるようになっています。

本書を読んだご家庭のお子さんであれば、志望校の入試当日に、ライバルを圧倒する大きな自信とみなぎる力をもって戦いに臨んでいただけることと、絶対の自信を持っております。

今回この本を出版するにあたり、大変多くの方々の力をお借りいたしました。本当にありがとうございました。ここに深く感謝申し上げます。

最後になりましたが、中学受験生の皆さんの志望校合格を心より願っております。

中学受験鉄人会
教務部　貝塚　正輝

中学受験――偏差値ではなく「合格力」で決まる！
鉄人の志望校別攻略法

第3章　模擬試験攻略法　42

第2部　志望校別攻略法　51

第1部

合格は偏差値ではなく「合格力」で決まる！

第1章「合格力」とは何か

公開模試の偏差値が志望校の合格ラインに届いていなくても、合格する可能性はあるのでしょうか？答えは……「あります」。一見すると信じられないようなことですが、中学受験の世界ではこうした逆転での合格は少なからず見受けられます。逆転勝利の決め手は何なのでしょうか。それが、偏差値では測れない、志望校に対する「合格力」なのです。

そもそも「合格力」とは何なのでしょうか。

偏差値を出す公開模試の条件（問題、配点など）は、すべての受験生に共通しています。偏差値65の学校を志望する受験生も、偏差値50の学校を志望する受験生も、同じ問題を解くことになります。模試の問題は、すべての受験生に不公平がないようにつくられます。基本的な問題から標準的な問題、難度が大きく上がる応用問題と、バラエティに富んだ問題が出題されるのです。公開模試は基本的に複数回実施され、その推移を見て、志望校合格の可能性を測るようになっており、すべての回を通じると各科目のほとんどの単元を網羅することになります。そのため、志望校ではほとんど出題されることのない単元も模試では出題対象に含まれます。

例えば国語の入試問題では、麻布や駒場東邦は物語文１題の出題が続いていて、筑波大附属駒場や青山学院では他校ではあまり出題されることがない詩が頻出である、といった特徴が見られます。出題傾向が各学校で異なってくるのです。それに対して公開模試では、説明文も出題されますし、詩が出題されることもあります。

学校の傾向に関係なく、いわば最大公約数的に作成されるのが公開模試である、と言えます。

それに対して実際の入試問題は、各校の先生方が英知を結集して「こういう問題に答えられる受験生に、わが校に来てほしい！」というメッセージを込めてつくられるものです。問題はもちろんですが、試験時間や満点、算数、国語と理科、社会の配点の割合から問題数や約束事（部分点の有無や途中式が採点の基準になるかなど）まで、学校によってまったく異なるのは当然のことです。

では、公開模試の偏差値だけがその学校に合格する可能性の指標と言えるでしょうか。公開模試の偏差値が合格ラインに届いたから、これで志望校の合格はほぼ手中に収めた！　と安心している家庭はほとんどないでしょう。多くの保護者が認識しているとおり、公開模試の偏差値からは測り知れない、その学校独特の条件をクリアするための力が必要になるのです。

その力こそが、私たちが重視する「合格力」です。端的に言えば、その学校の入試問題を、その学校の条件の中で、確実に７割得点できるための力＝「合格力」です。この「合格力」をいかにアップさせるか。私たちが本書で読者の皆さんにお伝えしたいポイントはそこにあります。

●中学入試問題は本当に難しいのか？

「合格力」を養成するための話に進む前に、今の中学入試ではどのような問題が出されているのか、いくつかの例を挙げてみます。中学受験の問題は難しい！　と聞いてはいるが、どれほどのものなのか。とくに公開模試との違いという観点で、ぜひ読んでみてください。

「仮分数」とはどのような分数のことですか、説明しなさい。

《算数》横浜雙葉中学校　平成18年度　第1問・問2①

上記の正解は「分子が分母より大きい、または分母と等しい分数のこと」となります。

一見ごく簡単な、入試問題とは思えないようなレベルと感じられるかもしれません。学校で習うことであって受験で問われるものなのか、と疑問に思う人もいるのではないでしょうか。学校で習うよりも難度の高い問題を多く解いている受験生からすれば、いとも簡単に解いてしまいそうに思われますが、実際には非常に苦戦し、答えに窮する受験生が多いのです。

入試問題に臨む小学6年生で、仮分数を使った「計算」ができない受験生はほとんどいないでしょう。ところがその仮分数がどのようなものか、という「本質的な説明」を求められると、答えられなくなってしまう。何とも不思議なこの現象の原因のひとつに、塾の授業では、算数の根本的、本質的な内容まで取り上げられることはきわめて少ない点が挙げられます。そのため、公開模試で本質的な説明が問われることはまずありません。

ここに中学校側が求める力と、公開模試で測られる力のギャップが見られます。公開模試では、鍛錬の成果として培われた演習力を問う要素が多く、結果としてパターン化された問題へ対応する力が高い受験生の偏差値が高く出る傾向にあります。こうした力も決して軽視できるものではなく、実際に入試問題では公開模試で出されるような問題が多く見られますが、中学校側は、演習力とともに、あるいはそれ以上に、算数の本質的な理解を求めているのです。

①「円周率」とは何のことですか。文章で簡単に説明しなさい。

②右の図のように、1辺が15cmの正六角形の中にぴったりおさまるように円をかいたところ、半径が13cmになりました。

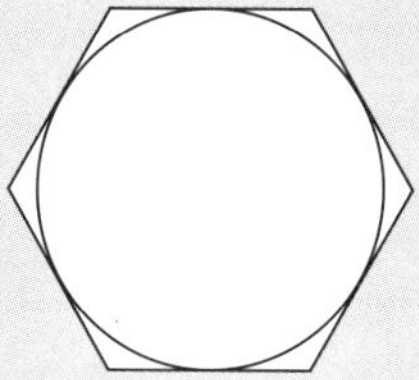

このことから、円周率の値についてわかることを一つ書きなさい。また、その理由も書きなさい。

《算数》横浜雙葉中学校　平成21年度　第1問・問8

同じ横浜雙葉で、上のような出題もありました。

①は前出の「仮分数」と同じような説明問題です。これもまた、円周率を使った計算は数え切れないくらいに解いてきた受験生でも、正しく解答するのに頭を悩ませてしまう問題となっています。

②では、一歩進んで推理と論証の単元からの出題です。求める答えはひとつに限定されませんが、自分が出した答えに対する理由をしっかりと説明しなくてはなりません。導き出すべき答えが決まっている証明問題とは異なり、自分で道筋を立てなくてはならない点で難問と言えます。

このように算数で習う内容について、単なる養成されたテクニックだけではなく、本質的な理解を求められるところが、入試問題ならではの難しさと言えます。パターンで解くことだけに慣れてしまった受験生にとっては、非常に厳しい難問となるのです。

> 頌子さんは、0.7÷0.3の計算を次のようにし、商が2であまりが1となると考えました。
>
> ```
>          2
>      ┌────
> 0、3 )0、7
>        6
>      ────
>        1
> ```
>
> しかしこれは間違《まちが》えていて、あまりは0.1となります。なぜあまりは小数点の位置を元に戻《もど》して0.1としなくてはならないのか、説明しなさい。
>
> 《算数》頌栄女子学院中学校　平成24年度
> 第2回　第2問

ほかに上のような出題もあります。

当たり前のことで説明も難なしと思えますが、これもまた、いざ答えようとすると手が止まってしまう問題です。解答例のひとつは、「商の2と、割る数の0・3を掛け合わせると、2×0・3＝0・6となる。割られる数の0・7には0・1足りないため、余りは0・1となる」です。

何だ、そんなものでいいのか、と思われるかもしれませんが、その、〝そんなもの〟がなかなか浮かんでこないのです。割り算とはそもそもどのようなものか、その本質的な理解がなければ、上記のような逆算に考えがおよぶことはないでしょう。

速く正しく解くことのできる計算力はもちろん必要ですが、根本にある、計算そのものの本質的な理

「おそるおそる」「はなればなれ」のように、三字の言葉をくり返した語を□□□□□□にひらがなで入れなさい。

①自分では完全にできたつもりだったのに□□□□□□ミスが見つかった。

②朝が早かったので、席に座《すわ》って□□□□□□していたら、目的の駅で降りそこなってしまった。

③前日に風邪《かぜ》を引いてしまって友だちと修学旅行に行けなかったのが□□□□□□も残念だ。

④卒業式の日に□□□□□□の品物を持ち寄り、タイムカプセルに入れて校庭にうめた。

⑤最下位でたすきを受け取ったランナーが□□□□□□という間にトップに立った。

《国語》慶應義塾湘南藤沢中等部　平成21年度　一般入試　第1問

解。そうしたレベルまでも入試問題は求めているのです。

上の問題はどうでしょうか。正解は、①ところどころ、②うつらうつら、③かえすがえす、④おもいおもい、⑤あれよあれよ、となります。

大人でもなかなか思いつかないことがあるのではないでしょうか。公開模試でも2字の言葉を繰り返す語は頻出ですが、３字となると出題されることはあまりありません。それでも慶應義塾湘南藤沢を志望する受験生からすれば、同校が難度の高い語句の問題を出すことは承知しているので、このレベルの出題は当然のものとして十分に対策を積んでいるのです。

また同じ慶應義塾大学の付属校で、慶應義塾中等部では左記のような出題があります。

次の（A）～（E）にあてはまる、もっともふさわしいことばを一つ選び、番号で答えなさい。
慶應義塾が前身となる蘭《らん》学塾を築地《つきじ》鉄砲洲《てっぽうず》に開設したのは、元号の（A）年間である。
1 大正　2 明治　3 慶応
4 安政　5 昭和
《国語》慶應義塾中等部　平成22年度　第4問・問1

正解は、4の安政となります。こんな細かなことまで聞かれるのかと思うでしょうが、慶應義塾中等部の国語で、慶應義塾の歴史や創立者・福澤諭吉に関する問題が頻出であることは、よく知られています。同校を志望する受験生は、ほかの学校とは異なる対策を講じて、入試に臨みます。言うまでもなく、公開模試では受験生のすべてが慶應義塾志望ではないので、こうした問題が出ることはありません。

慶應義塾中等部の例は極端としても、実際の入試問題では公開模試では出題されないような問題が非常に多く出されます。それは右記のような語句・知識に関する問題だけではありません。長文読解問題でも当てはまるのです。

開成中学校で次のような問題がありました（太字部分《国語》開成中学校　平成20年度　第2問・問2。文章出典：野々村馨《かおる》『食う寝る坐る　永平寺修業記』平成13年）。

永平寺で修行中のお坊さんが書いた文章が題材です。永平寺には、全国から寄付としてさまざまな物が送られてきます。その中でもとくに、永平寺の長い回廊を拭き清めるための雑巾が膨大な量で送られてくるのです。こうして送られた寄付に対して、永平寺から御礼の粗品を送ることになっています。そして粗品に対してまた、返礼の手紙が届くのですが、その中の1通、北海道に住む女性からの手紙が紹介されます。そこには、夫と死別し、また大事な一人息子もシベリアで戦死してしまったこと、その息子の供養が永平寺で行われたことへの厚い感謝の気持ちが綴《つづ》られています。

この手紙を読んだお坊さんが、**「そんな老婆が一人、黙々とわれわれのために雑巾を縫う姿に、ただ頭を下げずにはいられなかった」**と記した箇所について、受験生に、**「人の人生や経験を知ってこのように頭を下げたい気持ちになったときのことを、思い出して」**書くことが求められます。**「どんな人に対して、どのような気持ちになったのか、説明しながら」**１２０字以内で記述するように指示される問題です。

この問題を見て多くの人が感じるでしょうが、これは受験生がこれまでどのように生きてきたか、その人間性が問われている問題と言えます。しかもこの問題を、50分の制限時間内に、ほかの読解問題を解く中で処理をしなくてはならないため、その場で考え、その場で表現しなければなりません。これは読解問題というよりも、受験生の人間性やそれまでの家庭の教育方針などを問う面接に近い内容と言えます。

しかも「頭を下げたい気持ち」とあるからと言って、例えば「いつも自分のために食事をつくってくれる母に感謝し、頭を下げたい」としてしまっては、問題の指示にしたがえていないために、点数をもらえない可能性が高くなります。問題では、「人の人生や経験を知って」とあり、題材となる文章では、息子の遺影とともに老婆が長い日々を過ごし、心の傷を引きずってきたことが描かれています。頭を下げたい対象の生き様を知った経験を解答で表現しなければ、点数にならないのです。

開成と言えば、私立男子校の最難関校です。塾でトップレベルの成績を誇ってきた受験生が多くいると予想されます。その開成が、他人の生き様を感じ、それに心から敬服した経験を問うているのです。受験がテクニックだけのものではない、学校側の発信するメッセージを正しく受け止め、それに応えるコミュニケーションの要素を含んでいることが強く感じられる例ではないでしょうか。

こうした自分の経験に基づいて記述をさせる問題は、これまで多くの学校で取り上げられ、平成24年度にもフェリス女学院や吉祥女子などで出題されました。

また、自分の経験を記述させるパターンではありませんが、文章中の表現について、その意味するところを、自分の考えで書かせる学校もあります。

開成と同じく首都圏男子御三家の一角、麻布が平成24年度の国語で最後に出した問題は、前述のようなパターンではないながらも、受験生の人間性を深く問う秀逸な内容でした。詳しくは、この後の第2部（p.72）を参照してください。

ここに挙げた開成のような問題は、もちろん正確に字を表記する力、文章を構成する力などの技術面も採点基準になっていると思われます。それ以上に、受験生がふだんからどのように考えているか、学校から発信するメッセージを正しく受け止められるか、など、受験生の人間性を見ていると言えます。こうした人間性を問うたり経験に基づいて記述させたりするタイプの問題は、採点の難しさもあって、公開模試で出題されることは決して多くありません。ただ、学校の傾向を把握していれば、入試で出題されることは予想され、対策を講じることができるのです。

ここでは算数、国語を取り上げましたが、理科や社会の入試問題でも同様に、公開模試では測ることのできない力、合格力を問う問題が多く見られます。

中学校側が欲しいと思っている人材とはどのようなものか、それが入試問題ではどのように表れるのか。それを知るには、実際の入試の過去問題を見ることが最善の策となります。

そこで次に、「合格力」養成のための最高の教材である過去問について、より有効な演習方法をお話します。

第2章 過去問演習の鉄則とコツ

●過去問を解く回数と時間について

志望校対策の仕上げとして、過去問演習が重要であることは言うまでもありません。ただ、いつ頃の時期に、どれくらいのペースで取り組めばよいのか。そうしたイメージができないままに時間ばかりが過ぎてしまうことは何とか避けたいものです。

まず過去問を何回分解けばよいのかという点ですが、第一志望の学校は5～6年分以上は演習しましょう。しっかり問題の傾向をつかむためには、ある程度の演習量がどうしても必要になります。第二志望以降の学校については、少なくとも3～4年分以上は解くべきです。〝お試し受験〟とする学校であれば1年分を解いて、手ごたえが感じられればそれだけでよいし、不安であってももう1年分くらいと思っておきましょう。

また過去問演習にかける時間は、受ける学校の校数によって変わってきます。例えば1月校（お試しではない）も含めて5校受験する場合、どの学校も試験が複数回あり、そのうち2回分の過去問を解くことにします。そうすると、第一志望2回×5年分＝10回、第二志望2回×4年分＝8回、第三志望2回×3年分＝6回、第四志望以下で2校×2回×2年分＝8回となり、合計32回です。

9月末からスタート（「過去問演習カレンダーのつくり方　1．第一志望について」p.23参照）とすると、12月31日まで（1月入試対策）は約14週、1月31日まで（2月入試対策）は約18週なので、平均して毎週約2回のペースで進める必要があります。

●「過去問演習カレンダー」をつくる！

週2回のペースで過去問を解くとなると、しっかりとした計画を立てなければ混乱が生じます。とくに重要なのは1月校の扱いです。1月校が第一志望ではない場合に、どのように2月校の演習と組み合わせるかがポイントになります。

しかも過去問の進め方は受験生によってまったく異なります。これまでの学習の習熟度や、通っている塾、第一志望を含めた受験校の数などによってさまざまです。そこで、過去問演習計画を整理するための、わが子だけの「過去問演習カレンダー」をつくってみましょう。

ひとつ具体的な例を挙げてみます。次のような状況の受験生でシミュレーションします。

・Aさん　6年生　女子
・塾：サピックス
・志望校：①早稲田実業　②明治大明治　③吉祥女子
・受験予定校：右記3校以外に、1月に淑徳与野、市川を受験する予定

まず受験の日程を整理すると、次のとおりになります（平成24年度による）。

1月13日　淑徳与野
1月20日　市川
2月1日　早稲田実業
2月2日　明治大明治①
2月3日　明治大明治②
2月4日　吉祥女子③

この日程を踏まえてカレンダーを作成します。

●過去問演習カレンダーのつくり方

まず、各校の演習時期を設定します。
具体的な作成例を紹介しますが、以下の点に気をつけましょう。
・あくまでサンプルとしてのものであり、受験生の偏差値などによって、状況は異なってきます。必ずこのとおりでなくてはならない、と思わないようにしてください。
・カレンダー作成そのものに柔軟な対応をしましょう。受験生によっては、カレンダーと聞くと、絶対に守らなければならない期限、と過度に解釈してしまい、追い詰められてしまうことがあります。あくまで管理方法の一例として参考にしてください。

・カレンダーのベースはエクセル（パソコンの表計算ソフト）などで作成するのがよいのですが、記入は鉛筆の手書きがおすすめです。後で必ず変更が生じるので。

そして、次の内容に沿ってカレンダーをつくってみます。

1. 第一志望について

まず気をつけるべきことは、塾での演習との兼ね合いです。多くの塾が6年生後期から志望校別対策講座を開きます。第一志望の学校の講座に参加することができれば、塾の指示にしたがって進めるのがよいでしょう。つまり、9月末頃から過去問演習がスタートすることになります。塾に通っていない場合、あるいは残念ながら希望の講座に参加できない場合も、やはり9月末頃からスタートする意識で日々を過ごしましょう。

そこからは塾のカリキュラムや科目、習熟度によって変わってきますが、スケジュールを均等に分割する、という方法があります。例えば早稲田実業の問題を10年分（科目によっては5年分×２回）解くとして、９月末から入試までの約１２０日を均等に分けて、約10日に1年分のペースで解き進める、といったスケジュールを立てる方法です。間が開きすぎてしまう印象もありますが、この間隔にあたる期間に、第二、第三志望の学校の演習や、間違った単元についての類題演習などを詰める必要があります。

ただし、ここでも子どもの状況をよく見ることが大切。第一志望の学校について、問題のイメージをより強く認識させるために、敢えてペースを変えて集中的に演習が必要と判断した場合には、柔軟に対応してください。
1月に入ったら、受験生それぞれが試験の分量と時間配分を、より綿密に確認することが必要になります。ただ点数や問題ごとの成果を見るだけではなく、時間配分が自分の中で確立できているかなどを細かくチェックして、仕上げに向かいましょう。

2．第二、第三志望について

第一志望以外の学校は、扱い方がさまざまです。今回の例としたAさんが、「明治大明治の第二志望は決まっているけど、第三志望はまだはっきり決めていない」と考えているとします。学校を決める要素として、校風や教育内容、大学合格進学実績などが挙がりますが、問題との相性もきわめて重要になります。

そこで、第二、第三志望、1月受験校の問題を、9月の早めの時期に各校1年分、解いておくことをおすすめします。実際に解くことで、問題との相性を確認することができます。相性がどうしても合わず、実力が明らかに発揮できない場合、まだ9月であれば、学校選びを見直す時間があります。

相性も問題ないとなれば、「1．第一志望について」でも述べたように、第一志望のスケジュールと組み合わせて、空いた時間に過去問演習をどんどん取り入れていくようにしましょう。

3．1月受験校について

「2．第二、第三志望について」で述べたように、まず9月に1年分でも解いてみましょう。そこで、どれだけ1月校の過去問演習に時間を費やせばよいのかが見えてきます。

多くの回数を解く必要がなければ冬期講習明けに取り組めばよいでしょう。ただし、必要なレベルに点数が達していない場合、第二、第三志望にあたる学校と同じ方法で取り組む必要があります。

何より1月校は日程への注意が必要です。Ａさんの受験校は淑徳与野が1月13日、市川が1月20日となります。１月校は前半と後半に分かれますが、前半に試験が実施される学校は、冬期講習がはじまる頃には過去問に取り組むようにしましょう。試験の実施は年明けすぐ、という感覚なので、12月のスケジュールを、11月はじめにはしっかり確認しておく必要があります。１月後半に試験が実施される学校は、年内に演習をはじめるとよいのですが、冬期講習明けからでも何とか間に合います。

とにかく1月校は早くスタートするので、スケジュール管理については11月はじめに固めておくことが必要です。

以上の要素を取り入れると、次ページのようなカレンダーになります。

	11月	12月	平成24年1月	2月
────	────	────	────	→2/1 早稲田実業
────	────	────	────	→2/2・3 明治大明治
────	────	────	────	→2/4 吉祥女子
		淑徳与野 ──→ （12月半ばまでに スタート） 市川 ──→ （12月末までに スタート）	1/13 淑徳与野 1/20 市川	
	11/13 サピックスオープン 11/3 学校別オープン	12/11 サピックスオープン		
	11/5・6 明治大明治 文化祭 11/17 明治大明治 説明会 11/19 吉祥女子 説明会 11/26 淑徳与野 説明会	12/21 ←── 冬休み 12/3 明治大明治 入試対策説明会 12/4 吉祥女子 入試問題説明会 12/8 淑徳与野 説明会	──→1/8	

過去問演習カレンダーの例

	平成23年7月	8月	9月	10月	
過去問演習			早稲田実業 ―― （サンデーサピックスに合わせてスタート） 明治大明治 吉祥女子 淑徳与野 市川 ⇓ 9月半ばまでにチェック	明治大明治 ―― （10月半ばまでにスタート） 吉祥女子 ―― （10月末までにスタート）	
サピックステスト			9/25 サピックスオープン 9/19 学校別オープン	10/16 サピックスオープン	
学校行事イベント	7/20⟷8/31 夏休み 7/9 早稲田実業 オープンスクール 7/18 市川 体験授業 7/23 明治大明治 学校体験	8/20・21 市川 体験授業	9/3 吉祥女子 説明会 9/8 明治大明治 説明会 9/11 淑徳与野 発表会 9/17・18 吉祥女子 文化祭 9/24 吉祥女子 運動会 9/24・25 市川　文化祭 9/28 早稲田実業 体育祭	10/1・15 淑徳与野　説明会 10/8・9 早稲田実業 文化祭 10/8 明治大明治 説明会 10/9 市川　体育祭 10/12・13 吉祥女子　説明会 10/15・16 早稲田実業 説明会 10/29 明治大明治 体育祭 10/29 市川　説明会	

●「週別カレンダー」をつくる！

続いて1週間のカレンダーの作成です。塾の授業やその復習、模試、過去問演習など、大忙しのスケジュールを管理するには、カレンダーをつくって週ごとに予定を整理しておく方法が最善です。どの時点での1週間かによって状況は異なりますが、この例では塾の冬期講習前で、通常の時間帯で授業が行われる11月のある1週間と設定します。

まず1週間の予定を整理すると、

月曜日　空き
火曜日　サピックス
水曜日　家庭教師
木曜日　サピックス
金曜日　空き
土曜日　サピックス（土特）
日曜日　サンデーサピックス

塾のある日は疲れもあるので、過去問演習はしないで基本分野のチェックなどにあてることとします。それを踏まえると、過去問を演習する曜日は、「月曜日か金曜日、そして土曜日の午前中」になります。

このように、活用できる時間帯が把握できる点が、カレンダー作成のメリットです。

塾での授業や過去問演習を通じて苦手分野が見つかり、急ぎ対応が必要なケースなどもあるので、作成にあたっては、確実に決まっているところ以外は手書きにして、あとから修正できるようにしておきましょう。

そうして作成されたのが次ページのようなカレンダー例です。

このようなカレンダーには視覚的な効果が望めます。受験生はカレンダーを見て、自分がどの時期にあり、何が必要なのかを一目で把握することができます。早めの時期から作成することで、過去問演習が間に合わないといった不安を軽減することにもなります。

12月、１月と時期が進むにつれて内容は変わってきます。設定した目標と子どもの現状から、ペースを決めていくようにしましょう。冬休みは専用のカレンダーを作成するとよいでしょう。

残された時間が少なくなっても、計画どおりに進んでいれば、無用な焦りを感じることもなくなります。

（注）算数チェックは『基礎トレーニング』、国語チェックは『デイリーサポート』で漢字、理社チェックは『コアプラス』をベースに行いましょう。

金曜日	土曜日	日曜日 通常日	日曜日 模試日	
理社チェック	理社チェック		模試 サピックス オープン	
学校	過去問演習 早稲田実業 全教科 & 過去問の見直し	サンデー サピックス （SS）		9:00 10:00 11:00 12:00 13:00
	サピックス 土曜 志望校別特訓 （土特）			14:00 15:00 16:00
過去問演習 明治大明治 理科・社会			模試の見直し & 家庭教師の宿題 & 理科（電流）	17:00 18:00
算数チェック		SSの復習		19:00
過去問の見直し & 木曜サピックス の復習	土特の復習			20:00 21:00
	算数チェック	算数チェック	算数チェック	22:00
国語チェック	国語チェック	国語チェック	国語チェック	22:30
就寝				

週別カレンダーの例

	月曜日	火曜日	水曜日	木曜日
〜9:00	理社チェック	理社チェック	理社チェック	理社チェック
9:00〜16:00	学校	学校	学校	学校
16:00〜17:00	過去問演習 明治大明治 算数・国語		家庭教師への質問内容確認、宿題の仕上げ	
17:00〜19:00	（同上）	サピックス	家庭教師	サピックス
19:00〜19:30	算数チェック	（同上）	火曜サピックスの復習	（同上）
19:30〜21:30	過去問の見直し & 速さの応用	（同上）	（同上）	（同上）
21:30〜22:00	（同上）		（同上）	
22:00〜22:30	（同上）	算数チェック	算数チェック	算数チェック
22:00〜22:30	国語チェック	国語チェック	国語チェック	国語チェック
22:30〜	就寝	就寝	就寝	就寝

	社会	理科	合計	
	60	60	320	合格者最低点
	40.5	35.2	215.6	
	36.9	31.6	190.6	194
	35	29	203	最低点との差
	-5.5	-6.2	-12.6	9
	11／7	11／7		
	「すべて選べ」のタイプの問題になると焦るパターンが直らない。塾教材で集中して演習する必要あり。記述は、要素が足りない。近代史の復習を急ぐ。	大問2の水溶液の計算問題全問不正解。短い時間内でも正解できるように大至急類題演習。「しんかい6500」関連も全問不正解。新聞記事を集める。	ギリギリ最低点は超えたが、理科での失点がまだ大きい。得意の国語もまだ全体を引っ張るには至らない。全般に時間配分の意識を向上させる必要が大。	

	社会	理科	合計	
	60	60	320	合格者最低点
	41.6	34.9	205.7	
	38.4	31.6	186.6	187
	36	28	190	最低点との差
	-5.6	-6.9	-15.7	3
	11／15	11／15		
	時代の並び替えも正解、歴史は得点率高い。地理の貿易と、公民の公債・国債の範囲は大至急類題演習。	大問2での失点が多すぎる。グラフ問題への苦手意識は減ってはいるが、まだ要改善。難問多く、時間配分でのミスも目立つ。意識改革も急務。	国語の失点が多いと、このような結果になる。ショックが大きいが、落ち込んでいる暇はない。気分転換をして、また気持ちを前に向けること。	

	社会	理科	合計	
	60	60	320	合格者最低点
	47.7	44.5	207.1	
	44.8	39.4	186.3	187
	45	42	207	最低点との差
	-2.7	-2.5	-0.1	20
	12／25	12／25		
	記述問題の精度が上がったことは大いに○。日本三景は徹底して覚えた成果あり。ただし、国連がまだ弱い。頻出だけに猛省。	時間の使い方に向上見える。取りこぼしが少なかったが、大問3のコオロギ問題では読み間違いの致命的ミスあり。得意な分野ほど慎重に。	合格者平均点ジャストに届く。苦手の理科での得点が大きい。まだ急ぎすぎる傾向など、気をつけるべき点が多い。ラストスパートへ向けて引き締めていく。	

過去問演習記録表の例（B中学校）

1		国語	算数	
平成22年度	配点	100	100	
	合格者平均点	63.8	76.1	
	受験者平均点	59.3	62.8	
	得点	70	69	
	合格者平均点との差	6.2	-7.1	
間違えた問題の解き直し日		11／6	11／6	
反省メモ		選択肢問題を全問正解できたことは○。記述問題で、問題の指示を完全に受け止められていない。文章内容が理解できると、逆に急ぐ傾向にある。	大問の（1）がすべて正解できたのはよかった。ただし、大問6の（3）で問題の読み間違いがあり。見直しを含めた時間の使い方を再確認すること。	

2		国語	算数	
平成23年度	配点	100	100	
	合格者平均点	69.9	59.3	
	受験者平均点	65.3	51.3	
	得点	65	61	
	合格者平均点との差	-4.9	1.7	
間違えた問題の解き直し日		11／15	11／15	
反省メモ		記述問題での取りこぼしが目立つ。文章内容に入り込みすぎて、独自解釈をしてしまう癖が出てしまった。とにかく意識を変えるべく話し合い。	考え方を書く際に、時間をとりすぎる。小問集合をすべて正解できたこと、大問（1）を全問正解は○。ただし計算問題で間違えたことは××！　猛省。	

3		国語	算数	
平成24年度	配点	100	100	
	合格者平均点	54.5	60.4	
	受験者平均点	50.2	51.9	
	得点	60	60	
	合格者平均点との差	5.5	-0.4	
間違えた問題の解き直し日		12／25	12／25	
反省メモ		記述問題に落ち着いて取り組める。時間配分がだいぶ身に着いてきた。大問2の文章には戸惑ったが、短かったことで焦るまでには至らない。全体の得点源となった。	大問5の回転体での全問正解が大きい。大問6の最終問を捨てる判断も○。小問・仕事算での計算間違いが痛い。単元によってのバラツキをなくすこと。	

●「過去問演習記録表」をつくる！

せっかくカレンダーを作成して、計画的に過去問を解いて採点しても、解いた答案をそのままにしていては子どもの現状を正確に管理できません。そこで演習を管理する記録表の作成をおすすめします。

一般的には、市販の過去問題集に掲載されている合格判定表に点数を記入するケースが多く見られますが、エクセルなどの表計算ソフトで自己管理しておくと、データをよりわかりやすく整理し、課題を見つけるツールとして活用することができます。

例えば、前ページのように作成します（この記録表は、「中学受験鉄人会」のホームページから無料でダウンロードできるので、ぜひ利用してください。http://www.chugakujuken.net/）。

●問題演習前の準備

過去問演習の結果、点数ばかりを気にしてしまい、大事なポイントを見逃してしまわないようにするにはどうすればよいでしょうか。結果を見直して、そこで出た反省点を記録表に記入するのはもちろんですが、受験生が問題を解く前の準備段階にも重要なことがあるのです。そこで、具体的な例をもとに、その準備の仕方、見直し方法を説明します。独自性の強い問題ではなく、標準的な出題傾向ですが、学校の特徴は出るように想定しました。

◎具体例：C中学校　平成24年度・第1回　算数

まずは事前準備として、学校の問題数、配点、平均点といった客観的なデータを集めます。演習記録表に入力する数値も含まれます。

①問題数、試験時間：大問5問、小問16問、50分
②配点：（推定　市販の過去問題集による）
　第1問　各7点×4問、第2～5問　各6点×12問　→合計100点満点
③平均点など：（学校のホームページや、市販の過去問題集で把握できる）
　合格者平均点74・0点、受験者平均点60・0点
　合格者最低点（4科340点満点）230点

②の配点は学校発表ではなく、市販の問題集のものですが、多くの受験生が使っており、問題の難度などを十分に考慮して推定されたものなので、数値として参考にするのは問題ないでしょう。

まずこの学校の算数の、数値の特徴を把握しましょう。問題数や制限時間、配点はいずれも標準的な値と言えるでしょう。大急ぎで解かなくてはいけないテストではないことを確認します。こうした特徴は、子どもがいざ問題に取り組む際の意識にも影響するので、必ず確認しておくようにしましょう。

問題は平均点です。合格者平均で74点は決して低い数値ではありません。このことから2つのことが考えられます。

ひとつは問題が簡単であること。もうひとつは算数が得意な一部の受験生が全体の点数を上げたということです。前者であれば得点者の分布が高いところに集約され、後者であれば点数の高低差がついて

いる、ということになります。そこで参考になるのが受験者平均点です。ここでは60点ですから、合格者平均点と14点差になります。得点者の分布が幅広くついている、すなわちこれは後者であり、「実力の差が出やすい」テストだったと考えることができます。全受験生が解けるやさしい問題ばかりではなく、また一部の受験生しか解けないような難問ぞろいでもない、となるので、ますますしっかりとした戦略が必要だということがわかります。

さらに合格者最低点の見方ですが、この４科合計の数値を科目ごとに配点で分配すると、算数は推定値として、２３０×１００／３４０＝67・65点（約68点）がめやすとなります。

ここで点数の設定が４つのゾーンに分かれます。

Ａゾーン→合格者平均点74点以上
Ｂゾーン→合格者平均点74点未満で合格者最低点68点以上
Ｃゾーン→合格者最低点68点未満で受験者平均点60点以上
Ｄゾーン→受験者平均点60点未満

A	74点以上
B	74点未満 ～ 68点以上
C	68点未満 ～ 60点以上
D	60点未満

細かな設定ですが、どのゾーンに自分がいるかによって、次の演習に向けての目標設定がよりしやすくなります。そして点数だけを見て感情的に高い低いにこだわることもなくなるでしょう。

とくに気をつけなくてはいけないのが合格者平均点への考え方です。受験では４科合計で合格者最低点を超えていれば合格できるのです。算数が苦手でも国語などの他の科目で引っ張ることができれば、十分にチャンスはあります。

合格者平均点という言葉のインパクトに引きつけられて、全科目でなんとか74点を超えなければと焦ることは避けましょう。子どもの現状をよく見て、一歩ずつでも目標のゾーンに近づくように冷静に考えることが必要です。

●問題演習での注意点

事前の準備ができて、目標設定もできたところで、受験生は問題演習に進みます。その際にもいくつかの注意点があります。

・制限時間を設定する。
・解答は親が所持する。
・できればふだんの勉強スペースと違う場所で解く。
・体調が悪いとき、疲れが甚だしい状態では演習しない。

2番目の注意点は解答の管理についてですが、過去問題集の冊子をそのまま子どもに預けて解くように指示する家庭もあるかもしれません。問題集には解答・解説が取り外しできない状態で掲載されています。つまり、子どもが解答を見てしまうことも十分あり得るということです。

「解答を見て解いても自分のためにならないのだから、そのことを知らしめるためにも、子どもを信用して任せる」という教育理念に物申すつもりはありませんが、子どもにとってそれが負担になる可能性があることに注意してください。

過去問に取り組む受験生の大半が、少しでもいい点数をとりたい、と渇望しています。その心理状態にある子どもの手の届くところに解答があれば、「見てはいけない」という気持ちの負担が生まれます。「見てはいけないけれど、少しでもいい点数を親に見せて、褒められたい、でも見てはいけない…」このような心の葛藤は子どもにとってプラスになるでしょうか。解答がなければ自力で解くしかない、と子どもの腹も決まります。まして過去問を初見で解けるのは1回きりです。過去問が非常に大事な教材であることを決して忘れないでください。

そしていよいよ演習に入ります。子どもの健闘を祈りましょう。

●演習後の採点、見直し

子どもが問題を解き終えた後の見直しが、最も重要な段階です。まずは出題単元を確認しましょう。

第1問：(1)計算問題　以下、小問集合　(1)角度　(2)数の性質　(3)売買損益　(4)相当算
第2問：平面図形の小問集合　(1)角度　(2)面積　(3)図形の移動　(4)相似の利用
第3問：立体図形（水の深さと体積）
(1)容器の底面を変えたときの水の高さを求める問題
(2)容器を傾けたときに容器からこぼれる水の体積を求める問題

⑶容器を斜めに傾けたときの水の高さを求める→同じ図形を重ねると直方体になることを利用して高さを求める問題

第４問：つるかめ算　⑴３つの量を用いるつるかめ算　⑵⑴の答えと推理の考え方を利用する問題

第５問：速さ（旅人算とグラフ）
⑴同じ方向に進む両者が出合う周期が一定であることを利用した点の移動の問題
⑵ダイヤグラムを書いて速さと比から時間を算出する問題
⑶グラフの線分の長さを利用して距離を算出する問題

この例では平面図形、立体図形に特徴があります。第2問で平面図形の小問集合がありますが、この出題形式は決して多くの学校で見られるものではありません。この学校の算数を攻略するにあたって、「図形」がいかに重要かがわかります。

このように学校の出題傾向を大まかにでもつかんでおきましょう。

次に採点です。まず重要なのは、採点を終えた親が感情的にならないことです。予想もしなかった低い点数になることもあるでしょう。そこで子どもの気を引き締めるために、敢えて厳しい言葉を伝えることも必要です。ただ、その言葉がしっかりとした分析を踏まえてのものか、ただ感情的になっていて厳しいだけなのかで、子どもの受け止め方は大きく変わってきます。

より具体的な分析を進めるためには、各問題の特性をつかむことが必要です。難度やオリジナリティなど、その特性によって、子どもの正解・不正解から浮かび上がる課題がより鮮明になります。

そこで、第1〜5問の小問計16問を以下の基準で分類します。

(a)絶対に得点しなければならない問題

(b)現在の実力からは得点が十分に可能な問題

(c)チャレンジ問題

このように問題を分けておくと、同じ間違いでも例えば(a)の問題か(c)の問題かで、その後に取り組むべき課題も変わってきます。子どもにわかりやすくするために、3色のマーカーで問題そのものを色分けしてもよいでしょう。

ただし、こうした分類はなかなか家庭では難しいと思われます。例えば後述の公開模試のように、「受験した生徒全体の正答率」という指標があれば、ひとつの参考にはなりますが、過去問には基本的に問題別正答率はありません。そこで、子どもの現状をよく知る塾や家庭教師の先生に問題の分類をお願いしてもよいでしょう。

参考として、例の問題を(a)(b)(c)に分類してみます。ひとつの分類の仕方が全受験生に当てはまるわけではなく、受験生の状況によって変わることを踏まえてください。

(a)絶対に得点しなければならない問題……………第1問(1)、(4)　第2問(1)、(2)　第3問(1)、(2)

(b)現在の実力からは得点が十分に可能な問題…第1問(2)、(3)　第2問(3)、(4)　第3問(3)　第5問(1)

(c)チャレンジ問題……………………………第4問(1)、(2)　第5問(2)、(3)

ここで推定配点から点数を算出してみると(a)38点、(b)38点、(c)24点となります。つまり(a)と(b)を全問正解すれば38点＋38点＝76点になり、合格者平均を超えることになるのです。

(a)の問題は全問正解が十分に可能、むしろ達成しなければならないレベルの問題なので、ポイントは(b)になります。ここに分類されるレベルを攻略できると、(c)のチャレンジ問題は時間がなければ捨てるという判断もできるのです。

(b)に含まれる問題は、例えば第1問の(2)数の性質や、第2問の(3)平面図形の軌跡のように、頻出のタイプで(a)に含めてもおかしくないものですが、受験生によっては苦手とする場合もあります。また、第3問(3)の立体図形の切断から高さを算出する問題や、第5問(1)の旅人算とグラフの問題などのように、習得しておくべき解法をしっかり使えるかどうかが攻略のポイントになる、といったタイプの問題も(b)に含まれます。

習得しておくべき解法さえ把握できていれば正解に行き着ける(b)タイプと、その着想ができるかどうかの段階でつまずいている(c)タイプを、明確に分けることが有効な戦略になります。子どもからすれば、同じ間違いでも、やり方がわかれば難しくないのか、やり方そのものから考えなければならないのかは、受け止める上で大きな違いになります。

少しでも子どもが意識を持って次へ進めるような準備と見直しをすることが、過去問演習では必須の戦略になるのです。

●模試の種類について

現在、中学受験生の大半が受験する公開模試は、主に左記の4種類で、そのうち3種は塾が主催するものです。

主催	模擬試験名（6年生対象）	開催時期・回数（平成24年度）
四谷大塚	合不合判定テスト	9～12月の毎月1回、計4回
サピックス	合格力判定サピックスオープン	9～12月の毎月1回、計4回
日能研	合格判定テスト	9～12月、全5回
首都圏模試センター	統一模試	4～12月、全6回

このうち、四谷大塚の合不合判定テスト（以下、合不合）は最も歴史が古く、知っている保護者も多いのではないでしょうか。近年も、日能研生以外の多くの受験生が合不合を受け、その結果を見て志望校を決める流れが一般的でした。

ところが平成22年、この流れを急変させる事態が起こります。難関中学の合格実績で圧倒的な優位を誇るサピックスが、独自の公開模試を実施するようになったのです。それまでサピックス生は合不合を受験していましたが、それ以降は合格力判定サピックスオープン（以下、合判サピックスオープン）を受けることになります。それまで合不合で成績上位を占めることが多かったサピックス生が抜けるだけでなく、最難関校を目指すサピックス生以外の受験生も、追随して合判サピックスオープンに流出してしまうのではないか、との懸念を生みました。

結果として、10月、11月に行われる第2回、第3回合不合の受験者数は、

平成21年10月：２０，１５５人 → 平成22年10月：１６，９７９人　３，１７６人の減少
平成21年11月：２１，９２５人 → 平成22年11月：１７，３８５人　４，５４０人の減少

と大きく減少しました（数値は四谷大塚入試情報センターによる）。

合判サピックスオープンの受験者数は、平成23年のデータでは４，８００～５，０００人となっているので、合不合の受験者数の減少は、サピックス生が抜けたことが要因との推測が成り立ちます。

それでも平成23年に実施された合不合は毎回１５，０００人以上の受験者数を集め、合判サピックスオープンはもちろん、１２，０００～１３，０００人の日能研・全国公開模試（合格判定テストを含む）や、１３，０００～１４，０００人の首都圏模試センター・統一模試も陵駕《りょうが》する結果となっており、合不合が未だに最大級の模試であることに変わりありません。

このような中学受験業界の動向も気になるところですが、大事なのは、各模試の特徴をつかみ、違いを把握して、子どもに最適な模試はどれかを考えることです。

そこで大手公開模試を比較してみましょう。

対象は四谷大塚の合不合、サピックスの合判サピックスオープン、首都圏模試センターの統一模試とします。日能研の合格判定テストは、合不合、合判サピックスオープンと比べて、大手ではないほかの塾生の受験数が少なく、塾内テストの要素が濃くなるので、今回は割愛します。

また、違いをわかりやすくするために、科目は算数で見てみます。

●模試比較

同じ時期に行われた模試を題材に、具体的に比較します。

合不合：平成23年11月13日実施（第3回・男子）
合判サピックスオープン：平成23年11月13日実施（第3回）
統一模試：平成23年11月3日実施（第5回）

試験時間は、合不合と合判サピックスオープンが50分、統一模試が45分で、満点はすべて150点です。

まずは、算数の出題内容を左ページの表にまとめました。

合不合と統一模試は、小問数が30問で、各小問5点と配点が統一されています。合判サピックスオープンは半数近くが6点です。その結果、問題数でわずかな違いが生じます。

同じ問題数の合不合と統一模試ですが、問題構成には違いがあり、大問1の計算が合不合の3問に対し、統一模試が6問と倍になります（表のａ）。その後に続く大問2の小問集合ですが、こちらは合不

3つの模試の算数出題内容

四谷大塚合不合・平成23年11月

	問題		配点	単元
a	1	①	5	計算
a		②	5	計算
a		③	5	計算（時間）
b	2	①	5	分配算
b		②	5	集合
b		③	5	平面図形
b		④	5	場合の数
b		⑤	5	相当算
b		⑥	5	立体図形（水位）
b		⑦	5	数の性質
b		⑧	5	平面図形（角度）
	3	①	5	濃度
		②	5	濃度
	4	①	5	立体図形（回転体）
		②	5	立体図形（回転体）
	5	①	5	平面図形
		②	5	平面図形
	6	①	5	速さ（通過算）
		②	5	速さ（通過算）
		③	5	速さ（通過算）
	7	①	5	平面図形（軌跡）
		②	5	平面図形（軌跡）
	8	①	5	数の性質・規則性
		②	5	数の性質・規則性
		③	5	数の性質・規則性
	9	①	5	速さ（グラフ・旅人算）
		②	5	速さ（グラフ・旅人算）
		③	5	速さ（グラフ・旅人算）
	10	②	5	数の性質（応用）
		③	5	数の性質（応用）

合判サピックスオープン・平成23年11月

	問題		配点	単元
c	1	①	6	計算
c		②	6	計算
c		③	6	計算
c	2	①	6	数の性質
c		②	6	売買損益
c		③	6	速さ（通過算）
c		④	6	場合の数
d	3	①	6	基本図形（平面）
d		②	6	基本図形（展開図）
d		③	6	基本図形（立体）
	4	①	6	濃度
		②	6	濃度
		③	6	濃度
	5	①	7	速さ（点の移動）
		②	7	速さ（点の移動）
	6	①	7	数の性質
		②	7	数の性質
	7	①	7	立体図形
		②	7	立体図形
	8	①	2	推理と論証
			2	推理と論証
			2	推理と論証
			2	推理と論証
		②	2	推理と論証
			2	推理と論証
			2	推理と論証
			2	推理と論証
	9	①	7	場合の数
		②	7	場合の数

統一模試・平成23年11月

	問題		配点	単元
a	1	①	5	計算
a		②	5	計算
a		③	5	計算
a		④	5	計算
a		⑤	5	計算
a		⑥	5	計算
b	2	①	5	場合の数
b		②	5	割合・百分率
b		③	5	数の性質
b		④	5	円とおうぎ形
b		⑤	5	割合・歩合
b		⑥	5	約束記号
	3	①	5	消去算
		②	5	消去算
		③	5	消去算
	4	①	5	相当算
		②	5	相当算
		③	5	相当算
	5	①	5	つるかめ算
		②	5	つるかめ算
		③	5	つるかめ算
	6	①	5	ニュートン算
		②	5	ニュートン算
		③	5	ニュートン算
	7	①	5	線分比と面積比
		②	5	線分比と面積比
		③	5	線分比と面積比
	8	①	5	立体の投影図
		②	5	立体の投影図
		③	5	立体の投影図

合が8問に対し、統一模試は6問とやや少なくなります（表のb）。

この大問1、大問2が基本問題で構成されている点は合判サピックスオープンも同様ですが（表のc）、大問3が図形の基本問題のみで構成されているところが特徴的です（表のd）。

計算、小問集合の難度を見ると、統一模試の計算はとくに工夫を求めてはおらず、小問集合にも難問は見られないなど、ほかの2つと比較してやさしい問題構成と言えます。

それに対して、合不合や合判サピックスオープンでは、まず計算で

0.25＝1／4
0.125＝1／8

といった小数と分数の変換など、解法を知っていると知らないとでは、計算の精度と速度に大きな違いが生まれる問題が出されます。また、計算の最後には、

2時間50分24秒÷3
4×9×25×49＝□×□（□には1以上の同じ数）

といった、ひとひねりされた問題が出題されています。

続く小問集合でも、合不合や合判サピックスオープンでは、統一模試と比較して、基本的な問題ながらも、問題文が長い、あるいは図形の問題で工夫が求められるなど、簡単には正解できない問題も出されます。

大問3以降の標準問題、応用問題も、統一模試では塾テキストなどでもよく見るタイプの問題が多い

３つの模試の算数難易度イメージ（色が濃くなるにつれて難度が高くなる）

四谷大塚合不合	
問題	難易度
1	基本問題
2	基本問題
3	標準問題
4	標準問題
5	標準問題
6	標準問題
7	標準問題
8	標準問題
9	応用問題
10	応用問題

難易度の幅が広い（問題3〜10）

合判サピックスオープン	
問題	難易度
1	基本問題
2	基本問題
3	基本問題
4	標準問題
5	標準問題
6	標準問題
7	標準問題
8	応用問題
9	応用問題

合不合の標準と応用の間程度（問題4〜9）

統一模試	
問題	難易度
1	基本問題
2	基本問題
3	標準問題
4	標準問題
5	標準問題
6	標準問題
7	応用問題
8	応用問題

ほか2つより比較的やさしい（問題1〜8）

のですが、合不合、合判サピックスオープンには、さまざまな要素が混ざり合った複雑な問題が見られます。

とくに合不合の最後の大問２題は非常に難度が高く、ここに同テストの大きな特徴が見られます。御三家を目指す受験生でも、敢えてこの２題には時間を割かず、ほかの問題を確実に解答する方針を立てた方がよいでしょう。

難度の分布という点で、統一模試は基本的な問題から標準的なものまでが大多数となります。合不合は大問３以降の難度の幅が広く、急に問題が難しくなったと感じる瞬間があります。それに対して合判サピックスオープンは、合不合の標準問題よりもやや難しく、合不合の最後２題の難問よりも解きやすい範囲で難度が分布しています。

このように、難度の幅が広い合不合に対し、ある難度のゾーンに問題が集約している合判サピックスオープン、といった違いが見られます。

算数平均点の違い	
模擬試験名	平均点
四谷大塚合不合	75点前後／150点中
合判サピックスオープン	90点前後／150点中

サピックスの2つの模試の違い		
模擬試験名	難度	目的
学校別サピックスオープン	高い	対象校に合わせた傾向
合判サピックスオープン	標準よりやや高い	総合力を問う

その原因のひとつに、サピックスの学校別サピックスオープンの存在が考えられます。学校別サピックスオープンは、開成や桜蔭といった難関校を目指す受験生のために、各校の傾向に合わせて作成されるオープンテストです。例えば開成志望の受験生は、開成の傾向に合ったテストで、問題との相性を測ることができるだけでなく、同じく開成を目指す受験生の中での自分の位置を知ることができるのです。

学校別サピックスオープンでは対象校に合わせて難度が高い問題を出し、合判サピックスオープンでは、標準よりやや難しい問題を集約させて算数の標準的な総合力を問う、といった目的の違いがあります（学校別サピックスオープンは平成24年3月現在で首都圏20校、関西2校を対象）。

その違いはテストの平均点にも表れます。合不合は150点満点の半分75点前後になることが多く、受験者の成績が幅広く分布した結果、平均がほぼ真ん中になっていると言えるでしょう。それに対して合判サピックスオープンは150点満点の90点前後となることが多くなっています。決してやさしいとは言えない難度の問題が集まるテストながらも、高度な演習で鍛えられたサピックス生の多くが6割前後を得点する、といったところでしょうか。

●模試活用法

最後に模試の有効な活用方法について、志望校の偏差値別に考えてみましょう。偏差値は、同じ学校でも塾によって値が変わりますが、広く受験案内などにも掲載されている四谷大塚のものを参考にします。

・四谷大塚偏差値50以下の学校を志望する場合：四谷大塚系の塾に通っていれば合不合を、サピックスに通っていれば合判サピックスオープンを受けることにはなりますが、サピックス生は、できれば統一模試や合不合の午後試験も受けましょう。取り組みやすい問題で、基本的な範囲の習熟度を確認できるだけでなく、同じ目標設定をしている受験生が多く受けるため、その中での相対評価を得られるところに統一模試や合不合の大きなメリットがあります。

・四谷大塚偏差値50〜55の学校を志望する場合：合不合を受験する場合は、見直しの方法に注意しましょう。試験後に配布される資料に、科目ごと問題ごとの「全体正答率」の表が同封されます。合不合は問題の難度の幅が広いので、全体正答率にもばらつきがでます。同じ間違いでも、全体正答率80％以上と20％未満の問題では、意味合いが変わってきます。全体正答率40％以上の問題をどれだけ得点できているかを確認しましょう。合判サピックスオープンでは、この偏差値ゾーンではまだ難しいと感じる問題も多くあります。まずは平均点の獲得を目指しましょう。統一模試の場合、受験者層の中ではやや上位になるので、できれば合不合も受験したいところです。

・**四谷大塚偏差値55〜65の学校を志望する場合**：統一模試の場合、このゾーンの受験者数は少なく、有効なデータが得られない可能性があるので、合不合か合判サピックスオープンも受験しましょう。合不合では上位層にあたるため、平均をどれだけ上回れるかに主眼を置く必要があります。とくに終盤の問題でどれだけ得点できているかまで確認しましょう。合判サピックスオープンでは、この偏差値がボリュームゾーンと言えます。より成績上位の受験生が高得点を出してくるため、偏差値として厳しい結果になることはあっても、細かく誤答解析を進めて、次に活かしましょう。この合判サピックスオープンを最高の教材とすることが重要です。

・**四谷大塚偏差値65以上の学校を志望する場合**：統一模試では問題の傾向、結果データから正確な合格可能性の判断が難しいと言えます。合不合か合判サピックスオープンを優先して受けるようにしましょう。合不合ではどのくらいの偏差値がとれたかを重視しましょう。時間内にどれだけ多くの問題をどれだけ正確に解くことができたか、細かく見直しを進めることが必要です。合判サピックスオープンでも同様に、偏差値にこだわりましょう。同模試の結果と、学校別サピックスオープンの結果を合わせて、その後の勉強方法に活かすことです。

第2部

志望校別攻略法

学校別の「合格力」を身につける！

第2部では「合格力」を鍛え上げるための具体的な方法を、学校ごとに次の①～④のように解説しています。

①算数は、分野別の出題傾向をわかりやすい円グラフにしたほか、過去3～10年分の過去問を、小問ごとに出題分野、難易度で分析し、ランキング形式にしています。

②国語、理科、社会は、「求められる力」をレーダーチャートで分析しています。国語は、「漢字・知識、語彙、スピード、表現力、大人の視点」、理科、社会は「スピード、知識力、記述力、分析力、思考力」のいずれも5つの指標からなります。どの力をより重点的に養成すべきかが一目でわかります。

③理科、社会では設問数と試験時間から、小問1問あたりにかけられる時間を算出しています。

④同じ学校を受験するにも、通う塾が違えば対策の立て方も変わってきます。使用されるテキストや実施されるテストの活用方法を塾別に解説したものはないのか、といった声があって当然です。その答えになるのが、本書の「通塾別学習対策」です。学校ごとに、サピックス、日能研、四谷大塚系（早稲田アカデミーなど）の3つに分けて、4科の対策の進め方をそれぞれ見られるようにしました。

中学受験の入試問題は中学校の先生方が英知を結集してつくり上げた、完成度の高い作品であり、中学校から受験生へ、こんな生徒に来てほしい、とのメッセージが込められたものです。受験生がそのメッセージに応えるには、どうすればよいのか。ただ入学したいという気持ちだけでは、それがどんなに強いものでも学校には伝わりません。入試問題の傾向をしっかりと把握し、綿密な準備のもとに実践的な対策を積み上げた上で、自分の解答を完成させることを通して、「この学校にどうしても入りたい」という訴えを学校にぶつけて、はじめて扉は開くのです。

無駄な時間を費やすことは許されません。この「志望校別攻略法」をフルに活用して、目指す憧れの中学合格への最短距離を突き進んでください。

「志望校別攻略法」の見方

出願作戦
日程決めや併願校を選ぶにあたってのポイント。

学校名

所在地

学校の特色など

慶應義塾普通部
出願作戦
慶應義塾3校をすべて受験する場合は、1月入試で他校の合格を確保しておくなどの万全の対策が必要です。1月入試の併願校としては立教新座を選ぶケースが多く見られます。
本校と3日の中等部を併願する場合は、本校での手応えと2日の受験結果を見て中等部を受験するかどうかを決めるのもひとつの方法です。そのために2日は攻玉社、高輪、鎌倉学園など即日発表の学校を選ぶのがおすすめです。大学付属校では、学習院中等科、明治大明治、立教池袋などとの併願も目立ちます。芝、世田谷学園、桐蔭中等教育、サレジオ学院、逗子開成なども併願校の候補に入れておくとよいでしょう。
＊9月下旬に一般公開される労作展では、生徒たちが作成したさまざまな作品が展示されます。そのレベルの高さに、改めて本校に入学したいという気持ちを強くする受験生も多いようです。
神奈川県横浜市
大
外
試験日
2/1
発表2/2
面接、体育実技あり
算 100点 40分
国 100点 40分
理 100点 30分
社 100点 30分

マーク凡例
大
併設大学あり
外
高校外部募集あり
外
高校外部募集なし
男女共学
男子校
女子校

試験日と発表
入学試験科目と満点／試験時間
面接の有無、筆記以外の試験内容
平成24年度入試分。イレギュラーなものは欄外に注記。平成25年度以降変わることがあるので、確認後、参考にしてください。試験発表は原則として掲示などの日にち。ほかにホームページ発表を行う学校もあります。

算数

分野別出題傾向

過去10年間（新設校を除く。試験回数が複数回の場合、5年×2回分）に出題された小問を分野別に分類して円グラフ化。どの分野に時間をかけるか、パーセンテージの高いものから優先順位をつけます。

活用のポイント 塾の学習で出題上位の分野が出てきたら、自宅学習時は､ほかの科目を減らしてでも算数の時間を取るようにしましょう。また、総合回や公開模試の直前など何を学習してよいか迷うときに、頻出分野から学習していくとよいでしょう。

分野別出題傾向

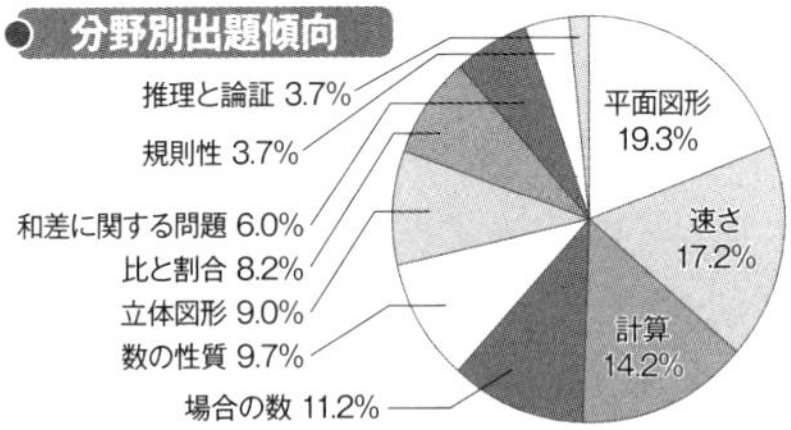

項目別出題ランキング

	項目	標準	発展	思考力	合計
1	旅人算	10	4	0	14
2	相似形・面積比	6	5	0	11
3	場合の数	8	3	0	11
4	速さとグラフ	7	1	0	8
5	数の性質	5	2	0	7
6	還元算	7	0	0	7
7	四則混合	5	1	0	6
8	円とおうぎ形	5	0	0	5
8	図形の回転・移動	5	0	0	5
10	展開図	2	2	0	4

項目別出題ランキング

過去10年間（新設校を除く。試験回数が複数回の場合、5年×2回分）に出題された小問を項目別、難易度別に分類し、出題数を表化（合計数が同じ場合は難度が高い項目が上位）。標準・発展・思考力は、その学校を志望する受験生を基準にしています。

活用のポイント 自分の弱点項目と照らし合わせて、強化するべき学習内容の参考にしましょう。標準・発展・思考力の内訳を見て、どのレベルまで取り組むべきかの判断材料にしてください。

算数　分野別出題傾向および項目別出題ランキング　分野・項目一覧

分野	項目
計算	四則混合 還元算 計算の工夫 簡便法 虫食い算 単位換算
数の性質	数の性質 約数・倍数 公約数・公倍数 概数・数の範囲 小数・分数 約束算 Ｎ進法
和差に関する問題	和差算 平均算 消去算 つるかめ算 過不足算 表とグラフ 日歴算 料金表 やりとり算 集合算
比と割合	割合の三用法 比・比の値 二量の関係 売買損益 食塩水 仕事算 相当算 倍数算 年令算 ニュートン算
速さ	速さの三用法 旅人算 流水算 通過算 時計算 点の移動 速さとグラフ 歩幅と歩数 動く歩道
平面図形	面積の求積・逆算 等積変形 角度 多角形 平面図形の性質 円とおうぎ形 相似形・面積比 縮尺 点対称・線対象 図形の回転・移動
立体図形	体積・容積 表面積 展開図 投影図 角すい・円すい 角すい台・円すい台 体積比 立体図形の切断 回転体 水量変化とグラフ 立体図形の性質
規則性	数列 数列の和 数表 規則 周期 図形の規則性 植木算 方陣算 タクシー料金
場合の数	順列 組み合わせ 道順 色の塗り分け サイコロ 場合の数 確からしさ 選挙投票
推理と論証	推理 論証 条件整理 対戦表

国語

問題文のジャンル別難易度と文章量

問題文のジャンルを「物語文」「説明文」「随筆文」「その他」の4つに分け、過去7年間分（新設校を除く。試験回数が複数回の場合、4年×2回分）からレベルを評定。年度ごとに各ジャンルからの出題の有無と、それぞれのレベル（難・やや難・標準の3段階）、問題文の長短などを示します。

表中の★は中学受験生にとっては文章が長く感じられると思われるもの、※は出典が確認できなかったものを示します。

問題文のジャンル別難易度と文章量

出題年	物語文	説明文	随筆文	その他
H24			標準	（短歌）標準
H23	標準	標準		
H22	標準		標準	（詩）標準
H21	標準		標準	
H20	標準	標準		
H19	標準	標準	標準	
H18	標準		標準	

求められる力

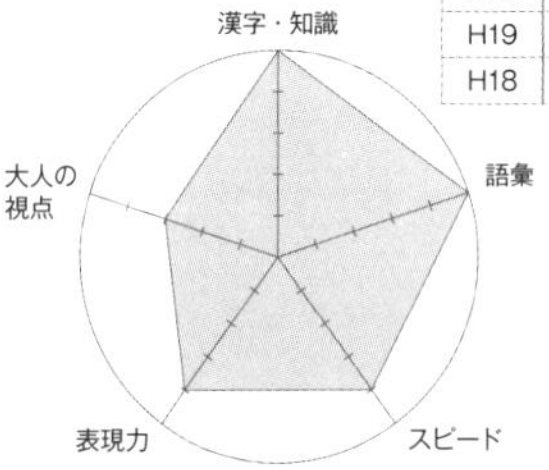

出題内容別の問題数

出題内容	問題数
漢字・知識・文法	11
客観問題・選択肢型	10
客観問題・書き抜き型	6
記述問題・60字未満	3
記述問題・60字以上	0
小問合計	30

求められる力

受験生に必要な5つの能力「漢字・知識」「語彙」「スピード」「表現力」「大人の視点」を5段階評定。レーダーチャートで図案化しました。

活用のポイント どの力が必要かが一目でわかります。とくに、「大人の視点」という、中学受験ならではの概念に注目しました。

出題内容別の問題数

設問の内容と形式を、「漢字・知識・文法」「客観問題（選択肢型・書き抜き型）」「記述問題（60字未満・60字以上）」の5つに分類。その学校が、どういったタイプの出題に重きを置いているかがわかります。

問題数は、単数回受験の学校は7年分、複数回受験の学校は3年×2回分の平均値。それに満たない学校は実施された回数の平均値。

通塾別学習対策

合格に必要なレベルに到達するために、各塾で使用されるテキストやテストをどのように活用すればよいのか、演習方法をアドバイス。

理科・社会

求められる力

問題を解くにあたって、受験生に必要な5つの能力「スピード」「知識力」「記述力」「分析力」「思考力」を5段階評定。レーダーチャートにして図案化。どの力が必要とされるかが一目でわかります。

通塾別学習対策

サピックス

算数●『デイリーサポート』Cプリントまでは完璧にし、余裕があればDプリントも解くこと。

国語●「デイリーサピックス」Aテキストを網羅して、SS特訓の教材を活用しましょう。

理科●「デイリーサピックス」を確実に、『コアプラス』で知識量を増やしましょう。

社会●定期的に過去のマンスリーを見直し、横断的な学習を心がけましょう。

日能研

算数●カリキュラムテストの共通問題までを完璧に。応用問題のやさしめのものは解くこと。

国語●『本科教室』を中心にすべての単元について、バランスよく演習するようにしましょう。

理科●塾教材だけでなく、作図、記述対策も早期にはじめること。

社会●カリキュラムテストの復習を毎回しっかり行いましょう。

四谷大塚系

算数●『予習シリーズ』の練習問題までを完璧にしておくこと。

国語●『予習シリーズ』『漢字の学習』から副教材まで、単元を問わずすべて演習しましょう。

理科●『予習シリーズ』の応用問題などは時間を計って取り組みましょう。

社会●地理、歴史分野の『予習シリーズ』を読む習慣をつけるようにしましょう。

理科 求められる力

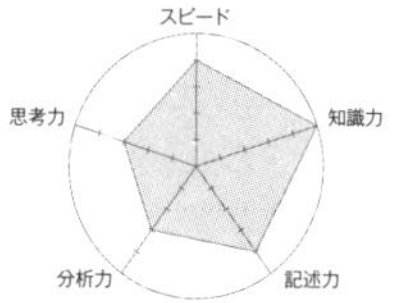

理科 出題形式の内訳と1問あたりの時間

内訳	H24	H23	H22	H21
大問数	5	4	5	6
小問数	52	37	45	48
選択	37	16	25	30
語句記述	3	3	15	9
文章記述	9	5	5	3
計算・数値記述	0	11	0	0
作図・その他	3	2	0	6
1問あたりの時間（秒）	34.6	48.6	40.0	37.5

社会 求められる力

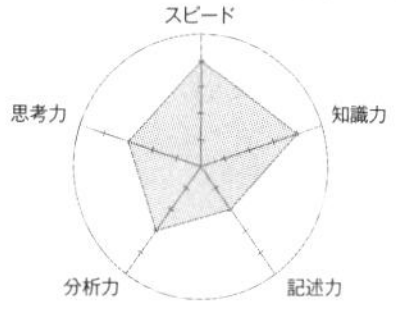

社会 出題形式の内訳と1問あたりの時間

内訳	H24	H23	H22	H21
大問数	5	5	6	6
小問数	56	45	55	52
選択	34	23	23	21
語句記述	19	17	30	26
文章記述	2	4	2	3
その他	1	1	0	2
1問あたりの時間（秒）	32.1	40.0	32.7	34.6

出題形式の内訳と1問あたりの時間

設問数（大問・小問）、出題形式（選択・記述など）と、1問あたりの回答にかけられる時間を、過去4年間分から算出（新設校を除く。試験回数が複数回の場合、3年×2回分）。

活用のポイント 制限時間と問題数のバランスが把握できます。例えば1問あたりの時間は同じであっても、記述問題が多く出題されているのであれば、その他の問題にかける時間を短くして、記述により多く時間をあてる、といった目安にもなります。

青山学院中等部

東京都渋谷区

内 大 外

試験日
2/2
発表2/3

算	100点	50分
国	100点	50分
理	50点	25分
社	50点	25分

面接なし

出願作戦

G-MARCHの付属校は人気も難度も高く、出題傾向には違いがあります。併願を考える場合には、1月、2月1日入試の学校をしっかり押さえた上で、過去問との相性も考慮する必要があります。

1日の併願校は、1月校で押さえがあれば、男子では法政大、中央大附属との組み合わせが考慮できますが、高輪や成城、青稜なども候補として考える必要があります。女子は1月の結果次第で立教女学院や学習院女子が挙げられますが、東洋英和、香蘭女学校、共立女子なども含めた選択が必要になります。

＊例年卒業生の8割が青山学院大学に内部進学します。大学では全学部が1、2年次にJR淵野辺駅近くの相模原キャンパスに通い交流を深めます。その後、理工学部、社会情報学部以外は3年次(総合文化政策学部は2年次)より青山へ移ります。

算数

●出題構成

試験時間は50分で、設問数は16問程度、難易度比率は標準70％、発展28％、思考力2％で、解答形式は答えのみです。

平成18年度以降、受験者平均点は55点前後で推移しています。合格者平均点は公表されていませんが、受験者層から考えると75点前後でしょう。

●まず合格レベルを目指す

本校は人気校なので、チャレンジ校の位置づけで受験する生徒も多いでしょう。受験者平均点55点に対し、合格者平均点を75点と予想しても、20点の得点差がついているという結果にそれが表れています。

しかし、前述のように問題の70％は標準レベルで、大半が模擬試験で出題されるような典型題なので、大手塾のテストで偏差値55（サピックスは50）以上の受験生は、70点程度は得点できる問題構成です。

つまり、受験生間の学力差がかなり大きいと思われ、算数が得意ではない受験生も70点程度は得点できないと合格は見えてこないでしょう。

出題比率の高い単元の中で、和差に関する問題、比と割合、速さは標準問題の典型題が大半です。塾の教材やテストで「解けそう」な問題を確実に「解ける」ように演習を重ねましょう。

また平面図形も出題数は多く、本校では図形の折り返しを利用した角度の対策も大切ですが、まず優先すべきは、相似形・面積比を利用する問題です。早期に典型題に対応できるようにしておきましょう。

分野別出題傾向

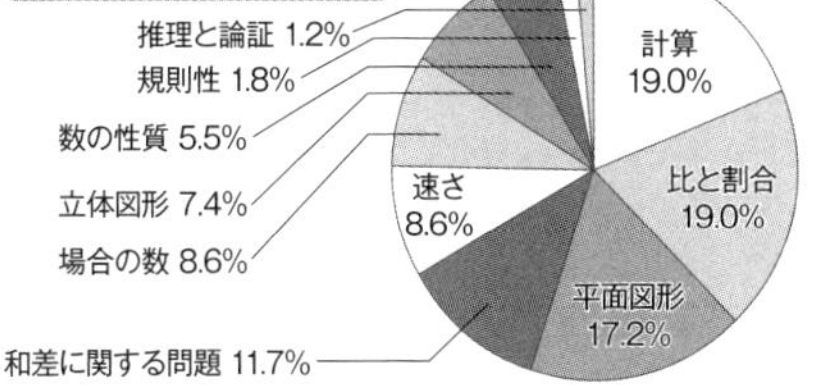

項目別出題ランキング

	項目	標準	発展	思考力	合計
1	四則混合計算	18	0	0	18
2	旅人算	5	7	0	12
3	場合の数	4	5	2	11
4	角度	4	5	0	9
5	平均算	4	4	0	8
6	面積の求積・長さ	6	2	0	8
7	比・比の値	4	2	0	6
8	水量変化とグラフ	4	2	0	6
9	相当算	5	1	0	6
10	還元算	6	0	0	6
10	割合の三用法	6	0	0	6

●さらに算数で得点を伸ばすには

合格者平均が１００点満点中75点程度の試験です。解答は答えのみで当然部分点はなく、ケアレスミスは致命傷になります。試験時間に対して問題数が少ないので、焦って問題を解き進めるのではなく、見直しする時間を十分につくることが重要です。

ふだんのテストでも、難しい問題まで時間いっぱい使って、なるべくたくさんの問題を解くという姿勢はやめて、計算問題や小問集合といった基本問題を確実に得点するスタイルを確立しましょう。

算数で得点差をつけるために、平面図形の応用問題を解けるようにすることが大きなポイントになります。平成24年度は出題がありませんでしたが、本校の特徴的出題である図形の折り返しを利用した角度の問題は難問が多く見られます。それに対して塾の教材は、相似形・面積比を利用する問題が中心で、角度の問題は演習量が不足しがちです。市販の問題集や『有名中学入試問題集』（声の教育社）などを利用して、図形の折り返し問題は手当たり次第に解いていくつもりで演習量を増やすことが必要になります。

国語

●問題文について

随筆文、説明文、物語、詩歌と問題文のジャンルが多岐にわたっているのが大きな特徴です。とくに近年、詩を扱った問題が毎年出題されているのは、注目すべき傾向です。『少女パレアナ』(平成22年度)、『シートン動物記』(平成21年度)といった海外文学の翻訳が取り上げられる年もあります。

扱われる作品、文章は、必ずしも児童向けではないので、小学生としては難しい熟語が出てくることもありますが、前後をよく読めば比較的理解しやすいような文章を中心に出題されています。

●設問について

問題そのものの難度は標準的で、基礎的な問題も多く含まれます。しかし、偏差値や受験生のレベルが高いことを考え合わせると、合格点がある程度高くなることが予想されます。記号選択や抜き出しといった形式の客観問題が大半を占め、文章を記述させる問題は皆無ではないものの、ほとんど出題されていません。

50分の解答時間で4ないし5題もの文章題が出題されて、ボリュームのある試験となっています。短時間で素早く問題に対応できるような訓練を積めば、その成果が大いに物をいうテストと言えるでしょう。

●対策

近年、解答時間50分で4題程度の文章題が出題されています。おのおのの文章の持つ世界に素早く深く入り込み、平均十数分で大問1題を解くというペースをつかむことが大切です。駆け足で解く中でもミスなく確実に力を発揮しなければなりません。

内容的には詩からの出題が大きな特徴になっています。表現の技法や効果に関する問題とともに、作者の感動の中心や内容の変わり目を行番号で答えさせる形式が繰り返し見られます。比較的やさしい言葉で書かれた詩が多くありますが、表現、内容ともにしっかりした把握が求められています。詩の読解の着眼点をつかむために、他校の問題でも詩を扱う問題に広くあたりましょう。

また、物語文や随筆文などで戦争直後が舞台となっている文章が出ることがあります。平成24年度の那須正幹『折り鶴の子供たち』は、戦後の広島が舞台で、原爆が投下された日を問う出題がありました。戦争が人々の心や社会にもたらす影響について、読書などを通じて日頃から理解を深めておくようにしましょう。

問題文のジャンル別難易度と文章量

出題年	物語文	説明文	随筆文	その他
H24	標準		やや難／やや難	標準（詩）
H23	難		標準／やや難	難（詩）
H22	標準		やや難／標準	標準（詩）
H21	標準／※		標準	標準（詩）
H20	標準	標準	やや難	標準（詩）
H19	やや難	やや難／やや難	やや難	標準（詩）
H18	標準		標準	難（対談）／標準（詩）

求められる力

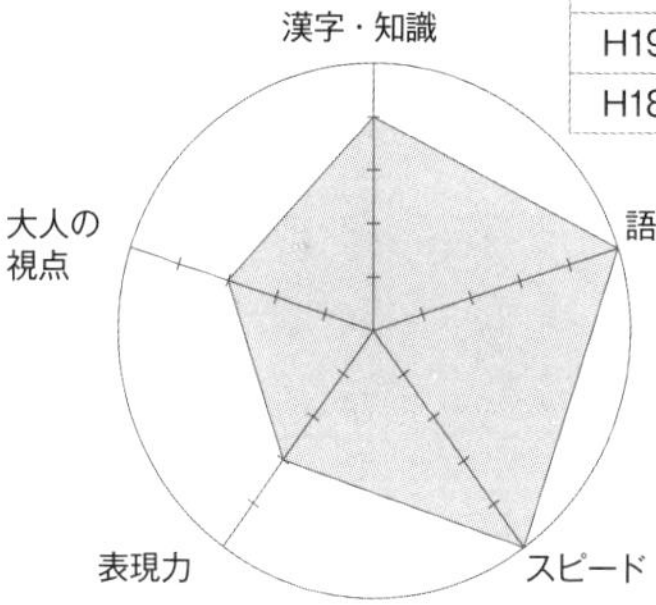

出題内容別の問題数

出題内容	問題数
漢字・知識・文法	8
客観問題・選択肢型	17
客観問題・書き抜き型	12
記述問題・60字未満	4
記述問題・60字以上	0
小問合計	41

指定された意味や本文の文脈に従って、空欄に言葉や文字を補充させる問題の割合が高いことも、大きな特徴です。

例えば長文問題の中で、「一（挙）手一（投）足」「勝てば（官軍）」などの四字熟語や慣用句、「現実と（理想）」「量と（質）」といった反義語や同義語など、幅広く言語知識が問われています。「折れて」を言い換えた「（まが）って」や、「苦しさ（一）色」など、正解を見ると知らない人はほとんどいないかと思われる言葉が答えになっていることもありますが、短時間で自分の持っている言葉のストックから、問題の要求にマッチする言葉を確実に思い起こすことは案外と難しいものです。

読書量が多い受験生は有利ですが、さらに語彙力をつけるのを目的とした問題集に継続的に取り組んだり、短文づくりをして使い方がわからない言葉は辞書の例文をこまめにノートに書き取ったりするなどの日々の積み重ねが勝利につながるでしょう。

過去問をたどると、はっきりしたカラーが見えてくる学校です。早い段階で一度近年の入試問題を解いてみて、自分の足りないところを補う学習計画を立てることが有効な対策となる学校です。

理科

試験時間は25分で、大問数が5題です。平成18年度以降は小問集合と、物理、化学、生物、地学から1題ずつの出題となっています。選択問題がほとんどで、全体的に基本的な知識を問う問題の割合が多くなっています。

●特徴的な問題　電気回路の一部分が隠されたブラックボックスの問題（平成24年度）、ばねの性質や滑車に関する問題（平成22年度）、金魚の飼い方などに関する問題（平成19年度）などが挙げられます。小問集合において、時事問題が毎年1問出題されていることも特徴と言えるでしょう。

●対策　基本的な知識を正確に押さえることがまず重要となります。小問集合では昆虫か植物の問題が必ず出題されているので、細かいところまで覚えておきましょう。そして時事的な問題や身の回りの生物や事象についてもふだんから意識して学習することが大切です。物理分野では力学、電流の問題でやや難度の高い問題が見られます。基本レベルの計算問題の演習に加えて、少し複雑な計算問題も練習しておきましょう。

社会

例年、大問数が5題前後で小問数が30問前後です。記述問題がなく、選択問題が中心となっています。歴史、地理、公民からバランスよく出題され、時事的な問題も例年あります。

●特徴的な問題　ユーロ危機の問題やCOP17の結果を詳しく問う出題がありました。前年末の出来事にも注意が必要です（平成24年度）。日本の貿易の特色に関する問題や、国会と内閣に関して正しい選択肢をすべて選ぶ問題、ギリシャとアイルランドの財政危機を題材に、日本の国債について問う問題（平成23年度）。長野市の地形図を中心とした地理の問題、五日市憲法の内容や関係の深い図などを選択する問題、国際連合の活動に関してユニセフやユネスコの名称を問う問題（平成22年度）がありました。

●対策　正誤選択問題も多く出題されるので、あやふやではなく正確な知識を、まんべんなく身につけることが重要です。とくに苦手分野は繰り返し基本問題を演習しましょう。また時事問題も例年出題されるので、ふだんからニュースや新聞などと接しながら、試験直前に知識の整理をすることが必要となります。

通塾別学習対策

サピックス

算数●『デイリーサポート』Cプリントまで解けるようになりましょう。

国語●『デイリーサピックス』Aテキストの演習で、解答時間を短くすることを目指しましょう。

理科●テキストの基本プラス天文分野だけは応用問題まで取り組みましょう。

社会●公民分野は『分野別問題集』をひととおり押さえること。

日能研

算数●共通問題までは解けるようにし、図形問題は『でる順』（旺文社）などで補充しましょう。

国語●銀本を活用し、詩や多様な文章の客観問題に重点を置いて、実践演習を重ねましょう。

理科●『栄冠への道』と『メモリーチェック』を中心に演習。

社会●カリキュラムテスト対策と『メモリーチェック』で基礎を固めましょう。

四谷大塚系

算数●『予習シリーズ』の練習問題まで解けるようにして、図形問題は補充しましょう。

国語●週テスト演習で客観問題の部分を解く練習をし、『四科のまとめ』はCまでやりましょう。

理科●『予習シリーズ』と週テスト対策をしっかり行いましょう。

社会●『予習シリーズ』などで出てきた資料はその概要をノートにまとめましょう。

理科 求められる力

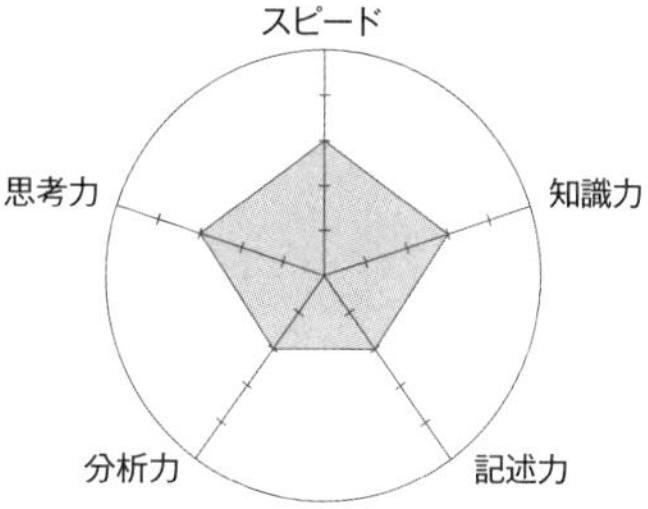

理科 出題形式の内訳と1問あたりの時間

内訳	H24	H23	H22	H21
大問数	5	5	5	5
小問数	25	28	30	28
選択	23	24	15	13
語句記述	2	2	6	11
文章記述	0	0	0	0
計算・数値記述	0	2	9	4
作図・その他	0	0	0	0
1問あたりの時間（秒）	60.0	53.6	50.0	53.6

社会 求められる力

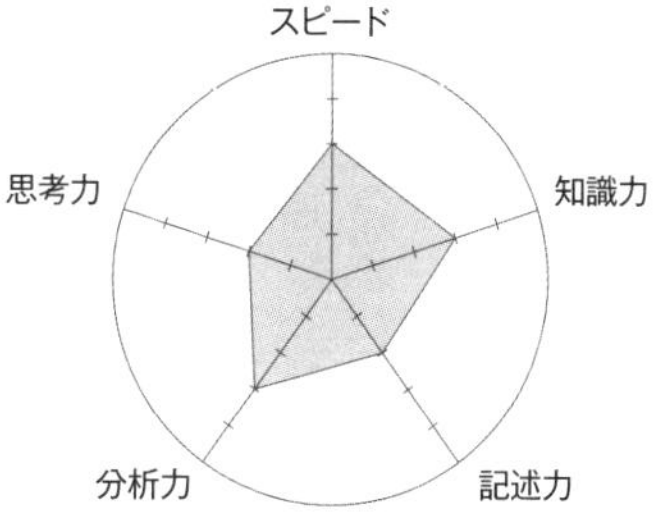

社会 出題形式の内訳と1問あたりの時間

内訳	H24	H23	H22	H21
大問数	7	4	4	6
小問数	35	33	31	40
選択	30	26	20	26
語句記述	5	7	11	14
文章記述	0	0	0	0
その他	0	0	0	0
1問あたりの時間（秒）	42.9	45.5	48.4	37.5

浅野中学校

神奈川県横浜市

試験日
2/3
発表2/4

面接なし

科目	配点	時間
算	120点	50分
国	120点	50分
理	80点	40分
社	80点	40分

出願作戦 本校の試験日が2月3日のため、第一志望とする場合には1日、2日の併願校の選び方がきわめて重要になります。

県内の学校を考えると、1日をサレジオ学院か逗子開成、2日を鎌倉学園とする組み合わせが多く見られます。いずれも近い偏差値なので、桐蔭中等教育、桐光学園、山手学院、神奈川大附属なども含めて選択の幅を広げましょう。

東京の学校との併願は芝、攻玉社、世田谷学園などが多くなりますが、東京都市大付属、青稜など午後受験を実施している学校を含めると有効です。2日栄光学園、4日聖光学院との併願は厳しい戦いになるので慎重な判断が必要になります。

＊神奈川男子御三家で唯一非キリスト教の学校です。「文武両道」が学校理念のひとつとなっていて、運動部を中心に部活動への参加率が非常に高いことで有名です。

算数

●出題構成

試験時間は50分で、設問数は20問程度、難易度比率は標準64％、発展36％、思考力の出題はありません。後半に記述式の問題があります。

毎年、大問1は計算問題が2題、大問2は6問構成の小問集合、その後、大問が5題と形式は一定で、合格者平均点は概ね１２０点満点中90点前後です。

●まず合格レベルを目指す

難問は出題されませんが、合格者平均点から判断すると、5問程度のミスしか許されない高得点勝負です。

大問３以降の構成は、やさしいもの→難しいものへと並べられています。記述式以外の問題は全問正解し、記述式でも部分点を獲得しなくてはなりません。

しかし、大問1の計算問題で複雑なものが多く、大問２の小問集合も回転体の求積をはじめ、平成24年度大問２・(3)、ひとひねりされた数の性質のように、得点差がついているであろう問題が多数あります。

　単元別で見ると、平面図形の出題比率が群を抜いて高く、その大半が相似形・面積比、点の移動、円とおうぎ形からの出題です。問題集では応用問題に分類されるレベルですが、合格するためには正解しなくてはならない問題です。塾教材以外にも、『でる順』(旺文社）など市販の図形の問題集を1冊仕上げる程度の演習量が必要です。

　その他も、幅広い単元から出題されています。まずは苦手をつくることなく基礎学力を確立し、解ける問題は必ず1回目で正解できるように学習しましょう。

分野別出題傾向

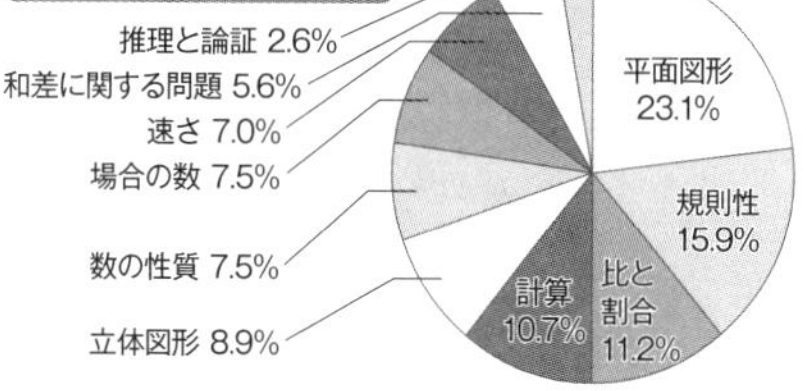

項目別出題ランキング

	項目	標準	発展	思考力	合計
1	相似形・面積比	9	8	0	17
2	点の移動	9	6	0	15
3	還元算	6	6	0	12
4	数列	6	5	0	11
5	場合の数	7	3	0	10
6	四則混合計算	4	5	0	9
7	周期	3	5	0	8
8	図形の規則	6	2	0	8
9	円とおうぎ形	3	4	0	7
9	回転体	3	4	0	7

●さらに算数で得点を伸ばすには

　本校は、時間をかければ満点も取れる問題構成です。しかし、50分という短い時間の中で20問を解き、しかも一部記述式の解答が求められるなど、問題文を一読してからの反応や計算が遅いと、時間内に解き終えることはできません。全単元において、標準レベルの問題は穴がないようにし、さらに典型題は素早く正確に解けるようになりましょう。

　とくに、出題比率の高い平面図形は演習量がものをいう単元です。応用問題レベルの頻出問題まで演習して、得点源にしなくてはなりません。

　また後半の記述式問題では、規則性からの出題が多く見られます。典型題が中心なので、塾教材や市販の問題集の応用問題を利用して、順序よく式を書く練習をしましょう。

　本校の合格レベルに達している受験生の大半は、栄光学園や聖光学院との併願者と考えられます。両校の受験対策が十分な受験生は、過去問演習の中で問題の分量と時間配分を把握するなどの対策をとれば、十分に対応できると思います。

国語

●問題文について

物語文、説明文、随筆文から2題出されますが、その多くが難度の高い文章です。物語文では、東京の大学に通う息子のもとを訪れる母親の心境を描いたもの（平成24年度、吉田修一『あの空の下で』）や、母親が乳がんで入院した女性の手記（平成20年度、鷺沢萠《さぎさわめぐむ》『私の話』）など。また説明文では、ヘーゲルの弁証法を扱ったもの（平成24年度、森本哲郎『ことばへの旅』）など、小学生が一読で内容を把握することが困難な、大人の視点を必要とする文章が出されます。

●設問について

漢字は例年、小問が10問、いずれも標準的な難度です。知識問題は、読解問題の中に含まれています。読解問題は選択肢問題、語句穴埋め問題、記述問題がバランスよく出題されます。平成23年度までは記述問題以外は標準的な難度でしたが、平成24年度は60字以上の記述問題が2問となり、選択肢問題でも区別が難しい問題が増え、選択肢の文章が非常に長い問題が出るなど、難度が大きく上がりました。今後この傾向が続くのか、反動で易化するのか、注意が必要です。

●対策

１２０点満点からすると問題数が少ないため、1問あたりの配点が高くなり、とくに記述問題は1問が10点以上になる可能性もあります。それでいて合格最低ラインが70％近くと推測されるため、取りこぼしができません。記述問題での得点が大きく影響するので、記述にどれだけ時間を配分できるかを意識して過去問演習を進めましょう。

平成24年度は問題の難度が大きく上がり、過去5年間を見ても70％以上で推移してきた合格者平均点が63％にまで下がりました。文章は前述の出典ですが、第1問の物語文では、いきなり問1が85～１００字の記述問題で、想定外の問題構成に戸惑う受験生も多かったのではないでしょうか。最後の問10も60～70字の記述問題で、長い字数を書かせる問題が2問あることは、受験生にとってはかなりの負担になったと思われます。記述の問題内容は、平成22年度までに見られた、自分の意見を書くタイプとは異なり、文章内容の正確な理解を表現させるものでした。ただし問1は慎重に文章を読まなければ誤解が生じてしまうもので、焦って解答すると大きな失点につながる問題です。選択肢問題でも問5や問7など、文章に書かれていない

求められる力

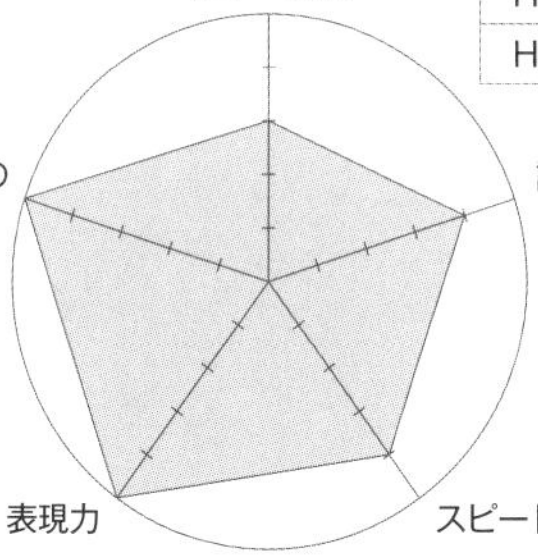

問題文のジャンル別難易度と文章量

出題年	物語文	説明文	随筆文	その他
H24	やや難	難		
H23	標準	難		
H22		やや難	難	
H21	標準		やや難	
H20	難	標準		
H19	やや難		標準	
H18	標準		やや難	

出題内容別の問題数

出題内容	問題数
漢字・知識・文法	12
客観問題・選択肢型	12
客観問題・書き抜き型	3
記述問題・60字未満	1
記述問題・60字以上	1
小問合計	29

内容まで類推しなければならない点で、より大人の視点が求められるものであったと言えます。

第2問の説明文は本校らしい難度の高い文章で、書き抜き問題が多いことで苦労する受験生も多かったと思われます。さらに最終問題問7の選択肢問題は、ひとつひとつの選択肢が、近年の本校では見られないほど長いものだったので、最後まで問題を解ききる粘り強さも求められました。

このように難度を含め、問題構成にも変化が見られた平成24年度でしたが、できる限り早期に過去問演習に取り組んで制限時間50分の使い方を習得する必要があるという点では、全体の対策はこれまでと変わりません。とくに、読みづらい文章を読みきるのにかかる時間や記述問題を完成させる時間、難度の高い選択肢問題を解く時間をどれだけかけられるかといった意識を、しっかり持って臨めるように、平成24年度をひとつの基準とした上で、演習を繰り返しましょう。

問題文は、他校でもあまり見られない大人の視点を要求するタイプなので、できる限り新聞や雑誌の記事を活用して、大人の文章に慣れることが必要です。他校では、世田谷学園、豊島岡女子で比較的近い難度の問題文が出題されることがあります。

理科

ここ数年の大問数は4～6題、小問数は30問前後で安定しています。解答形式はほとんど記号選択や計算問題で文章記述問題は見られませんが、知識問題で発展的な問題があったり、物理、化学分野の計算問題は応用力が試されたりと、全体としては難度が高めであると言えます。

●**特徴的な問題**　東北地方太平洋沖地震に関する問題（平成24年度）、皆既日食と同じ状態の太陽を常に観測できる人工天体を考えた問題（平成23年度）、天動説に関する問題(平成22年度)、人工衛星に関する問題(平成21年度）などがありました。これら地学分野の問題では立体感覚や発想の転換が必要であり、幅広い知識や思考力も求められています。

●**対策**　全体的に思考力を要する問題が頻出なのでいろいろな応用問題を解いて理解を深めておくこと、またここ数年の地学の問題は時事問題に関係しているので、必ず時事問題をチェックしておくことが必要です。生物、地学分野も含めて数値処理を要する問題も多く、物理、化学分野を中心に難度の高い計算問題を徹底的に演習しておくことも重要になります。

社会

出題は基本的な内容が中心。表やグラフの読み取り問題やリード文をヒントに答えを導き出す問題など、バラエティに富んだものとなっています。平成24年度には１００字以内にまとめる難度の高い記述問題を出題。第４次中東戦争が原因となった第1次石油危機について説明させ、さらに資料を参考にして、鉄鋼各社がこの状況を乗り越えるためにとった基本方針と、その具体的な取り組みを2つ挙げさせる問題でした。

●**特徴的な問題**　御成敗式目の説明として正しいものの組み合わせを問う問題、10年間に世界で減少した森林面積が日本の森林面積の何倍かを答える問題（平成23年度）などがありました。

●**対策**　ふだんから資料集などに目を通し、各事柄の内容を理解することからはじめ、資料から何がわかるのか、何が考えられるのかを意識して学習することが大切です。複数の資料を読み取って内容を説明するという問題対策となります。また記述問題に対しては、まずじっくり考える時間を確保し、条件をしっかりと整理した上で、簡潔に文章にまとめられるようにしましょう。

通塾別学習対策

サピックス

算数●『デイリーサポート』Dプリントまでは解き、図形プリントは繰り返し復習しましょう。

国語●塾テキスト以外にも授業で扱った難しい文章を読み通す練習をしましょう。

理科●計算問題は塾の教材を利用し、難問レベルまでの演習を繰り返しましょう。

社会●テキストの短文記述問題の模範解答と自分の答案を比較して解答の精度を高めましょう。

日能研

算数●共通問題と応用問題の前半部分までは解き、図形問題は演習量を増やしましょう。

国語●テーマ別演習の前に、さまざまなテーマの難度の高い文章にふれておきましょう。

理科●『本科教室』とカリキュラムテストの復習を計画的に。

社会●『メモリーチェック』の短文記述に早期からの取り組みを。

四谷大塚系

算数●『予習シリーズ』の練習問題レベルまで解き、図形問題は演習量を増やしましょう。

国語●『予習シリーズ』の練習問題を多く解いて、語彙の多い文章に慣れましょう。

理科●『実力完成問題集』などで、表やグラフの問題にも慣れましょう。

社会●『四科のまとめ』各項目の記述問題には必ず取り組むこと。

理科 求められる力

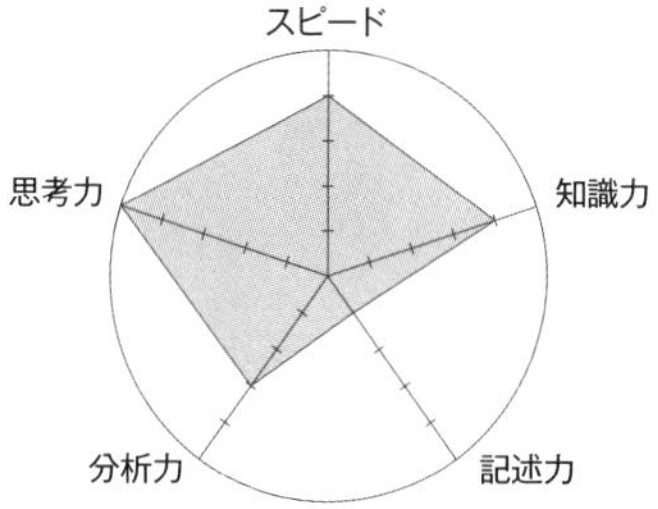

理科 出題形式の内訳と1問あたりの時間

内訳	H24	H23	H22	H21
大問数	4	6	5	6
小問数	31	28	34	37
選択	13	16	26	19
語句記述	4	1	3	7
文章記述	0	0	0	0
計算・数値記述	14	11	3	10
作図・その他	0	0	2	1
1問あたりの時間（秒）	77.4	85.7	70.6	64.9

社会 求められる力

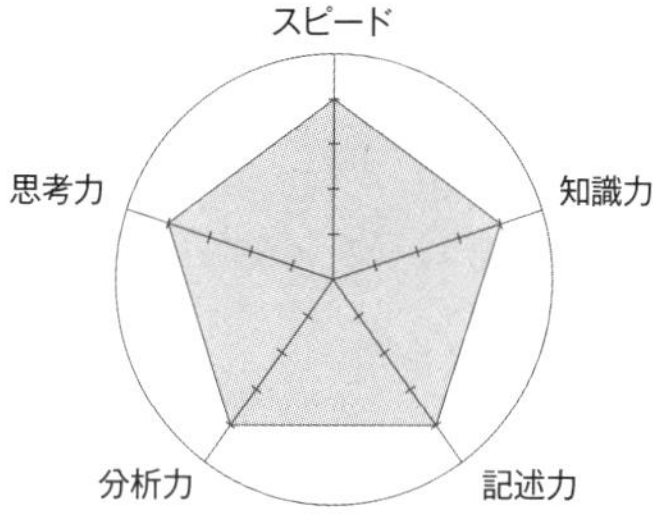

社会 出題形式の内訳と1問あたりの時間

内訳	H24	H23	H22	H21
大問数	4	4	3	3
小問数	37	39	38	44
選択	25	27	23	21
語句記述	11	11	12	17
文章記述	1	1	3	5
その他	0	0	0	1
1問あたりの時間（秒）	64.9	61.5	63.2	54.5

麻布中学校

東京都港区

試験日 2/1 発表2/3

科目	配点	時間
算	60点	60分
国	60点	60分
理	40点	50分
社	40点	50分

面接なし

出願作戦

東京男子御三家の中でもとくにリベラルな校風で人気を集めています。

1月校は渋谷教育幕張、栄東（東大選抜）との併願が目立ちます。安全策なら、栄東（ＡＢＣ）、開智などがおすすめです。

2月は神奈川上位校との併願が多く見られます。神奈川御三家との併願で、2日に栄光学園、聖光学院を選ぶ場合は、1月により安全な選択を進め、3日に浅野を選ぶ場合は、2日に確実な合格を得ておくために、本郷、攻玉社や、鎌倉学園だけでなく、幅を広げて世田谷学園、高輪、桐光学園なども候補に入れましょう。

＊自由な校風の中で生徒それぞれが磨いている個性は、年1回刊行される、生徒の自由研究の発表を集めた『論集』に凝縮されています。授業もオリジナリティにあふれ、科目として、社会の歴史と地理を合わせた「世界」があります。

算数

●出題構成

試験時間は60分で、設問数は15問程度、難易度比率は標準51％、発展33％、思考力16％です。

問題用紙と解答欄が一体型で、式や説明を書く問題が大半の割にスペースは小さく、要点をコンパクトにまとめる技術が必要です。年度によって差はありますが、50～70％の得点が合格の目安となるでしょう。

●まず合格レベルを目指す

例年、大問5～6題構成です。平面図形、速さ、数の性質、場合の数は必ず出題され、平面図形と速さは2題ずつ出される年度もあります。その他の単元からも幅広く出題されているので、高いレベルで総合的な学力がなくては太刀打ちできません。模試や塾のテストでは、正答率20％以上の問題で確実に正解することを目指しましょう。

特徴としては、平成23年度大問5の正六角形の面積

分野別出題傾向

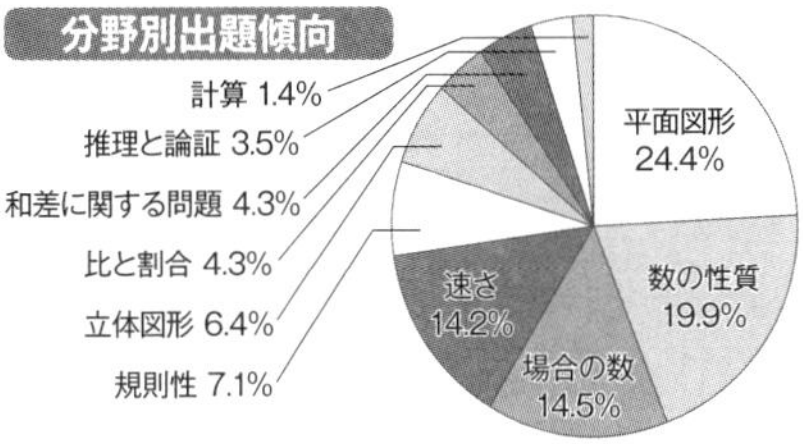

項目別出題ランキング

	項目	標準	発展	思考力	合計
1	場合の数	5	3	8	16
2	旅人算	9	4	0	13
3	面積の求積・逆算	6	6	0	12
4	数の性質	1	4	3	8
5	公約数・公倍数	4	0	3	7
6	図形の回転・移動	4	3	0	7
7	等積変形	2	4	0	6
8	約束算	4	2	0	6
9	時計算	1	1	2	4
9	周期算	1	1	2	4

や平成18年度大問6の正五角形を題材とした総合問題、また平成20年度大問6の等積変形を活用する平面図形のような、誘導に沿って前問の考えを活用し、次の設問を解き進めていく問題形式が挙げられます。

また速さでは、平成24年度大問3の図を書かないと状況がまったく把握できない問題や、平成23年度大問2、平成20年度大問3の途中で速さが変わり条件整理が複雑になる問題が代表例で、このあたりが正解できるかで得点差がつくと考えられます。

これらの問題をはじめ、問題作成者の意図を正確に読み取る読解力、問題設定を理解する観察力、考えたことを利用して次に活かす応用力が高い次元で要求される、非常に頭を使う問題構成です。志望校対策が本格化するまでに頻出問題は応用レベルまで完璧に解くことが目標ですが、その際も解き方を覚えるのではなく、ひとつひとつ、式の意味を考えながら解くように心がけましょう。

●さらに算数で得点を伸ばすには

本校の求める論理的思考を養うには、過去問やそれに似た問題を繰り返し解くことが大切です。塾の本校対策教材をしっかり活用しましょう。

例えば本校の速さの問題は、武蔵の出題とほぼ同じコンセプトですし、平成23年度大問4の図形が移動する範囲の作図と求積は、桜蔭で平成16年度大問4で出された問題とほぼ同じで、塾の対策教材には必ず含まれています。

また、ここ数年は受験生が比較的取り組みやすい出題が中心ですが、平成24年度のように全体的に難しければ、解ける問題で確実に得点する学力と、調べ上げ問題や計算式をつくる問題で「見つけられないものは仕方がない」と割り切ることも重要です。

国語

●問題文について

問題文1題の出題です。文章量は多いものの、読みづらい内容や表現はありません。ただし、文章全体にわたって、細やかな心情のやりとりが展開される問題が多く、読み込みが浅く表面的だと問題には対応できません。文章の内容は受験生と等身大の人物の精神的な成長を描くものが多く見られます。平成23年度には、前年に早稲田で出題された文章（井上ひさし『あくる朝の蟬《せみ》』）が出されましたが、SF小説や、寓話《ぐうわ》など、ほかの学校では見られないタイプの文章が出されることも特徴です。

●設問について

麻布といえば記述問題が有名ですが、漢字が3～4問、選択肢や書き抜きの問題も1～2問出されます。平成24年度は選択肢問題が4問と比較的多めでした。その他の10問前後はすべて記述問題です。ほとんどの記述問題に字数制限がありませんが、文章全体の理解を求める問題は、解答欄のスペースから推測しても100字超の字数になります。どの記述問題も的確に自分の言葉に換えることが求められます。記述問題以外は標準的な難度なので、そこで得点しましょう。

●対策

それぞれの問題が関連し合っていて、解き進めることで文章のテーマを深く理解できる、精緻な問題構成が麻布国語の特徴です。

平成24年度の問題文は、両親の都合で母親の兄夫婦の家に預けられた少年と、頑固でぶっきらぼうな叔父(以下、おじさん)が心を通わせる過程を描いた文章(堀江敏幸『トンネルのおじさん』平成20年）でした。少年とおじさんが交わす言葉がとても短く、その会話と、情景を説明した文章から、内容を深く理解する力が求められます。問5で、2つの表現から少年のおじさんに対するとらえ方の変化を記述させ、その解答が、問11の作品全体を通しての2人の関係の変化を記述させる問題へとつながる構成は本校ならではです。

最終の問12は平成24年度の麻布を特徴づける問題でした。本文に出てくる明らかにサイズの小さい靴が、誰のものなのか、「君はどう考えますか」と受験生に独自の判断を求めます。根拠を説明できれば正解はひとつに限りませんが、問題でも注目するように指示されている、靴を見るおばさんの表情がポイントです。「眉が一瞬、ぴくりと動く。両の目が大きく開いて、

問題文のジャンル別難易度と文章量

出題年	物語文	説明文	随筆文	その他
H24	やや難 ★			
H23	やや難 ★			
H22	やや難			
H21	難 ★			
H20	やや難			
H19	やや難 ★			
H18	標準			

求められる力

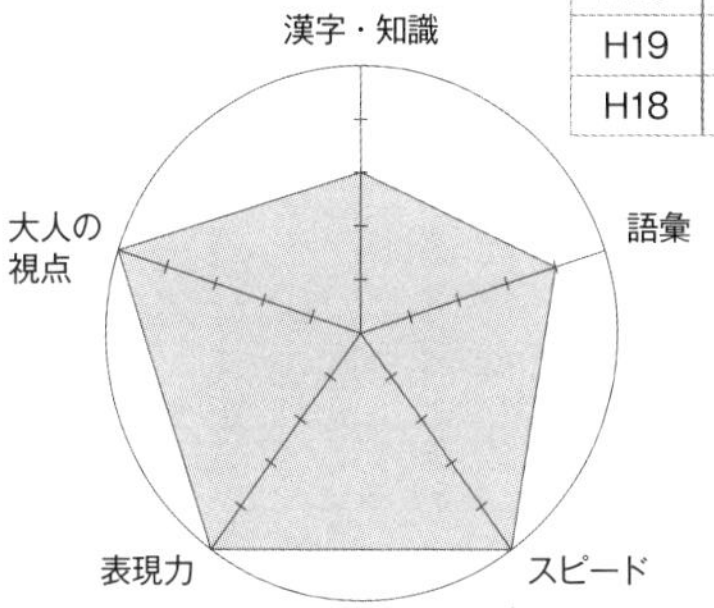

出題内容別の問題数

出題内容	問題数
漢字・知識・文法	4
客観問題・選択肢型	2
客観問題・書き抜き型	1
記述問題・60字未満	6
記述問題・60字以上	5
小問合計	18

表情が崩れかけたそのぎりぎりのところで平静をとりもどし」とあります。ここで、明記されていないながらも、おじさん夫婦にかつて子どもがいたこと、そしてその子どもがもういないという解釈が成り立ち、少年とおじさんの関係が、大事な存在に対する喪失感を共有する、よりいっそう深いものであることがわかり、問題が完結します。

本校では、平成23年度（井上ひさし『あくる朝の蝉』）の蛍やエゾ蝉など、一見物語と関係ないようで、実は人物の心情、人間関係などを象徴的に表している事象を扱った問題が頻出です。そうした象徴的存在と平成24年度問12に共通するのは、見逃してしまいがちな表情や事象が、物語の大きな流れの中で重要なポイントになる、ということ。このような細かな表現を見逃さない鋭敏な感覚を養成するには、多くの文章にふれることはもちろん、映画やドラマなどの映像作品も漫然と眺めず、何を意味しているのか主体的に考えながら見ること。さらには日常生活のコミュニケーションでも、より他者の立場に立って考える意識が必要になります。本校の国語の質の高さは、問題構成の妙だけではなく、机上の演習だけでは養成できない総合的な国語力を測ろうとする、問題そのものにあります。

理科

大問数は4題で、物理、化学、生物、地学から1題ずつの出題。原理の理解と、身につけた知識を道具や現象に結びつけて活用することが求められる、骨太な問題が多くあります。

●**特徴的な問題**　カッコウの托卵《たくらん》に関する問題（平成24年度）、精子や卵などの生殖細胞に関して、さらには繁殖のために性転換する魚に関する問題（平成23年度）など。このように、ふだんの授業では扱わないような題材から出題されるのが本校の大きな特徴です。問題文やグラフ、表から考察して解答を導かなくてはならず、論理的な思考力と分析力が要求されます。また、記述させる問題が多いので、文章力も必要です。

●**対策**　ふだんから「なぜそうなるのか」の理由を常に意識して学習していくとよいでしょう。ふだんの授業でも、重要語句を覚えるだけでなく、解説を覚えるくらい読み込むようにしてください。過去問演習の際は、問題文の中のヒントを上手に利用しながら問題を解いていく流れをつかむことが大切です。記述問題は塾の先生などに採点してもらって、きちんと理解できるまで解説してもらいましょう。

社会

●**特徴的な問題**　ひとつのテーマに沿った長文を出題。地図や表、グラフなども読み取らせながら解答させる問題で、深い思考力や記述力が要求されます。

平成24年度のテーマは「お金」でした。通貨に関する文章から石見銀山が世界遺産に選ばれた理由、秀吉の大判の使い方などの出題がありました。通貨のように人の思い込みで成り立っているものについてほかの具体例を挙げ、その思い込みが消えたときの生活の変化について記述させる問題。貧富の差が差別につながってはいけない場合について健康保険を例にして、その他の具体例とそれが起こす問題点を160～200字で記述させる問題などが出されました。

●**対策**　記述問題中心ですが、まずは基礎的な知識をしっかり固めること。深い思考力や記述力は、さまざまな知識の積み上げが大切となります。また、物事にはいくつもの見方があることを考えさせた上で、異なる見方それぞれの理由を答えさせる問題が頻出。ふだんからひとつの見方にとらわれずに、さまざまな視点から社会をとらえること。最後に簡潔にまとめる記述力を高めるために十分に練習を積んで臨みましょう。

通塾別学習対策

サピックス

算数●『デイリーサポート』すべてと、SS特訓の教材を繰り返し復習しましょう。

国語●『デイリーサピックス』の問題はすべて解いて、添削を必ず受けましょう。

理科●生物、地学分野は発展問題まですべて取り組みましょう。

社会●テキストに加えて『テーマ別特訓ノート』シリーズ（学研）もサブテキストとして利用。

日能研

算数●応用問題まですべてと、日曜特訓の教材を繰り返し復習しましょう。

国語●塾教材以外も活用して、少しでも多くの物語文を読むようにしましょう。

理科●春期・夏期講習テキストなどで記述対策も行いましょう。

社会●テキストに加えて新聞記事も丁寧に読みましょう。

四谷大塚系

算数●『予習シリーズ』すべてと、志望校別特訓の教材を繰り返し復習しましょう。

国語●『予習シリーズ』で基本を固めて、ほかの教材で物語文を多く読みましょう。

理科●テキストに自然・科学現象の理由などを書きこみながら進めましょう。

社会●テキストに加えて詳しい参考書などを丁寧に読み込みましょう。

理科 求められる力

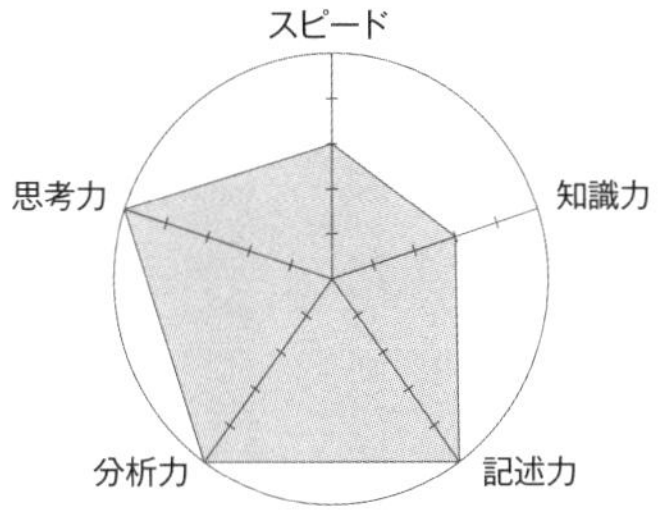

理科 出題形式の内訳と1問あたりの時間

内訳	H24	H23	H22	H21
大問数	4	4	4	4
小問数	38	46	39	40
選択	23	27	11	13
語句記述	0	3	4	12
文章記述	7	7	7	7
計算・数値記述	7	7	10	8
作図・その他	1	2	7	0
1問あたりの時間（秒）	78.9	65.2	76.9	75.0

社会 求められる力

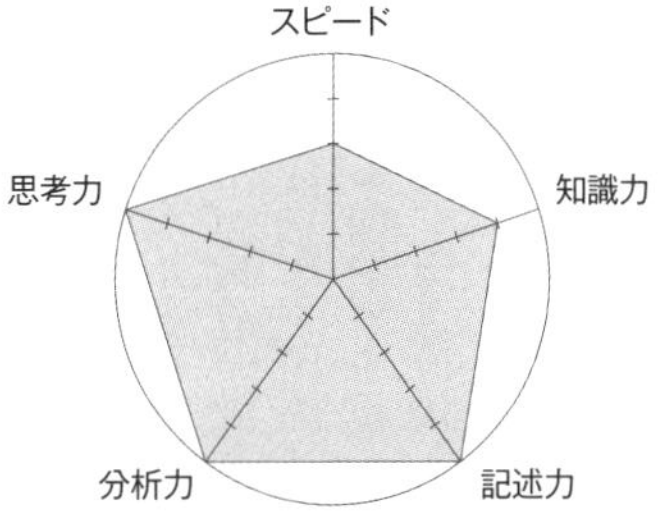

社会 出題形式の内訳と1問あたりの時間

内訳	H24	H23	H22	H21
大問数	1	1	1	1
小問数	22	22	22	24
選択	5	2	4	4
語句記述	8	8	5	7
文章記述	9	12	13	13
その他	0	0	0	0
1問あたりの時間（秒）	136.4	136.4	136.4	125.0

市川中学校

千葉県市川市

外

試験日
1/20・2/4
発表1/22・2/5

面接なし

算	100点	40分
国	100点	40分
理	100点	40分
社	100点	40分

出願作戦　かつてのお試し受験の筆頭という面影はなく、県外でも第一志望に挙げる受験生が出てきています。第1回試験での併願校として、東邦大東邦、昭和秀英はいずれも試験日が近く、偏差値でも差がありません。1月前半で押さえが固められていない場合には体力的、精神的ともに厳しい併願になるので、慎重に判断しましょう。

また、1月に結果を出さないままに2月受験に進むのを避けるために、偏差値で本校と大きな差がない江戸川取手以外に、麗澤や茗溪学園、千葉日本大一なども候補に入れておきましょう。

＊上位校では珍しく、4科の満点、試験時間が同じです。毎年、幕張メッセで実施される1月の第1回試験は、保護者や塾関係者も含めると、5,000人規模で移動する光景が展開されます。学校説明会で出題傾向について詳しく説明されることがあります。

算数

●出題構成

第1回試験、第2回試験ともに時間は40分で、設問数は15問程度、難易度比率は第1回が標準70%、発展23%、思考力7%、第2回が標準86%、発展11%、思考力3%です。

解答形式は答えのみですが、難しい作図や論証が出題されています。

●まず合格レベルを目指す

大問6～7題構成。計算問題と小問集合が出題される大問1をはじめ、問題文の長いものが多く、40分の試験時間で全問解答することは非常に困難です。そのため、受験者平均点は40～55点で推移しています（合格者平均点は非公表）。

左ページの円グラフと表のとおり、速さ、比と割合、平面図形といった、塾などで重点的に学習する単元の出題比率が高くなっています。塾教材の標準問題と大

分野別出題傾向

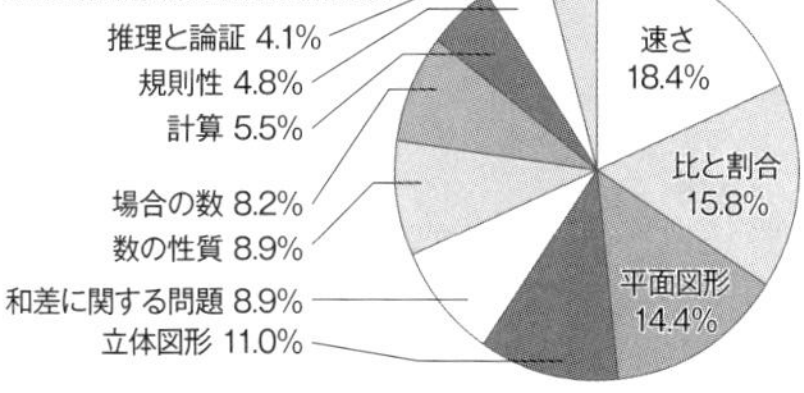

項目別出題ランキング

	項目	標準	発展	思考力	合計
1	旅人算	14	2	0	16
2	相似形・面積比	9	4	0	13
3	場合の数	3	4	5	12
4	点の移動	6	2	0	8
5	食塩水	7	0	0	7
6	二量の関係	4	2	0	6
7	四則混合計算	6	0	0	6
8	公約数・公倍数	4	1	0	5
9	推理	3	1	0	4
10	数の性質	4	0	0	4
10	倍数算	4	0	0	4

手塾のテストで全体正答率30％前後の問題が解けるようになることが、合格の基準と考えてよいでしょう。

しかし、本校の難しさは問題形式にあります。例えば、平成23年度第1回の大問5は、情報量の多いグラフが2つ用いられ、設問を読むまでは「何を問われるのだろう、難しそう」と身構えてしまいますが、解いてみると標準問題です。

このように、問題文が長く、設定を理解するために読解力と状況把握能力が求められるので、過去問演習を通じて本校の出題形式に対応できるように訓練しましょう。

●さらに算数で得点を伸ばすには

前述のとおり、本校は問題量に対して試験時間が短いだけではなく、平成22年度第1回と平成20年度第1回では大問1・(5)で平面図形の発展問題が、そして毎回大問3、大問4あたりで発展問題や思考力問題が出題されており、問題の見きわめと時間配分の点で高い対応力が必要とされています。

また作図問題では、平成24年度第1回大問2の点の移動軌跡や、平成23年度第1回大問4の正四面体を用いた移動できる範囲、平成22年度第1回大問6の建物の陰になる範囲、平成20年度第1回大問3のおうぎ形の周りを円が回転移動する問題など、条件設定をよく理解し、設問の本質的理解ができないと解けない問題が出されます。これらの注意点を意識して過去問演習を行いましょう。

これまで紹介してきた問題が第1回試験のものばかりであるように、受験生の学力と問題の難度も第1回の方が高くなっています。千葉を中心とする首都圏の成績上位生の多くが受験のスタート校として選択するので、周到な準備をして本番に臨みましょう。

国語

●問題文について

毎年、大問3題のうち、第1問と第2問が読解問題です。説明文（または随筆文）および物語文が出題されています。

問題文の内容や表現は、やや難しいレベルです。ただし平成22年度第1回第2問は、詩における言葉のはたらきに関する難解な文章でした。長さについては極端に長い文章が出題されることはありませんが、試験時間が40分と短めのため、少しでも速く文章を読むスピードが必要です。

●設問について

毎年、第1問と第2問が読解問題。第3問が漢字や知識の問題です。

読解問題に、選択肢問題が多いことが本校の特徴です。また、書き抜き問題が1～2問出題されることが多くなっています。記述問題も2～3問出題されています。読解問題の中で、言葉の意味や用法、慣用句、接続語などが問われることがあります。

第3問は、漢字書き取りのみ8問、または、漢字書き取り4問に知識問題が数題加わります。いずれも標準的レベルの問題です。

●対策

毎年、第3問で出題されている漢字は標準的レベルなので、確実に全問得点できるように、塾の漢字の教材は完璧に身につけておきましょう。

知識問題は、慣用句、二字熟語や四字熟語、対義語などが出題されています。これらも標準的レベルです。塾の主要教材で、ひととおりの知識を身につけるとよいでしょう。とくに頻出の慣用句は、『ズバピタ慣用句・ことわざ』（文英堂）や『四科のまとめ』（四谷大塚）などで補充することが有効です。

言葉の意味や用法を問う問題も同じく本校で頻出です。知らない言葉はこまめに辞書を引いて、語句の意味をメモしたノートを作成すると、対策として大きな効果があります。さらに、『語彙力アップ1300 ①小学校基礎レベル』（すばる舎）を用いて、言葉の意味や用法をたくさん身につけるとよいでしょう。

読解問題の対策は、選択肢問題、書き抜き問題、そして、記述問題のいずれについても、塾の通常授業の教材で対応できます。

本校で多く出題される選択肢問題は、1問でも多く練習する必要があります。とくに、物語文で登場人物

問題文のジャンル別難易度と文章量

出題年	物語文	説明文	随筆文	その他
H24①	標準	やや難		
H24②	標準	やや難		
H23①	標準	やや難		
H23②	標準	標準		
H22①	標準	難		
H22②	標準	やや難		
H21①	標準		標準	
H21②	標準	やや難		

求められる力

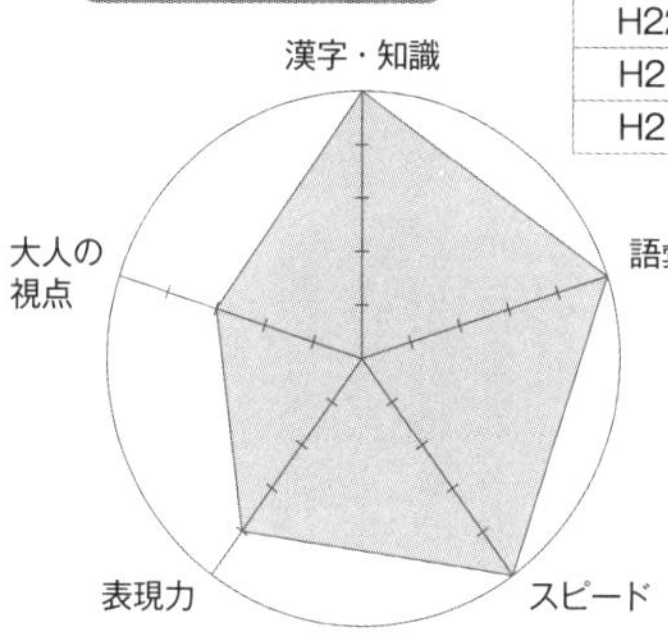

出題内容別の問題数

出題内容	問題数
漢字・知識・文法	9
客観問題・選択肢型	14
客観問題・書き抜き型	1
記述問題・60字未満	1
記述問題・60字以上	1
小問合計	26

の心情を問う問題が頻出です。例えば、平成24年度第1回第2問（椰月《やづき》美智子『十二歳』）問5や、平成23年度第1回第2問（堂場瞬一『少年の輝く海』）問6は、友人や同級生との会話の場面での、主人公の心情を尋ねる問題。ピアノや水泳といった受験生にとって身近な題材で、選択肢も際立ってまぎらわしいものはありません。そうした点で、他校の問題などから類題を見つけやすいと言えます。銀本や『有名中学入試問題集』（声の教育社）で、同じ形式の問題をピックアップして取り組みましょう。また、接続語を当てはめる選択肢問題も多く見られます。

　記述問題では、短めの字数の問題を中心に、本文中のどの部分を解答に盛り込むべきかを意識する練習を重ねましょう。

　本校の設問形式は本郷に似ているので、過去問に取り組むことも有効です。

　試験時間は40分と短めであり、かつ難しめの文章が出題されます。文章を読んで解答するスピードを上げる練習を繰り返しましょう。塾で国語のテストを受けたり、自分で過去問を解いたりする際は、制限時間を5〜10分短くして早く解き終えるように心がけるとスピードアップに効果的です。

理科

試験時間は40分で、大問数は平成22年度までは4～5題だったのが、平成23年度では7題、平成24年度は9題に増えました。小問数には変化は見られません。全体として標準的な問題が大半を占めています。

●特徴的な問題　富士山に降った雨の量と湧水の関係（平成24年度第1回）、目線の高さと水平線までの距離に関する問題（平成24年度第2回）、風向きと滑走路の関係をグラフと地図から読み取る問題（平成23年度第1回）、渡り鳥の行動の仕組みを推測する問題（平成23年度第2回）、磯の生物に関する問題（平成22年度第1回）などがありました。どの年度も、少し変わった視点からとらえた問題が1～2問出題されています。

●対策　大問数が増えた分、ひとつの大問あたりの問題数は減って幅広い分野からの出題が予想されるため、基本事項を確実に身につけておくことが重要。与えられた文章、グラフなどから推測して答えるタイプの問題は、まず過去問で経験を積んでください。頻出である力のつり合いの問題は、いろいろなタイプの問題に取り組んでおくとよいでしょう。

社会

大問数が4題、小問数が50問前後。解答形式は漢字指定での語句記入問題が多くなっています。また記述問題が増えてきている点に注意が必要です。

●特徴的な問題　エネルギー資源として石炭が石油よりもすぐれている点を2つ記述させる問題や、大豆の自給率が低い理由と野菜の自給率が高い理由をそれぞれ記述させる問題（平成24年度第1回）。核拡散防止条約を批准《ひじゅん》せずに核兵器を保有するに至った国として、インドとパキスタンを記述させる問題や、語句の記述で漢字を正確に覚えておかなければならない五稜郭《ごりょうかく》や柳条湖《りゅうじょうこ》事件（平成24年第2回）。日本の国土と自然において、東日本の政令指定都市の数や、西日本にある世界自然遺産を問う問題（平成23年度第2回）などがありました。政令指定都市に関連する問題は、過去にも繰り返し出題されているので押さえておく必要があります。

●対策　基本的な知識を漢字で確実に自分のものにすることがまず重要となります。また記述問題対策として、短い文章で簡潔にまとめる練習をふだんから十分に行いましょう。

通塾別学習対策

サピックス

算数●『デイリーサポート』Cプリントまで解けるようになりましょう。

国語●『デイリーサピックス』のBテキストで難しめの文章を読み、Aテキストで問題演習をしましょう。

理科●マンスリーテストや過去問で得たことをまとめ、知識を増やしていきましょう。

社会●『分野別問題集』の公民は必ず取り組むようにしましょう。

日能研

算数●応用問題の前半部分までは解けるようになりましょう。

国語●『本科教室』と『栄冠への道』について、全単元を網羅して問題演習を進めましょう。

理科●『メモリーチェック』の知識は、早めに、確実に押さえましょう。

社会●公民分野などの時事問題対策をしっかり行いましょう。

四谷大塚系

算数●『予習シリーズ』の練習問題まで解けるように。

国語●『予習シリーズ』と『演習問題集』、『四科のまとめ』の全単元を網羅して問題演習を進めましょう。

理科●物理、化学分野は『予習シリーズ』に加えてほかの問題演習も行いましょう。

社会●公民分野はとくにテキストを詳しく読みこなしましょう。

理科 求められる力

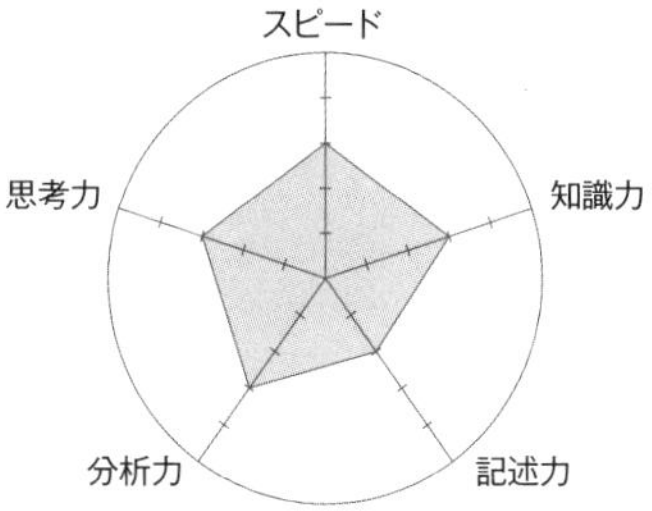

理科 出題形式の内訳と1問あたりの時間

内訳	H24①	H24②	H23①	H23②	H22①	H22②
大問数	9	9	7	7	4	4
小問数	31	31	33	28	39	29
選択	19	10	12	15	23	16
語句記述	5	2	12	4	0	8
文章記述	0	3	1	2	3	1
計算・数値記述	4	15	7	6	13	3
作図・その他	2	1	1	1	0	1
1問あたりの時間（秒）	77.4	77.4	72.7	85.7	61.5	82.8

社会 求められる力

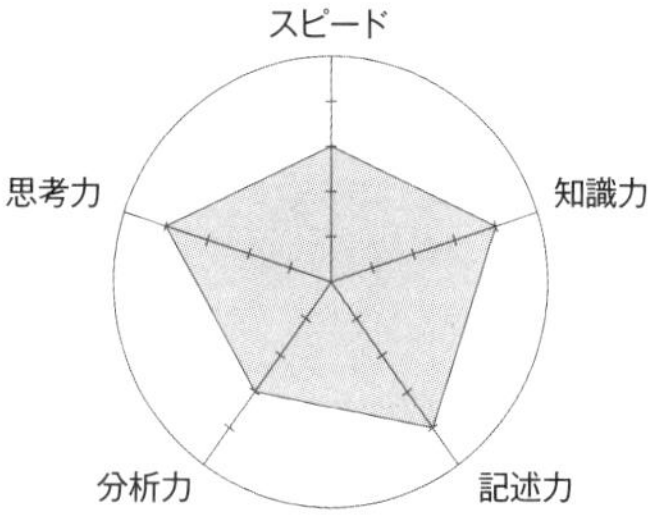

社会 出題形式の内訳と1問あたりの時間

内訳	H24①	H24②	H23①	H23②	H22①	H22②
大問数	5	4	4	5	3	4
小問数	41	46	49	49	46	41
選択	3	5	6	3	6	1
語句記述	32	37	34	41	36	32
文章記述	6	4	9	5	4	8
その他	0	0	0	0	0	0
1問あたりの時間（秒）	58.5	52.2	49.0	49.0	52.2	58.5

浦和明の星女子中学校

埼玉県さいたま市

試験日
1/14・2/4
発表1/16・2/5

面接なし

科目	配点	時間
算	100点	50分
国	100点	50分
理・社	各50点	計50分

出願作戦

2月に最難関校を受験する層が1月併願校として真っ先に挙げる学校なので、第1回は激戦必至です。まず1月はじめには、栄東（ＡＢＣ）や開智のほか、春日部共栄、星野学園なども候補に含め検討しましょう。

2月の第2回も受験する場合は、それまでに確実に合格を得るために、1月後半に江戸川取手、麗澤などを受験。2月は、本校受験により集中するためにも、厳しい戦いが予想される学習院女子、頌栄女子、東洋英和を敢えて避けて、田園調布学園、共立女子、三輪田学園などへ出願する作戦もあります。

＊東大をはじめ国公立大学での堅実な進学実績で人気を集めています。カトリック系ですが、学校説明会などでは厳しい校風の印象はなく、在校生が元気に伸び伸びしているとの声が多く聞かれます。

算数

●出題構成

試験時間は50分で、設問数は20問程度、難易度比率は標準71％、発展26％、思考力3％です。

解答形式は答えのみ。女子上位レベルの受験生が最初に集う入試にふさわしく、標準、応用がバランスよい出題で、適度に点差がつく問題です。

合格するには、70点を目標にしましょう。

●まず合格レベルを目指す

左ページのランキングのとおり幅広い単元から出題されていますが、これは大問1の小問集合でさまざまな基礎知識が問われるため。まずは不得意な単元を克服し、大問1は取りこぼしなく全問正解できるようになりましょう。

大問2以降は、速さ、規則性、場合の数、数の性質が中心で、最後の問題以外は取り組みやすい内容です。大問は問題文の説明が丁寧で解きやすい形式ですが、読解力と理解力が必要なので、問題文をしっかり読む習慣をつけましょう。中でも速さは毎回出題され、平成23・22年度第1回では大問が2題ずつ出されているように、本校入試で鍵を握る単元です。速さと時間の逆比や、同じ時間に進んだ距離などの条件を、うまく活用できるように練習しましょう。ほかに多数出題されている、規則性、場合の数は、平成21年度第2回大問2のカードを切る問題のように、一度は見たことがある問題です。

分野別出題傾向

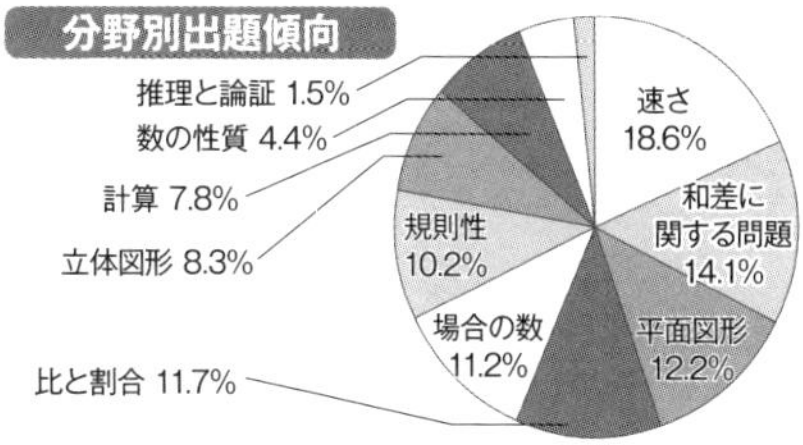

項目別出題ランキング

	項目	標準	発展	思考力	合計
1	旅人算	20	8	0	28
2	場合の数	13	6	3	22
3	数の性質	5	4	0	9
4	四則混合計算	9	0	0	9
5	水量変化とグラフ	7	1	0	8
5	規則	7	1	0	8
7	和差算	8	0	0	8
8	面積の求積・長さ	4	3	0	7
9	差集め算	4	2	0	6
9	図形の回転・移動	4	2	0	6

大手塾のテストで偏差値60（サピックスは55）以上の学力が備わっていれば、十分対応できるでしょう。

●さらに算数で得点を伸ばすには

例年、受験者平均点と合格者平均点の開きが12点程度あり、学力の高い受験生は実力が存分に発揮できる問題構成になっていることがわかります。しかし、ほかの女子上位校とは異なり解答は答えのみで部分点がないので、ひとつのケアレスミスが即失点につながることを十分に認識しておきましょう。

毎回、最後の大問で思考力問題が出題されており、後半の数問は解けないこともあると思いますが、それ以外の問題をすべて正解できる受験生は多いでしょう。算数が得意な受験生は、最後の大問でしっかり得点することを考えるでしょうが、この問題の扱いには注意が必要です。じっくり読んで前半は確実に得点し、後半はひらめいたら解き進めるというスタンスが正しいでしょう。何としても答えを出すという姿勢ではなく、それ以前の問題で条件の読み違えはないかなどを見直す方が、得点を伸ばすことができます。

また、途中で解けない問題が出てきたら、一度飛ばして先に進み、最後の大問を解ける範囲で解答し、確実に得点しておきましょう。

国語

●**問題文について**

文学的文章は物語文が多く出されていますが、その代わりに詩歌を扱う文章が出題されることがあります。難度は標準的です。

説明文では礼儀、スポーツ、音楽、顔など、多岐にわたるテーマで筆者独自の主張が展開される文章が出題されています。具体性が高く論旨が明解で、長さは標準からやや長めの文章が多く見られます。平成24年度第2回の松本尚久『落語の聴き方楽しみ方』は、論理的な読解力を要する文章で、近年の問題文の中で難しいものでした。

●**設問について**

解答時間は50分、総問題数は35問前後です。文学的文章と説明文が各1題、計2題の読解問題が出題されます。漢字は読解問題の中で6～10問超。空欄補充、抜き出し、内容一致選択など客観問題の割合が高いのですが、記述問題も出題されます。

近年、60字未満の短めの記述問題とともに、100～120字程度の長い記述問題が1問出されるパターンが多くなっています。本文中の言葉を使って書けるものが多く、前後関係をしっかりとらえることができれば、比較的対処しやすいでしょう。偏差値に比して総じて解きやすいテストであると言えます。

●**対策**

内容一致記号選択、接続詞や副詞の選択、記述問題などのさまざまな問題パターンが見られます。本校は、人気校でありながら、解答しやすい問題が多く出題されます。そのため読解問題、知識問題ともにミスをしないで確実に得点できるように、よく演習を重ねておく必要があります。

読解問題は塾テキストなどで、やや難しい問題を中心に、数多く解くことが効果的です。本校の読解問題は、文のつながりをよく読み、本文の流れから離れずに追うことができれば正解できる問題が多くなっています。内容一致選択の選択肢も、本文と矛盾するものを除外していけば正解に行きつく問題が少なくありません。国語が苦手な受験生でも地道な学習を続けることで次第に対処できるようになる可能性が高い問題です。最初のうち点が取れなくてもすぐにあきらめずに、継続して取り組みましょう。

前述どおり、記述問題ではたいてい100～120字程度で書かせる問題が出されています。文章全体の

問題文のジャンル別難易度と文章量

出題年	物語文	説明文	随筆文	その他
H24①	やや難	やや難		
H24②	やや難 ★	難		
H23①	標準			詩（標準）
H23②	標準 ★	やや難		
H22①	標準	やや難		
H22②	標準	やや難		
H21①	やや難	やや難		
H21②		※		※詩

求められる力

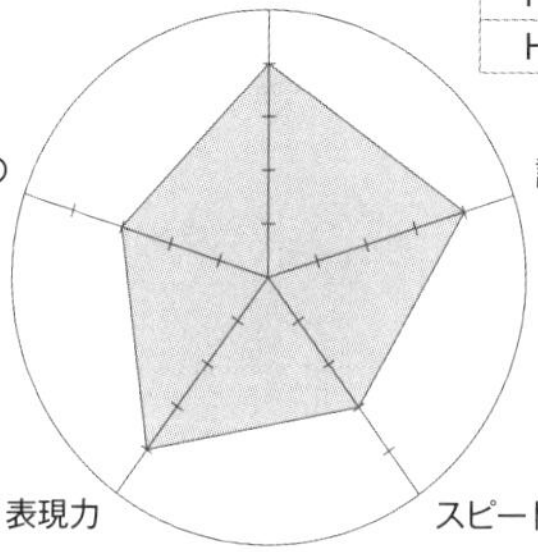

出題内容別の問題数

出題内容	問題数
漢字・知識・文法	10
客観問題・選択肢型	15
客観問題・書き抜き型	8
記述問題・60字未満	1
記述問題・60字以上	1
小問合計	35

論旨が取れて、重要箇所に着眼できれば本文中の言葉を使って書ける問題が多い構成です。

読解問題として詩歌が出題される年もあります。詩歌の問題ではテーマや表現技法の理解に加えて、詩歌特有の象徴的な表現や、含みのある表現を理解する必要があります。また、読み取った内容を自分の言葉で具体的に言い換えさせる問題が出題されることもあります。他校の過去問も併用し、詩歌の問題に共通するパターンを多く経験しておくことが大切です。

言語知識は、近年では、長文問題の中で、本文の内容に合うことわざ、慣用句、四字熟語、言葉の意味、文法的な意味の識別、敬語、不・無・非による熟語の意味否定など、多様な内容が出題されています。中には、難度の高い知識が問われる例も見られます。

確実に得点するためには、全分野をもれなくカバーできるような幅広い学習が必要です。言語知識を網羅的に集めた受験用問題集を用意し、すみずみまで習得しましょう。ふだんの学習や読書、模擬試験などで知らない言葉に出合ったらノートに書きため、入試までに繰り返し復習して確実に自分の知識として定着させるようにしましょう。

理科

試験時間は社会と合わせて50分。例年、物理、生物、化学、地学4分野から1題ずつの4題でしたが、平成23年度第1回は地学からの出題がなく、化学から2題出題されました。また、平成24年度は複数分野の内容を含む総合問題が見られるなど、出題の傾向が変化しつつあるので注意が必要です。

●特徴的な問題　地中の生物に関する問題（平成24年度第2回）、受精卵が成長していく過程を通して細胞分裂について考察する問題（平成23年度第2回）、オタマジャクシが成体になり陸に上がる際の行動についての問題（平成22年度第1回）など。いずれも与えられたデータや図を分析して答えるタイプの問題です。

●対策　まずは問題の大半を占める基本レベルの問題を確実に解けるよう、知識の習得を徹底しましょう。また、時事問題にからんで発電所に関する出題が見られたり、地中生物に関する問題があったりと、目新しい問題が出題されることがあります。他校の過去問題などで、そういった問題の演習もしておきましょう。力のつり合い、水溶液などを中心に計算問題の演習を重ねることも重要です。

社会

解答形式は選択問題と語句記述問題が中心です。地理、歴史、公民3分野から幅広く基本的な知識を問う出題が本校の特徴となっています。理科と合わせての試験なので、時間配分に気をつけつつも、確実に高得点を取ることが必要となります。

●特徴的な問題　群馬県の地図と、冬に見られる乾いた風の向きの組み合わせを選ぶ問題（平成24年度第1回）や、五畿七道の東山道、南海道に関する知識を問う問題（平成24年度第2回）。長良川流域の地形図から河川の上・中・下流を読み取らせる問題や、イギリスの功利主義をテーマとしたリード文から民主主義に関する問題（平成23年度第1回）。人口増加に関して、世界の1日あたりの人口増加数を計算する問題や、出生率と老年人口比率の推移の表から日本の推移を選ぶ問題（平成23年度第1回）などがありました。

●対策　苦手分野をつくらないようにすべての分野の基本的な用語、人名などを漢字でしっかり書けるようにすることがまず重要です。また地形図の問題がよく出されているので、地形の読み取りなどの練習を重ねましょう。

通塾別学習対策

サピックス

算数●『デイリーサポート』Dプリントまで解けるようになりましょう。

国語●『デイリーサピックス』のBテキストで標準的なレベルの100字程度の記述問題をよく練習しましょう。

理科●テキストの基本問題を繰り返し演習しましょう。

社会●マンスリーテストの見直しで、地理と歴史はできるだけ関連づけて覚えること。

日能研

算数●応用問題の前半部分までは解けるようになりましょう。

国語●テキスト全般と模擬試験で基礎力をつけ、標準的な問題を確実に解けるようにすること。

理科●カリキュラムテストより少し難度の高い問題まで取り組みましょう。

社会●銀本から融合問題を選んで解くと効果的です。

四谷大塚系

算数●『予習シリーズ』の練習問題レベルまで解けるようになりましょう。

国語●テキストのやや難しい問題と、『四科のまとめ』を重点的に学びましょう。

理科●知識については『四科のまとめ』の実験や観察を押さえましょう。

社会●週テストの総合回を重点的に復習しましょう。

理科 求められる力

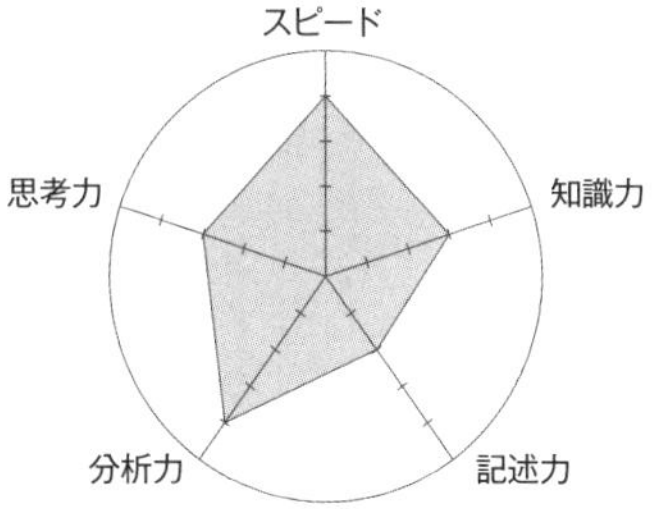

理科 出題形式の内訳と1問あたりの時間

内訳	H24①	H24②	H23①	H23②	H22①	H22②
大問数	4	4	4	4	4	4
小問数	31	25	24	26	20	20
選択	29	22	17	15	17	15
語句記述	1	3	1	3	2	1
文章記述	0	0	0	0	0	0
計算・数値記述	1	0	6	8	1	4
作図・その他	0	0	0	0	0	0
1問あたりの時間（秒）	48.4	60.0	62.5	57.7	75.0	75.0

社会 求められる力

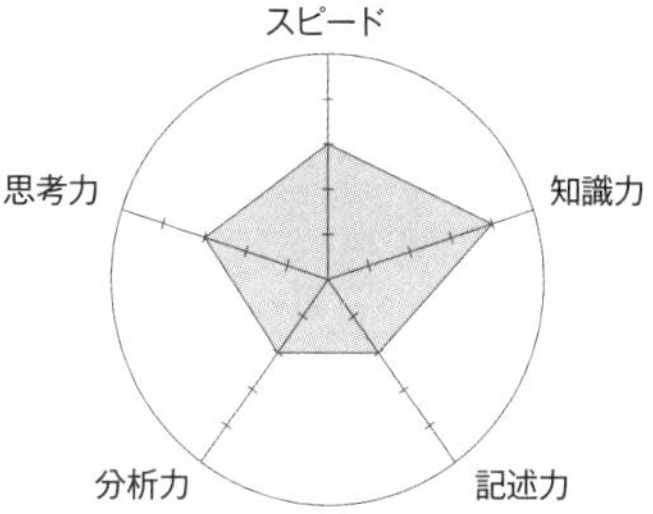

社会 出題形式の内訳と1問あたりの時間

内訳	H24①	H24②	H23①	H23②	H22①	H22②
大問数	3	2	3	3	2	2
小問数	35	35	36	37	29	34
選択	25	25	31	27	22	21
語句記述	8	9	5	10	7	13
文章記述	0	0	0	0	0	0
その他	2	1	0	0	0	0
1問あたりの時間（秒）	42.9	42.9	41.7	40.5	51.7	44.1

栄光学園中学校

神奈川県鎌倉市

試験日
2/2
発表2/3

面接なし

科目	配点	時間
算	70点	60分
国	70点	50分
理	50点	40分
社	50点	40分

出願作戦　試験日が2月2日のため、1日の併願校選びが重要です。

とくに神奈川在住の受験生で、埼玉、千葉の1月併願校の選択が距離的に難しい場合は、より慎重な判断が必要です。

本校を第一志望とする場合の1日の併願候補としては、サレジオ学院、逗子開成などが挙がります。1日の結果次第で3日に浅野、4日の聖光学院2回目を選ぶこともできます。4日以降には鎌倉学園も加え、さらに桐蔭中等教育を組み合わせるといったところが定番となっている併願パターンです。

＊神奈川男子御三家のひとつで屈指の進学校ですが、学校説明会は終始和やかな雰囲気で進められます。出席した保護者が子どもへのメッセージを書いたクリスマスカードを学校に預けると、クリスマスまでに郵送してくれるというサービスが行われています。

算数

●出題構成

平成21年度より、試験時間が50分から60分へ、設問数が10問弱から13問程度へと変更されました。

解答形式は、平成20年度までは記述式中心でしたが、平成21・22年度は答えのみが中心で記述式はごく一部の形式へと変更され、平成23年度からは再び記述式の割合が増えています。

●まず合格レベルを目指す

難易度比率は標準48%、発展26%、思考力26%と問題のレベルは高く、独創的な出題がされています。平成20年度以降は標準レベルの問題が半数近くで、平成24年度は随分と取り組みやすい問題構成になりましたが、合格の目安として偏差値65（サピックス生は60）以上の学力を備えた上で、ただ考えるだけでなく、書き出しなどの作業をして調べる力が不可欠です。

単元別の出題比率は、場合の数や数の性質、推理と論証、平面図形、立体図形、速さが各10～15％と多めですが、その他の単元からもまんべんなく出題されています。

最近の注目点としては、ほぼ毎年登場している場合の数、推理と論証です。平成21年度までは思考力問題からの出題でしたが、平成22年度以降は全受験生が解答可能な標準問題からとなった分、論理的説明能力で得点に差がつく形式になっています。また難しい問題が多い中で、平面図形の相似形・面積比や数の性質の公約数・公倍数は比較的取り組みやすい出題となっています。これらの問題が解けるかどうかで志望校とすべきか否かを判断するとよいでしょう。

分野別出題傾向

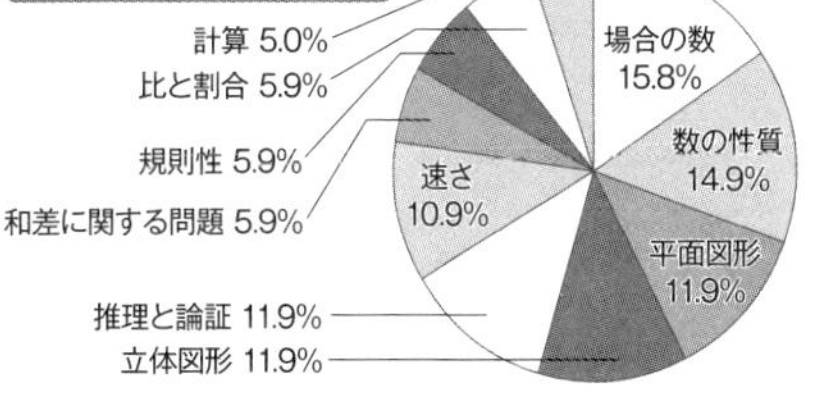

項目別出題ランキング

	項目	標準	発展	思考力	合計
1	場合の数	2	3	7	12
2	論証	3	0	8	11
3	旅人算	2	3	4	9
4	点の移動	4	0	2	6
5	相似形・面積比	5	1	0	6
6	数の性質	2	1	2	5
7	水量変化とグラフ	1	3	1	5
8	道順	3	0	1	4
9	四則混合計算	4	0	0	4
9	公約数・公倍数	4	0	0	4

●さらに算数で得点を伸ばすには

本校では、平成19年度大問5の折り鶴の問題のように、具体的な数値は与えられず、出題者の意図や問題の本質を読み解く能力がなければ、どこから手をつければよいかわからない問題もあります。さらに、「なぜそうなるのか説明しなさい」と論証させる問題がほぼ毎年出されているように、物事を深く考えることができ、それを論理的に説明できる、非常に高い学力が求められています。

これらの問題に対応するためには、解き方を覚えるという勉強ではなく、算数オリンピックレベルの問題を初見で解く学習が有効でしょう。ただ平成24年度を見ると、今後は発想力勝負ではなく、式や計算の書き出しなど実際に手を動かして試行錯誤できるか否かが鍵を握る試験となるかもしれません。

まずは筑波大附属駒場や麻布の過去問を解いて、手を動かして調べる習慣を身につけた上で本校の過去問演習を行い、余裕があれば算数オリンピックの過去問に取り組むという順序がよいでしょう。

国語

●問題文について

これまでは説明的文章1題、物語文1題の構成です。本校の特徴のひとつとして、本校国語科が作成したオリジナルの文章から出題されることが多くありますが、受験生が無理なく読めるように作成されており、ほかの出典でも難解な文章は目立ちません。

説明的文章のテーマはさまざまですが、難しい語彙は少なく、構成がはっきりしているため読みづらさは感じません。物語文では海外の作品が多く取り上げられますが、独特の世界観が展開される内容ではないので、理解に苦しむことはないでしょう。

●設問について

漢字が毎年15問と、難関校では珍しい多さです。平成24年度には、小問で近年姿を消していた語彙の意味を問う問題と、文法問題が復活。読解問題では圧倒的に記述問題の割合が多い構成です。記述問題は字数制限なしの完全自由記述が主流ですが、解答欄の枠が決して広くないことを意識しなければなりません。一見解きやすそうに思えますが、表現を短くまとめる力が必要です。平成24年度は取り組みやすい問題が増えたためか、合格者平均点が前年度から8点上がりました。

●対策

本校では記述問題での得点が大きなポイントになります。前述のとおり解答欄の枠が広くないので、的確な表現を用いていかに文章を短くまとめるかに注意する必要があります。とくに物語文では、文章中の心情表現を別の言葉に換える必要があり、書くための語彙を豊富に持つことが重要になります。

その端的な例として、平成20年度第2問（最上一平『雪の上の宝石』）の問1が挙げられます。出稼ぎに出た父親が正月にも帰ってこられないことのつらさを隠すために、明るく振る舞う同級生・琴乃の心中を察する主人公・さとるの気持ちを説明する問題です。物語文では頻出の、人物が本心とは対照的な表情を見せる心うらはらのパターンです。

ポイントは、この記述を一文に収めなければならないことにあります。ここでは「○○な琴乃が△△であったから」とまとめるのがベストですが、こうした解答の文章構成を短時間で決めることが栄光対策ではきわめて重要です。本校を受験するには、○○の部分を「父親が帰ってこられないさびしさを隠して、明るく元気なふりをしている」と答えられる実力のあることが前

問題文のジャンル別難易度と文章量

出題年	物語文	説明文	随筆文	その他
H24	標準	標準		
H23	標準	標準		
H22	やや難	標準		
H21	標準	※		
H20	標準	標準		
H19	標準	標準		
H18	標準	標準		

求められる力

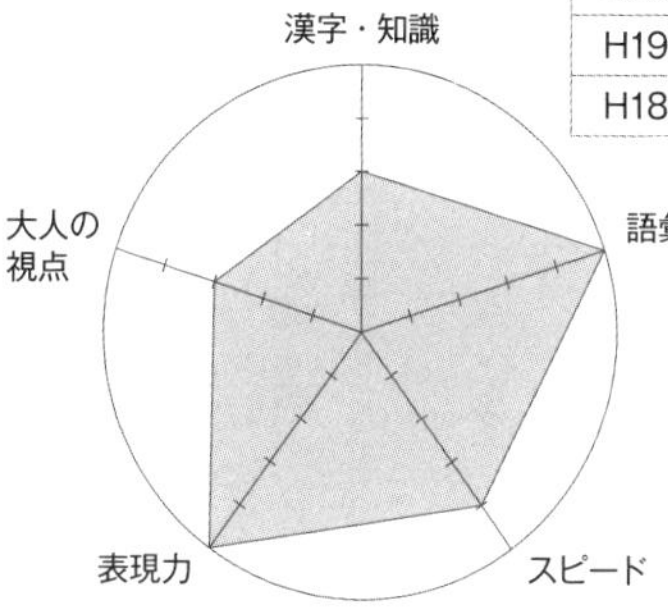

出題内容別の問題数

出題内容	問題数
漢字・知識・文法	17
客観問題・選択肢型	2
客観問題・書き抜き型	1
記述問題・60字未満	5
記述問題・60字以上	3
小問合計	28

提。その上で、△△にあたる心情を的確に表現しなければ、高得点は望めません。「悲しかった」「つらかった」では説明不十分になるので、「いたたまれなかった」「痛々しかった」といった表現がすぐに出てくるような、語彙力を上げる訓練が必要になります。

このように字数を抑えるための文章構成を短時間でつくり上げること、心情表現の語彙を増やすことが不可欠です。具体的な対策としては、塾のテキストなどから字数制限のない問題を見つけて、必要な要素を見つけてまとめる練習を繰り返しましょう。その際に、説明的文章では指示語の表す内容を説明する問題に重点を置くこと。物語文では、人物の言動についてその理由や内容を説明する力を養成するために、テキストで問題になっていない箇所でも、なぜこのように感じたのか、といった内容を確かめながら記述することが有効です。平成24年度は、全体的に取り組みやすい問題が多く見られましたが、記述問題で求められる解答のレベルは高いので、十分な対策が欠かせないことに変わりはありません。

漢字は難度が高くないだけに、その得点率が大きな鍵になります。塾の教材演習は1回で終わらせず、トメハネをしっかり確認して繰り返し練習しましょう。

理科

平成17年度以降は大問数が2〜3題となっています。大問1と大問2は同一のテーマをもとにした出題です。問題数は少ないものの、記述問題やグラフの問題が多いため、時間的に余裕を感じることはないでしょう。

●特徴的な問題　平成24年度のテーマは夏でした。大問1は緑のカーテンとゴーヤの問題、大問2は冷たい水の入ったコップにつく水滴に関する問題でした。平成23年度のテーマは時計で、大問1に日時計と振り子時計に関する出題、大問2で水時計に関する出題がありました。ペットボトルに水を入れ、ふたに開けた穴から水を抜いていく水時計をつくり、そのデータのグラフを読み取りながら解いていくという、思考力、分析力を要求される問題でした。

●対策　非常に特徴的な問題形式なので、過去問演習を徹底的に行うことです。問題文の誘導に従ってグラフを読むことが要求されるので、ふだんから、変化の様子などに注目してグラフの意味を考える習慣をつけましょう。基本知識を早い段階で身につけ、入試対策用の問題集で演習量を確保するのも重要です。

社会

毎年、あるテーマに基づいた文章を読んで設問に答える形式となっています。平成24年度のテーマは「食料」でした。平成23年度は例年と異なり、大問が分かれていましたが、平成24年度は大問ひとつで、すべて小問というものいつもの形に戻りました。

●特徴的な問題　平成24年度は食料に関して、水田、米、農具、肥料、畜産、果実、野菜など幅広い分野から出題。図表を見て年代の移り変わりによる変化を記述させる問題や、表の数値から割合や傾向を分析して記述させる問題も出されていました。総合問題となっており、分析力や思考力が問われています。平成23年度は「横浜」、平成22年度は「お茶」、平成21年度は「日本の都」がテーマでした。

●対策　過去問演習時から問題文で与えられた条件を慎重に吟味すること、資料やグラフの数値を正しく読み取って変化の理由などを意識的に考えることが大切。ふだんのノート作成から簡潔に箇条書きなどでまとめる癖をつけると効果的でしょう。このとき、断片的に知識を覚えるのではなく、知識と知識がつながるように心がけて学習するとさらによいでしょう。

通塾別学習対策

サピックス

算数●『デイリーサポート』をはじめ、全問題を学習しましょう。

国語●『デイリーサピックス』のBテキストで字数制限のない記述問題を選んで、練習を重ねましょう。

理科●テキストを全部仕上げ、『分野別問題集』にも取り組みましょう。

社会●知識対策として、まずはテキストをしっかり読みこなしましょう。

日能研

算数●応用問題など授業で扱っていない問題も、すべて学習しましょう。

国語●塾テキスト以外に、麻布や武蔵の字数制限のない記述問題を活用しましょう。

理科●物理、化学分野は難度の高い問題まで演習しましょう。

社会●時代ごとの地域のつながりを理解すること。

四谷大塚系

算数●『予習シリーズ』『演習問題集』だけではなく『難問題集』も解きましょう。

国語●復習ナビゲーションで、精度の高い答案づくりを練習しましょう。

理科●とくに生物、植物分野はテキストに出ていないところまで補いましょう。

社会●用語を答える問題はテキストを繰り返して対応すること。

理科 求められる力

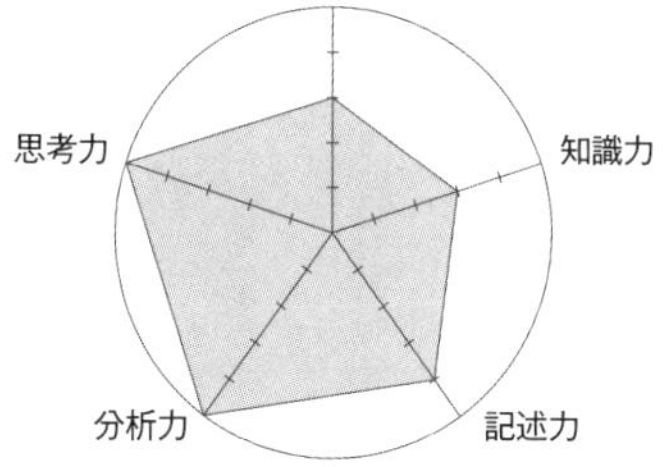

理科 出題形式の内訳と１問あたりの時間

内訳	H24	H23	H22	H21
大問数	2	2	2	2
小問数	23	17	15	13
選択	9	4	4	3
語句記述	7	1	0	0
文章記述	3	2	4	4
計算・数値記述	1	8	5	5
作図・その他	3	2	2	1
1問あたりの時間（秒）	104.3	141.2	160.0	184.6

社会 求められる力

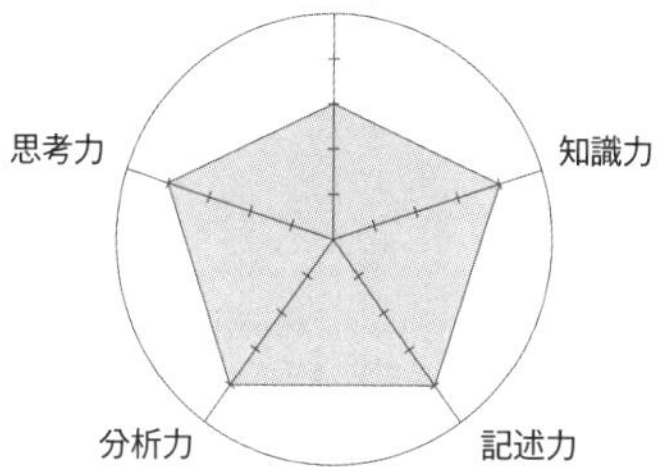

社会 出題形式の内訳と１問あたりの時間

内訳	H24	H23	H22	H21
大問数	1	3	1	1
小問数	23	24	18	25
選択	11	8	6	6
語句記述	3	11	6	14
文章記述	8	5	6	4
その他	1	0	0	1
1問あたりの時間（秒）	104.3	100.0	133.3	96.0

桜蔭中学校

東京都文京区

試験日 **2/1** 発表2/2

面接あり

科目	配点	時間
算	100点	50分
国	100点	50分
理	60点	30分
社	60点	30分

出願作戦

言うまでもなく女子の最難関校です。まずは1月校で確実な押さえを固めて、万全の構えで臨む必要があります。

渋谷教育幕張、栄東（東大選抜）、浦和明の星などとの併願が目立ちますが、より確実に、栄東（ABC）や、淑徳与野も候補に入れましょう。

2日に豊島岡女子を併願するケースが非常に多くありますが、安全策なら、白百合学園、晃華学園などを。3日に慶應義塾中等部、筑波大附属、お茶の水女子大附属などの難関を併願する場合には、2日の午後に普連土学園の午後入試を組み合わせるのも一手です。

＊面接は受験生5人1組とのグループ面接と、保護者との面接が別々に行われます。高2から英語、数学で習熟度別の授業が行われますが、クラスは生徒の希望によって決まるなど、生徒の自主性・個性を活かした取り組みが多く見られます。

算数

●出題構成

平成16年度に試験時間が変更され、それ以降50分で設問数は20問程度。解答形式はほぼ記述式ですがスペースは小さめで、要点をもらさずかつコンパクトにまとめる技術が必要です。

難易度比率は標準68％、発展29％、思考力3％で、合格するには、最低70点は必要と思われます。

●まず合格レベルを目指す

首都圏女子最難関校です。合格するには確実に正解しなくてはならない問題も一般的にはハイレベルで、緻密な計算力や注意力が必要です。

大問1の小問集合で出題される規則性のように、ひとつ間違えると連鎖的に不正解になってしまう問題や、平成23年度大問4の周期で考えながら最後は書き出して見つける問題は、毎年出題されます。ケアレスミス（とくに計算ミス）が多い、あるいは式を書くことや書き出しなど、手を動かすことが嫌いな受験生は、徹底的に練習を重ねて苦手意識を早期になくしましょう。課題を克服しながら、夏休み終了時までには大手塾のテストで偏差値65（サピックスは60）以上は必要になります。その時点までに「桜蔭以外の学校なら合格できる」学力を養い、9月以降は本校の対策に十分な時間が割けるようにしましょう。また、女子校では出題の少ない立体図形の切断が毎年出されるように、本校受験に向けては何が出題されても対応できるような万全の対策が不可欠です。

分野別出題傾向

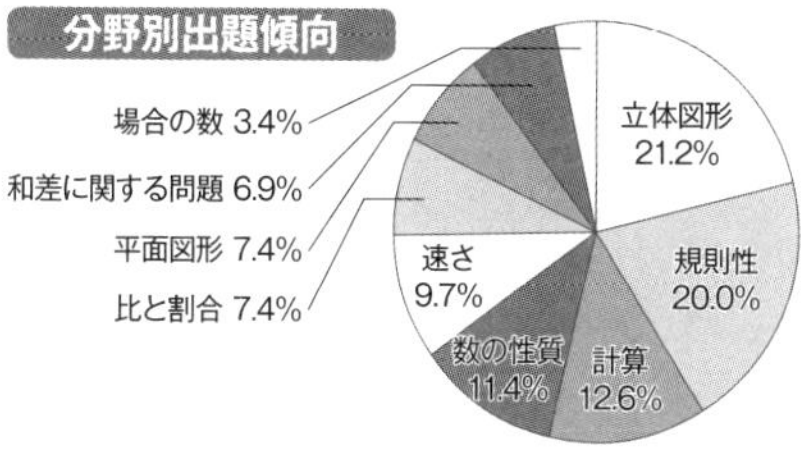

項目別出題ランキング

	項目	標準	発展	思考力	合計
1	図形の規則性	10	5	1	16
2	還元算	11	2	0	13
3	水量変化とグラフ	7	4	0	11
4	立体図形の切断	4	6	0	10
5	規則	3	6	0	9
6	約束算	8	1	0	9
7	四則混合計算	9	0	0	9
8	速さとグラフ	7	1	0	8
9	点の移動	4	3	0	7
10	場合の数	3	2	1	6

●さらに算数で得点を伸ばすには

先にも述べましたが、小問集合から「引っかけ」のような、注意力が必要な上に、設問に連続性があってひとつ間違えると連鎖的にミスしてしまう問題が続きます。また、大問は問題文が長く、設定の難しいものが多いので、50分で解き、答案も書くことは至難の業です。きれいに解こうとあれこれ考えるよりも書き出してしまうなど、50分間手を動かし続けることが大切です。また、平成24年度は大問が1題減り、平成21年度以降増加していた設問数も減少しました。1問の配点が大きくなるため、正確さはよりいっそう重要です。

単元別では、まず立体図形の切断。過去問だけではなく、早稲田や巣鴨の問題で切断方法や展開図への反映方法などの演習を重ねましょう（ただし、複雑な求積は解く必要はありません）。周期の問題も、最後は書き出して調べなくてはならないという注意点を頭に叩き込み、過去問演習を通じて「何を問われているのか」をよく考えながら学習すること。

類題を探すのは難しいのですが、筑波大附属駒場の問題は、問題設定の理解から決まりを見つけるまでのアプローチが似ているので、参考になります。

国語

●問題文について

読解問題として、大問2題が出題されます。物語文が毎年あり、それに加えて、随筆文または説明文が出されています（ただし平成21年度には、物語文のほかに、詩およびその解説文が出題されました）。問題文の内容は難しく、まさに最難関校と言うにふさわしいレベルです。小学生にとってはきわめて難解な文章が取り上げられることがあります。問題文の長さも、とくに物語文で長いものが出題されています。

平成23年度には、前年に亡くなった井上ひさしの文章を出題。平成21年度には、本校と駒場東邦で同じ出典からの文章が出されるなど、難度は高いながら、独自性が強すぎることはありません。

●設問について

毎年、大問は読解問題2問の構成です。漢字・知識問題は、読解問題の中に含まれる形で出題されます。

記述のウエイトがきわめて大きいことが、本校の最大の特徴です。とくに２００字または２５０字という大変長い記述が毎年1題あります。客観問題も少しだけ出題されることがあります。

●対策

本校は女子の最難関校であるため、最高の実力をつけることが必須です。

まず漢字は標準レベルなので、必ず満点を取るように心がけましょう。具体的には、各塾の漢字の教材を完璧に仕上げておきましょう。

次に知識については、設問で問われることは少ないものの、文章内容を正確に読み取る前提として、慣用句などの中学受験レベルの知識は完全に身につけておく必要があります。

文章のテーマとして、言葉の本質（平成22年度第2問）や平成19年度第1問）、生死観（平成20年度第2問）、日本文化論（平成18年度第1問）といった、小学生には難解なものが扱われています。難しいテーマについても積極的に読書に取り組む習慣をつけましょう。

以上を踏まえた上で、記述対策に最大のウエイトを置きましょう。塾の教材の記述問題について、内容はもちろん、表現の一字一句についてきめ細かく添削を受けられれば理想的です。

本校の記述問題は、字数指定がなくて、答案用紙に解答枠が与えられているだけの問題が多く出題されます。そして、大問の後ろの方に、２００字または

問題文のジャンル別難易度と文章量

出題年	物語文	説明文	随筆文	その他
H24	難	やや難		
H23	難 ★	難		
H22	難 ★		やや難	
H21	標準 ★			標準（詩）
H20	難		難	
H19	難		難	
H18	難 ★	難		

求められる力

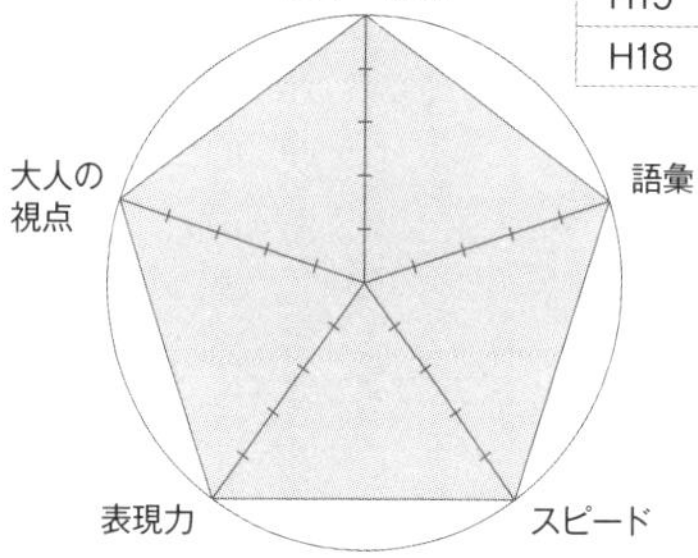

出題内容別の問題数

出題内容	問題数
漢字・知識・文法	6
客観問題・選択肢型	1
客観問題・書き抜き型	0*
記述問題・60字未満	1
記述問題・60字以上	6
小問合計	14

＊平成21年度以降は、平成22年度に1問のみ出題

250字の字数指定のある問題が付されます。

字数指定のない形式では、記述する分量をある程度自分で決める必要があります。雙葉や武蔵の過去問などを活用して、こうした形式の記述問題を1題でも多く練習してください。さらに、200字または250字の形式にも慣れておくことが、合格には必須です。こういった特徴的な長文記述であっても得意と言いきれるだけの実力を、ぜひとも身につけましょう。類題はあまり見られないので、塾の志望校対策講座などを活用してください。

本校の記述問題では、登場人物の気持ちの変化を書かせたり「平成24年度第2問・問4、平成21年度第2問・問2・(2)と問3」、本文全体を踏まえて答えさせたり「平成18年度第1問・問5（イ）や第2問・問4」といった内容が問われます。対策として、駒場東邦や麻布の過去問に取り組むとよいでしょう。

思考力を要する出題も見受けられます（平成20年度第2問・問4、平成19年度第1問・問5など）。その対策には、開成の過去問が有効です。

理科

試験時間が30分で大問数は3～5題となっています。全体的に迅速かつ的確な処理が要求されますが、問題としてはそれほど難度が高くありません。公表されてはいませんが、合格者平均点は高めになっていることが予想されるため、速く正確に解くことが求められます。

●特徴的な問題　アルミニウムと塩酸の反応の問題（平成24年度）、白神山地を題材として、植物や生態系について問う問題（平成23年度）、花と受粉に関して表やグラフから考察する問題（平成22年度）などがありました。

●対策　物理、化学の計算問題と表やグラフを分析する生物の実験問題を十分演習すること。スピードアップを図るためにも、入試対策用問題集などを利用して経験を積んでいきましょう。物理分野は力学の問題が多かったのですが、ここ数年は電流や光などからの出題が見られるため、幅広く学習しておいてください。基本的な問題も多く見られるので、不得意分野を残さないで、どの分野が出題されてもある程度得点できるように復習しておくことが必要不可欠です。

社会

大問数は3～4題で地理、歴史、公民から1題ずつか、プラスある分野がもう1題。小問数が40問前後で、幅広い知識を前提とした総合力が要求されます。

●特徴的な問題　新潟市の「やすらぎ堤」に関して防災の役割以外に、コンクリート塀のような堤防と比べて、どのようなよい点があると思うかを新潟市に住んでいる人の立場に立って記述させる問題（平成24年度）。レアアースの生産国を問う問題や、満州事変の後の満州と日本との関係などを問う正誤問題、土地や建物を持っている人にかかる税（固定資産税）が国税か地方税であるかを問う問題（平成23年度）。おせち料理を題材に砂糖の輸入先を選択する問題や、環境問題解決への試みとの関連で砂糖の国際価格が上がることが心配されている理由を記述する問題(平成22年度)などがありました。

●対策　公民分野ではその年の出来事が多く出題されるので、ふだん学習している内容と結びつけて準備しておくことが重要。また記述問題では、用語の意味や因果関係などを常に自分の言葉でまとめる練習を積んでおくことが効果的です。

通塾別学習対策

サピックス

算数●『デイリーサポート』Dプリントまでは完璧に、必要に応じてEプリントも解きましょう。

国語●通常授業の『デイリーサピックス』Bテキスト、そして、SS特訓の教材を活用しましょう。

理科●物理、化学分野は発展問題まで取り組みましょう。

社会●テキスト以外の補助教材も利用し、万全の準備を。

日能研

算数●応用問題まで解けるようにした上で立体図形は補充が必要です。

国語●『本科教室』と『栄冠への道』の記述問題を活用すること。

理科●物理、化学の計算問題は難関男子校の過去問にも挑戦しましょう。

社会●歴史について、テキスト以外の参考書も必ず読んでおくようにしましょう。

四谷大塚系

算数●『難問題集』レベルまで演習した上で立体図形は補充が必要です。

国語●『予習シリーズ』と『演習問題集』の記述問題、特別コースの教材を活用。

理科●『予習シリーズ』の知識を完璧にし、計算問題は応用問題まで繰り返しましょう。

社会●週テストを何度も繰り返し復習して、確実に定着させましょう。

理科 求められる力

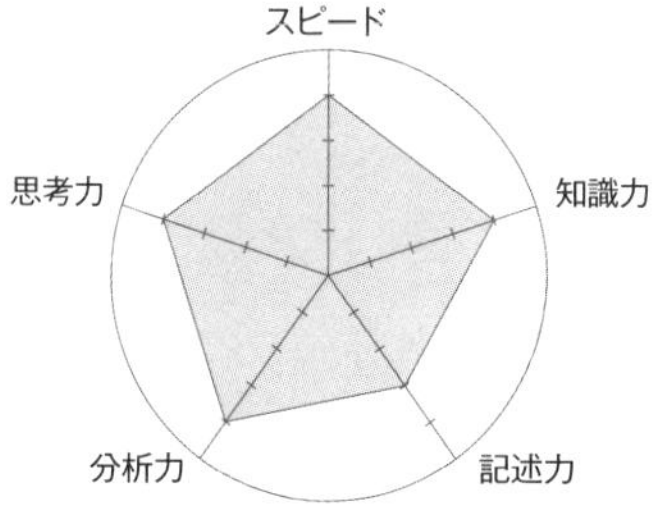

理科 出題形式の内訳と1問あたりの時間

内訳	H24	H23	H22	H21
大問数	3	4	4	5
小問数	45	29	42	53
選択	31	20	22	37
語句記述	0	2	7	6
文章記述	2	1	1	2
計算・数値記述	10	6	12	7
作図・その他	2	0	0	1
1問あたりの時間（秒）	40.0	62.1	42.9	34.0

社会 求められる力

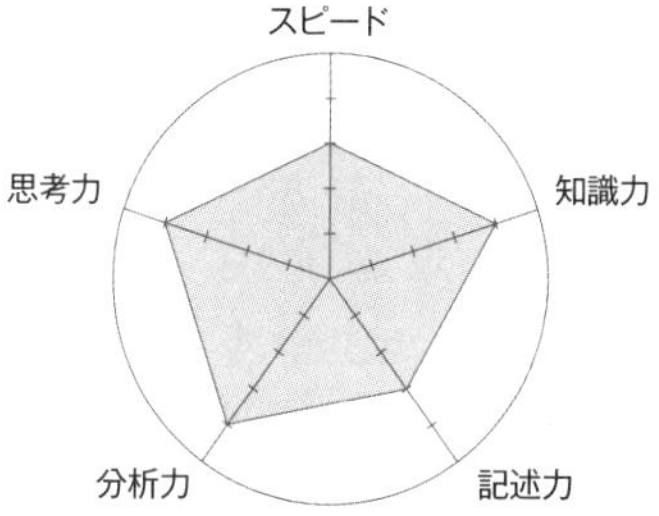

社会 出題形式の内訳と1問あたりの時間

内訳	H24	H23	H22	H21
大問数	3	4	3	3
小問数	43	42	37	41
選択	28	22	26	26
語句記述	12	18	7	11
文章記述	2	2	4	3
その他	1	0	0	0
1問あたりの時間（秒）	41.9	42.9	48.6	43.9

鷗友学園女子中学校

東京都世田谷区

試験日 2/1・2・4
発表2/2・3・5

面接なし

算	100点	50分
国	100点	50分
理	100点	50分
社	100点	50分

出願作戦 第2次には最難関校志願者が併願してくる可能性が高く、第3次は定員20人と狭き門になります。3回すべてに出願するなら、1月校、2月1日午後受験から、確実に押さえを固めましょう。

1月校は栄東、開智、淑徳与野のほか、西武文理、星野学園（理数）なども候補に入れましょう。1日の午後では、大妻中野（アドバンスト選抜）、八雲学園などの選択が有効です。

第2次を回避して、第3次にチャレンジする場合には、田園調布学園、共立女子、品川女子などから組み合わせを考えましょう。

＊国公立大学での進学実績では、京都大、一橋大などで数値が伸びています。また理系希望者が多く、系統別では毎年「理工学部」への進学がトップになっています。ミッションスクールではありませんが、中1で聖書の授業があります。

算数

●出題構成

第1次試験、第2次試験ともに時間は50分。計算問題はなく、設問数は15問程度となっています。難易度比率は標準70％、発展22％、思考力8％です。解答形式はすべて記述式で、グラフの作成や作図問題も出題されています。

合格者平均点は概ね70点前後で推移しています。

●まず合格レベルを目指す

ランキング上位の平面図形、比と割合、速さ、和差に関する問題で得点することが肝心です。

平面図形は、相似形・面積比の利用が必ず出題されています。平成23年度第1次大問5と平成20年度第1次大問2の平行四辺形を内分した面積比や、平成21年度第1次大問2と平成20年度第2次大問5の台形を内分した面積比など、解答までのプロセスが近い問題が繰り返し出題されていますが、平成24年度第1次大問

分野別出題傾向

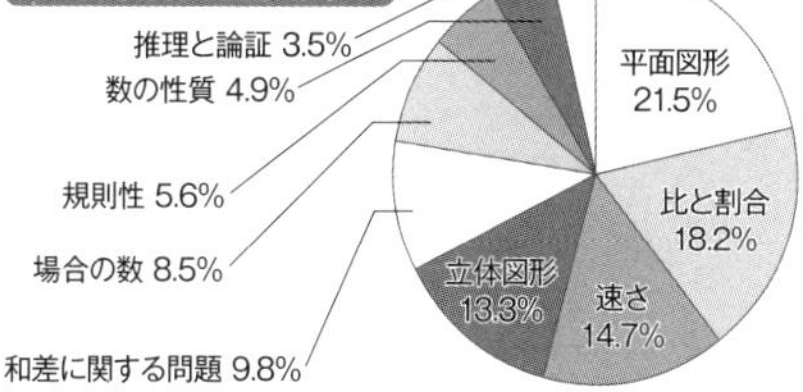

項目別出題ランキング

	項目	標準	発展	思考力	合計
1	相似形・面積比	13	5	0	18
2	場合の数	7	2	3	12
3	点の移動	4	1	5	10
4	水量変化とグラフ	6	3	0	9
5	速さとグラフ	6	1	1	8
6	倍数算	4	3	0	7
7	相当算	5	2	0	7
8	旅人算	3	2	0	5
9	平均算	4	0	0	4
9	売買損益	4	0	0	4

4では、ひし形を用いた難しい問題がありました。塾教材のほかに『でる順』（旺文社）など市販の問題集で図形問題の演習量を増やしましょう。

速さは、グラフの利用や点の移動も含めて、旅人算からの出題です。単純にグラフを読み取る問題ではなく、平成21年度第1次大問7のグラフの中に相似形を見つけて解く問題や、平成20年度第1次大問8の2人の間の距離がグラフで示された問題など、多くの受験生が苦手としている問題が出されているので、しっかりと対策をしておきましょう。

●さらに算数で得点を伸ばすには

本校の問題は、速さや水量変化でグラフを用いるほか、平成23年度第2次大問1、大問2のように、表から条件整理をする問題や、平成21年度第2次大問1のように自分で表にまとめる出題も多く、非常に頭を使う構成となっています。問題文を読んですぐに解き方が浮かぶような問題は少ないので、過去問演習を通じて、条件整理に慣れ、解答用紙に表現する訓練が必要です。似たタイプの白百合学園の問題を活用するとよいでしょう。

平面図形では、前述の平成23年度第1次大問5と平成20年度第1次大問2で、ひとつの直線を複数に分けて連比を使って長さ比を求める問題があり、今後も出題される可能性があります。

また立体図形では、平成24年度第1次大問7で立体をくり抜いた後の求積、同第2次大問2で回転体の求積、平成23年度第1次大問6と平成22年度第2次大問5で展開図からの求積、平成23年度第2次大問7では切断した立体の求積など、さまざまなテーマから出されているので、図形問題の演習量を増やしてしっかりと準備しましょう。

国語

●問題文について

物語文は、海外作品が扱われることがあります。少年少女向けの文章ですが、平成24年第1次の小納《おのう》弘『五色の九谷』に見られるように、大人の視点で大人の生活や心情を描いた文章が出題されることも。説明文では近年は循環型社会、平和、文明、科学的観察などのテーマが取り上げられています。

長さは、説明文がやや長く、物語文が相当長いというパターンが多く見られます。語彙の面では難語はあまりなく、よく読めばさほど無理なく理解できる文章が多くなっています。

●設問について

読解問題は2題。物語文と説明文が各1題、計2題あります。解答時間は50分で総問題数は15問程度。漢字が5問出題されるほかは、ほとんどが記述問題であることが本校テストの大きな特徴です。字数指定のある問題とない問題がありますが、１００字程度の長文を記述させる問題が頻繁に出され、文章記述力が要求されます。ここ数年は、問題文、設問ともに以前より総じてわかりやすいものが出題されるようになってきていますが、数年分の過去問をさかのぼって十分な対策を立てるようにしましょう。

●対策

漢字は独立問題の形で5問出題され、標準からやや難しいレベルです。段落理解や抜き出し問題が登場する年もありますが、文章を記述させる問題がほとんどを占めています。そのため、書くのが苦手だから客観問題の得点で合格点をねらうというやり方はまったく通用しません。記述問題の字数は１２０字までといった字数の多いものもあり、全体では５００字程度書く必要があります。本校のテストでは、記述力＝合格力です。日頃から字数の多い記述問題に積極的に取り組み、客観的な解答を短時間で書けるよう、訓練する必要があります。

本校の出題では、解答の要素とすべき箇所が本文中に見つかれば、少し形を変えることで正解が書けるような問題も少なくありません。しかし、そういったストレートな問題であっても、全体的に読む分量が多いため、短時間で正解の鍵となる部分を確実に探すのはやさしいことではありません。とくに物語文は長いことが多く、注意が必要です。

近年、多くの問題に共通しているのは、複数の登場

問題文のジャンル別難易度と文章量

出題年	物語文	説明文	随筆文	その他
H24①	難	やや難		
H24②	標準 ★	やや難		
H23①	標準 ★	標準		
H23②	標準 ★	やや難		
H22①	やや難 ★	やや難		
H22②	やや難 ★	標準		
H21①	やや難 ★	やや難		
H21②	やや難 ★	やや難		

求められる力

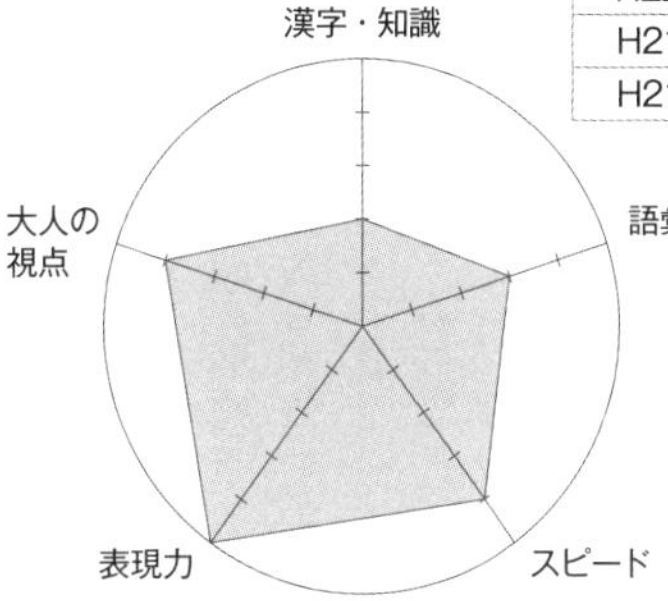

出題内容別の問題数

出題内容	問題数
漢字・知識・文法	5
客観問題・選択肢型	0
客観問題・書き抜き型	0
記述問題・60字未満	5
記述問題・60字以上	4
小問合計	14

人物のキャラクターの読み取りが重要なポイントになっていること。例えば、平成22年度第2次第1問・問4では、物語中の2人の人物の性格を、本文中の根拠を含めて説明させる問題が出題されています。また、本校では登場人物の夢や希望、困難に突き当たったときの切実な思い、心情の推移などを読み取らせる問題がよくあります。こうした問題でもやはり、登場人物の性格や行動パターンに着眼することが必須です。人物の造型と、その人が置かれた困難な立場や状況などを適切に関連させてとらえることができてはじめて正解を導き出せるようなタイプの問題がしばしば出題されます。そのような観点で他校の過去問からも広く類題を選び出し、たくさん演習を積むことは本校入試への有効な対策となります。

　説明文では、因果関係の説明、本文中の表現の具体化、対照的な事柄の違いを明確にさせる問題などの出題が見られます。

　本校の試験では、解答文を問題の聞き方に合う末尾でしめくくるといった問題の指示に柔軟に対応できる、確かな表現力が求められます。日頃から問題の要求や条件をしっかり読んで、論理的に解答を書く習慣を身につけてください。

理科

試験時間が50分で4分野から1題ずつ出題されています。算数、国語と同じ配点で試験時間の長さ、高い思考力を要する問題など理科への取り組みも重要視されていることが本校の特徴となっています。

●特徴的な問題　物体の重心を考える問題（平成24年度第2次）。温度計の仕組みに関する問題（平成23年度第1次）。ヒマワリを用いた実験に関して考察する問題（平成23年度第2次）など、実験結果から考察したり、リード文の説明をもとに考えたりする問題が毎年見られます。また試験問題がカラーで、写真を使用した選択問題も毎年必ず出題されています。

●対策　高い論理的思考力や読み取り能力が求められる問題なので、日頃の学習で疑問に感じた箇所があれば、どんなに小さくても必ず解決していくことが重要です。出題範囲は幅広く、とくに物理では、力学、電流に加え、磁石、光、音、熱と各分野からまんべんなく出題されています。どの単元ももれのないよう丁寧に学習しておきましょう。記述や作図などの練習が必要になるので、本校の過去問をたくさん解くことも大切です。

社会

大問数が3題、小問数が30問前後。記述問題も多く、さまざまなタイプの記述問題が出題されています。

●特徴的な問題　東日本大震災直後に飲食業、サービス業が急激に落ち込んだ理由を震災の直接の影響と放射線以外から考えて記述する問題（平成24年度第1次）。ユニセフの地雷禁止国際キャンペーンは何を訴え、私たちにどのような行動を求めているかを記述する問題（平成24年度第2次）。太平洋戦争中に行われた運動会で、生徒が「なぎなた」を使って演技をしている写真を見て、その理由を記述する問題（平成23年度第1次）。沖縄の歴史に関して「平和の礎《いしじ》」の写真をもとに当時の諸外国と沖縄との関係性を考察させる問題や、時事的な分野から「事業仕分け」に関して資料をもとに問題点を記述する問題（平成23年度第2次）などがありました。

●対策　地理、歴史、公民3分野と時事問題からまんべんなく出題されているので、苦手分野をなくすことが大切です。また語句説明パターンや情報を読み取り記述するパターンなど、あらゆるタイプの記述問題対策を十分に行うことが非常に重要になります。

通塾別学習対策

サピックス

算数●『デイリーサポート』Cプリントまでと図形教材の復習をしっかり行いましょう。

国語●『デイリーサピックス』Bテキストのやや難しいレベルまでの記述問題を徹底して学びましょう。

理科●マンスリーテスト対策とその復習をしっかり行いましょう。

社会●テキストに出てくる資料を利用して記述対策をすること。

日能研

算数●応用問題の前半部分までを復習し、図形問題は演習量を増やしましょう。

国語●銀本も使って記述問題や問題文が長い問題を多く解き、添削を受けましょう。

理科●物理、化学の計算問題は『栄冠への道』まで確実に。

社会●テキストにはカラー写真がないので市販の参考書も利用しましょう。

四谷大塚系

算数●『予習シリーズ』の練習問題まで復習し、図形問題は演習量を増やしましょう。

国語●記述に注意して『演習問題集』まで解き、模擬試験で長文に慣れましょう。

理科●生物の実験、観察問題はテキスト以外も活用。

社会●『予習シリーズ』に写真で掲載されている資料を押さえましょう。

理科 求められる力

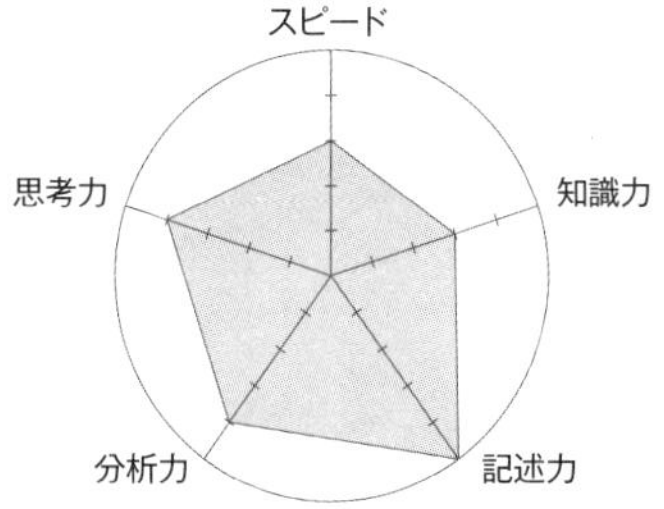

理科 出題形式の内訳と1問あたりの時間

内訳	H24①	H24②	H23①	H23②	H22①	H22②
大問数	4	4	4	4	4	4
小問数	34	38	31	46	39	38
選択	11	18	9	19	7	16
語句記述	4	2	5	15	11	3
文章記述	2	3	6	2	6	2
計算・数値記述	14	12	11	8	8	15
作図・その他	3	3	0	2	7	2
1問あたりの時間(秒)	88.2	78.9	96.8	65.2	76.9	78.9

社会 求められる力

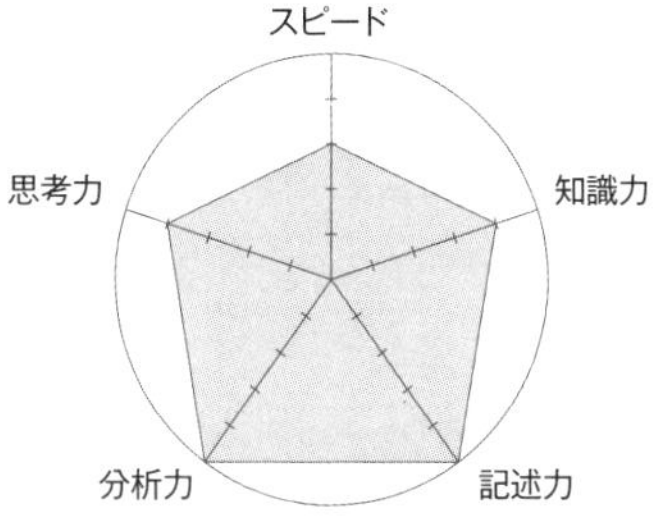

社会 出題形式の内訳と1問あたりの時間

内訳	H24①	H24②	H23①	H23②	H22①	H22②
大問数	3	3	3	3	3	3
小問数	30	30	33	33	32	20
選択	10	12	15	13	15	11
語句記述	8	8	6	9	8	11
文章記述	10	9	11	9	8	7
その他	2	1	1	2	1	1
1問あたりの時間(秒)	100.0	100.0	90.9	90.9	93.8	150.0

海城中学校

東京都新宿区

試験日 **2/1・3**
発表2/2・4

面接なし

科目	配点	時間
算	120点	50分
国	120点	50分
理	80点	45分
社	80点	45分

出願作戦
第2回は御三家レベルの受験生が併願してくるため、非常に厳しい戦いになります。第1回、第2回とも受験する場合には、1月校か2日の試験で合格を確保しておくことが必須です。その場合の2日受験校としては、城北、本郷、巣鴨はいずれも激戦必至のため、明治大中野、高輪なども候補に入れるとよいでしょう。

第2回の受験を回避する場合には、3日の法政大、成城なども候補に入れて、組み合わせを考えましょう。

1月校は市川、栄東、立教新座だけでなく、西武文理、城北埼玉なども含めて考えましょう。

＊平成23年度より高校募集を停止し、完全中高一貫への移行を進めています。都心にありながら、体育設備が充実していて、グラウンドは野球の公式戦ができるだけの広さがあります。運動部の多くは専門の指導者がついて活動をしています。

算数

●出題構成

第1回試験、第2回試験ともに試験時間は50分で、設問数は17問程度、解答形式は答えのみです。全体の難易度比率は標準69％、発展24％、思考力7％ですが、第2回試験の方が難度が高くなります。

合格者平均点は、第1回が80点、第2回が90点程度（120点満点）です。

●まず合格レベルを目指す（主に第1回試験向け）

幅広い単元から出題されていますが、平面図形、立体図形の比率が高くなっています。

平面図形は、相似形・面積比など取り組みやすい問題が中心でしたが、平成23年度大問2の回転体、平成22年度大問5の図形の回転・移動など、計算処理が複雑な問題で得点差がついているでしょう。

旅人算、流水算などの速さ、仕事算、倍数算など比と割合の文章題、数の性質も多数出題されています。

いずれも典型題ですが、問題文が長く条件も多いため、読解力と丁寧な条件整理が必要です。まずは、大手塾のテストで正答率30％以上の問題は確実に正解できる学力を身につけましょう。

また、平成21年度から立体図形が出題され、うち3題は立体図形の切断で、平成24年度は大問2で四角すいの切断が出されました。塾教材だけでは演習量不足なので、ほかに市販の問題集や巣鴨で出題されている立体図形の問題などに取り組みましょう。

分野別出題傾向

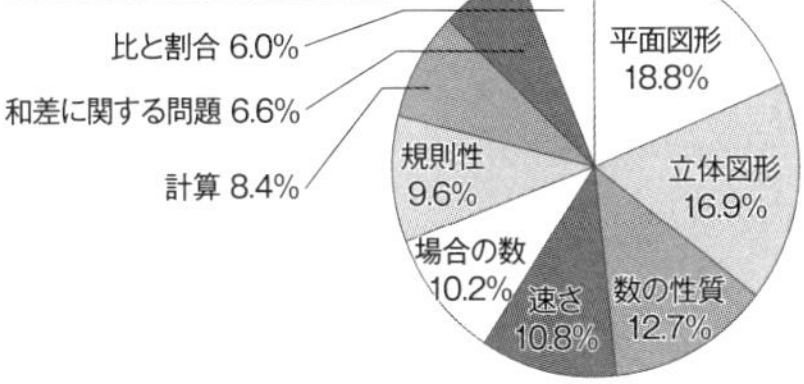

項目別出題ランキング

	項目	標準	発展	思考力	合計
1	相似形・面積比	14	2	0	16
2	水量変化とグラフ	8	3	0	11
3	旅人算	10	1	0	11
4	四則混合計算	8	0	0	8
5	図形の回転・移動	3	4	0	7
6	立体図形の切断	4	3	0	7
7	場合の数	3	1	3	7
8	規則	2	1	3	6
9	小数・分数	2	0	3	5
10	概数・数の範囲	2	2	1	5

その他、平成22年度第1回大問3と平成20年度第2回大問2はほぼ同じ問題でした。どちらの試験も求められている要素は同じなので、過去問は第2回試験も解きましょう。

●さらに算数で得点を伸ばすには（主に第2回試験向け）

年々、受験生のレベルが上昇している本校の第2回試験に合格するためには、開成や麻布などを第一志望にする相手と戦う学力が必要となります。

平成22年度大問3の組み合わせを調べる問題や、平成20年度大問4と大問5の条件から範囲を絞り込む問題、平成20年度大問6の規則から周期を見つける問題は、開成でもよく出題されるテーマです。また、平成23年度大問5や平成21年度大問5ではユニークな設定の流水算が出題されていますが、条件整理が複雑なだけではなく、流水算を用いた計算処理も解きづらくなっています。そこまでしなくては得点差が生まれないほど、受験生のレベルが高いことが想像できます。このように、本校の第2回は、第1回とは別物として認識しなければなりません。

過去問演習を十分に行った上で、聖光学院の過去問や、四谷大塚の『難問題集』などを用いて演習を重ねましょう。

国語

●問題文について

毎年、大問2題が出題されます。第1問に物語文、第2問に説明文が配列されているのが、例年のパターンです。

問題文の内容や表現は、やや難しいレベルです。長さも、2題を合わせるとかなりの分量になります。しかも、設問中の選択肢が長いため、50分の制限時間を考慮すると、本文を少しでも速く読むスピードが必要です。

●設問について

毎年、大問2題のみの構成です。漢字の問題は大問に含まれ、書き取りが4～5問出されます。慣用句や言葉の意味（平成23年度第1回第1問・問2など）、あるいは、呼応の副詞のような文法（平成23年度第1回第2問・問3）も、数問出されます。

設問形式として、読解の選択肢問題がきわめて多く、しかも、ひとつひとつの選択肢が長いことが本校の大きな特徴です。書き抜き問題もあります。また、短めの記述問題が数題出されることが通例です。自分の言葉で適切に補う必要のある記述問題も出題されます。

●対策

本校の合格レベルは非常に高いと思われます。漢字・知識・文法については出題される設問数は少ないものの、確実に得点できるように万全の準備をしておきたいところです。これらの分野の塾の教材は、日常的にしっかりと勉強を積み重ねて、完璧に身につけておきましょう。

言葉の意味を問う問題の対策には、知らない言葉についてこまめに辞書を引いて、語句の意味をメモしたノートを作成することが、大きな効果を上げます。

読解問題の対策としては、選択肢問題にウエイトを置いて、本番でも選択肢問題は全問正解できるくらいの実力を養いましょう。とくに物語文で心情を問う問題が頻出なので、重点的に練習しましょう。

国語の入試問題は、必ず本文に正解を導く根拠があります。まずは、ひとつひとつの選択肢をよく読んで、本文と照らし合わせてください。何行目を見れば、その選択肢が正しいと言えるのか、あるいは、ほかの選択肢はどの部分が不適切なのかを、徹底的に検討してください。はじめのうちは、問題を解いた後で、じっくり時間をかけて検討を行いましょう。「選択肢問題なら、じっくりと本文と照らし合わせることで必ず満

問題文のジャンル別難易度と文章量

出題年	物語文	説明文	随筆文	その他
H24①	標準	やや難		
H24②	標準	標準		
H23①	やや難	やや難		
H23②	やや難	やや難		
H22①	やや難	やや難		
H22②	やや難	やや難		
H21①	標準	難		
H21②	やや難	やや難		

求められる力

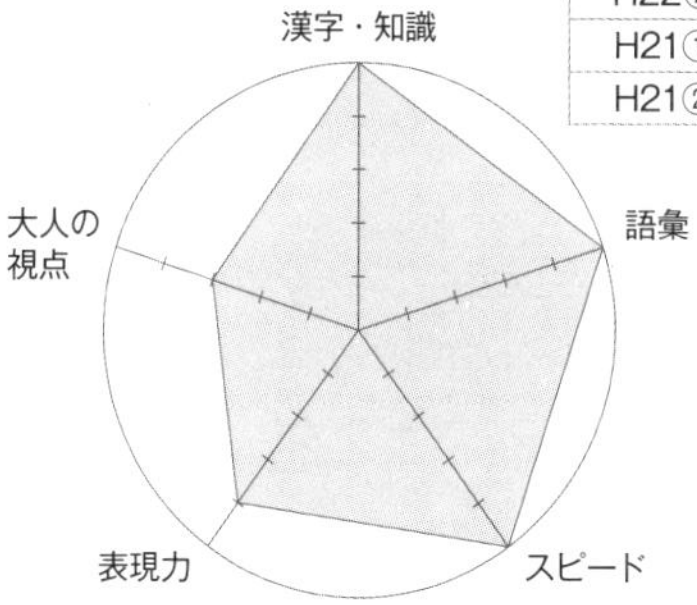

出題内容別の問題数

出題内容	問題数
漢字・知識・文法	6
客観問題・選択肢型	15
客観問題・書き抜き型	2
記述問題・60字未満	3
記述問題・60字以上	1
小問合計	27

点を取れる！」という自信を持てるくらいにまで、繰り返し演習することが必要です。

その上で、スピードを上げる練習を繰り返しましょう。塾で国語のテストを受けたり、自分で過去問を解いたりする際に、制限時間を5～10分短く設定してそれまでに解き終わるようにすると、スピード力をつけるのに効果的です。

記述問題対策としては、塾の教材で、短めの字数のものを中心に取り組むとよいでしょう。本文中の要素をそのまま用いて記述させる問題に加えて、自分の言葉で適切に補う必要のある問題にも取り組んでおきましょう。

本校では難しめの文章が出題されるので、塾の教材で難しい文章を繰り返し読んで、難しい文章に慣れるとともに、スピードアップを図りましょう。桜蔭の過去問の文章を読むことも有効です。その際、設問は傾向が異なるので、解く必要はありません。

本校と設問形式が近い問題として、本郷の過去問の活用が有効です。

理科

大問は各分野から1題ずつの4題で、小問の数が多く、中でも記述問題が多いのが特色です。他校では見られないような目新しい題材を取り上げることが多くなっています。

●**特徴的な問題**　放射性物質の半減期と、それと似た変化をする過酸化水素の分解実験に関する問題（平成24年度第1回）。ミツバチが色を見分けられるかどうかを調べる実験に関する問題（平成23年度第1回）。ボールを水平方向に投げた場合の運動の様子を、水平方向と落下方向に分けて考えさせる問題（平成22年度第1回）などがありました。

●**対策**　基本知識の習得と計算練習を徹底しましょう。生物、地学では思考力や詳しい知識が求められる問題が多いので、難関校向けの問題集で演習して知識を蓄え理解を深めていってください。計算問題は高難度のものが見られますが、合格者平均点が5～6割程度なので、入試では難問は思い切って捨てて、その時間でほかの問題に取り組むといった判断も必要。また、似たような問題が出されることが多いので、過去問は古い年度まできちんと解いておきましょう。

社会

●**特徴的な問題**　あるテーマに基づいた1，500字程度のリード文をもとに、基礎的な知識を問う正誤選択問題や語句記入問題に加え、1行程度から時には200字を超える記述問題が出題されます。

平成24年度第1回のテーマは、カツオの一本釣りを契機としてできた宮崎県日南市と宮城県気仙沼市の交流。第2回は関税自主権と治外法権について。ロシア語の表記（キリル文字）を選ぶ問題もありました。平成23年度第1回のテーマは、海城のある大久保地域の特色と発展について。江戸時代にツツジの名所として知られた大久保地域が、明治時代後半から外国人も居住する地区として発展した経過が説明されています。平成23年度第2回は、時刻制度に関して江戸の不定時法から現在の定時法への変化でした。

●**対策**　地理、歴史、公民、時事問題の各資料、詳しい参考書、歴史小説、地図、新聞、ニュースなどあらゆるものを利用しながら深く学習しましょう。問題文の内容を表やグラフなどと合わせて理解するとともに、論理的な文章を書く力を身につけるために多くの記述問題にふれることが必要となります。

通塾別学習対策

サピックス

算数●『デイリーサポート』Dプリントまでと、立体の切断のページを解きましょう。

国語●『デイリーサピックス』のBテキストで難しめの文章を読み、Aテキストで問題演習を。

理科●地学、生物の知識は『コアプラス』で確実に固めましょう。

社会●記述対策として、前年の『サピックス重大ニュース』をフル活用。

日能研

算数●応用問題まですべて解けるようになりましょう。

国語●『本科教室』と『栄冠への道』で、選択肢問題を重点的に演習しましょう。

理科●物理、化学の計算問題は、テキストの応用レベルまで演習しましょう。

社会●市販の問題集も使い、時事問題を中心に記述対策を十分行いましょう。

四谷大塚系

算数●『予習シリーズ』だけでなく『難問題集』にも取り組みましょう。

国語●『予習シリーズ』と『演習問題集』で、選択肢問題を重点的に演習しましょう。

理科●テキストに加えて地学分野は参考書なども利用すること。

社会●テキストに加えて新聞記事にも目を通し、自分の考えをまとめる練習をしましょう。

理科 求められる力

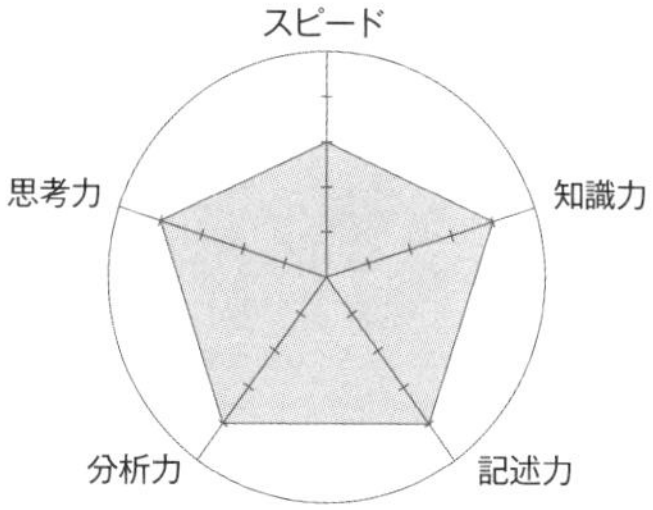

理科 出題形式の内訳と1問あたりの時間

内訳	H24①	H24②	H23①	H23②	H22①	H22②
大問数	4	4	4	4	4	4
小問数	40	38	31	33	38	34
選択	15	14	12	8	10	6
語句記述	6	9	2	13	10	7
文章記述	4	5	9	4	6	9
計算・数値記述	14	10	7	8	11	9
作図・その他	1	0	1	0	1	3
1問あたりの時間（秒）	67.5	71.1	87.1	81.8	71.1	79.4

社会 求められる力

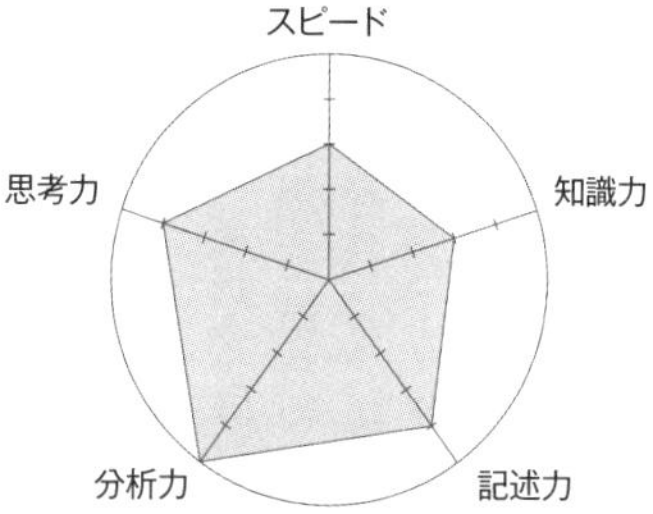

社会 出題形式の内訳と1問あたりの時間

内訳	H24①	H24②	H23①	H23②	H22①	H22②
大問数	1	1	1	1	1	1
小問数	12	11	13	10	12	10
選択	6	3	9	6	2	3
語句記述	4	5	1	1	7	3
文章記述	2	3	3	3	3	4
その他	0	0	0	0	0	0
1問あたりの時間（秒）	225.0	245.5	207.7	270.0	225.0	270.0

開成中学校

東京都荒川区

外

試験日
2/1
発表2/3

面接なし

算	85点 60分
国	85点 50分
理	70点 40分
社	70点 40分

出願作戦 言うまでもなく男子の最難関校です。まずは1月校で確実な押さえを固めて、万全の構えで1日に臨む必要があります。

渋谷教育幕張、栄東（東大選抜）などとの併願が目立ちますが、より確実に合格を得るために、栄東（ABC）や、江戸川取手など、また大学付属校まで広げれば立教新座なども含めて考えましょう。

2月2日に、栄光学園、聖光学院を受験するケースも見られますが、筑波大附属駒場や海城などを3日に想定する場合には、より確実に、城北、巣鴨、本郷などを候補とすることが有効です。

＊東大合格者数で日本トップを誇る男子最難関校ですが、毎年5月の運動会でも有名です。上半身裸でぶつかり合う棒倒しなど、その激しさを目の当たりにして、勉強だけに打ち込むのではない本校の魅力を感じ、改めてファンになる家庭も多くあります。

算数

●出題構成

試験時間は60分で、設問数は10問程度、難易度比率は標準51％、発展34％、思考力15％です。

解答形式は記述式で、グラフや図形の移動などの作図も出題されています。

問題設定の理解に高い読解力、観察力が必要で、じっくり考えさせる問題がそろっています。

●まず合格レベルを目指す

大問3～4題構成で、平面図形、場合の数、速さ、立体図形、規則性からの出題が大半ですが、数の性質と場合の数の融合や、規則性と場合の数の融合など、横断的な学力を問う点が特徴的です。平成21年度大問4のように、簡単な操作をさせながら徐々に本質へと導き、最終的に「そういうことか」と、気づかされる出題が多数見られます。また平成24年度大問4・(3)のように、難しく見えるけれども単なる公倍数の問題などは、問題文の理解力がなくては解き進めることができません。「何を問われているか本質は見えないが、まずは問題文の流れに沿って解いてみよう」という柔軟な姿勢と、設問の誘導から「今考えたことを次にどのように活用するのか」という高い観察力が要求され、60分が終了するとドッと疲れが出るほど頭を使う内容になっています。

トップ層が集う試験なので、「受験しないことには、まぐれは起きない」などの甘い考えは一切通用せず、大手塾のテストで偏差値が70（サピックスは65）以上でないと太刀打ちできません。塾教材やテストで解けなかった問題は必ず解けるようにしておきましょう。

分野別出題傾向

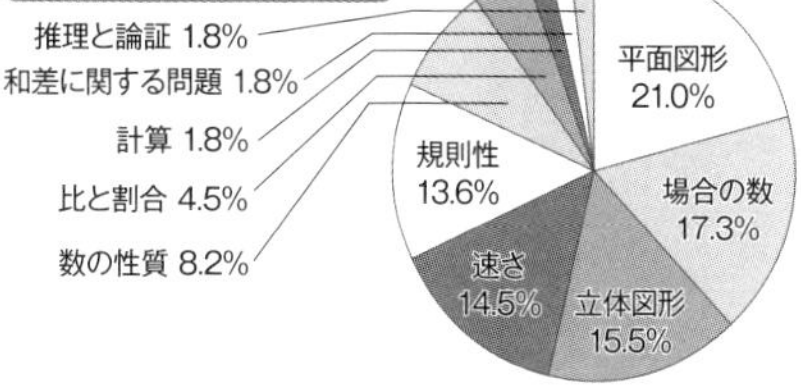

項目別出題ランキング

	項目	標準	発展	思考力	合計
1	場合の数	6	2	10	18
2	相似形・面積比	8	5	0	13
3	規則	8	2	0	10
4	点の移動	4	5	0	9
5	立体図形の切断	2	5	0	7
6	展開図	6	1	0	7
7	数の性質	3	0	2	5
8	旅人算	1	3	0	4
8	時計算	1	3	0	4
10	図形の回転・移動	2	2	0	4

●さらに算数で得点を伸ばすには

問題の難度は高いのですが、平成17年度以降、合格者平均点は70～85％の間で推移しているハイレベルな戦いです。算数の受験者平均点と合格者平均点の得点差は、10～15点（85点満点）と大きく、ほかの3科は5点前後なので、ほぼ算数で勝負がつくと言えます。

中には平成20年度大問4の、点の移動と場合の数の融合など、〝捨て問〟にせざるを得ない問題もありますが、平成23・19年度の大問4の立体図形の切断といった難しい単元からの出題であっても、正答しなければなりません。

塾の志望校対策教材を自力で解けるようになるまで繰り返し解くことは当たり前で、大問1題につきノート2ページほど使用して、本校の求める論理的思考を確認しながら自分で解説を書いてみましょう。その際、立体図形の切断を自分で作図しましょう。はじめのうちは時間がかかりますが、徐々にうまく実際の形に近い作図ができるようになります。また、自分で作図することによって図形感覚が格段に高まります。

国語

●問題文について

物語文、説明文、随筆文のうちから、2題が出題されるパターンが多く見られます。数年に一度は、1題のみの出題です。近年では平成24・19・16年度で1題のみでしたが、平成16年度は、問題文が大変な長文となりました。平成24年度はそれに次ぐ長さです。

物語文は、ほぼ毎年出題されています。随筆文などでは、世の中の常識からすると思いがけない考え方が含まれた文章が扱われることがあります。例えば、平成23年度第2問（坪内稔典『大事に小事』平成17年）の「変化しないものの中の価値」や、平成21年度第1問の勇気を貯金する、という考え方などです。

●設問について

記述問題に重点が置かれていることが最大の特徴です。また、客観問題も若干出題されています。内容は、自分の経験を書く問題や、自分の頭で考えなければならない問題、中学受験生が未習のはずの文法事項のような意表をついた問題（平成22年度第3問）も含め、中学入試の最高水準の問題が出されています。さらに、本文中の言葉を別の言葉へ置き換えさせるなど、豊かな語彙を必要とする設問もあります（平成23年度第2問・問3）。

●対策

まず記述対策を重点的に行う必要があります。塾の教材の記述問題について、内容はもちろん、表現の一字一句についてもきめ細かく添削を受けるのが理想的です。

開成の記述問題は、単に本文中に書かれている内容を読み取って「本文中の言葉を用いて」または「自分の言葉で」記述する問題があります。さらに、Ⅰ.自分の経験を書かせる問題、Ⅱ.本文を読んでみて、自分の経験について改めて考えをめぐらせる問題、Ⅲ.筆者とは異なる考え方がいくつかある中で、そのひとつを書かせるような問題も出されます（Ⅰ.は平成20年度第2問・問2、p.16参照および平成18年度第2問・問2①、Ⅱ.は平成18年度第2問・問2②、Ⅲ.は平成22年度第2問・問2）。これらは、書く内容を自分で考えなくてはならない問題です。対策として、まず過去問演習で何通りかの答えを書いてみましょう。

さらに、平成21年度第1問・問3（貯金した勇気は、使っても増えていったりする理由）や、平成18年度第1問・問5（自分の経験なのに「～であったろう」「～

問題文のジャンル別難易度と文章量

出題年	物語文	説明文	随筆文	その他
H24	標準			
H23	やや難		やや難	
H22	標準	標準		
H21		やや難	標準	
H20	標準		標準	
H19	やや難			
H18	やや難		標準	

求められる力

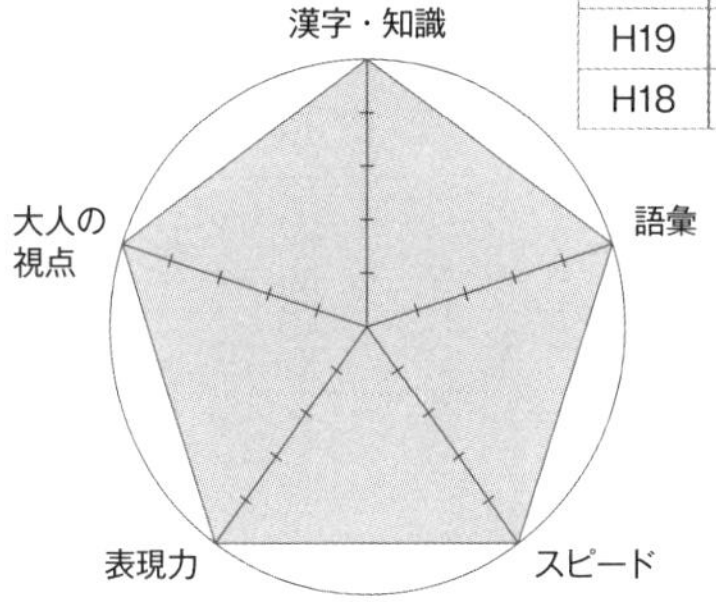

出題内容別の問題数

出題内容	問題数
漢字・知識・文法	5
客観問題・選択肢型	1
客観問題・書き抜き型	2
記述問題・60字未満	3
記述問題・60字以上	4
小問合計	15

であろう」と言う理由）のように、一見ナゾナゾのような、現場思考力を試す出題もあります。平成22年度第3問の文法事項も、全受験生がその文法知識がないことを前提に、現場思考力を試す問題であると考えられます。試験場で自分の知力を総動員して、答えを導き出さなければなりません。

このような出題傾向から、開成では柔軟な思考力や多様な考え方が求められています。そこで、常に「なぜだろうか？」と疑問を抱いて、物事の理由を考える習慣をつけることが大切です。身近な何気ない事柄も、常に自分の経験として蓄積していきましょう。

豊かな語彙を必要とする問題の対策には、初見の言葉はこまめに辞書を引いて、語句の意味をメモしたノートを作成することが、大きな効果を上げます。そして、日常生活の中で常に父母をはじめとする大人との会話を重ねて、まだ知らない言葉を耳にできる環境をつくるようにしましょう。

漢字の問題では、小2レベルの「少」や小3レベルの「短」といった平易な漢字が、「一画ずつ丁寧に書きなさい」との指示が付されて出題されています。その対策については、後述の筑波大附属駒場の国語の末尾（p.253）を参照にしてください。

理科

試験時間が40分で70点満点。最近、物理では力学、化学では気体・水溶液、地学では天体の出題が多くなっていますが、その他の分野からの問題も見られるため幅広く学習しておく必要があります。基本的な問題が比較的多いため合格者平均点が非常に高くなります。

●特徴的な問題　歌に登場する月や太陽について考察する問題（平成24年度）、流星群や地球に帰還するイトカワの見え方について考察する問題（平成23年度）、お菓子の袋の構造に関する問題（平成22年度）、果物や野菜の種子の位置を書き入れる問題（平成21年度）などがありました。

●対策　動植物の知識がかなり細かいところまで求められる場合があるため、植物や昆虫について知識を深めることが大切です。生物以外では、力学の問題で難問が出題されやすい傾向が見られるので、問題演習を積極的にしていきましょう。全体を通して、基本問題以外では思考力、分析力を要する問題が多く見られます。他校の過去問などで演習を重ね、幅広い知識を身につけると同時に、自分なりに考える力を養っていきましょう。

社会

試験時間が40分で70点満点です。ここ数年の合格者平均点は非常に高くなっています。地理、歴史、公民の3分野とも、正確な知識を早い段階で確実に押さえることが合格への第一歩となります。

●特徴的な問題　五街道のひとつ「中山道《なかせんどう》」の最初の宿場町が板橋宿であることを答えさせる問題や、弥生時代の「環濠集落」を問う問題（平成24年度）。奈良時代に一時、平城京から近江国に移した都の名前と、その時の天皇を問う問題や、日本の6歳以上の人口に対するインターネット普及率を問う問題（平成23年度）。時事問題ではＴＰＰ、津波、気仙沼付近の地理、八ッ場ダムの位置（平成24年度）。選挙に関して「普天間基地」や「みんなの党」や「ねじれ国会」、また「高速道路無料化」や「家電エコポイント」（平成23年度）など。

●対策　地理分野では表やグラフなどの資料を使った問題が多いので、過去問演習などを通して知識を使って資料を分析する力を身につけましょう。また地図感覚の必要な問題もあるので白地図などを大いに活用。時事問題も多数出題されるので、ふだんから新聞、ニュースなどに目を通しておきましょう。

通塾別学習対策

サピックス

算数●『デイリーサポート』をはじめ、すべての教材を解けるようになりましょう。

国語●通常授業の『デイリーサピックス』Bテキスト、ＳＳ特訓の教材を活用しましょう。

理科●テキストに加え他校の過去問などで演習量を確保しましょう。

社会●『分野別問題集』を活用し知識を維持すること。

日能研

算数●塾教材は応用問題まですべて解けるようになりましょう。

国語●『本科教室』と『栄冠への道』の記述問題を活用すること。

理科●銀本を利用して開成レベルの問題に取り組みましょう。

社会●『メモリーチェック』を参考にして、一問一答形式の問題を自分でつくってみましょう。

四谷大塚系

算数●『予習シリーズ』『難問題集』まで解けるようにしておきましょう。

国語●『予習シリーズ』と『演習問題集』の記述問題、特別コースの教材を活用しましょう。

理科●教材にある問題はすべて解いておきましょう。また週テストを活用しましょう。

社会●テキスト以外に大人向けの新聞を読み、とくに関東の事柄をチェックしましょう。

理科 求められる力

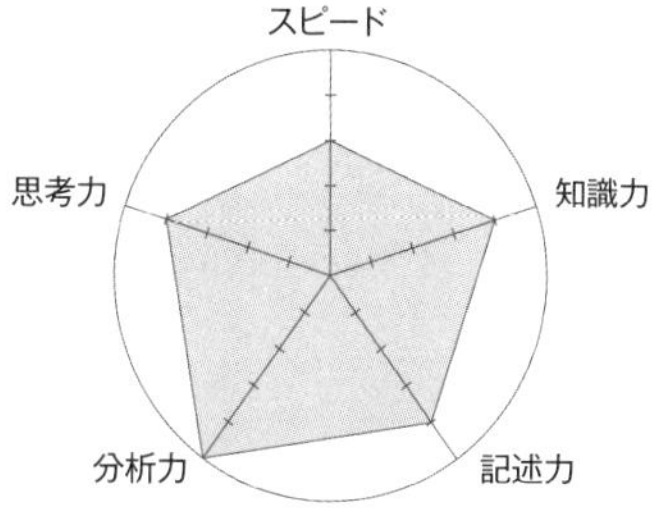

理科 出題形式の内訳と1問あたりの時間

内訳	H24	H23	H22	H21
大問数	4	3	4	5
小問数	27	33	30	43
選択	14	14	17	30
語句記述	1	4	6	3
文章記述	1	2	3	1
計算・数値記述	11	11	0	5
作図・その他	0	2	4	4
1問あたりの時間（秒）	88.9	72.7	80.0	55.8

社会 求められる力

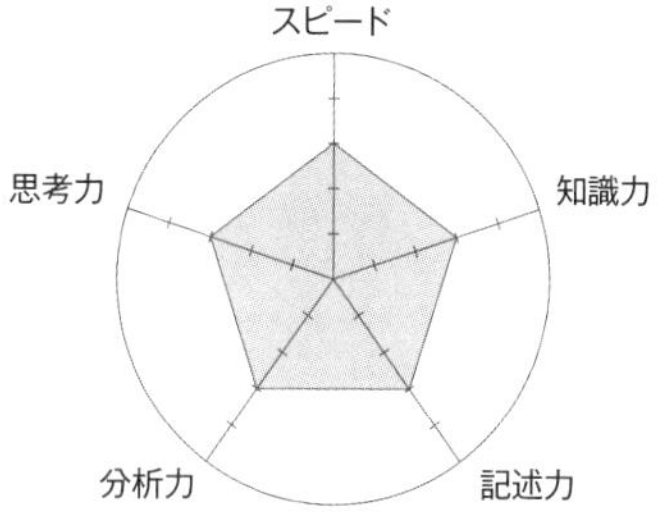

社会 出題形式の内訳と1問あたりの時間

内訳	H24	H23	H22	H21
大問数	2	2	2	3
小問数	54	61	55	57
選択	22	24	12	34
語句記述	27	36	33	18
文章記述	5	1	0	5
その他	0	0	0	0
1問あたりの時間（秒）	44.4	39.3	43.6	42.1

学習院女子中等科

東京都新宿区

内

試験日
2/1(A)・3(B)
発表2/2(A)・4(B)

面接あり

算	100点	50分
国	100点	50分
理	60点	30分
社	60点	30分

出願作戦　平成24年度にB入試の募集人数が35人から40人に増えましたが、3日に実施されることもあり、厳しい戦いに変わりはありません。まずは1日のA入試に集中できるように1月校を慎重に選びましょう。

1月校の候補としては、淑徳与野、栄東（ABC）、開智などは人気がある上に本校と偏差値の差が少なく、リスクが高くなります。西武文理、春日部共栄なども含めて考えましょう。2日の併願校は光塩女子、共立女子などに人気が集まるので、山脇学園、跡見学園なども視野に入れましょう。

＊卒業生の約7割が学習院女子大学に進学します。学習院への推薦内定を取りながらの他大学受験については、12月中旬までに結果が出るような入試であれば可能です。他大学では学習院大学にない医歯薬系への進学が目立ちます。

算数

●**出題構成**

試験時間は50分で、設問数は13問程度、難易度比率は標準77％、発展23％、思考力の出題はなく、解答は計算問題も含めて全問記述式です。

問題の難度は一定ではなく、A入試がB入試よりも難しいこともありますが、合格への基準として70点程度を目標にしましょう。

●**まず合格レベルを目指す**

平面図形と速さの問題が40％以上を占めています。

平面図形は相似形・面積比など定番の出題は少なく、図形の回転・移動や円とおうぎ形が中心。円とおうぎ形は、平成22年度B入試大問2で正九角形の辺と内角を利用して、内側に書いたおうぎ形の弧の長さを出す問題、平成20年度A入試大問2で半径がわからず半径×半径の数値を利用する問題がありました。平成24年度A入試大問7では、正三角形の3つの頂点を中心とする円の、重なった部分の求積が問われました。図形の回転・移動は、平成24年度B入試大問6と平成23年度A入試大問5で難しい作図が出題されています。

速さは旅人算がほぼ毎回出題されており、平成24年度A入試大問5のような、線分図などで状況整理が必要な問題が中心です。

大手塾で偏差値55~60（サピックスは50~55）のクラスでは、このような問題を授業で多く扱います。当該クラスに在籍している場合は、丁寧に授業の復習を行いましょう。まだそのクラスまで達していない場合は、まずクラスアップを目指し、合わせて可能な限り塾教材の応用問題に取り組むようにしましょう。

分野別出題傾向

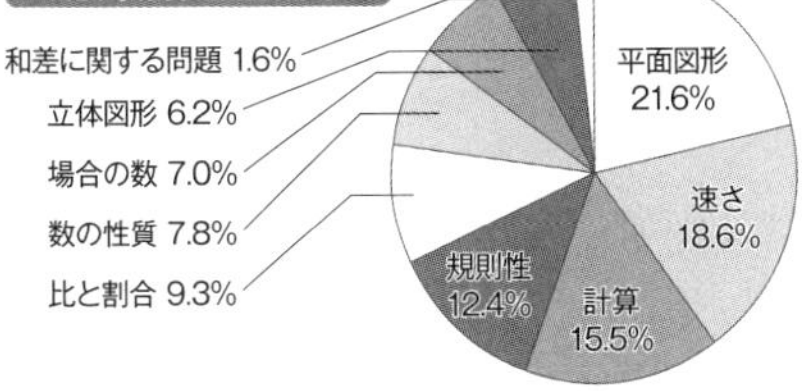

項目別出題ランキング

	項目	標準	発展	思考力	合計
1	旅人算	11	4	0	15
2	図形の回転・移動	9	5	0	14
3	四則混合計算	9	0	0	9
4	場合の数	3	5	0	8
5	還元算	8	0	0	8
6	展開図	2	3	0	5
7	規則	3	2	0	5
7	円とおうぎ形	3	2	0	5
9	角度	5	0	0	5
9	数列	5	0	0	5

●さらに算数で得点を伸ばすには

前述のように、本校は計算問題も記述式です。例年2題目は還元算ですが、ふだんの学習時から答案に書くことを意識して、丁寧に逆算している受験生は少ないでしょう。毎日の計算トレーニングから、順序よくきれいに計算する習慣をつけましょう。

大問2以降の特徴として、平成22年度B入試大問4のベルトコンベアを題材にした問題、平成21年度A入試大問6の時刻表を扱った問題などでは、高い条件整理能力が必要です。

また、平成22年度A入試大問3、平成20年度A入試大問5の旅人算や、平成20年度A入試大問4の倍数算など、比を利用する問題も多くあります。

その他の注目点として、平成21年度以降、図形の回転・移動の出題が増え、難度も年々上昇しています。円やおうぎ形を回転させるもの、図形を平行移動させて重なる面積を求めるものなどですが、作図でミスすると求積問題も正解できないので、ふだんの学習時から正確に作図しましょう。

国語

●問題文について

かつて長文問題が2題出た年もありましたが、近年では長文問題1題と、漢字の独立した大問1題、計2題というパターンが続いています。読解問題では、児童を対象にした物語文が取り上げられます。新しい世代の作家だけでなく、有島武郎《たけお》、新見南吉、今江祥智《よしとも》など児童文学の書き手として有名な作家の文章からも頻繁に出題されています。比較的読みやすい文章が多く、難しい言葉には語注がつけられています。思春期を迎えた子どもの淡い恋愛にまつわる内容の文章が出されることもあります。

●設問について

総問題数は30～35問で、漢字以外の問題が12問程度。本校の大きな特徴は、漢字以外の問題が、ほとんどすべて文章を記述させるタイプの問題であることです。字数制限のない問題が多く見られますが、60字を超えそうな字数の多い記述問題も毎年数題出ています。読み取ったことを的確に人に伝えられる豊かな文章表現力が必要です。文章の難度は標準的ですが、引用部分が長いので注意を要します。本番で集中力が途切れないよう、ふだんから長い文章に取り組む機会を多くつくりましょう。漢字は近年20問出されることが続いており、ウエイトが高いことがうかがえます。

●対策

長文問題では、文章上に表れていることの背後にある内容を読み取れるかどうかが試されます。こうした問題は、該当箇所を探して文中の言葉をつなぎ合わせれば答えがまとめられるような問題とは、一線を画しています。自分の経験を押し広げて考え、想像力をはたらかせることで、ほかの人の思いや表現の背後にあるものを類推できるかどうかが問われる問題です。

具体的には、人物の行動や感情の理由、心情に変化が起きた理由を説明させる問題が多く出されています。また、人物の言葉や表情、行動の意味を問う問題も頻繁に見られます。本校の多くの問題に共通して言えるのは、感情の読み取りが解答の鍵となっているということです。

文中表現に関する問いでは、例えば平成23年度A入試第2問・問10の「ここで麻子を『一人の女の子』と言い換えて表現したのはなぜか」のように、その言葉を選んだことにより、どのような意味や効果がもたらされるかがよく問われています。

問題文のジャンル別難易度と文章量

出題年	物語文	説明文	随筆文	その他
H24A	標準			
H24B	標準			
H23A	標準 ★			
H23B	標準			
H22A	標準 ★			
H22B	標準			
H21A	標準			
H21B	標準			

求められる力

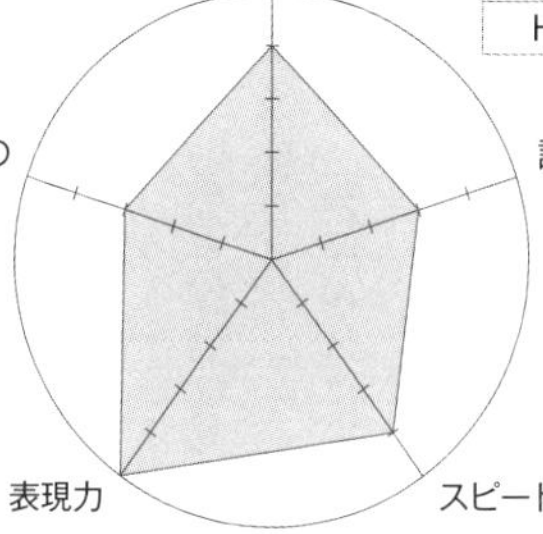

出題内容別の問題数

出題内容	問題数
漢字・知識・文法	20
客観問題・選択肢型	0
客観問題・書き抜き型	1
記述問題・60字未満	8
記述問題・60字以上	4
小問合計	33

平成24年度B入試の本多明『幸子の庭』は、友達関係がうまくいかず学校を休みがちになった少女が、家に来た庭師の仕事ぶりに感銘を受け、沈みがちだった心が上向いてくるまでの変化と、それを見守る母親の姿が描かれた物語文でした。本校の問題文ではこのように子どもの生活に起こりうる日常的な出来事を中心に、登場人物の感情がリアルに細やかに語られていきます。こうした文章は女子校でよく出題されるので、他校の過去問から似た特色の読解問題を探し、記述問題を取り出して数多く練習すると、有効な対策となります。

また、問題を解く際には登場人物の性格、ものの見方、人物関係に着目し、できるだけ詳しく書く習慣をつけましょう。自分が頭の中で理解しているだけではなくて、言葉足らずでなく読み手に伝わる客観的な説明を書けることが、重要なポイントとなります。

漢字は20問と高いウエイトを占めているので、複数の問題集をあたるなどし、とくに力を入れて学習すべきです。本校の漢字は全体にやや難しいレベル。社会や理科に関する説明文に出てきそうな漢字熟語が多く出題されているので、過去問で漢字の出題傾向をとらえて、学習する際の参考にするとよいでしょう。

理科

試験時間が30分で、大問数は各分野から1題ずつの4題となっています。記述問題が大幅に増えてきている点と、近年は思考力や分析力を問う問題が見られるようになってきた点に注意が必要です。

●特徴的な問題　世界自然遺産に登録された小笠原諸島とその近海に見られるクジラに関する問題（平成24年度B入試）、LED電球と白熱電球の違いについて考察する問題（平成23年度A入試）、卵の卵白と卵黄をそれぞれ加熱した場合の変化についての問題（平成23年度B入試）、落ち葉が積もった林の様子からミミズのはたらきについて考察する問題（平成22年度A入試）などがありました。

●対策　早い段階で基本的な学習を終え、過去問演習を通して本校の特色、傾向を知ることが重要になります。平成22年度以降、AまたはB入試で時事問題を題材にした大問が必ず1題出されています。かなり細かい点まで問われるので、ニュースとして知っておくだけでなく、新聞やテレビの特集などで情報を集めておくとよいでしょう。また記述問題が多いので、添削を受ける機会を増やすなど十分な対策が必要です。

社会

大問数が3～4題、小問数が40～50問となっています。地理、歴史、公民の各分野からの出題です。また、記述問題は1行程度となっています。

●特徴的な問題　5つの冤罪事件の中からDNA鑑定の正確さをめぐって、無期懲役から無罪になった足利事件を選ぶ問題（平成24年度A入試）。GDPは何の略称で何を示すかを説明させる問題（平成24年度B入試）。日本政府が子どもの数を増やすために行ってきた政策を問う問題や、県庁所在地よりも人口の多い都市がある都道府県を選択する問題、校倉造《あぜくらづくり》の長所や一揆の連判状が輪状になっている理由を記述する問題（平成23年度A入試）。表をもとに農業就業人口の減少率を計算する問題や、プライバシーの権利と知る権利について、それぞれ情報という言葉を用いて説明する問題（平成23年度B入試）などがありました。

●対策　地図の感覚を問う問題が多くなっているので、地図を片手にさまざまな資料を見ておくことが効果的となります。また公民分野では、近年に起きた出来事についての詳しく正確な知識が必要になるので、社会情勢に十分注意しておきましょう。

通塾別学習対策

サピックス

算数●『デイリーサポート』Cプリントまで解けるようになりましょう。

国語●『デイリーサピックス』のBテキストの物語文を中心に、心情把握力と記述力を鍛えましょう。

理科●テキストを繰り返し学習し、基本事項をしっかり押さえましょう。

社会●地図を扱った問題に重点的に取り組みましょう。

日能研

算数●共通問題まで解けるようになりましょう。

国語●教材や銀本の物語文の記述問題を解き、質問したり添削を受けたりしましょう。

理科●『栄冠への道』の基本問題を確実に解けるようにしておきましょう。

社会●公民分野は基本事項を繰り返し演習しましょう。

四谷大塚系

算数●『予習シリーズ』の練習問題まで解けるようにしましょう。

国語●テキストや模擬テストの物語の記述問題に注意し、解答解説まで熟読しましょう。

理科●『予習シリーズ』を何度も読みこなし、基礎を固めましょう。

社会●週テストの復習を重点的に行いましょう。

理科 求められる力

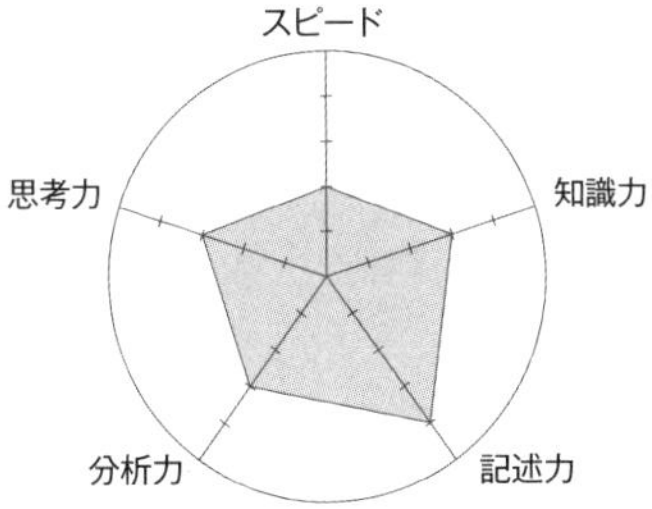

理科 出題形式の内訳と1問あたりの時間

内訳	H24A	H24B	H23A	H23B	H22A	H22B
大問数	4	4	4	4	4	4
小問数	28	24	25	27	17	27
選択	16	6	3	12	6	5
語句記述	5	4	14	8	2	7
文章記述	6	9	5	5	2	9
計算・数値記述	1	3	2	1	6	5
作図・その他	0	2	1	1	1	1
1問あたりの時間(秒)	64.3	75.0	72.0	66.7	105.9	66.7

社会 求められる力

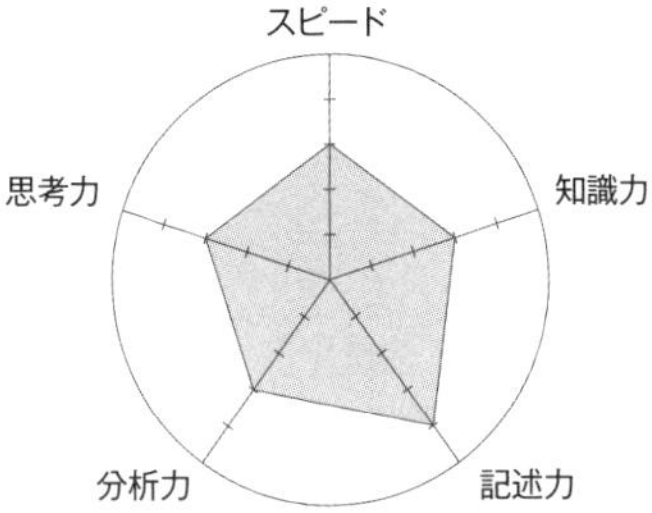

社会 出題形式の内訳と1問あたりの時間

内訳	H24A	H24B	H23A	H23B	H22A	H22B
大問数	5	4	4	4	4	4
小問数	38	43	47	47	47	41
選択	15	20	25	13	11	23
語句記述	18	18	18	26	33	12
文章記述	4	5	4	8	3	6
その他	1	0	0	0	0	0
1問あたりの時間(秒)	47.4	41.9	38.3	38.3	38.3	43.9

学習院中等科

東京都豊島区

内 外

試験日 2/2・3
発表2/2・4

面接なし

	算	国	理	社
点	100点	100点	80点	80点
時間	50分	50分	40分	40分

出願作戦　1日に武蔵、駒場東邦などの難関校を受験した層が併願してくることもあり、厳しい戦いとなるので、1月校、1日の受験校で確実に合格を得ておく必要があります。

1月校の立教新座は難関なので、西武文理、獨協埼玉などを視野に入れましょう。1日校では大学付属校の法政大、中央大附属は人気校で本校と偏差値の差もないため、リスクが高くなります。国学院久我山、成城、獨協なども含めて考えましょう。

2日の午後に東京都市大等々力などの午後受験を組み合わせることも有効です。

＊卒業生の約6割が学習院大学に、残りの2割が他大学に進学、2割がその他（浪人含む）。他大学では早慶へ進学する人数が多く、学部では、学習院大学にない医学部などへの進学が多くなります。高等科には馬術部があるため、校舎内に厩舎・馬場があります。

算　数

●**出題構成**

試験時間は50分で、設問数は18問程度、難易度比率は標準76%、発展18%、思考力6%です。

解答形式は、大問6題のうち大問3以降が記述式ですが、解答欄のスペースが小さいため、要点をコンパクトにまとめる技術が必要です。

合格者平均点は、例年70点弱で推移しています。

●**まず合格レベルを目指す**

第1回と第2回の問題レベルは同程度です。毎年大問1から大問3までは、両回とも同一テーマで構成されることが多く、出題形式もよく似ています。

全体構成を見ると、大問4までの問題は典型題で、大問5と大問6が難しい年度が多いのですが、平成24年度は両回とも大問4の難度が高くなりました。

単元別では速さ、比と割合、平面図形を中心に幅広く出題されており、さまざまなタイプの問題への対応力が求められています。

例えば、大問1から平面図形の大問4までを見ると、平成23年度は一般的な面積比の問題でしたが、平成22年度は円の回転移動、平成21年度は内接円を用いた面積比と、バラエティに富んでいます。

どのタイプの問題でも、塾教材や市販の問題集の演習で十分に対応可能ですが、いずれも標準の典型題より少し難しいレベルなので、まずは大手塾のテスト偏差値が55（サピックスは50）を超えるように、総合的な学力を高めましょう。

分野別出題傾向

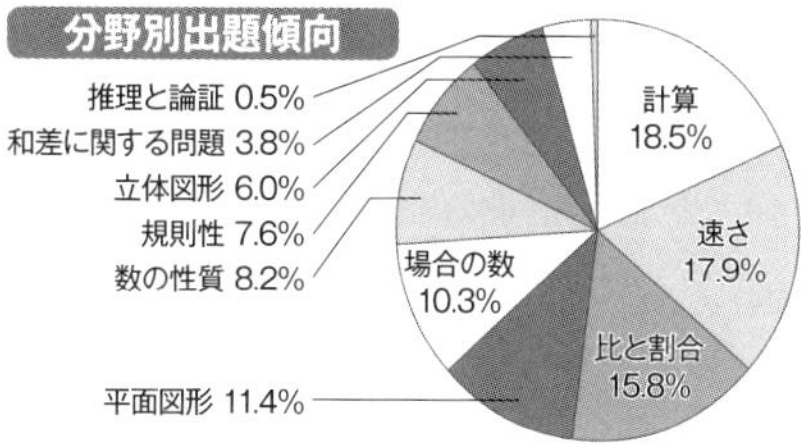

項目別出題ランキング

	項目	標準	発展	思考力	合計
1	四則混合計算	24	0	0	24
2	場合の数	10	4	5	19
3	速さとグラフ	10	2	0	12
4	旅人算	8	3	0	11
5	割合の三用法	10	0	0	10
5	還元算	10	0	0	10
7	数の性質	4	2	2	8
8	体積・容積	5	2	0	7
9	相似形・面積比	6	1	0	7
10	図形の回転・移動	5	1	0	6

●さらに算数で得点を伸ばすには

前述のとおり、解答欄が小さめでも解答形式は記述式です。本校と偏差値が近い学校は、解答が答えのみの学校が多いため、本校向けに、式や考え方を簡潔に書く練習が必要です。男子受験生の大半に当てはまりますが、式や筆算を書かない、書いても式がなくて筆算だけを小さく書いて答えを出すなどの習慣がついていると対応ができなくなるため、早めに練習をはじめましょう。算数が得意でも、記述解答の精度が低いせいで減点されることがないように、しっかり準備をしておきましょう。

単元別の注目点は、平成23年度に立体図形が出題されたことです。これは、近年多くの学校で見られる傾向です。第1回では立体図形の切断とその求積、第2回では円柱型の容器を用いた水量変化が出題されました。今のところは頻出テーマからの出題ですが、今後は平面図形のようにさまざまなタイプの問題が出されると予想されます。

また、平成24年度第1回大問4のような数の性質も、近年何度か登場しています。かつて駒場東邦で数回出題されているので、合わせて演習しておきましょう。

国語

●問題文について

長文問題は、文学的文章と説明文が各1題という形式が続いています。説明文では、自然、言語、社会などについての文章が出されています。日高敏隆、竹内敏晴など中学入試で頻出の筆者をはじめ、池上彰、山根基世といったジャーナリストや、茶道家の千宗屋の文章が出題されるなど、テーマは多岐にわたります。内容的には具体性が高く、それほどわかりにくいものではありません。文学的文章では一般的な随筆文か物語文が出題されており、物語文は少年少女が主人公であるケースが多く見られます。

●設問について

解答時間は50分です。総問題数は、平成22年度第1回で50問と比較的多くなりましたが、多くの場合35～40問前後です。長文読解が2題出題されます。問題は、標準からやや難しいレベルが多く、特殊な問題や驚くほど難解な問題は見られません。文中の難しい言葉には語注をつけるなどの配慮がされています。

正解が60字を超えると思われる長文記述が毎年1～2問出題されて、解答中の引用部分はある程度長さがあります。記述問題が多いため、苦手な受験生にとっては難度が高く感じられるでしょう。

●対策

記述問題では書く力が試され、内容一致選択問題、指示語の内容などのオーソドックスな客観問題ではさまざまな角度から読解力が試されるテストです。表現力と注意力が要求されます。漢字の書き取りが全体で15問出るので、漢字の力をつけておきましょう。

将棋の戦法についての説明文（平成22年度第1回）や、女性の視点でおしゃれや買い物について書いた随筆文（平成21年度第2回）など、多くの受験生にとって読み慣れないテーマが出されることもあります。はじめて出合う内容を正しく読解できるようになるには、まずは読書をすること。また、新聞のコラムを継続して読むことなども、多様な話題に好奇心を持って入り込めるようになるよいきっかけとなります。

本校の問題は、総じて内容把握に重きが置かれています。内容一致選択問題では、選択肢同士の微妙なニュアンスの違いで判断させるようなまぎらわしさはないものの、本文内容を正確に理解できていないと引っかかってしまうような選択肢が見られます。

例えば、平成23年度第1回問5は、「私」が少年た

問題文のジャンル別難易度と文章量

出題年	物語文	説明文	随筆文	その他
H24①	標準	標準		
H24②	標準	標準		
H23①	やや難	標準		
H23②	標準	やや難		
H22①		難	やや難	
H22②	標準	やや難		
H21①	やや難	やや難		
H21②		やや難	標準	

求められる力

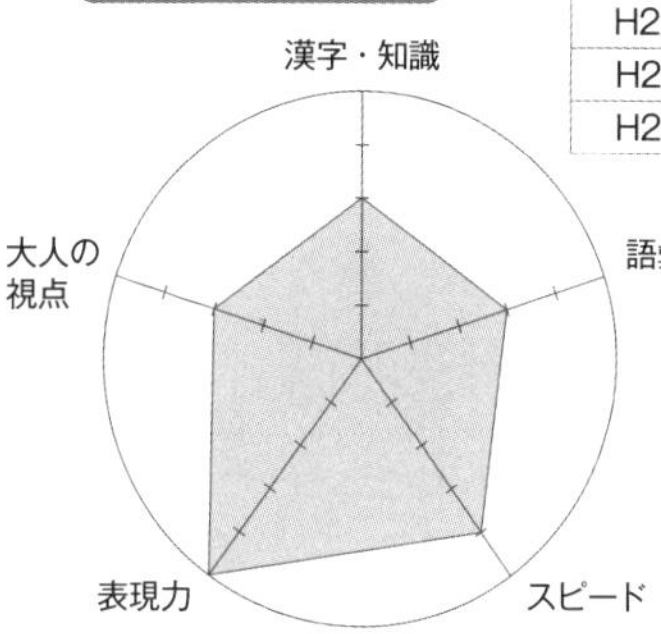

出題内容別の問題数

出題内容	問題数
漢字・知識・文法	15
客観問題・選択肢型	13
客観問題・書き抜き型	2
記述問題・60字未満	8
記述問題・60字以上	2
小問合計	40

ちのサッカーを見ていて好感と羨望を抱く場面で、何についてそう思ったのかを答えさせる選択肢問題です。傍線部の直前に少年たちがサッカーの試合に没頭しているという内容の表現があるので、本文に書かれた言葉だという理由で選んでしまうと、エの「単純なゲームに没頭できる純粋な気持ち」という誤った選択肢を選ぶことになります。しかし、傍線部分の後ろに「私」が自らの中学時代を振り返って、少年たちのように、その年代でしかできない何かに無心に取り組むべきであったと後悔する気持ちが語られているので、本文と目立って共通する語のないイの「今しかできないことを懸命にしていること」が内容的に正解となります。

本校ではほかにも、正解の鍵になる箇所が多少離れたところにあったり、一見してわかるような表現で関係づけられていなかったりするところで、文脈的なつながりがあることを見抜けるかが問われる問題があります。じっくり読んで文意を正しくとらえていれば自然と正解できる問題が多いので、日頃から問題を解く際には本文中の関係の深い箇所に線を引くなどして、文脈のつながりを確実にとらえる力をつけておくことが不可欠です。

理科

大問は時事問題を含む3～6問程度の小問集合が1題と、物理、化学、生物、地学から1～2題ずつとなっています。出題形式は選択問題が主ですが、計算が必要な選択問題も多く、注意が必要です。

●特徴的な問題　さまざまな長さ、重さの棒を水に沈めた場合の浮力の計算問題（平成24年度第1回）、炭酸飲料のペットボトルを通じて気圧について考察する問題（平成23年度第2回）、宇宙ステーションなどの無重力状態で起こる現象に関する問題（平成22年度第2回）などがありました。

●対策　全体的に実験、観察を重視している傾向があるので、実験問題を数多く演習すること。また物理、化学の計算問題も標準レベルまでは確実に解けるように練習を繰り返しましょう。とくに浮力を含めた力に関する計算問題はかなりあるので、基本レベルからしっかり練習しておくことが大事。生物分野は配点こそ多くないものの、幅広く出題されているので、基本知識をしっかり学習するべきです。また、時事問題も必ず出題されるので、秋～冬頃に発売される時事問題用の資料集を活用するとよいでしょう。

社会

傾向として、20～40字程度の記述問題が頻出。地理は都道府県ごとの特色、歴史は江戸時代以降、公民は時事問題をからめた基本問題がよく出題されます。

●特徴的な問題　記述問題は、鳥取県境港市の特色ある「地域おこし」の主なものを具体的に説明する問題（平成24年度第1回）や、昭和初期までの歴代内閣総理大臣の名前と、その在任中の出来事を示した年表の空欄を埋める問題（平成24年度第2回）。三陸海岸が天然の良港と呼ばれる主な理由や、江戸幕府が役職に2人以上を任命し交代で仕事をさせた理由（平成23年度第1回）。長崎が西洋の学問の中心となった理由や、日本と韓国が竹島の領有をめぐって争っている理由を排他的経済水域という言葉を使って答える問題（平成23年度第2回）などがありました。

●対策　漢字指定問題が多いので、ふだんから漢字で正しく書く習慣をつけましょう。地理では毎年ある地方を題材に深く問われるので、苦手なエリアをつくらないこと、歴史に関しては江戸時代以降をとくに重点的に学習すること、公民は用語の意味を正しく理解することが大切です。

通塾別学習対策

サピックス

算数●『デイリーサポート』Cプリントまでは完璧に解けるようになりましょう。

国語●『デイリーサピックス』のBテキストのオーソドックスな問題を中心に演習して、書く力を鍛えましょう。

理科●実験、観察問題を『分野別問題集』などで演習。

社会●マンスリーテストの記述問題をしっかり復習しましょう。

日能研

算数●共通問題までは完璧に解けるようになりましょう。

国語●銀本で同程度の長さの問題を選んで解き、記述問題は添削を受けましょう。

理科●カリキュラムテストの実験、観察問題を重点的に復習しましょう。

社会●テキストに出てくる重要用語は漢字で確実に書けるようにしましょう。

四谷大塚系

算数●『予習シリーズ』の練習問題までは完璧に解けるようになりましょう。

国語●『予習シリーズ』『演習問題集』、模擬テストの記述問題を丁寧に解きましょう。

理科●週テストなどで出てきた実験に関する問題は必ず復習しましょう。

社会●『四科のまとめ』を利用し記述問題対策をしましょう。

理科 求められる力

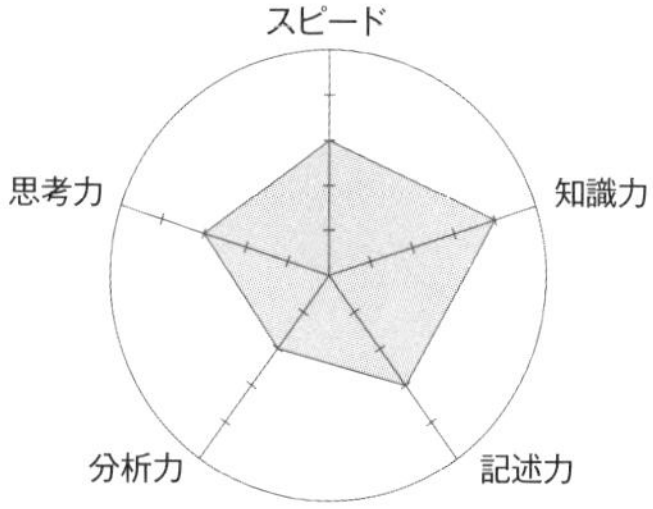

理科 出題形式の内訳と1問あたりの時間

内訳	H24①	H24②	H23①	H23②	H22①	H22②
大問数	7	8	6	7	8	8
小問数	46	46	38	44	38	43
選択	36	29	25	28	26	36
語句記述	1	10	1	4	2	5
文章記述	1	0	1	5	1	1
計算・数値記述	7	3	11	7	9	1
作図・その他	1	4	0	0	0	0
1問あたりの時間（秒）	52.2	52.2	63.2	54.5	63.2	55.8

社会 求められる力

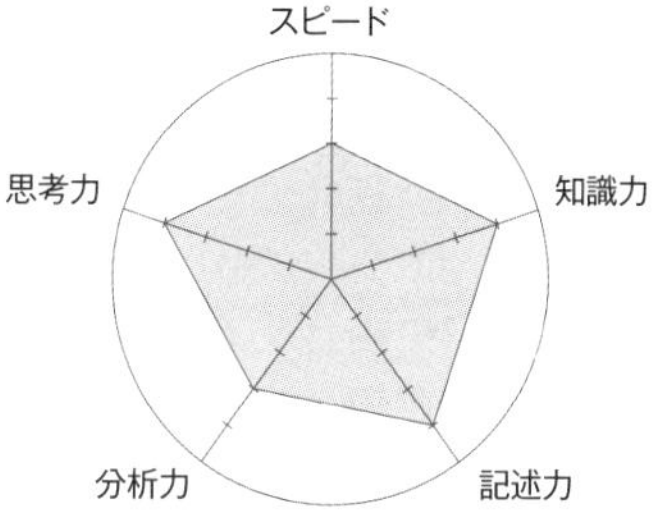

社会 出題形式の内訳と1問あたりの時間

内訳	H24①	H24②	H23①	H23②	H22①	H22②
大問数	4	3	4	3	4	4
小問数	61	74	61	66	60	67
選択	33	26	29	27	26	27
語句記述	22	45	27	35	28	35
文章記述	6	3	5	4	6	5
その他	0	0	0	0	0	0
1問あたりの時間（秒）	39.3	32.4	39.3	36.4	40.0	35.8

吉祥女子中学校

東京都武蔵野市

試験日 2/1・2・4
発表*2/1・2・4

面接なし

算	100点	50分
国	100点	50分
理	70点	35分
社	70点	35分

出願作戦　第2回、第3回の入試は成績上位の受験生が併願してくるため、第1回よりもさらに厳しい戦いになります。全回受験を目指すのであれば、1月受験を〝お試し〟ではなく、進学も考えられる学校から選ぶようにしましょう。

また、1日の午後受験も視野に入れる必要があります。1月校では、西武文理や星野学園までを含め、1日の午後は人気の国学院久我山や広尾学園だけでなく、大妻中野（アドバンスト選抜）、東京純心（SSS）なども検討しましょう。2月校では、晃華学園、田園調布学園、富士見などがおすすめです。

＊生徒それぞれが個性と自主性を発揮し、明るく充実した学生生活を送ることに重きを置いています。明るく開放的な校舎空間も魅力的で、高い人気を維持しています。部活動がとても盛んで、とくにサッカー部は女子校の中でも練習熱心なことで有名です。

算数

●**出題構成**

第1回試験、第2回試験ともに時間は50分で、設問数は22問程度、解答形式は答えのみです。両回ともに、平成22年度より大問1で計算問題と小問集合をまとめて出題する形式となりました。

合格者平均点は60点程度で推移していましたが、平成24年度は両回とも80点まで上昇しました。

●**まず合格レベルを目指す（主に第1回試験）**

第1回試験の難易度比率は標準82％、発展18％、思考力の出題はありません。平成24年度は問題が易化しましたが、合格者平均点80点は高すぎると思われます。反動での難化を前提に対策を立てましょう。

平成23年度以前は大問1の計算や小問集合から、発展問題に近いレベル中心に構成されていました。

小問集合は、幅広い単元から出題されているので問題演習量が必要になります。第2回試験は難問が多く

分野別出題傾向

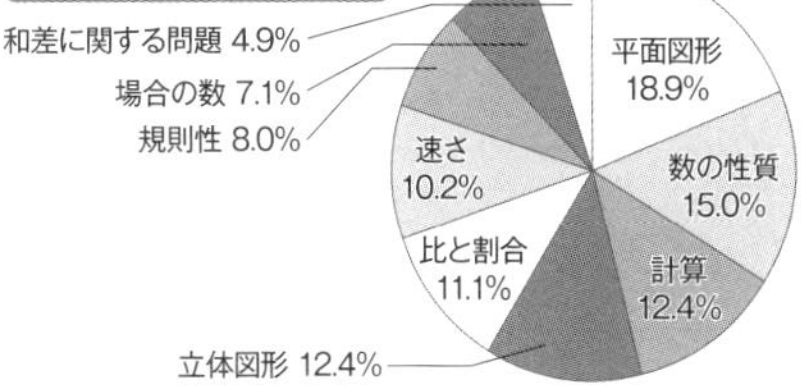

項目別出題ランキング

	項目	標準	発展	思考力	合計
1	還元算	20	0	0	20
2	水量変化とグラフ	5	12	0	17
3	相似形・面積比	16	1	0	17
4	場合の数	6	5	0	11
5	約束算	11	0	0	11
6	図形の回転・移動	6	4	0	10
7	数の性質	7	3	0	10
8	旅人算	9	0	0	9
9	点の移動	6	2	0	8
10	公約数・公倍数	8	0	0	8

なりますが、小問集合で構成される大問1（平成21年度以前は大問2、大問3）は第1回対策として活用できます。『でる順』（旺文社）など市販の問題集も使用して演習量を増やしましょう。

その他の特徴としては、平成22年度大問3や平成21年度大問4で、計算処理の複雑な図形の規則性が出題されています。

大問3以降は、小問を解きながら問題の核となる部分を理解させ、徐々に難しくなっていく誘導型となっています。男子の難関校では主流の出題形式ですが、女子校では目にする機会が少ない問題のため、大変難しそうに感じるでしょう。しかし、これらの問題への対応力が合格への鍵となることは言うまでもありません。問題文が長いということは、それだけ丁寧に道筋をつけてくれていることの表れです。すぐに解き方が浮かばないからとあきらめず、じっくり取り組む訓練を重ねましょう。

●第2回試験受験生向け

第2回試験の難易度比率は標準80%、発展20%、思考力の出題はありません。第1回同様、平成24年度は易化しましたが、こちらも合格者平均点が80点と高いため、反動での難化が予想されます。

これまで、大問1の計算問題や小問集合は、出題形式や難度が第1回と同じ程度でしたが、大問3以降になると平成22年度大問4や平成21・20年度大問6で出題された水量変化のように、問題設定が難しく計算処理も複雑な問題が目白押しです。第1回と同様に、丁寧に誘導されていて、すべての受験生に挑戦してほしいほど良問ぞろいですが、50分という試験時間で全問解答することは非常に厳しく、第1回とは別のレベルとして考えなくてはなりません。

国語

●問題文について

文学的文章では少年少女を主役とする物語が取り上げられると同時に、随筆文などで大人向けの文章も多く出題されています。旅や空間の移動などによってもたらされる筆者の精神的な変化を述べた文章が出ることがあります。説明文では時間、歴史、介護、近代社会の特質などがテーマ。いずれもはっきりした論旨を持った文章ですが、内容・表現ともに大人っぽく、小学生には難しい文章の場合もあります。わかりにくい言葉に語注がつくこともありますが、それ以外にも難しい言葉が出てきます。文章の意味を十分とらえるには、語彙の広さとともに、知らない言葉でも類推して読み進められる応用力が必要です。

●設問について

総問題数は35～40問前後です。文学的文章と説明的文章が各1題、計2題の長文問題が出題されます。漢字は独立問題の形で6問。解答時間は50分ですが、問題文は長文で読み応えのある内容です。記述問題は、80字程度という長さで複数題出題される年がありますす。ハイレベルな読解力に加え表現力、スピードも要求されるテストです。

●対策

漢字、言葉の意味、慣用句、反義語など言語知識に関する問いもありますが、本文の内容把握を問う問題が大部分を占めていることが本校入試の大きな特徴です。深みのある内容の長文の主旨を、素早くとらえなければならない本校テストに対応するには、日頃の読書量が物を言います。早くからいろいろな本を多読する習慣が身についている受験生に有利なテストであると言えるでしょう。内容一致、抜き出し、空欄補充、指示語の内容、副詞の選択、比喩をはじめとする文学的表現の意味など、さまざまなタイプの問題が出されています。

記述問題は80字と字数の多い問題が出題されます。本文の内容をまとめれば答えられる問題もありますが、平成24年度第2回第1問・問9や、平成23年第3回第1問・問8のように、自分の体験や見聞と関連づけて述べさせる作文タイプの問題が頻出です。難しく考えすぎず、積極的に書くようにして、他校の過去問などから作文タイプの問題を選び練習するとよいでしょう。

内容一致選択問題は、平成23年度第3回第1問・問

問題文のジャンル別難易度と文章量

出題年	物語文	説明文	随筆文	その他
H24①	やや難	難		
H24②		やや難	標準	
H23①	標準	やや難		
H23②	標準	難		
H22①	やや難	※		
H22②		難	やや難	
H21①		難	難★	
H21②		やや難	難★	

求められる力

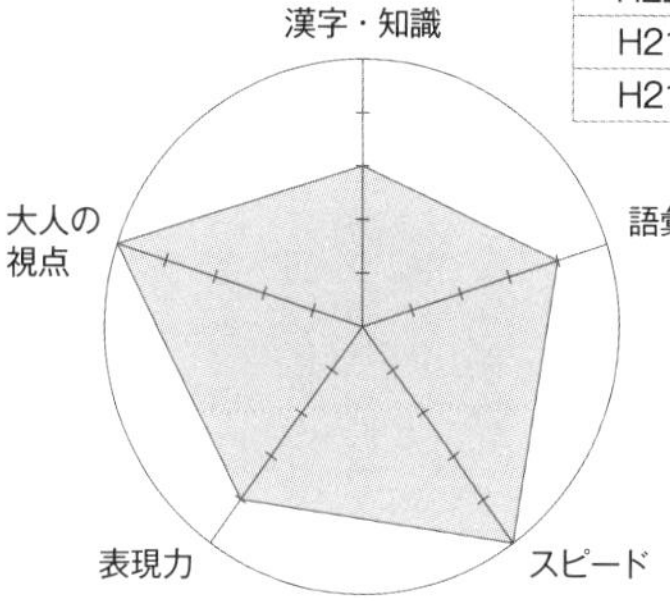

出題内容別の問題数

出題内容	問題数
漢字・知識・文法	8
客観問題・選択肢型	19
客観問題・書き抜き型	5
記述問題・60字未満	4
記述問題・60字以上	1
小問合計	37

12のように、本文中に書かれていない具体例を示し、本文の内容に合うものを選ばせる問題が出ることがあります。文中にない事例にまで押し広げて判断させることで、問題文の意味するところが本当に読み取れているかを試しているので、注意が必要です。

本校では抜き出しもよく出題されます。抜き出しだけでなく選択問題にも共通して言えることですが、正解や正解を判断する根拠となる重要箇所が、傍線部から離れたところにある問題が多い傾向があります。本校の問題文は長いので、やみくもに探すのでは時間のロスが多くなり、正答率も低くなってしまいます。内容をしっかり読み取り、範囲をなるべく限定して探す解き方がよいでしょう。

全体に問題数が多いので、自分にとって難しすぎる問題には過度に時間をかけないようにして、それよりも得点できる問題で答え残すことがないよう十分注意しましょう。そのためには、過去問演習に力を注ぐことです。本校は毎年の問題数が比較的一定しているので、過去問演習を通して、1題にどの程度時間をかけるかというペース配分を自分の中で確実につかむことが有効です。また、本校よりも偏差値の高い他校の過去問に取り組むこともよい対策となります。

理科

試験時間が35分で大問数が各分野から1題ずつの4題、小問数が40問前後となっています。小問は記号選択と計算問題がほとんどですが、実験問題が多く出題されているため、表やグラフの読み取りなどを考えると時間の余裕はあまりないと言えます。

●特徴的な問題　人工心肺のつくりを考察させる問題（平成24年度第2回）、一酸化炭素が酸化鉄から酸素を奪う金属の還元に関する問題（平成23年度第1回）、さまざまな植物の気孔の数と特徴に関して考察させる問題（平成23年度第2回）、太陽電池や発光ダイオードに関して問う問題（平成22年度第1回）など。

●対策　計算問題の対策をしっかりやっておくことが必要となります。最初は標準レベルの問題を中心に、手早く計算することを心がけてください。一般的に暗記分野だと思われがちな生物、地学分野でも、光合成によるデンプンの増加量や湿度を計算させる問題などが見られます。暗記だけに頼らず、仕組みの理解を心がけた学習をしましょう。どの分野も実験に関する問題が多いので、そういった問題に積極的に取り組むことも重要です。

社会

大問数が各分野1題ずつの3題で、小問数が40問前後となっています。解答形式は、選択問題、語句記述問題が中心です。

●特徴的な問題　縄文時代の土器について食生活に広がりを与えたという点から、どのような使われ方をしたかを1行で記述させる問題（平成24年度第1回）や、働いているにもかかわらず生活保護受給者よりも少ない収入しか得られない人を何と呼ぶかを選択させる問題（平成24年度第2回）。イギリスと日本の政治における相違点について、選挙制度、憲法、民主主義などの点から問う問題（平成23年度第1回）。富士山が戦前は必ずしも日本一高い山とは言えない時期があったのは、この時期に日本がある地域を領有していたことによるが、それはどこかを選ぶ問題（平成23年度第2回）などがありました。

●対策　3分野の基礎知識をまんべんなく習得することがまず重要。加えて、正誤選択問題が多いので、語句の意味や内容まで確実に押さえること、記述問題は一行問題や文字数指定のものが多いので、簡潔にまとめる練習をすること、この2点が大切となります。

通塾別学習対策

サピックス

算数●『デイリーサポート』Cプリントまで解けるようになりましょう。

国語●『デイリーサピックス』のA・Bテキストともにすみずみまで目を通し、よく復習しましょう。

理科●計算問題は発展問題まで繰り返し演習しましょう。

社会●マンスリーテストの正誤問題を細かく見直しましょう。

日能研

算数●応用問題の前半部分までは解けるようになりましょう。

国語●塾テキストや銀本の記述問題まで解き、添削してもらいましょう。

理科●カリキュラムテストの計算問題は重点的に復習すること。

社会●記述問題対策として簡潔に文章にまとめる練習をしましょう。

四谷大塚系

算数●『予習シリーズ』の練習問題まで解けるように。

国語●『予習シリーズ』に加え、『演習問題集』まで解き、模擬試験で長い文章に慣れましょう。

理科●科学に関する時事ネタにも注意をはらって学習すること。

社会●『四科のまとめ』の記述対策を有効に活用しましょう。

理科 求められる力

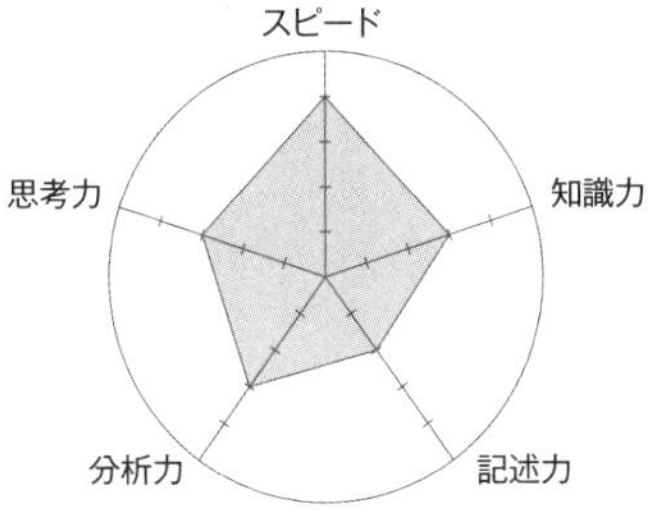

理科 出題形式の内訳と1問あたりの時間

内訳	H24①	H24②	H23①	H23②	H22①	H22②
大問数	4	4	4	4	4	4
小問数	30	35	42	40	42	45
選択	16	23	27	29	29	30
語句記述	2	0	3	3	7	3
文章記述	0	0	0	0	0	0
計算・数値記述	12	12	0	7	5	12
作図・その他	0	0	0	1	1	0
1問あたりの時間（秒）	70.0	60.0	50.0	52.5	50.0	46.7

社会 求められる力

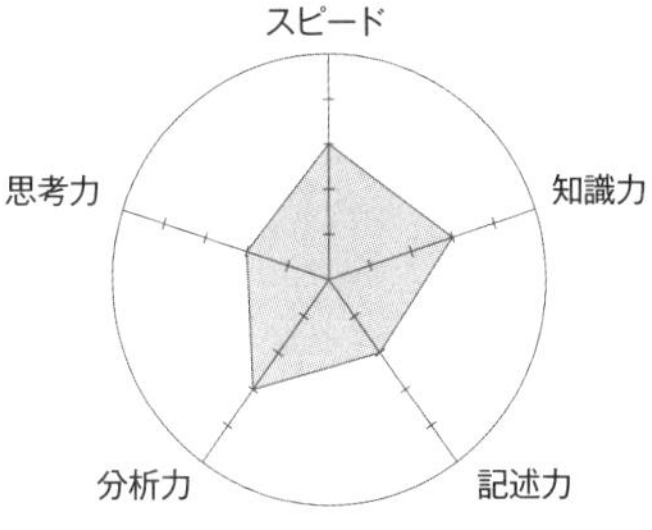

社会 出題形式の内訳と1問あたりの時間

内訳	H24①	H24②	H23①	H23②	H22①	H22②
大問数	3	3	3	3	3	3
小問数	40	41	41	40	44	41
選択	27	32	30	30	31	29
語句記述	10	7	9	8	11	10
文章記述	2	1	2	2	2	2
その他	1	1	0	0	0	0
1問あたりの時間（秒）	52.5	51.2	51.2	52.5	47.7	51.2

慶應義塾湘南藤沢中等部

神奈川県藤沢市

内 大
外

試験日
2/2、5・6*
発表2/4・7

2次が面接と体育実技（1次合格者のみ）

算	100点	45分
国	100点	45分
理	50点	25分
社	50点	25分

出願作戦

地域として1月の併願校の選択が難しいところですが、可能であれば、市川、東邦大東邦、男子では立教新座、女子では淑徳与野などを候補に、栄東（ABC）、国府台女子など、埼玉や千葉まで含めると幅が広がります。

男子は1月の状況によって慶應義塾2校（1日の普通部、3日の中等部）を回避し、逗子開成、鎌倉学園、桐蔭中等教育や大学付属校の明治大中野、法政大二を含めるのもおすすめ。女子は1月に結果が出れば神奈川女子御三家を受けたいところですが、安全策として、東洋英和、洗足学園、日本女子大附属などを候補に入れましょう。

＊外国語教育の充実ぶりは顕著で、21人の英語教員のうち10人前後はネイティブスピーカーです。福澤諭吉の「実学」の精神により、6ヵ国、10以上の留学プログラムがあります。また、インターネットへの接続可能な生徒用パソコンが約230台完備されています。

算数

●出題構成

試験時間は45分で、設問数は18問程度、難易度比率は標準74%、発展20%、思考力6%です。解答形式は、平成20年度と平成15年度で出題された展開図を完成させる問題以外は答えのみです。

受験者層の学力に対して問題はやさしいため、合格には8割程度の正解が必要と思われます。

●まず合格レベルを目指す

平面図形は、これまで相似形・面積比の利用など受験定番の出題が中心でしたが、平成22～24年度まで3年連続で点の移動が出題されました。立体図形では水の入った容器を傾け、底面になる部分を変えて高さの変化を問う出題が目立ちます。これらは最近流行している問題で、条件整理に高い読解力が必要な上に計算処理が複雑なため、得点差がついている問題と予想できます。

*1次試験（算国理社）2/2、発表2/4。2次試験（面接と体育実技）男子2/5・女子2/6、発表は男女ともに2/7

その他、比と割合では食塩水の濃度か仕事算がほぼ毎年出題されていますが、食塩水の入れ替えや仕事量を設定しにくい仕事算など難度は高め。比と割合の単元からの出題は平成24年度がニュートン算、平成23・22年度は仕事算でした。速さは、旅人算や時計算が大問で出題された年度もありますが、小問集合の中での標準問題が中心。規則性も数列、数列の和、図形の規則性から出題されていますが、典型題に分類できるレベルです。

分野別出題傾向

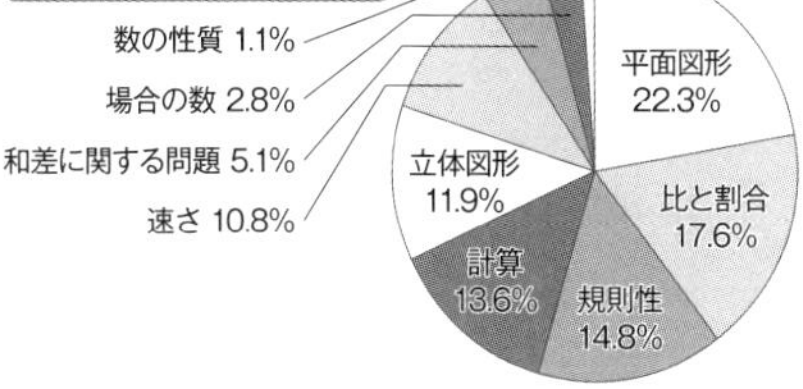

項目別出題ランキング

	項目	標準	発展	思考力	合計
1	相似形・面積比	7	7	0	14
2	水量変化とグラフ	8	4	0	12
3	旅人算	8	2	1	11
3	点の移動	8	2	1	11
5	仕事算	8	3	0	11
6	還元算	9	1	0	10
7	数列	7	0	2	9
8	四則混合計算	9	0	0	9
9	食塩水の濃さ	6	1	0	7
10	図形の規則性	2	1	3	6

このように平面図形、比と割合、規則性、立体図形、速さと幅広く出題されているので、全単元の標準問題を確実に解けるようになりましょう。

●さらに算数で得点を伸ばすには

本校の問題は、受験生にとって取り組みやすそうな構成ですが、典型題がそのまま出題されているわけではありません。そのため、迅速かつ正確な条件整理や計算処理能力がなければ、試験時間内に解き終わることは困難で、合格者と不合格者の得点差も大きいと思われます。また、かつては思考力問題も出題されていました。平成19年度以降は減少しましたが、平成24年度大問5の反射する点の移動など、演習量と処理能力の高さが重視される問題構成となっています。

その他、前述のとおり、点の移動が出題されはじめました。その流れでこれまでなかった速さとグラフも近い将来出題されると思われます。

これらに対応するためには、さまざまな学校の入試問題からグラフを利用する問題だけを抽出して演習するとよいでしょう。

さらに、併願者も多いと思われる女子学院の過去問を通じて、素早く条件整理し、最短距離で正解を導く訓練をしておくと有効です。

国語

●問題文について

大問4題のうち、第2問と第3問が読解問題であるのが例年のパターンです。物語文は毎年、扱われています。それに加えて、説明文または随筆文が出題されます。

問題文の内容や表現は標準的レベルですが、2題の問題文を合わせるとかなりの長さになります。試験時間が45分と短めである上に、記述問題がユニークで、それに時間を取られるため、問題文を読んで解答するにはスピードが必要です。

●設問について

例年、第1問にかなり特殊な知識問題が多く見られます。第2問と第3問は読解問題です。第4問（ただし平成18年度は第2問・問7）は、本校独特のきわめてユニークな問題です。

読解問題の設問形式としては、選択肢問題が多いことが本校の特徴です。言葉の意味や用法および接続語がよく問われます。また、書き抜き問題と記述問題がそれぞれ数題出ることがあります。

漢字は例年、読解問題に含まれる形で書き取りが5問、出題されています。

●対策

第一に、例年、第4問で出題されるユニークな記述問題の対策を述べます。

絵から考えられる仕組みやはたらきを述べさせたり（平成24年度）、絵を言葉で説明させたり（平成23年度）、クリームと比較してアイスクリームがおいしく感じられる理由を書かせたり（平成23年度）する問題など。さらには、詩の題名に込められたイメージ（平成22年度）、「元」という字を図案化させた上で、その理由（平成20年度）、詩を読んで想像したこと（平成19年度）などを記述させる、というように、多岐にわたった内容です。

まずは過去問で自分なりに答案を書いて、塾の先生や家庭教師に見てもらうことが理想的です。不十分なところを指摘してもらって、何度でも書き直してください。その作業を通じて、だんだんこのタイプの問題への対処の仕方が身についてきます。

さらに塾の志望校別講座の教材、あるいは、市販されている『国語問題演習プリント　湘南藤沢記述』（慶應マナビック）といった問題集で、同じような問題の練習を重ねておきましょう。

問題文のジャンル別難易度と文章量

出題年	物語文	説明文	随筆文	その他
H24	標準	標準		
H23	標準	標準		
H22	標準	標準		
H21	標準	標準		
H20	標準	標準		
H19	標準	標準		
H18	標準		標準	

求められる力

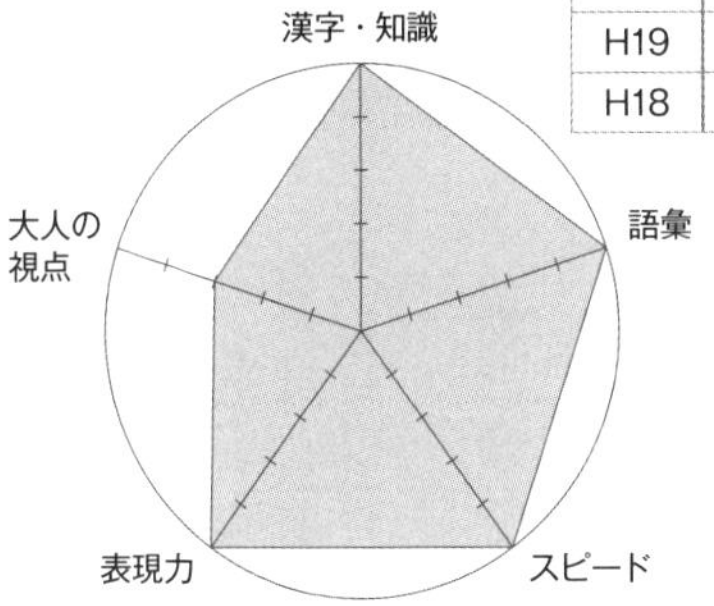

出題内容別の問題数

出題内容	問題数
漢字・知識・文法	12
客観問題・選択肢型	19
客観問題・書き抜き型	3
記述問題・60字未満	2
記述問題・60字以上	1
小問合計	37

第二に、漢字や知識問題の対策を述べます。漢字は必ず満点を取れるように、塾の教材を完璧にしてください。知識については、塾の教材に出ているものは必ず得点できるように、しっかり身につけましょう。ただし、大人でも知らないような難問もあるので、そうした問題は時間をかけずに抜かすといった判断も必要です。

言葉の意味や用法を問う問題の対策として、知らない言葉はこまめに辞書を引いて、語句の意味をメモしたノートを作成することが、大きな効果を上げます。さらに、『語彙力アップ1300 ①小学校基礎レベル』（すばる舎）を用いて、言葉の意味や用法をたくさん身につけるとよいでしょう。

第三に、読解問題の対策について。選択肢問題、書き抜き問題、そして、記述問題のいずれについても、塾の通常授業の教材で対応できますが、選択肢問題は重点的な取り組みが必要です。とくに、接続詞の問題をよく練習してください。記述問題では、短めの字数のものを中心に、本文中のどの部分を解答に盛り込むべきかを意識して取り組むとよいでしょう。

理科

試験時間が25分で大問数が4～5題、解答形式は選択問題が中心となっています。選択問題と言っても高い知識力を要求する問題が多く、身の回りの物事を理科的な視点でふだんから考察しているかが問われる、質の高い出題となっています。

●特徴的な問題　発光ダイオードに関して電圧と電流の関係をグラフから読み取り考察する問題（平成24年度）、有機物などの物質の性質を問う問題（平成23年度）、地層とそれに含まれる化石の観察に関する問題（平成22年度）、空気中の細菌の増え方についての問題（平成21年度）などがありました。

●対策　各分野とも基本知識の理解を前提としているので、教科書や資料集を活用した学習が重要。問題演習を行うたびに資料集でその単元に該当するページを必ず調べるなど、地道な努力を積み重ねましょう。また身近な物事に関する問題も多いので、まずは野菜や果物について調べたり、理科に関する雑学を調べたりと、楽しめるところから学習してみてください。計算問題は標準レベル中心なので、正確さに加えて速く解くことも意識して練習しておきましょう。

社会

大問数が5～7題、例年歴史分野の出題が多くなっています。また40～50問近くの小問があり、平成24年度は記述問題も1問出ています。これらを25分で解かなければいけない点は注意が必要です。

●特徴的な問題　歴史に登場する女性の名前と関係する事柄を選ぶ問題や、ユーロ通貨を使用していない国を選ぶ問題、国民の義務について大日本帝国憲法と日本国憲法の規定の比較（平成24年度）。日本の人口問題に関して、人口の自然増減と社会増減の変化に関するグラフや三大都市圏と地方圏の産業別就業者数の推移のグラフを読み取る問題、明治から大正時代における日本の輸出品の割合を示した3つの円グラフから、日本の貿易の特色や当時の出来事を考えさせる問題（平成23年度）。2つの島の統計表からの読み取り問題や、戦時中の経済事情についての問題（平成22年度）などがありました。

●対策　過去問演習などを通して、さまざまな資料や地形図を読解する問題への迅速な対応力を身につけましょう。一問一答式の問題集などでスピード力を高めること、時事問題を押さえることも必要となります。

通塾別学習対策

サピックス

算数●『デイリーサポート』Cプリントまでは、完璧に解けるようになりましょう。

国語●『デイリーサピックス』のAテキストを網羅的に勉強しましょう。

理科●テキストに加え、市販の記述対策問題集で理解を深めましょう。

社会●歴史と公民は『分野別問題集』の一問一答に毎日少しずつ取り組みましょう。

日能研

算数●共通問題と応用問題の前半部分までは解けるようになりましょう。

国語●公開模試の見直しで、全体正答率60%以上の問題を間違えた際は、徹底的に誤答分析をしましょう。

理科●銀本を利用して実践的な問題演習を繰り返しましょう。

社会●銀本から選択問題を各分野ムラなく抽出し、集中して取り組みましょう。

四谷大塚系

算数●『予習シリーズ』の練習問題レベルまで解けるように。

国語●『予習シリーズ』と『演習問題集』を中心に、物語文については他教材も活用しましょう。

理科● とくに生物分野はテキスト以上の知識の習得を。

社会●地理は時事問題も含めて世界地理に取り組みましょう。

理科 求められる力

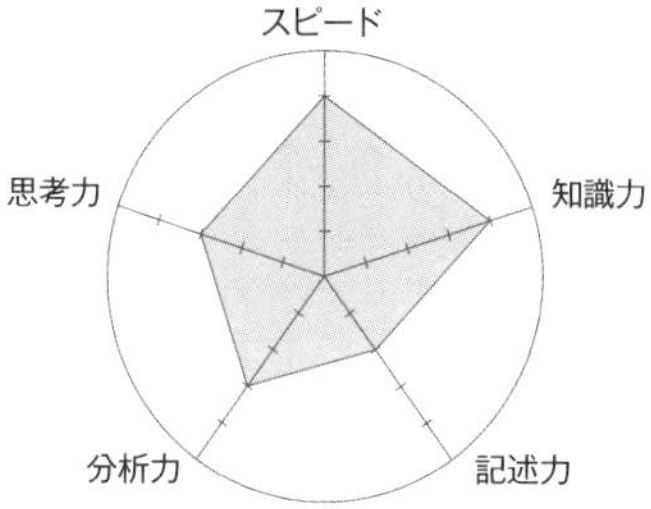

理科 出題形式の内訳と1問あたりの時間

内訳	H24	H23	H22	H21
大問数	5	4	4	4
小問数	29	27	24	21
選択	18	18	17	12
語句記述	9	5	0	2
文章記述	1	1	2	3
計算・数値記述	1	3	5	3
作図・その他	0	0	0	1
1問あたりの時間（秒）	51.7	55.6	62.5	71.4

社会 求められる力

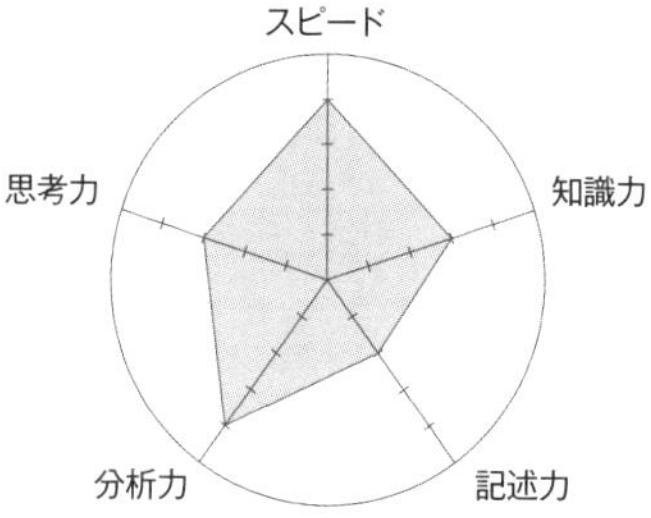

社会 出題形式の内訳と1問あたりの時間

内訳	H24	H23	H22	H21
大問数	7	6	6	5
小問数	38	48	39	47
選択	31	38	27	42
語句記述	5	10	12	5
文章記述	1	0	0	0
その他	1	0	0	0
1問あたりの時間（秒）	39.5	31.3	38.5	31.9

慶應義塾中等部

東京都港区

内 外

試験日
2/3、6・7*
発表2/5・9

2次が面接と体育実技（1次合格者のみ）

	点	分
算	100点	45分
国	100点	45分
理	50点	25分
社	50点	25分

出願作戦

1月入試の併願校としては渋谷教育幕張、市川のほか、男子では立教新座、女子では浦和明の星が多く見られます。男子で、1日の慶應義塾普通部を併願する場合は、1月校は、栄東（ABC）、開智なども検討しましょう。男子は2月に、芝、成城学園などを含めるとよいでしょう。

女子では1日に女子学院、フェリス女学院など最難関校との併願が見られますが、立教女学院、頌栄女子なども候補に入れると幅が広がります。また女子の2日は、青山学院などが選ばれるケースが多いものの、安全策なら大妻などもおすすめです。

＊学校設立当初から、「本当の意味での自由を若者に根付かせること」が理念とされています。諸行事の際に基準服の着用が必要なほかは、基本的には服装は自由です。2次試験の体育は、運動能力だけでなく、「運動に対する姿勢」も見られます。

算数

●出題構成

試験時間は45分で設問数は20問程度、難易度比率は標準79％、発展15％、思考力6％です。解答形式は答えのみですが、解答用紙に桁数が示されているユニークな形式です。

出題の大半は基本問題のため、8割以上の問題を正解しないと合格ラインには達しないでしょう。

●まず合格レベルを目指す

計算、平面図形、数の性質、比と割合の問題が多く見られますが、受験算数として学習するすべての内容からの幅広い出題です。

また、単元ごとの出題傾向の一例として和と差に関する問題を分析しても、和差算、平均算、消去算、つるかめ算、過不足算、差集め算、日歴算、集合算からまんべんなく出題されていることがわかります。

このように、本校の入試問題は幅広い分野から出題

*1次試験（算国理社）2/3、発表2/5。2次試験（面接と体育実技）2/6または7、発表2/9

されていますが、標準問題が大半です。計算では縮尺や単位の換算、日歴算など、受験生が面倒くさいと感じるような問題がありますが、これらも含めて標準問題が確実に解けるようになりましょう。平面図形は相似形・面積比の利用、求積の出題が中心です。何度も解いたことのある問題が大半なので、必ず正解しなくてはなりません。

その他の注意点としては、立体図形では回転体や水量変化、旅人算では数値が小数で与えられているなど、計算処理能力の差が得点差につながりやすい出題が目立ちます。

分野別出題傾向

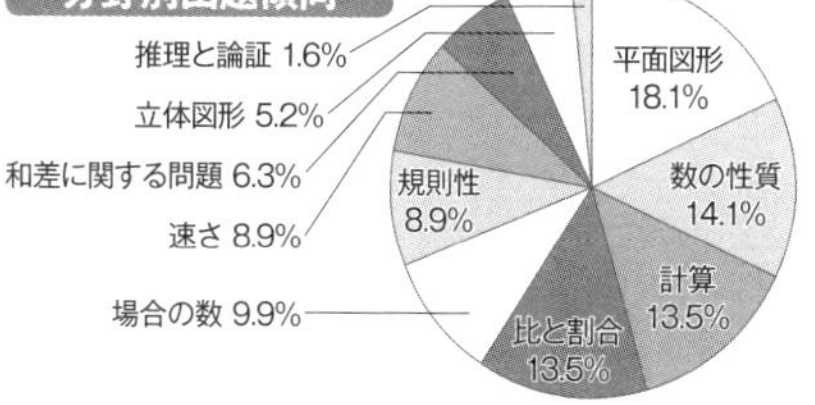

項目別出題ランキング

	項目	標準	発展	思考力	合計
1	相似形・面積比	12	2	0	14
2	場合の数	6	2	5	13
3	四則混合計算	12	0	0	12
4	点の移動	6	3	1	10
5	還元算	8	0	0	8
5	相当算	8	0	0	8
7	数の性質	2	2	2	6
8	数列	4	2	0	6
9	旅人算	5	1	0	6
9	面積の求積・逆算	5	1	0	6

●さらに算数で得点を伸ばすには

本校の算数は、合格者の偏差値と比較するとやさしい問題が並んでいます。「これは解ける」と思った問題は、合格者なら全員が解けると考えましょう。

発展問題は、塾教材や市販の問題集などに掲載されている典型題のため、合格するには必ず解かなくてはならない問題です。典型題をすべて得点することが最優先。差をつけられないようにしましょう。残り時間で思考力問題が解ければ少し優位に立てるという程度に考えておきましょう。45分という短い時間では、思考力問題に割り当てられる時間はごくわずかです。その思考力問題は、平成22・21年度はともに大問3・(2)と中盤で出題されました。平成23年度にはありませんでしたが、基本的には後半で多く見られます。

また平成24年度大問7では、立体図形の切断がはじめて出題されました。三角すいを切断するという難問だったので、今後は切断の対策も欠かせません。

ほかの受験生の併願校を考慮すると、自身の併願校ではないとしても、女子学院や慶應義塾湘南藤沢の過去問題は解いておくべきでしょう。

国語

●問題文について

読解問題として大問2題が出題されることが多く見られます。出題パターンは、物語文と説明文、随筆文と説明文、説明文2題などさまざまです。ただし平成19年度は大問1題のみでした。そして、平成24年度は物語文と説明文と詩の大問3題でした。

問題文の内容に、俳句や敬語の説明文が多いことが特徴的です（平成22～20年度が俳句。平成18年度が敬語）。

●設問について

本校では、知識問題が多く出題されることに加えて、文学史や一般教養的知識まで問われる点が特徴的です。言葉の意味や用法も頻出です。文法も出題されることがあります。さらに慶應義塾や福澤諭吉に関する知識も問われます。漢字の問題は、ほぼ毎年、難問が数題含まれています。

一方、記述問題は少なめ。漢字1字の言葉を記入させたり（平成23年度）、手紙の末尾の文をつくらせたり（平成21年度）する形式でした。俳句をつくらせる出題が続いたこともあります（平成23・22年度）。

●対策

漢字は、難問が多く出されますが、まずは中学入試レベルの問題を全問正解することが必須です。塾の教材を必ず完璧に仕上げておきましょう。

知識と文法については、まず塾の教材をひととおり身につけてください。そのうえで、『四科のまとめ』（四谷大塚）の知識と文法の分野を、全部覚えてしまうくらいの取り組みをしましょう。これまでに本校で出題された項目は、慣用句、ことわざ、故事成語、四字熟語、熟語の成り立ち、手紙文のきまり、擬音語と擬態語、物を数える単位、「れる・られる」の意味、敬語など、広範囲です。中学入試の知識全般を網羅的に押さえる必要があります。

言葉の意味や用法は、知らない言葉についてこまめに辞書を引いて、語句の意味をメモしたノートを作成することが、大きな効果を上げます。さらに、『語彙力アップ１３００　①小学校基礎レベル』（すばる舎）や『小学校の新レインボー　ことばの結びつき辞典』（学研）を使うとよいでしょう。

文学史については、『ぶっつけ日本文学史』（文英堂）や『おぼえやすい表解文学史』（學燈社）がおすすめです。ポイントが赤字で印刷されているので、赤のシー

問題文のジャンル別難易度と文章量

出題年	物語文	説明文	随筆文	その他
H24	やや難	標準		やや難（詩）
H23	標準	やや難		
H22		標準	やや難 ★	
H21		標準	標準	
H20	標準	標準		
H19			やや難	
H18		やや難/標準		

求められる力

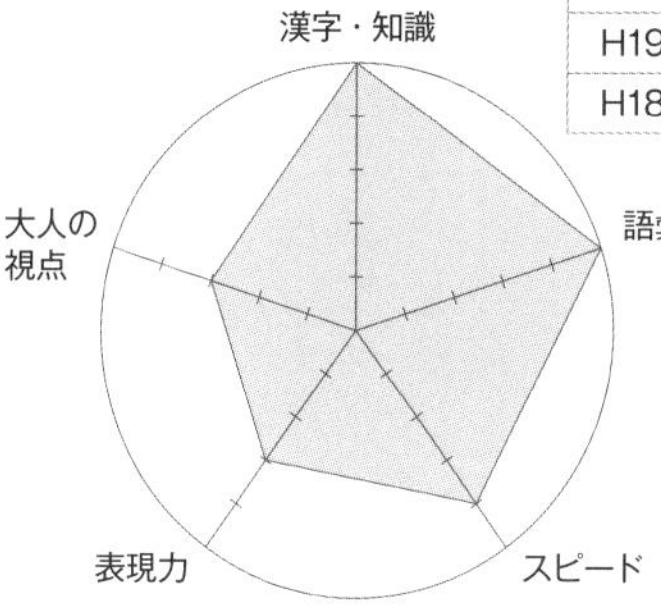

出題内容別の問題数

出題内容	問題数
漢字・知識・文法	33
客観問題・選択肢型	29
客観問題・書き抜き型	1
記述問題・60字未満	1
記述問題・60字以上	0
小問合計	64

トを活用したチェックテストをして、赤字部分はすべて覚えましょう。

一般教養的知識は、朝日小学生新聞などを日常的に読むことで身につけましょう。向上心や知識欲を持って臨む心がけが必要です。ただし、本校の問題の中には、大人でもわからないような難問もあります（平成20年度第5問など）。そうした難問には時間をかけないで敢えて抜かすといった判断も必要です。

慶應義塾や福澤諭吉に関する知識を養うには、『福翁自伝』（岩波文庫）末尾に載っている「福沢諭吉年譜」がおすすめです。折にふれて目を通して、福澤諭吉の著書名などを覚えましょう。さらに意欲のある人は少しずつ本文を読んでみてください。本校の問題文には文語体の文章が引用されていることがあるので、『福翁自伝』を読んでおけば文語体に近い表現に慣れることができます。

俳句については、塾の教材および『四科のまとめ』でしっかり勉強しましょう。自分で俳句をつくり、塾の先生などに見てもらうと効果的です。

なお答案には丁寧な字を書くこと。平成23年度第1問・問10では、問題で「丁寧に書くこと」が要求されていました。

理科

毎年、大問・小問数は変化していますが、解答形式はすべて番号を選ぶ選択問題です。難度は標準レベルの問題が多く、受験者層を考えると合格するには高得点が必要だと思われます。また試験時間が25分と短いので、速く正確に解く力が求められます。

●特徴的な問題　4つの水溶液の中からなかまはずれとなる水溶液とその理由を答えさせる問題（平成24年度）、えんぴつの芯や銅板などを使って電池をつくる問題（平成23年度）、ゆで卵の加熱のしかたの違いによる固まり方の違いを考える問題（平成21年度）などがありました。

●対策　短い試験時間を意識した演習を積んでおくことが重要です。問題集を1冊用意し、繰り返し練習することでスピードアップと知識を徹底。知識問題で詳しく聞かれたり、実験やグラフを扱う問題が出されたりすることを考えると、標準レベルの問題集でなく難しめのものを選んで問題を取捨選択した方がよいでしょう。合格には高得点が必要になると予想されるので、苦手分野をつくらないだけでなく、得意分野を増やす気持ちで学習に取り組んでください。

社会

試験時間が25分と短い中で、50字前後の記述問題を含め60問前後の問題を解かなければならないので、高いスピード力が要求されます。また平成23年度には複数回答する正誤問題が出題されたので、より正確な知識を身につける必要があります。

●特徴的な問題　歴史上の戦いにおける当事者の名前を1人ずつ選ぶ問題や、FTA、EPAの日本語表記を選ぶ問題、TPP関連で農作物への関税が認められなくなることは日本の農業にどんな影響を与えるかを記述する問題（平成24年度）。青函トンネルの位置を地図に書き込む問題や、アメリカにある4つの都市を説明した文章をもとに地図から都市の位置を選ばせる問題、かつての朝廷の位置やその当時の天皇名を選択する問題、投票結果の表を用い、中選挙区制に対して小選挙区制の持つ欠点を説明させる記述問題（平成23年度）などがありました。

●対策　とにかくスピード力の強化が絶対不可欠。一問一答式の問題を短時間で解くなど、十分な演習が必要となります。地理では地図帳をフル活用して、位置を問われる問題などに対して準備しましょう。

通塾別学習対策

サピックス

算数●『デイリーサポート』Cプリントまでは、完璧に解けるようになりましょう。

国語●『デイリーサピックス』のAテキストで漢字と知識を網羅的に勉強しましょう。

理科●参考書にある、写真つきの実験の解説などをまとめてみましょう。

社会●テキスト以外に『コアプラス』を利用して知識を確実にしましょう。

日能研

算数●共通問題と応用問題の前半部分までは解けるように。

国語●『計算と漢字』『本科教室』『栄冠への道』で知識を習得しましょう。

理科●カリキュラムテストでは正答率の低い生物、地学の問題に注意しましょう。

社会●カリキュラムテストの地図やグラフをノートにまとめましょう。

四谷大塚系

算数●『予習シリーズ』の練習問題レベルまで解けるように。

国語●『漢字の学習』『予習シリーズ』『四科のまとめ』で知識を習得しましょう。

理科●『予習シリーズ』は何度も読み込んで知識を徹底。

社会●週テストで出題されたグラフや年表をノートにまとめましょう。

理科 求められる力

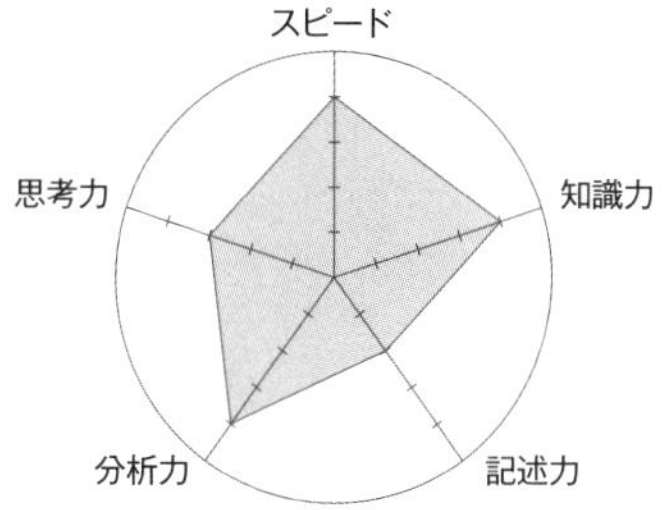

理科 出題形式の内訳と1問あたりの時間

内訳	H24	H23	H22	H21
大問数	5	5	5	4
小問数	32	27	31	24
選択	32	27	31	24
語句記述	0	0	0	0
文章記述	0	0	0	0
計算・数値記述	0	0	0	0
作図・その他	0	0	0	0
1問あたりの時間（秒）	46.9	55.6	48.4	62.5

社会 求められる力

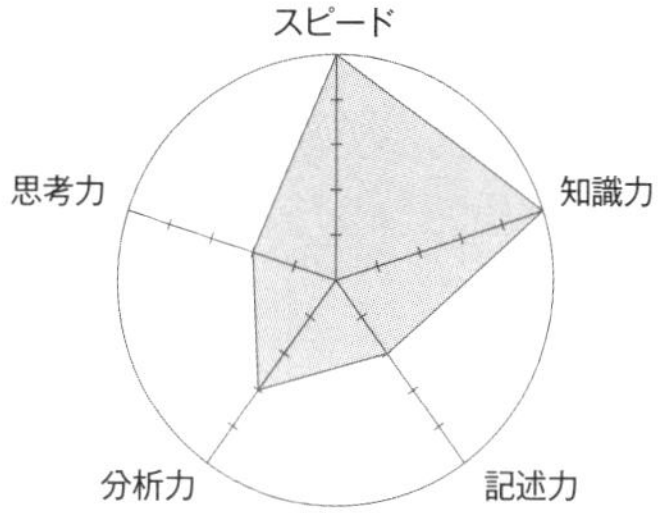

社会 出題形式の内訳と1問あたりの時間

内訳	H24	H23	H22	H21
大問数	4	7	6	4
小問数	63	63	42	46
選択	53	60	35	38
語句記述	8	1	4	7
文章記述	1	1	1	1
その他	1	1	1	0
1問あたりの時間（秒）	23.8	23.8	35.7	32.6

慶應義塾普通部

神奈川県横浜市

内 外 ↓

試験日 2/1 発表2/2

算	100点	40分
国	100点	40分
理	100点	30分
社	100点	30分

面接、体育実技あり

出願作戦

慶應義塾3校をすべて受験する場合は、1月入試で他校の合格を確保しておくなどの万全の対策が必要です。1月入試の併願校としては立教新座を選ぶケースが多く見られます。

本校と3日の中等部を併願する場合は、本校での手応えと2日の受験結果を見て中等部を受験するかどうかを決めるのもひとつの方法です。そのために2日は攻玉社、高輪、鎌倉学園など即日発表の学校を選ぶのがおすすめです。大学付属校では、学習院中等科、明治大明治、立教池袋などとの併願も目立ちます。芝、世田谷学園、桐蔭中等教育、サレジオ学院、逗子開成なども併願校の候補に入れておくとよいでしょう。

＊9月下旬に一般公開される労作展では、生徒たちが作成したさまざまな作品が展示されます。そのレベルの高さに、改めて本校に入学したいという気持ちを強くする受験生も多いようです。

算数

●出題構成

試験時間は40分で、設問数は13問程度、難易度比率は標準76％、発展24％、思考力の出題はありません。

解答形式は記述式ですが記入欄は小さめで、毎年グラフや展開図の作成も出題されており、要点をもらさずかつコンパクトにまとめる技術が必要です。合格するには、最低70点は必要と思われます。

●まず合格レベルを目指す

平面図形と速さを得点源にしましょう。

平面図形は、相似形・面積比の利用や求積などの問題が難しめ。相似形・面積比を利用するさまざまな問題への対応が求められます。また円とおうぎ形、図形の回転、移動の出題も多く見られますが、標準問題が解けるようであれば大丈夫です。

速さは、グラフの利用や点の移動も含めて、ほぼ旅人算からの出題です。標準的な比を利用するものが多く、そのほかに条件整理が必要な問題では正確性が求められ、得点差がつきそうです。

場合の数、数の性質は計算式ひとつで解ける単純な問題ではなく、場合分けや調べ上げ、書き出しが必要です。解答用紙に答案を書くことを意識しながら、わかりやすく条件を整理して解く練習をしましょう。

その他、比と割合、和差に関する問題は少なく、出題されている場合でも、典型題ばかりです。立体図形では展開図の利用や作図が目立ちますが、いずれも本校の志望者であれば正解できるレベルなので、塾教材や『でる順』（旺文社）など市販の問題集で十分に対応できます。

分野別出題傾向

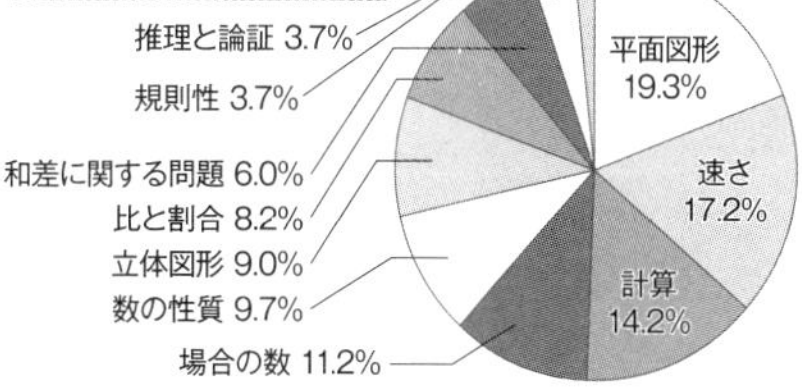

項目別出題ランキング

	項目	標準	発展	思考力	合計
1	旅人算	10	4	0	14
2	相似形・面積比	6	5	0	11
3	場合の数	8	3	0	11
4	速さとグラフ	7	1	0	8
5	数の性質	5	2	0	7
6	還元算	7	0	0	7
7	四則混合	5	1	0	6
8	円とおうぎ形	5	0	0	5
8	図形の回転・移動	5	0	0	5
10	展開図	2	2	0	4

●さらに算数で得点を伸ばすには

本校は、時間さえあれば満点が取れる問題構成ですが、短い時間内にコンパクトな答案を書く技術が必要なので、問題文を読んでから解答に取りかかるまでの反応が遅いと時間内に解き終わりません。出題比率が高くない単元も含め、標準問題では穴がないように、しかも素早く正確に解けるように十分な演習を積んでおきましょう。

さらに出題比率の高い、旅人算とグラフ、相似形・面積比を利用する平面図形は、応用問題レベルの頻出問題まで解けるようになっておきましょう。

また数は少ないのですが、平成18年度大問5のように、根本的な概念の理解と論理的な思考ができないと、手が止まってしまう問題もあります。この類いの問題だけは、数に関する本質的な理解が必要なので、過去問演習を通じて「何を問われているのか」をよく考えながら学習してください。なかなか類題を探すことが難しい問題ですが、麻布で出題される数に関する問題を参考に解いてみると、理解が深まると思います。

国語

●問題文について

物語文は毎年出題されています。それに、論説文または随筆文のどちらかが加わって2題構成の年度、あるいは、論説文および随筆文の双方が加わって3題構成の年度が多くなっています（ただし平成24年度は物語文・短歌の解説文の2題構成。平成22年度は物語文、随筆文、詩の3題構成）。

文章はいずれも平易です。難解な語句が含まれていることは少なく、内容も理解しやすいものとなっています。そして、文章自体が短めのことも多く見られます。このため、全体の解答時間が40分と短めでも、スピーディーに読み進めることが可能です。

●設問について

読解の大問2題ないし3題に加えて、漢字の大問1題（書き取り10問）があります。主に同音異義語が出題されており、やや難しめ。読解問題の難度は標準的で、極端な難問は少なめです。むしろ素直で平易な問題が多く出題されています。ただし学力の高い受験生の間で合否が争われるため、確実に高得点を取る必要があります。知識問題は、読解の大問の中に含めて出題されており、言葉の辞書的な意味や慣用句を問うものが多く、標準的ないしやや難しいレベルです。

●対策

読解問題は、選択肢、書き抜き、適語補充などの客観問題が中心です。20～30字といった短めの記述問題が数題、出題されます。

客観問題は素直で平易なものが多いため、全問正解を目指したいところです。本文中の解答根拠を、素早く確実につかむことを心がけてください。そのためには、先に問題をチェックしてから、本文を読む方法が有効です。記述問題は字数が少ないため、コンパクトにまとめる点が難しいと言えます。本文中の言い回しを短い語へ置き換えるなどの工夫を徹底的に練習しましょう。自分の答案の一字一句について、きめ細かく添削してもらうことを繰り返すと大変効果的です。

漢字や知識の問題の対策としては、同音異義語や慣用句はひとつでも多く覚えてください。辞書的な意味を問う問題の対策として、あるいは、知っている言葉を増やしていくためにも、辞書をこまめに引いて、語句の意味をメモしたノートを作成することは絶大な効果を発揮します。なお、よく考えないで安易に解答すると間違えてしまう問題もあることに注意してくださ

問題文のジャンル別難易度と文章量

出題年	物語文	説明文	随筆文	その他
H24			標準	（短歌）標準
H23	標準	標準		
H22	標準		標準	（詩）標準
H21	標準		標準	
H20	標準	標準		
H19	標準	標準	標準	
H18	標準		標準	

求められる力

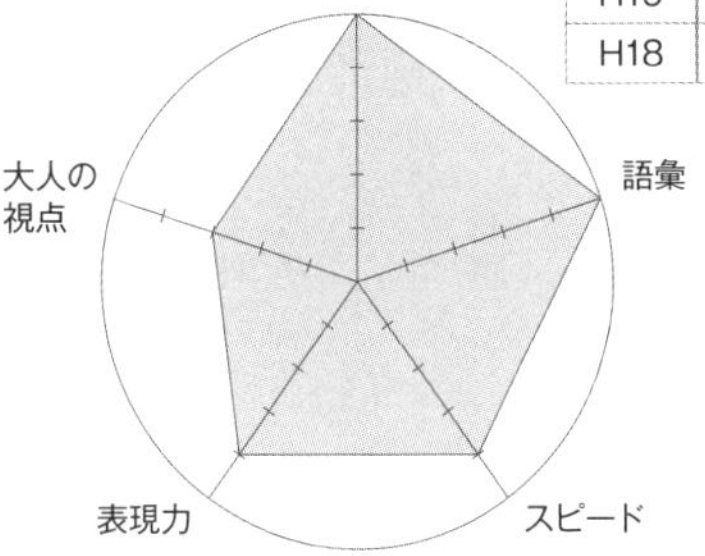

出題内容別の問題数

出題内容	問題数
漢字・知識・文法	11
客観問題・選択肢型	10
客観問題・書き抜き型	6
記述問題・60字未満	3
記述問題・60字以上	0
小問合計	30

い（平成22年度第3問・問1の「四□八□」では、「四苦八苦」とすると間違いになります！）。

ところで、平成23年度のように難問が出題される年度があります。まず漢字は、「就航」「盟約」「副賞」のような、日常あまりなじみがない言葉を漢字で書かせる出題が見られました。外来語について大人でも知らないような知識を問う出題（「煙草」がポルトガル語で、「ランプ」がオランダ語であるなど）も見られました。さらに記述問題では、50字以内という、これまでより長めの記述が求められました。

こうした難問への対応は、中学入試用の漢字の教材を完璧にこなすことが前提で、さらに新聞に目を通して、知っている言葉や漢字を少しずつ増やす努力が有効。ただし右記の大人でも知らない知識まで身につけようとするのは無理があります。むしろ、時間のロスは危険なので、難問をとばしてほかの問題で勝負する判断力が必要です。また、記述は、20字や30字でコンパクトにまとめる問題の対策に加えて、やや長めの記述の練習にも取り組んでおくことが、合格を確実にする対策となります。

理科

大問数は4～6題で、細かい知識が要求され、かつ作図や字数制限のある記述問題が毎年出題されています。頻出分野は植物問題で身近な草花、野菜、果物についての知識、観察力が問われます。また時間に対して小問数が多い点に注意が必要です。

●特徴的な問題　緑のカーテンに関連してつる性植物に関する知識を問う問題（平成24年度）、かべを登ることのできるカエルの種類と足の形を問う問題（平成23年度）、オシロイバナの花のつくりや同じなかまを問う問題（平成22年度）、調味料を水に溶かして水溶液にしたときの様子について問う問題（平成21年度）などがありました。

●対策　生物の知識量を増やすこと。とくに植物、動物に関しては資料集や図鑑なども利用して、地道に知識を積み重ねましょう。生物以外の分野でも、基本の理解ができていないと対応できない問題です。まとめ教材などに頼らず教科書を使った丁寧な学習を行い、疑問点を必ず解決するよう心がけてください。時間が短くて、すべてじっくり解くのは厳しいので、過去問演習を通して時間配分に慣れるようにしましょう。

社会

解答形式は、毎年一行記述の問題もありますが、語句記入と記号選択が中心となっています。頻出分野は国内の地理、歴史問題です。

●特徴的な問題　歴史ではあるテーマをもとに出題されることが多く、さまざまな門についての文章から歴史上の人物や用語などを問う問題（平成24年度）や、各時代の争いに関する7つの文章を読んで時代順に並べ替える問題（平成23年度）などがあります。また地理の統計的な数字を表示しての出題も多く、四国4県の人口密度、農業算出額、漁獲量、工業生産出荷額の表から県名を問う問題（平成24年度）、日本の人口は世界の国別では多い方から何番目かを問う問題（平成23年度）、日本の各市町村数を問う問題（平成22年度）などがありました。

●対策　歴史は時代感覚を身につけるようにテーマごとの年表ワークを利用する、漢字指定に備えて基本用語を漢字で覚える、歴史上の地名が現在のどの都道府県かなど、歴史と地理分野の横断的な学習を心がけること。地理は統計資料などで確認し、その数値の意味や背景までも考える習慣をつけることが必要です。

通塾別学習対策

サピックス

算数●『デイリーサポート』Cプリントまでは完璧にし、余裕があればDプリントも解くこと。

国語●『デイリーサピックス』Aテキストを網羅して、SS特訓の教材を活用しましょう。

理科●『デイリーサピックス』を確実に、『コアプラス』で知識量を増やしましょう。

社会●定期的に過去のマンスリーを見直し、横断的な学習を心がけましょう。

日能研

算数●カリキュラムテストの共通問題までを完璧に。応用問題のやさしめのものは解くこと。

国語●『本科教室』を中心にすべての単元について、バランスよく演習するようにしましょう。

理科●塾教材だけでなく、作図、記述対策も早期にはじめること。

社会●カリキュラムテストの復習を毎回しっかり行いましょう。

四谷大塚系

算数●『予習シリーズ』の練習問題までを完璧にしておくこと。

国語●『予習シリーズ』『漢字の学習』から副教材まで、単元を問わずすべて演習しましょう。

理科●『予習シリーズ』の応用問題などは時間を計って取り組みましょう。

社会●地理、歴史分野の『予習シリーズ』を読む習慣をつけるようにしましょう。

理科 求められる力

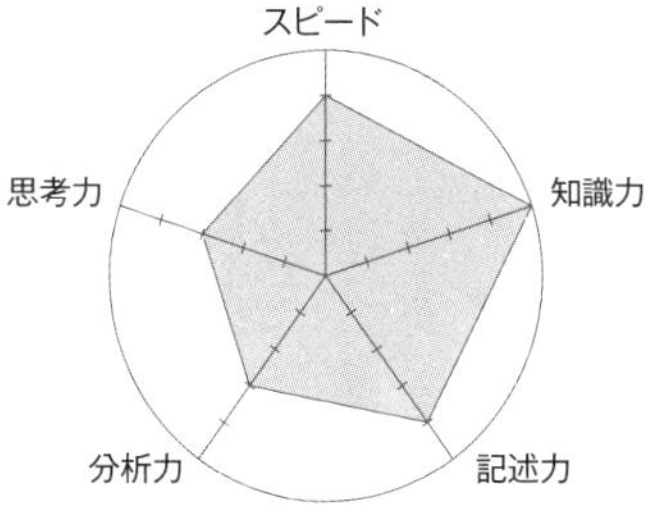

理科 出題形式の内訳と1問あたりの時間

内訳	H24	H23	H22	H21
大問数	5	4	5	6
小問数	52	37	45	48
選択	37	16	25	30
語句記述	3	3	15	9
文章記述	9	5	5	3
計算・数値記述	0	11	0	0
作図・その他	3	2	0	6
1問あたりの時間（秒）	34.6	48.6	40.0	37.5

社会 求められる力

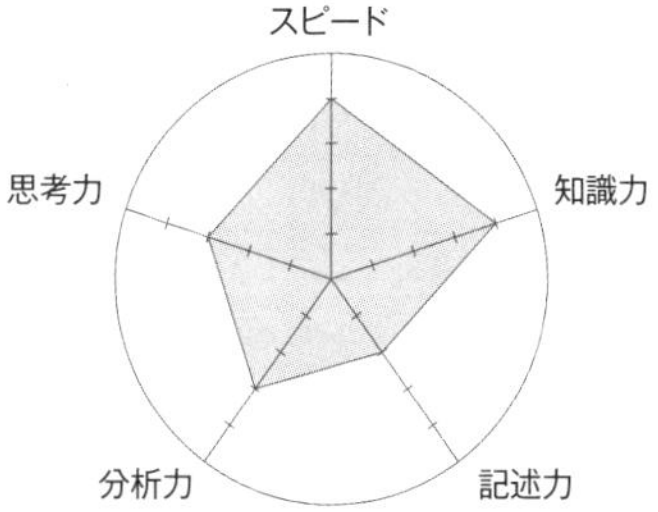

社会 出題形式の内訳と1問あたりの時間

内訳	H24	H23	H22	H21
大問数	5	5	6	6
小問数	56	45	55	52
選択	34	23	23	21
語句記述	19	17	30	26
文章記述	2	4	2	3
その他	1	1	0	2
1問あたりの時間（秒）	32.1	40.0	32.7	34.6

攻玉社中学校

東京都品川区

試験日
2/1・2・6*
発表2/1・2・7

面接なし

科目	配点	時間
算	100点	50分
国	100点	50分
理	50点	40分
社	50点	40分

出願作戦

大学進学実績の大きな伸びもあり、人気がさらに上昇しています。第１回、第２回ともに受験すると、ある程度得点をプラスすることを学校が明言していますが、それでも第２回が厳しい戦いになることは必至です。まずは第１回で結果を出すことに集中するべきです。

そのためにも１月校は人気の栄東や立教新座だけでなく、城北埼玉、大宮開成なども候補に入れましょう。また１日の午後では、広尾学園、東京都市大付属はさらなる人気が予想されるので、安全策をとるなら、青稜なども候補に含めましょう。

＊ここ数年、東大、早慶を中心に大きく大学進学実績を伸ばしています。平成23年度からは中だるみを防ぐために中３・高１で選抜学級を設置し、また高２・３のクラスを30人の少人数とするなど、より充実した環境づくりが進んでいます。

算数

●出題構成

第１回試験、第２回試験ともに時間は50分で、設問数は20問程度。難度の違いはなく、解答形式は答えのみです。２回トータルの難易度比率は標準83％、発展17％、思考力の出題はありません。合格者平均点は70～80点で推移してきましたが、平成23年度以降は問題の難度が上がったので、平均点は下がりました。

●まず合格レベルを目指す

本校の入試問題は大問５題構成です。大問１は計算問題と一行題、大問２、大問３は数の性質、比と割合、速さ、規則性、大問４が平面図形、大問５が立体図形と、出題単元は毎回ほぼ同じです。

大問１の一行題では、第２回試験で第１回試験の問題の数値を換えて出題しているので、第２回の受験生は可能な限り第１回の問題に目を通しましょう。

大問２、大問３は、標準的な典型題が中心なので塾

*2/6は特別選抜試験（2/7発表）。算数または国語の選択。算数はテストⅠ50点／50分、テストⅡ100点／60分。国語は音声テスト100点／50分、作文テスト100点／60分

分野別出題傾向

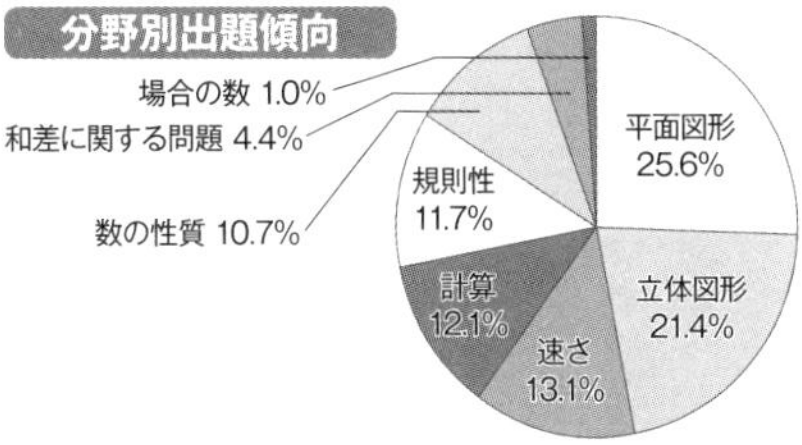

項目別出題ランキング

	項目	標準	発展	思考力	合計
1	相似形・面積比	36	8	0	44
2	速さとグラフ	15	4	0	19
3	約束算	12	1	0	13
4	体積・容積	7	3	0	10
5	図形の規則性	8	1	0	9
6	四則混合計算	5	3	0	8
7	図形の回転・移動	5	2	0	7
7	展開図	5	2	0	7
9	還元算	6	1	0	7
10	日暦算	7	0	0	7

の教材をしっかり学習しておくと対応できます。

大問4の平面図形は相似形・面積比で、ひとつの直線を3つに分けて、連比を使って長さ比を求めるものが毎回出題されていますが、平成24年度は従来と見た目が変わり難しく感じた受験生が多かったと思います。しかし、求められる学力に変化はないので、過去問演習を通じて必ず得点できるようにしましょう。

大問5の立体図形は展開図や投影図、立体図形の切断からの求積が出題されています。毎年第1回試験と第2回試験は同一テーマなので、こちらも第2回の受験生は第1回の問題に目を通しましょう。

●さらに算数で得点を伸ばすには

グラフ問題と立体図形に強くなることが肝心です。グラフ問題は、水量変化や図形の移動が大半です。難問ではありませんが、平成23年度以降は問題文が長く設定やグラフの読み取りが複雑だったので、得点差がついた問題と思われます。さらに平成23年度は、立体図形で円すいの切断が出題されたことも、平均点が低い原因です。平成24年度は出題がありませんでしたが、準備は必要です。いずれも、ここ数年で急速に出題数が増えている単元です。今後これらの出題は増加していくと思われますが過去問だけでは演習量不足なので、『有名中学入試問題集』(声の教育社)などの問題で訓練しましょう。

◎特別選抜試験について

テストⅠは一行題のみの構成で、難問は少なく解答形式も答えのみなので、本校の一般受験の対策を固めておけば対応できるでしょう。テストⅡは、長い問題文の誘導に沿って解き進める問題で、記述式の解答用紙となっています。過去問演習を通じて、解き急がず問題文をじっくり読んで考える訓練をしましょう。

国語

●問題文について

第1回と第2回で問題文の傾向に違いがあります。物語文1題と説明文1題の出題で共通していますが、第1回の物語文は小林多喜二、菊池寛といった、昭和前期の作家の作品が選ばれているのに対し、第2回は現代作家によるスタンダードな内容になります。第1回の対策として、古い時代の作家の文章に慣れておくことが必須です。説明文は、文章の長さ、難度ともに標準的な年度が多かったのですが、平成24・23年度は難度が上がっているので、十分な注意が必要です。

●設問について

これまでは、第1回は第2回よりも書き抜き問題が多く出されるといった違いがありましたが、平成24年度は第1回の書き抜き問題数が減り、逆に第2回では増えたため、ほぼ同数の出題になりました。今後の傾向に注意が必要です。第2回では、選択肢の文章が非常に長い選択肢問題が出題されます。第1回、第2回とも記述問題は1~2問の出題です。本校の大きな特徴である、語句・知識問題は、かつてほどの特異性はなくなりましたが、依然として難度は高めです。

●対策

第1回、第2回ともに、語句・知識問題には十分な対策が必要です。国語というより一般常識と思われる内容が出題されるので、早めに過去問を見た上で、語句・知識問題のテキストを仕上げ、慶應義塾中等部や慶應義塾湘南藤沢などの問題も活用しましょう。

◎第1回試験の読解問題対策

説明文は、構成がはっきりした文章が多く見られますが、近年難度が上がっています。頻出の書き抜き問題は、平成24年度第5問(『学ぶよろこび　創造と発見』梅原猛)・問3のように、問題該当部と書き抜く箇所が離れていても、共通する言葉などをヒントにすれば、見つけやすくなっています。

第1回では古い時代の作家による物語文をいかに攻略するかがポイントです。まずは本校の過去問をできるだけさかのぼり、同様の物語文に多くふれ、慣れを身につけましょう。細かな表現まで理解することは求められません。表現の難しさにとらわれず、物語の大きな流れの把握に集中することが必要です。

◎第2回試験の読解問題対策

第1回と異なり、物語文は他校の問題でも頻繁に見られる、現代作家によるスタンダードな内容です。平

問題文のジャンル別難易度と文章量

出題年	物語文	説明文	随筆文	その他
H24①	標準	難 ★		
H24②	標準	標準		
H23①	標準	難 ★		
H23②	標準	やや難		
H22①	やや難	標準		
H22②	標準	標準		
H21①	難 ★	標準		
H21②	標準	標準		

求められる力

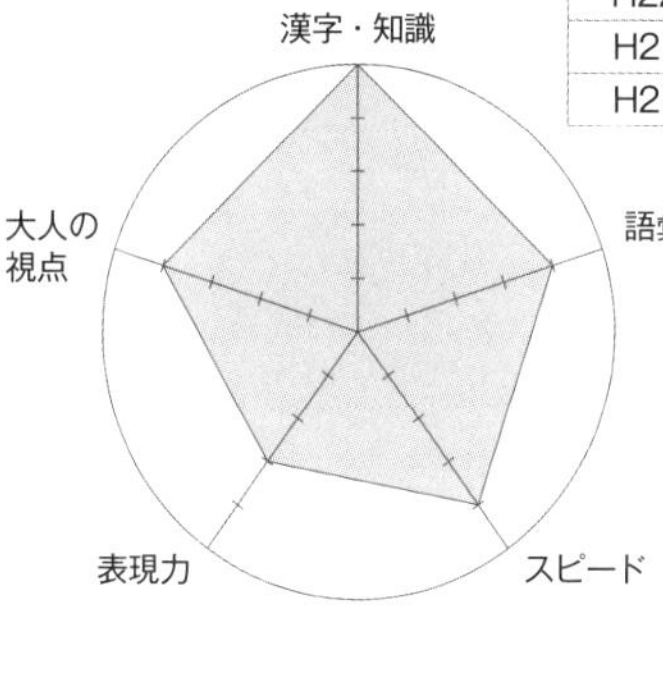

出題内容別の問題数

出題内容	問題数
漢字・知識・文法	18
客観問題・選択肢型	17
客観問題・書き抜き型	4
記述問題・60字未満	1
記述問題・60字以上	0*
小問合計	40

＊平成22年度以降は、平成24年度第2回に1問のみ出題

成24年度には、合格者平均点が56点と前年度から15点近く下がりました。選択肢問題が減り、書き抜き問題が増えたせいもありますが、これまでにない75字以内の記述問題が出された点も要因と考えられます。今後は記述問題の演習もより強化する必要があります。

また、最後には、選択肢の文章が150字を超える出題があります。本文全体の内容と合致するものを選ばせる問題がほとんどで、本文を正確に理解することさえできていれば、選択肢にある間違いは見つけやすく、見た目ほどには難度が高くないものが多くなっています。ただし時間はかかるので、このタイプの問題にどれだけ時間を割けるかといった時間配分を強く意識しましょう。

◎特別選抜試験について

音声テストはテープの指示に従って解答する試験で、長い文章を聞いた後で、内容について答える問題などが出されます。家族などが文章を読んであげて、的確にメモを取る練習を重ねましょう。

作文テストは論述を中心とした試験で、300字を書かせる問題もあります。社会の時事問題対策の際に、各テーマについて、自分の意見をまとめる練習をしましょう。

理科

平成23年度第1回を除き、例年10～20問程度の計算問題が出されています。４つの大問は４分野から各１題ずつの出題となっていますが、大問内でA、B２種類の問題を解かなければならない場合が多いため、実際に解く場合にはもっと多く感じるでしょう。

●特徴的な問題　複数の電熱線を組み合わせた回路に流れる電流を問う問題（平成24年度第２回）、両生類に関する問題（平成23年度第２回）、サンゴに関する問題（平成22年度第１回）、ばねとゴムひもの伸びに関する問題（平成22年度第２回）など。物理分野でやや複雑な問題が多いのも特徴と言えます。

●対策　過去問をしっかり演習することが大切です。力のつり合い、電気分野では計算問題が多く、また難度の高い問題が出されているので、時間配分に注意しながら解き進めてください。４分野から各１題という構成が続いていますが、生物、地学分野は総合問題が多いので苦手分野をつくらないようにしましょう。時事問題がからんだ出題も多いので、テレビニュースや科学番組でふだんから科学に関する情報を得るようにしてください。

社会

平成24年度の記述問題は、第１回が80～１００字、第２回が１００～１２０字、いずれも３つのキーワードの使用が指定されています。第２回では25字以内の短文記述問題もありました。また、ひらがなで書かれている人物名や提示された語句から問題文中の空欄に当てはまるものを選んで正しい漢字に直して答える、という本校独特の問題もあります。

●特徴的な問題　毛利元就と厳島《いつくしま》の戦いに関する出題が、平成24年度第１回、第２回ともありました。青色発光ダイオードの発明者を選ぶ問題（平成24年度第２回）や、平成22年度第２回には「万能細胞」をつくり出した京都大学の山中信弥教授を選択する問題などもあったので、最近の物理化学分野の成果にも注意が必要です。

また伝統工芸について、備後かすり、丸亀うちわの問題がありました（平成24年度第１回）。

●対策　最近出題されている長文記述問題の練習が不可欠です。提示された文章の筆者の考えをうまく要約しつつ指示された語句をもとに説明する問題なので、国語力と社会の知識力、理解力が問われます。

通塾別学習対策

サピックス

算数●『デイリーサポート』Dプリントまで解けるように。

国語●マンスリーテストの書き抜き問題を重点的に復習しましょう。

理科●『分野別問題集』などですべての分野をまんべんなく学習しましょう。

社会●市販の問題集なども利用して長文記述問題対策を行いましょう。

日能研

算数●応用問題の前半部分までは解けるようになりましょう。

国語●カリキュラムテストの書き抜き問題を重点的に復習しましょう。

理科●塾の副教材などで植物の細かい知識まで覚えるようにしましょう。

社会●テキストにある重要語句は漢字で確実に押さえるようにしましょう。

四谷大塚系

算数●『予習シリーズ』の練習問題まで解けるように。

国語●『四科のまとめ』の語句・知識問題は繰り返し全範囲を習得しましょう。

理科●組分けテストなどの復習で苦手分野をつくらないようにしましょう。

社会●『四科のまとめ』などを利用し長文記述問題に十分慣れましょう。

理科 求められる力

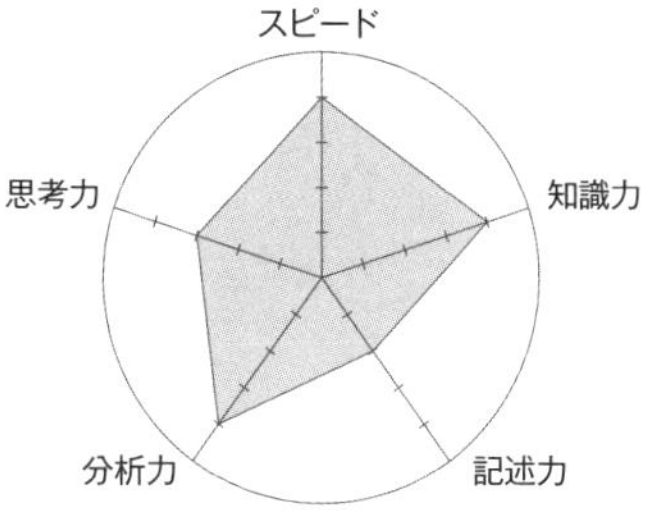

理科 出題形式の内訳と1問あたりの時間

内訳	H24①	H24②	H23①	H23②	H22①	H22②
大問数	4	4	4	4	4	4
小問数	51	50	45	47	47	46
選択	27	25	39	30	35	33
語句記述	7	6	4	5	0	5
文章記述	0	0	0	0	0	0
計算・数値記述	16	19	1	12	10	8
作図・その他	1	0	1	0	2	0
1問あたりの時間(秒)	47.1	48.0	53.3	51.1	51.1	52.2

社会 求められる力

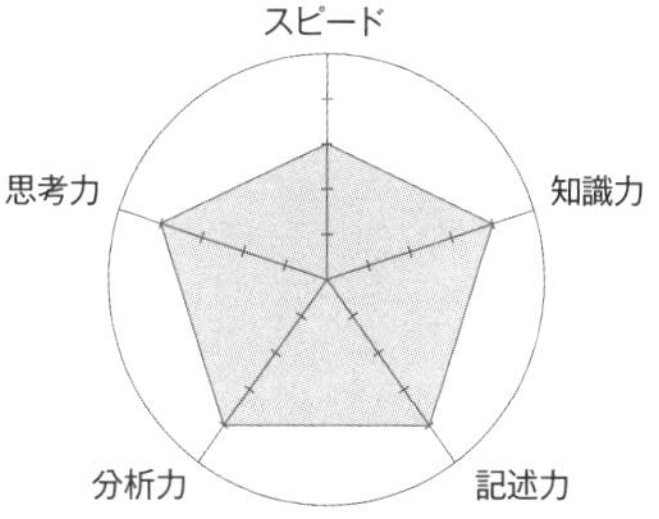

社会 出題形式の内訳と1問あたりの時間

内訳	H24①	H24②	H23①	H23②	H22①	H22②
大問数	3	2	3	3	3	3
小問数	30	28	35	31	34	29
選択	19	14	18	21	11	14
語句記述	10	12	14	9	21	13
文章記述	1	2	2	1	2	2
その他	0	0	1	0	0	0
1問あたりの時間(秒)	80.0	85.7	68.6	77.4	70.6	82.8

駒場東邦中学校

東京都世田谷区

内　外

試験日
2/1
発表2/2

	算	国	理	社
配点	120点	120点	80点	80点
時間	60分	60分	40分	40分

面接なし

出願作戦

最難関大学への合格実績での伸びや、面倒見のよさに定評があり、毎年高い人気となります。地域的に神奈川からも優秀な受験生が集まってくるので、厳しい戦いが必至です。

まずは1月校で確実な押さえを固めるために、市川、東邦大東邦だけでなく、栄東（ＡＢＣ）なども含めて考えましょう。大学付属校に抵抗がなければ立教新座も挙げられますが、立教大学の理系学部が理学部のみであることは、進路を考える上で注意が必要です。1日の午後に東京都市大付属などの午後受験を組み、2日以降では桐蔭中等教育なども検討しましょう。

＊学習面では全体的な底上げが実践されており、定期試験で約２３０人中２００番台の生徒でも、希望の大学に合格しています。東邦大学へは推薦制度があり、医学部などに進学できますが、国立大学志望が多いこともあり、毎年ほとんど希望者はいないそうです。

算数

●出題構成

平成17年度より試験時間が50分から60分へ変更されました。設問数は14問程度のまま推移してきましたが、平成24年度には10問まで減少しています。

難易度比率は、標準70％、発展23％、思考力7％となっていますが、思考力問題は平成20～18年度に集中しており、平成21年度以降はやさしめの構成です。

●まず合格レベルを目指す

平成24・23年度は取り組みやすい構成でしたが、平成22年度以前は典型題が出題されないどころか、これまでに解いた経験のない独特の問題ばかりでした。解答用紙は小さなスペースの記述式で、図形の移動や展開図の作成も出題されており、要点をコンパクトにまとめる能力と正確な作図の技術が必要です。

平成21～17年度は大問１で標準的な小問集合が出題されていましたが、平成22年度以降は再びすべて大問

分野別出題傾向

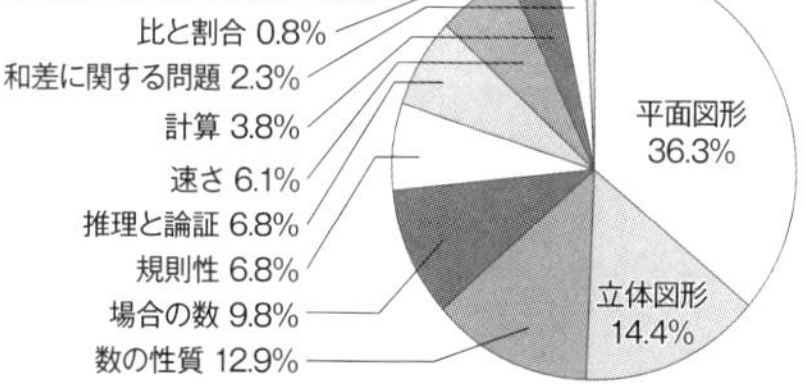

項目別出題ランキング

	項目	標準	発展	思考力	合計
1	図形の回転・移動	13	3	0	16
2	相似形・面積比	6	5	0	11
3	場合の数	7	0	2	9
3	面積の求積・逆算	6	3	0	9
5	数の性質	6	1	1	8
6	立体図形の切断	5	3	0	8
7	旅人算	2	3	2	7
7	論証	3	2	2	7
9	四則混合計算	4	1	0	5
10	周期算	5	0	0	5

構成での出題へと回帰しました。例えば、出題比率が約36%と突出している平面図形を取り上げてみると、比較的取り組みやすいものは、平成21~19年度大問1の小問集合と、平成17年度大問4の面積比の問題くらいです。

中学受験全体を通して出題数の多い相似形・面積比の問題は、平成24年度大問3や平成16年度大問3、平成15年度大問2のように問題文の誘導が理解できなければ非常に苦戦する出題です。また、平成24・23年度は以前より取り組みやすい問題でしたが、それでも平成24年度大問1では、計算処理がやや複雑な求積が問われるなど、本校らしさは健在です。

本校の入試問題は、「取り組みやすくなったかな」と思うと難しい構成に戻るという歴史を繰り返してきたので、「何が出題されるかわからない」という姿勢で準備すること。9月以降はさまざまな問題を解く時間を確保するために、夏休み終了時までに大手塾のテストで偏差値65(サピックスは60)程度の高い学力を養っておきましょう。

●さらに算数で得点を伸ばすには

前述のように、年度ごとに難度の差はありますが、試験結果は年度や科目間のばらつきが小さく、正答率が低い問題では、部分点の比率が高いと推測できます。正解が出せないような難問も、可能な限り部分点が取れるように、途中までの考えをきちんと書き示す練習をしておきましょう。

類題が探しづらいのですが、平成17年度大問2の旅人算は、栄光学園の平成22年度大問3と似ています。受験生が見たことのない問題という点や、作図、推理と論証が出題されるなど、共通項がある両校なので、栄光学園の過去問も解いてみるとよいでしょう。

国語

●問題文について

例年、物語文が1題のみの構成です。本校と同一の問題文が他校でも出題されたことがありますが、文章量は他校よりも多めになっているのが特徴です。内容は、中学受験生とほぼ同年代の少年少女が主人公の物語なので、理解しやすい文章と言えます。

以上の点で、麻布の問題文とよく似ています。本校の過去問を終えた後で、さらに類似の問題文にふれたいときは、麻布の過去問を利用しましょう。

●設問について

例年、漢字の書き取りが問1で15問、出題されています。また、語句の意味を選択式で問う問題が数問、毎年出ます。慣用句が出題される年度もあります。

読解問題では、記述問題と選択肢問題の双方が出題されますが、記述問題のウエイトが大きいことが特徴です。とくに「本文全体をふまえて」長文の記述をしなくてはならない問題は毎年出されます（平成23・22年度は120～140字という、大変長い字数で答えさせる問題でした）。

●対策

まず漢字は、前述のとおり、毎年、冒頭で15問が出題されています。かなりの配点が推測される上に、採点は大変厳しく、満点がほとんどいない、と言われています。その中で満点を確保できれば、ほかの受験生に差をつけることができます。

対策として、ふだんからトメやハネなどに細心の注意を払うことを習慣にしましょう。本番の試験では、問1の漢字にいくらか多めの時間をかけても、丁寧な字で確実に満点を取るようにしてください。内容は、中学入試の標準的な漢字ですから、まずは、各自が塾で使用する漢字の教材をすべて完璧に書けるようにする努力が必要です。

次に、やはり毎年出題される「語句の意味」の対策を述べます。文脈から判断しようとするとまぎらわしい選択肢が並べられていますが、辞書に載っている意味に沿うものを素直に選べば、正解できます。こまめに辞書を引いて、語句の意味をメモしたノートを作成することが、大変効果的です。

慣用句は、塾の教材にとどまらず、例えば『ズバピタ慣用句・ことわざ』（文英堂）のような、コンパクトに慣用句がまとめられた本を1冊、完璧に覚えてし

問題文のジャンル別難易度と文章量

出題年	物語文	説明文	随筆文	その他
H24	標準 ★			
H23	標準 ★			
H22	標準 ★			
H21	標準 ★			
H20	やや難 ★			
H19	標準 ★			
H18	やや難 ★			

求められる力

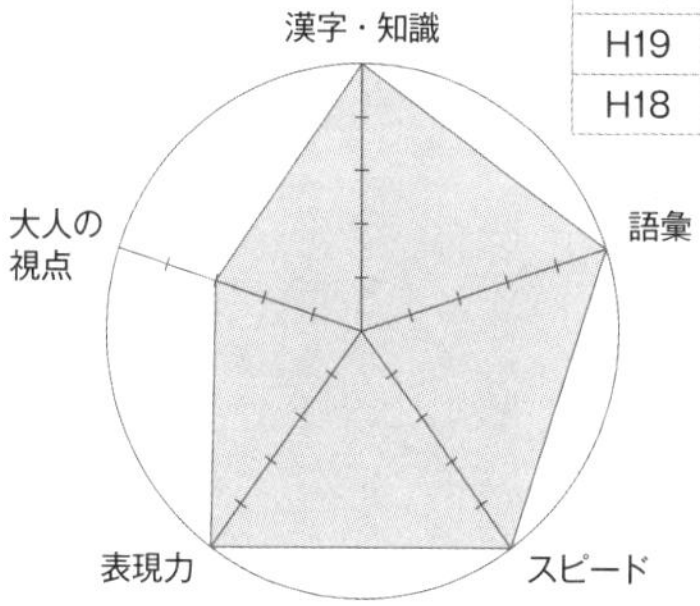

出題内容別の問題数

出題内容	問題数
漢字・知識・文法	17
客観問題・選択肢型	5
客観問題・書き抜き型	1
記述問題・60字未満	4
記述問題・60字以上	2
小問合計	29

まいましょう。

読解問題では、記述対策に重点を置きましょう。塾の教材の記述問題について、内容はもちろん、表現の一字一句についてきめ細かく添削を受けることが理想的です。

本校では、前述のように120〜140字といった長めの記述が求められるので、なるべく多くの記述練習をして、書くスピードをアップさせるよう心がけましょう。

選択肢問題は、ひとつひとつの選択肢について、「何故その選択肢は正しいのか？」あるいは「何故その選択肢は誤りなのか？」を、説明できるようにしてください。本文の中に必ず解答根拠があります。

例えば、平成19年度（草野たき『ハーフ』平成18年）問7［C］では、直後に「小さなこどものフリみたい」とあるので、「むじゃきな」を選べます。

こうした本文中の解答根拠を、過去問の選択肢問題の全問について自分で探し出していく取り組みが、絶大な効果をもたらします。

理科

大問5題の構成で、大問1は小問集合、ほかは4分野から各1題ずつ出題されています。解答形式は選択問題が5～7割、残りは記述や作図問題となっています。難度は、基本、標準レベルからハイレベルなものまで幅広く出題されています。

●特徴的な問題　スミレが春に咲かせる解放花と夏に咲かせる閉鎖花の違いについて考察する問題（平成24年度）、母体の体内の胎児の心臓のつくりが出生後と異なる点について考察する問題（平成23年度）、スズメについての問題（平成22年度）、タヌキの体のつくりやエサについて、与えられた文章や表から分析する問題（平成21年度）などがありました。

●対策　基本知識の徹底に加え、思考力、分析力の強化が必要です。基本知識は細かいところまで押さえておき、頻出である実験、観察を通して考察するタイプの問題は入試対策用の問題集などを利用して練習しておきましょう。また、物理、化学分野の計算問題やグラフや表の読み取りの合わさった問題もよく出題されています。作図問題やグラフの記入なども含め、難度の高い問題を積極的に練習してください。

社会

●特徴的な問題　最近は大問1題のみの出題です。与えられたリード文や資料を読んだ上で考察するタイプの問題で、総合力が試されます。かつレベルの高い記述問題も多く出されています。

平成24年度のテーマは、日本の地震や災害についてでした。災害の「備え」の例を写真で示し、それらがどのような意味、内容を表しているのかを問う問題や、外国人が訪れた都道府県の「訪問率」を訪問者の国籍、地域別に示した表から読みとれることを尋ねる問題がありました。平成23年度のテーマは平等・身分でした。この点について日本がどのような歴史を歩んできたかを述べたリード文が示されて、そこからさまざまな力を問う出題となっています。例えば、東北地方や九州地方にIC工場が増えた理由や豊臣秀吉の刀狩の意図を答えさせる問題です。

●対策　総合力が問われている入試問題なので、まずは基礎事項を徹底し、次に資料などを読み取る分析力を高め、最後に単純な記述問題演習から資料を活用する記述力を高める訓練をする、というように、段階を踏んでいく学習が効果的です。

通塾別学習対策

サピックス

算数●『デイリーサポート』をはじめ、すべての教材を復習。

国語●通常授業の『デイリーサピックス』A・Bテキスト、SS特訓の教材を活用しましょう。

理科●テキストの発展問題まで演習し、補助プリントも活用しましょう。

社会●十分な知識を養うために他塾のテキストなども利用しましょう。

日能研

算数●応用問題まですべて解けるようになりましょう。

国語●『本科教室』と『栄冠への道』の全問に取り組みましょう。

理科●カリキュラムテストの復習は物理、化学の計算問題を重点的に行いましょう。

社会●歴史の知識と時事問題の対策のために市販の参考書を利用しましょう。

四谷大塚系

算数●『難問題集』まで手を広げて学習しましょう。

国語●『予習シリーズ』と『演習問題集』、特別コースの教材を活用しましょう。

理科●週テストの復習では、物理、化学の計算問題を集中的に行いましょう。

社会●地理と歴史は『予習シリーズ』を繰り返し学習しましょう。

理科 求められる力

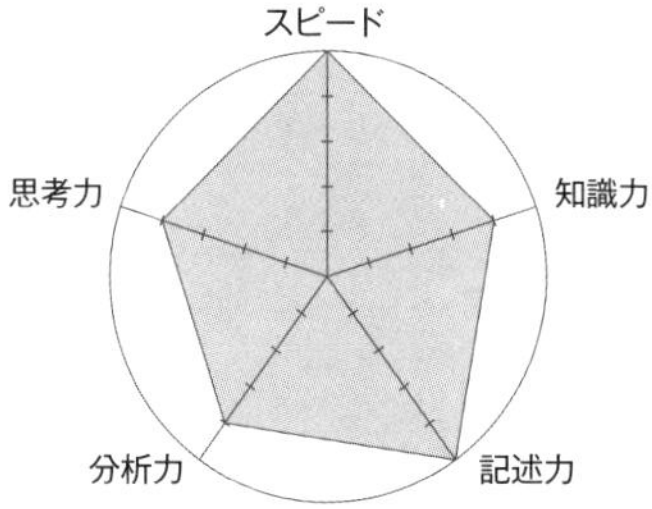

理科 出題形式の内訳と1問あたりの時間

内訳	H24	H23	H22	H21
大問数	5	5	5	5
小問数	50	47	36	39
選択	36	25	22	18
語句記述	5	11	3	8
文章記述	6	6	6	3
計算・数値記述	2	3	2	8
作図・その他	1	2	3	2
1問あたりの時間（秒）	48.0	51.1	66.7	61.5

社会 求められる力

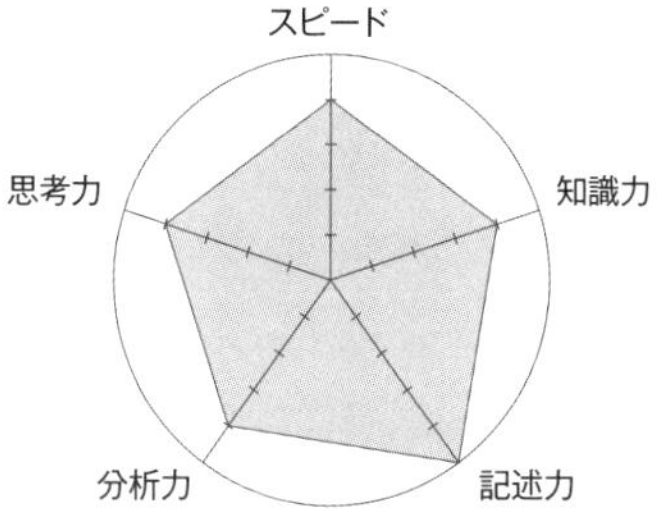

社会 出題形式の内訳と1問あたりの時間

内訳	H24	H23	H22	H21
大問数	1	1	1	2
小問数	24	19	20	29
選択	13	10	12	19
語句記述	5	4	1	2
文章記述	6	5	7	8
その他	0	0	0	0
1問あたりの時間（秒）	100	126.3	120.0	82.8

栄東中学校

埼玉県さいたま市

大 外

試験日*
1/10・16・22
1/11・17
発表*1/12・18・23
1/12・18

面接なし

	(難)	(東)
算	100・150点 / 50・50分	
国	100・150点 / 50・50分	
理	50・75点 / 30・40分	
社	50・75点 / 30・40分	

出願作戦

大学合格実績の伸びから、東京難関校志望の受験生にも人気の高い学校です。

東大クラス選抜Ⅰと難関大クラスAは1月の中でも日程が早いため、それまでに押さえを固めることは難しいでしょう。東大クラス選抜Ⅱ、難関大クラスB・Cの試験日までに、西武文理、春日部共栄、大宮開成、獨協埼玉などとの組み合わせを考えましょう。

2月以降は、東大クラス選抜であれば男子は巣鴨、城北、女子では大妻、共立女子などを視野に入れましょう。難関大クラスでは国学院久我山のほか男子は高輪、成城、女子は三輪田学園、八雲学園なども検討しましょう。

＊大学進学のためのカリキュラムが非常に充実しており、塾に通う必要を感じない生徒も多いようです。勉強面での面倒見のよさには定評があり、生徒が質問をしやすい環境づくりがなされています。進学者はほぼいませんが、併設大学に平成国際大学があります。

算数

●出題構成

難関大クラスA日程試験は時間が50分で、設問数は17問程度。難易度比率は標準75％、発展18％、思考力7％で、解答形式は答えのみです。

東大クラス選抜試験も時間は50分で、設問数は平成24・23年度は20問程度。難易度比率は標準61％、発展34％、思考力5％で、解答形式は記述式中心です。

●難関大クラスA日程試験

平成23年度以前は全体的に難しい問題が多く、受験者平均点は50点程度、合格者平均点も60点程度と、合格者も得点が伸び悩みました。平成24年度は、取り組みやすい問題構成となり、100点満点中、受験者平均点が65点、合格者平均点も70点と上昇。

平均点が上がっただけに、大問1の小問集合での得点が重要です。幅広い単元から標準問題を中心に出題されていますが、平成23年度大問1・(5)の点の移動の

*試験日、発表ともに上段が難関大クラスA・B・C日程、下段が東大クラス選抜Ⅰ・Ⅱ

分野別出題傾向

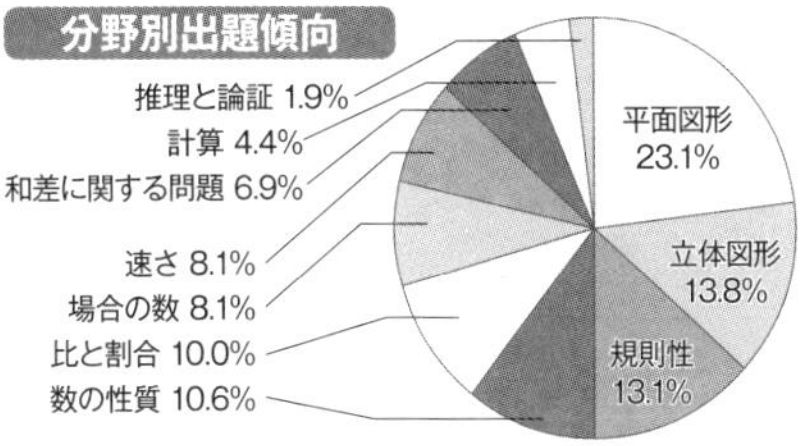

項目別出題ランキング

	項目	標準	発展	思考力	合計
1	相似形・面積比	9	7	1	17
2	場合の数	6	2	5	13
3	立体図形の切断	5	6	0	11
4	数の性質	2	6	2	10
5	図形の回転・移動	7	0	0	7
6	数列の和	3	3	0	6
7	角度	4	1	0	5
7	数列	4	1	0	5
7	図形の規則性	4	1	0	5
10	還元算	5	0	0	5

ような難問もあるので、侮れません。

また、平成21年度以降は最後の大問で立体図形が登場しています。今のところ典型題に分類できる問題ですが、平成24・23年度は四角すいの切断が出題されており、今後も難化が予想されます。

その他の大問は、場合の数、規則性、数の性質が中心に出題されています。中には調べ上げる思考力問題もありますが、正答率は相当低いと考えられるため、深追いする必要はありません。ただ大問の前半は標準問題なので、正解すべき問題と〝捨て問〟の見きわめを意識して、過去問演習を行いましょう。

●東大クラス選抜試験

こちらも平成24年度は取り組みやすくなりました。平成23年度以前は受験者平均点が70点程度、合格者平均点は85点程度でしたが、平成24年度はともに上がり、とくに受験者平均点は150点満点中82点まで上昇。

毎年、立体図形の切断が出題されています。平成23年度は問題に図が与えられていない状態から三角すいの切断を問うなど、高い理解力と作図能力が必要です。立体図形を切断した後の図を自分で書く練習をしながら、演習量を増やしましょう。

また、平面図形は相似形・面積比が中心で、平成23年度以前は非常に難問です。難問対策を行うのではなく、わかる問題を確実に得点する戦略をとりましょう。

これまで、速さとグラフ、水量変化とグラフのように与えられた条件を整理して解いていく問題よりも、知らないと解けない問題や計算が複雑な問題など、一昔前の難問に近い出題が目立ちましたが、平成24年度は、学力が存分に発揮できる構成でした。

大問2以降は記述式でスペースが広いので、日頃から順序よく式や説明を書き、塾教材を復習しましょう。

国語

●問題文について

基本的に、物語文、説明文ともに標準的レベルで、受験生の年代にもわかりやすい内容の問題文が多くなっています。本校では、重松清、阿部夏丸、内山節《たかし》、池田晶子といった、中学入試において頻繁に取り上げられる作者の有名な作品からの出題が目立ちます。一般的に受験生にすすめられるような本にふれる機会を多くすることも有効な対策となります。

●設問について

解答時間は、50分。総問題数は年度によってばらつきがあります。読解問題は、物語文と説明的文章が各1題ずつ出題され、漢字、慣用句、ことわざなどの知識にも重点が置かれています。

本校の試験では記述力も重視され、東大クラス選抜I試験では、記述問題のウエイトが比較的高くなっています。年度によっては80字程度の問題が出題されることもあります。重要箇所を見つけられれば文中の語を使って答えをつくることができるタイプの問題が多いのですが、テスト全体の処理量が多いので、記述問題も時間配分に注意して手際よく書かなければならず、慣れが必要です。

全体的に解きやすい問題が多く、標準的な難度の試験です。一般的な塾テキストなどで演習を積み、着実に基礎を固めましょう。

●対策

漢字、接続詞、内容一致選択、指示語の内容、心情や理由の説明などが出題されています。全体的に慣用句、四字熟語などの知識的な要素が重視され、平成22年度以降は難関大クラスA日程では漢字と語句知識で計20題出されています。数は少ないものの、品詞の識別が繰り返し出題されているので、注意が必要です。

物語文では、文中の表現の内容理解を問う問題や、心情や理由を具体的に説明させる問題がよく出されています。本文中の言葉を注意して読めば判断できる問題が多く、わかりやすいのですが、問題文が近年徐々にではありますが、難化しています。平成23年度東大クラス選抜Iで出題された宮下奈都《なつ》『スコーレNo.4』は、主人公の少女の内面が、自分でもはっきり意識できていない心理に沿って語られていくため、断片的な言葉を手がかりに人物の心中をたどって読み進める必要がありました。また、平成24年度東大クラス選抜Iの重松清『せんせい。』は、新任の頃に1人の生徒

問題文のジャンル別難易度と文章量

	物語文	説明文	随筆文	その他
H24東	やや難 ★	やや難		
H24A	標準 ★	やや難		
H23東	難	やや難		
H23A	標準	※		
H22東	標準	標準		
H22A	標準	標準		
H21東	標準		やや難	
H21A	標準	やや難		

求められる力

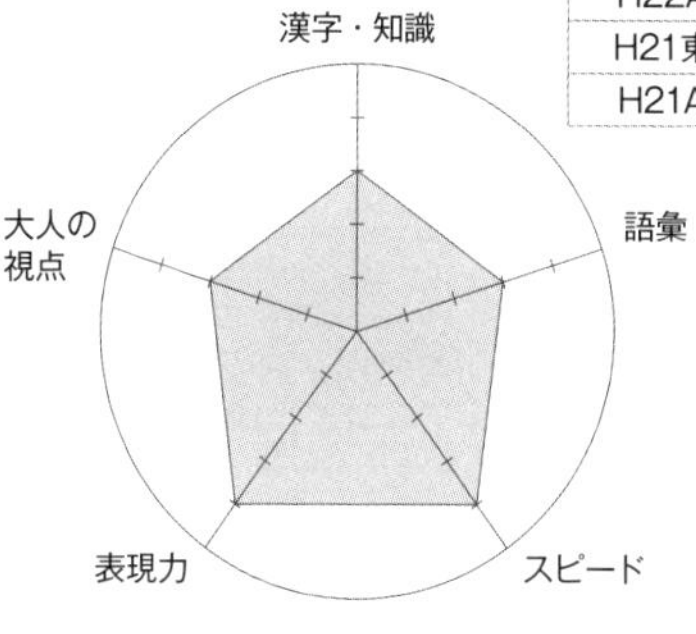

出題内容別の問題数

出題内容	問題数
漢字・知識・文法	18
客観問題・選択肢型	14
客観問題・書き抜き型	3
記述問題・60字未満	5
記述問題・60字以上	1
小問合計	41

を理不尽に嫌ってしまった教師が、同窓会で20年の時を経て大人になったその生徒に出会うという、多少大人っぽい内容でした。こうした傾向が今後も続く可能性があるので、最近の過去問によく目配りし注意しておく必要があります。

説明文でも、驚くようなわかりにくい問題は出題されていません。ただし、「必然」「能動的」「対照的」など、一般に中学入試で重要語だと考えられる熟語が本文や選択肢内に登場し、文脈を正確に読み正解を出すための前提となっていることがしばしばあります。日頃から辞書をこまめに引いたり、語彙を増やす問題集に継続的に取り組んだりして、重要な表現を確実に習得しましょう。本校の説明文では、5～6個の選択肢によって構成される内容一致選択が出題されます。微妙なニュアンスで比較させるようなまぎらわしい選択肢は見られませんが、文中にない内容をもっともらしく述べた選択肢が見られるので、惑わされないように注意が必要です。

本校は問題の難度や形式などがスタンダードです。日々の学習の中で出合う塾テキストや模試などを丁寧に解答し、間違えた理由を明らかにして直すことが、有効な対策となります。

理科

難関大クラスA・B・C日程は試験時間30分、配点50点、東大クラス選抜Ⅰ・Ⅱは試験時間40分、配点75点となります。大問数はともに4題で、各分野からの出題です。

●特徴的な問題　2枚の板をつなげてつくった、てこのつり合いを利用し、クレーン車の力のつり合いを考える問題（平成24年度東大Ⅰ）。水溶液を薄めていった場合の濃度を計算させる問題、アリのからだのつくりやアリの行列に関する実験について考察する問題（平成22年度東大Ⅰ）などがありました。

●対策　まず、力のつり合いや運動とエネルギーに関する問題演習を十分に行う必要があります。東大クラス選抜希望なら発展的な問題まで、難関大クラス希望なら、標準レベルを中心に演習を積み重ねておきましょう。また、実験に関する問題が非常に多く見られます。教科書では出てこないような実験を取り上げることも多いので、問題文をよく読み、実験目的をきちんと確認することを習慣づけましょう。幅広い範囲から出題されるので、苦手分野をつくらないことも大事です。

社会

大問数は3題、解答形式は記号選択問題と語句記述問題が中心ですが、記述問題が2～3問出題される年度もあります。どの分野からの出題も総合問題が多くなっています。

●特徴的な問題　「私たちにできる身近な節電」をテーマにポスターをつくるにあたり、ふさわしい標語を15～20字で記述する問題（平成24年度東大Ⅰ）や、日本国憲法第12条の語句「不断の努力」「濫用」を書かせる問題（平成24年度難関A日程）。日本にある世界遺産とその遺産がある都道府県の組み合わせに関する正誤問題（平成23年度東大Ⅰ）。琉球から薩摩藩にサツマイモが伝わった頃に、幕府にサツマイモの栽培をすすめ甘藷先生とも呼ばれた人物を問う問題（平成23年度難関A日程）。日本国憲法の前文の空欄2つに入る語句として、信託と福利を書かせる問題（平成22年度東大Ⅰ）などがありました。

●対策　各都道府県の特徴を地図、統計資料を使用しながらしっかり整理すること、年表をテーマごとに自分でまとめて歴史感覚を培うこと、公民分野の用語の意味を確実に押さえ、漢字で書けるようにすること。

通塾別学習対策

サピックス

算数●『デイリーサポート』Dプリントまで解けるようになりましょう。

国語●『デイリーサピックス』A・Bテキストで、客観問題、記述問題ともに演習を重ねましょう。

理科●東大クラス選抜対策として、マンスリーテストの計算問題を繰り返し復習しましょう。

社会●白地図を十分活用し、各都道府県の特色をまとめること。

日能研

算数●応用問題の前半部分までは解けるようになりましょう。

国語●塾テキストや銀本の記述問題を解いて添削を受けること。

理科●カリキュラムテストの計算問題を繰り返し復習するようにしましょう。

社会●自分なりに歴史年表を作成するなど、歴史感覚を身につけましょう。

四谷大塚系

算数●『予習シリーズ』の練習問題レベルまで解けるようになりましょう。

国語●テキストの標準からやや難しい問題をミスなく解けるようにしましょう。

理科●週テストの計算問題は何度も見直し、確実に解けるようにしましょう。

社会●『四科のまとめ』などの公民分野の用語を漢字で書けるようにしましょう。

理科 求められる力

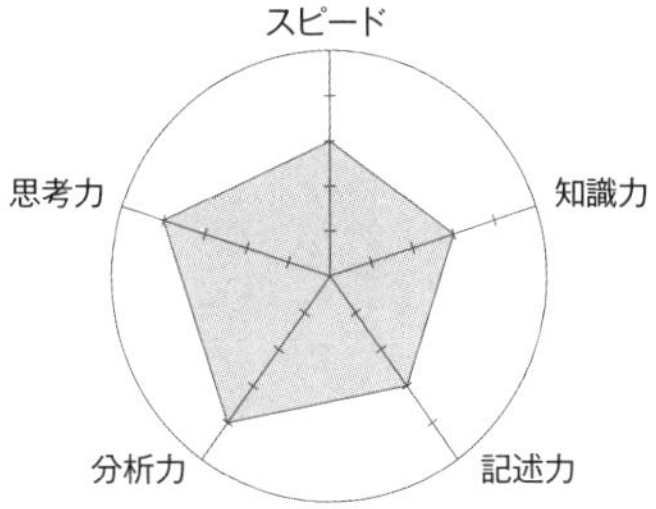

理科 出題形式の内訳と1問あたりの時間

内訳	H24東	H24A	H23東	H23A	H22東	H22A
大問数	4	4	4	4	4	4
小問数	23	30	32	31	27	24
選択	13	26	21	22	17	15
語句記述	1	1	3	6	1	6
文章記述	2	0	1	0	0	2
計算・数値記述	7	3	7	3	9	1
作図・その他	0	0	0	0	0	0
1問あたりの時間(秒)	104.3	60.0	75.0	58.1	88.9	75.0

社会 求められる力

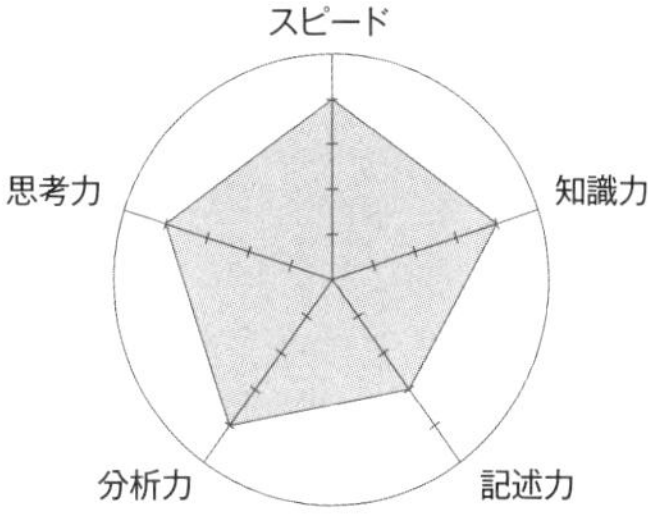

社会 出題形式の内訳と1問あたりの時間

内訳	H24東	H24A	H23東	H23A	H22東	H22A
大問数	3	3	3	3	3	3
小問数	43	32	47	32	42	55
選択	29	16	33	26	27	29
語句記述	11	16	12	6	12	24
文章記述	3	0	2	0	3	2
その他	0	0	0	0	0	0
1問あたりの時間(秒)	55.8	75.0	51.1	56.3	57.1	32.7

サレジオ学院中学校

神奈川県横浜市

	試験日 2/1(A)・4(B) 発表2/2(A)・5(B)
算	100点 50分
国	100点 50分
理	75点 40分
社	75点 40分

面接なし

出願作戦

2月1日のA試験は、神奈川御三家志望者が併願校として選ぶことが多くなっています。

地域的に、1月校では通うには遠すぎて、現実的な併願が考えられない場合には、1日の午後受験も視野に入れましょう。東京都市大付属や広尾学園は人気が集まるので、青稜なども含める必要があります。

4日のB試験も、3日までに結果が出なかった受験生が集中する厳しい戦いになります。2日、3日に桐蔭中等教育、山手学院、森村学園などを組み合わせて、確実に合格を手にした上で臨みましょう。

＊本校最寄りの、新しくできた横浜市営地下鉄グリーンライン北山田駅周辺はとても落ち着いた雰囲気です。「25歳の男づくり」がモットーで、どこにあっても前向きに生きていける社会人づくりを目指しています。中3の春休みに海外語学研修が実施されます。

算数

●出題構成

A試験、B試験ともに時間は50分で、設問数は13問程度、難易度比率はA試験が標準76％、発展23％、思考力1％、B試験が標準75％、発展24％、思考力1％で、難度に違いはありません。

一方、合格者平均点はA試験が70点弱、B試験が70点強とややB試験の方が高くなっています。

●まず合格レベルを目指す

本校の問題は、計算問題からはじまります。やや複雑ですが、合格のためには絶対に正解したい問題です。

その他、平成24年度B試験大問6のボールの跳ね上がり、平成23年度A試験大問4の旅人算、平成21年度B試験大問5の容器を傾ける水量の問題など、道筋はわかるけれども計算処理が複雑な問題が多数出題されています。日々の計算練習では必ず全問正解するという強い意志を持って取り組みましょう。

分野別出題傾向

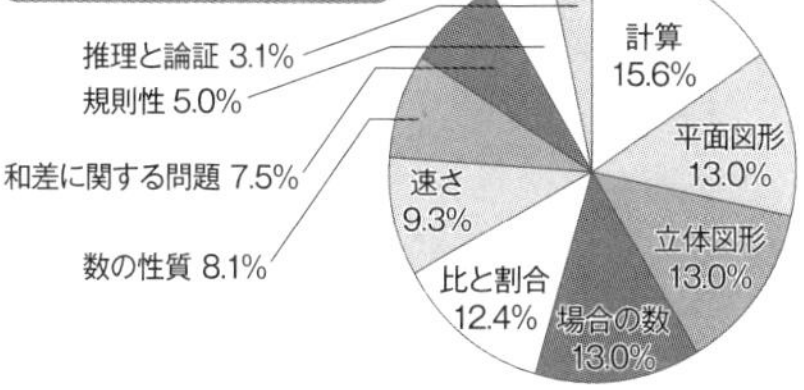

項目別出題ランキング

	項目	標準	発展	思考力	合計
1	場合の数	14	4	0	18
2	還元算	9	4	0	13
3	四則混合計算	9	1	0	10
4	相当算	8	1	0	9
5	相似形・面積比	5	3	0	8
6	約束算	3	4	0	7
7	旅人算	4	2	0	6
7	水量変化とグラフ	5	1	0	6
8	数の性質	2	2	0	4
8	数列	2	2	0	4

出題数の多い場合の数は標準問題が中心ですが、平成21年度A試験大問2と平成22年度B試験大問7では、推理と論証が出題されています。場合の数は、「以前解いた方法を何となく覚えていたから解けた」という受験生も多いと思いますが、推理と論証は、正確な理解なくして正解は書けません。ふだんから意識して復習しましょう。また、平面図形の相似形・面積比を利用する問題は、標準問題ですが、さまざまなタイプの問題への対応が求められます。塾教材以外にも『でる順』（旺文社）の図形問題など市販の問題集を解いて演習量を増やしましょう。

●さらに算数で得点を伸ばすには

本校では、標準レベルの比と割合、和差に関する問題を中心に、必ず「途中の考え方も書きなさい」という記述式の問題が1問は出題されます。標準レベルで、しかも道筋を立てやすい問題で記述を課しているということは、途中式をかなり重視していることの表れです。答えが出せればよいという姿勢ではなく、常に論理的思考を重視しましょう。

単元別では、平成24年度A試験大問7の点の移動、平成22年度B試験大問4の直方体を沈めていく水量変化、大問5の方角を利用する旅人算、平成21年度A試験大問4のおうぎ形が長方形の周りを回転移動する問題では、正確な作図が必要です。

また、平成23年度A試験大問6の集合算は、3種目までは慣れていても4種目は難しいでしょう。

その他、平成22年度A試験大問7の複数の移動手段を比較する問題、平成20年度B試験大問3の数式に同じ数字を当てはめる問題、大問6のアラビア数字を利用した約束算は難問にあたるので、これらの問題が解けると得点差をつけることができます。

国語

●問題文について

これまでは物語文1題に、説明文か随筆文1題の出題でした。説明文は語彙も含めて標準的な難度で、ふだん演習している教材を対策に活用することができます。物語文は回によって難度が変わります。例えば平成22年度A試験の西川美和『１９８３年のほたる』は、自分を変えたいと願う少女の心理という、男子にとっては難しいテーマである上に、字数も６，０００字を超えていました。主人公が同年代の男子という作品に限定せず、多種の物語文を読み込むことが必要です。

●設問について

漢字が15問と量が多い上に、近年は難化しています。読解問題では選択肢問題と60字未満の記述問題の割合が高くなっています。平成24年度は選択肢問題の数が増加しました。選択肢問題は、問題によって難度の違いがあります。難しい選択肢問題にいかに時間をかけすぎないかが重要です。記述問題は字数こそ60字未満ですが、難度は高いと考えるべきです。文章中から必要な要素を正確に選び出し、それをまとめる作業が求められます。徹底的に練習を積みましょう。

●対策

回によって物語文の分量が多くなることはありますが、50分の制限時間はそれほど短く感じるものではないでしょう。ただしその時間のゆとりをいかに記述問題に費やせるかがポイントになります。

漢字は近年難化傾向にあるので、満点に近づけるように、出題頻度の低い漢字もしっかり覚えましょう。本校の合格者平均点は年度によってばらつきはありますが、70点以上のケースが多くなっています。取るべき問題を確実に取ることが要求されるので、漢字は何とか得点源にしたいところです。

記述問題では、文章全体を見渡して、書くべき要素を正確に見つける力が求められます。

例えば平成23年度A試験第4問（岡崎由紀子『アイ・ラヴ・ユー』）は、小学2年生の愛と父の隆一、耳の不自由な母、朝子の家族の物語です。問6は、母親の障害が原因でクラスでいじめにあった愛が、授業参観の知らせを両親に隠していた場面で、母親が参観に来ることを拒絶する愛の姿に言葉を失う隆一の姿について、「なぜ黙ったままだったのか」を50字以内で説明させる問題です。この場面の直後に、愛が母親の参観を拒絶する理由が明らかになるのですが、問題該当部

問題文のジャンル別難易度と文章量

出題年	物語文	説明文	随筆文	その他
H24A	標準	標準		
H24B	標準 ★	やや難		
H23A	標準	やや難		
H23B	やや難 ★	※		
H22A	やや難 ★	標準		
H22B	標準	標準		
H21A	やや難		やや難	
H21B	標準	標準		

求められる力

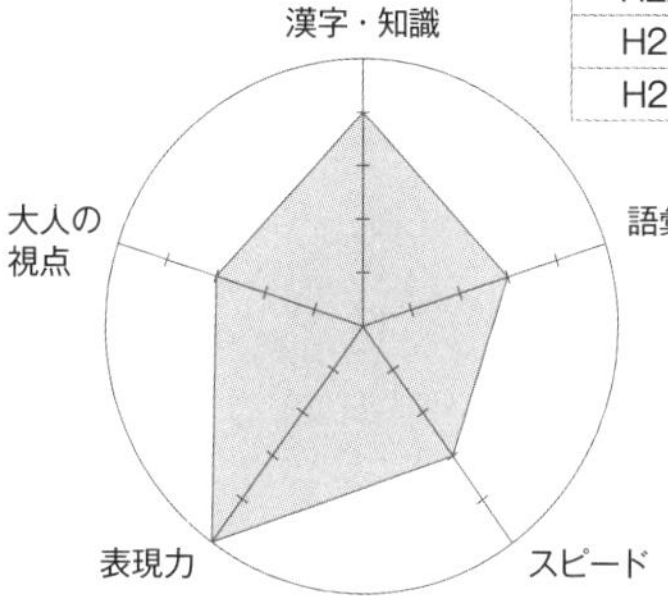

出題内容別の問題数

出題内容	問題数
漢字・知識・文法	18
客観問題・選択肢型	9
客観問題・書き抜き型	1
記述問題・60字未満	5
記述問題・60字以上	0
小問合計	33

の時点では、愛がいじめにあっている事実を両親は理解できていません。時間の経過を意識せずに、いじめという強い言葉に引きずられて「愛がいじめにあっていることに隆一が衝撃を受けた」などと書いてしまうと、大きく減点となってしまいます。

このように、慎重に解答の要素を探し出さなくてはならない記述問題なので、どれだけ解答に時間がかかるかを早めに体感して、時間配分を考える必要があります。

記述問題により多くの時間を費やすためには、ほかの問題にかける時間を圧縮する必要があります。本校の選択肢問題には、はっきりと正否を判断するのが難しい問題も含まれますが、そのような問題も含めて、過去問の演習を通じ、1問にかけられる時間を決めておくとよいでしょう。時間を限った中であわてず適切な選択肢を選び出す練習を重ねましょう。

記述問題は、本文中の言葉と自分の言葉を合わせて解答をつくる練習が必要になります。塾教材だけでなく桐朋や海城の記述問題も活用しましょう。60字未満の字数に収める練習として栄光学園の記述問題を演習することも有効です。

理科

試験時間は40分、ここ数年は大問数が4題で、物理、化学、生物、地学の順に出題されています。出題形式は、記号選択を中心としながら、計算問題の割合が高いのが特徴です。しかし難解なものは見られず、典型問題が中心となっています。

●特徴的な問題　葉のつき方に関する問題（平成24年度A問題）、ゾウリムシの行動に関する実験とその結果を考察する問題（平成23年度A試験）、植物の生存率に関する出題（平成22年度A試験）、ミズケムシとゾウリムシを題材に生物の数と増減に関する出題（平成22年度B試験）などがありました。時事問題では「生物多様性条約COP10」（平成23年度B試験）が取り上げられました。

●対策　物理、化学分野は標準レベルの計算問題を確実に解けるように演習することがまず大切です。また生物分野は、仮説から実験データを示し考察を進めるタイプの問題が繰り返し出題されています。丸暗記では対応できないので、過去問はもちろん、似たような問題の演習を行うことで、考察の方法に慣れていきましょう。

社会

40分という試験時間で長めのリード文を素早く読む力と、60問程度の小問を解くスピード力が要求されます。また難度の高い知識を問う問題も出題されますが、ほかの標準的な問題をいかに間違わないかが合否の分かれ目になるでしょう。

●特徴的な問題　バリュー・チェーン、ISOといった用語、イースター、ハロウィーンや日本の各地の祭りの特徴について（平成24年度A試験）。G8とBRICS、ムバラク、カダフィ、アサドの名と国名、南スーダンの国名と位置、本校の目標「25歳の男づくり」の意味（平成24年度B試験）。日米の年利差を想定し、投資した金額が1年後にどうなるかを比較する問題（平成23年度A試験）。自由貿易協定の略称や日本が締結している国を選ぶ問題、スマートフォンに関する出題（平成23年度B試験）などがありました。

●対策　幅広く深い知識が要求されるので、ふだんの学習で新たに知った事柄をノートにまとめるなどして、貪欲に知識を吸収しましょう。またスピード力も問われるので、一問一答形式の問題を繰り返し演習し、即座に答えを導けるよう反射神経を磨きましょう。

通塾別学習対策

サピックス

算数●『デイリーサポート』Dプリントまで解けるようになりましょう。

国語●『デイリーサピックス』のBテキストから要約が必要な記述問題を選んで、練習を重ねましょう。

理科●生物分野の実験データから考察するタイプの問題演習を行いましょう。

社会●マンスリーテストに出てくる知識問題はすべて押さえるようにしましょう。

日能研

算数●応用問題の前半部分までは解けるようになりましょう。

国語●銀本でさまざまな種類の問題文を教材に、とくに記述問題の練習を重ねましょう。

理科●物理、化学分野の典型的な計算問題を重点的に行いましょう。

社会●カリキュラムテストの復習など、多少時間を短く設定し行いましょう。

四谷大塚系

算数●『予習シリーズ』の全問題が解けるようになりましょう。

国語●『予習シリーズ』などから、要約が必要な問題を選んで練習しましょう。

理科●週テストの物理、化学の計算問題を繰り返し復習。

社会●『四科のまとめ』などで知識を幅広く整理しておくこと。

理科 求められる力

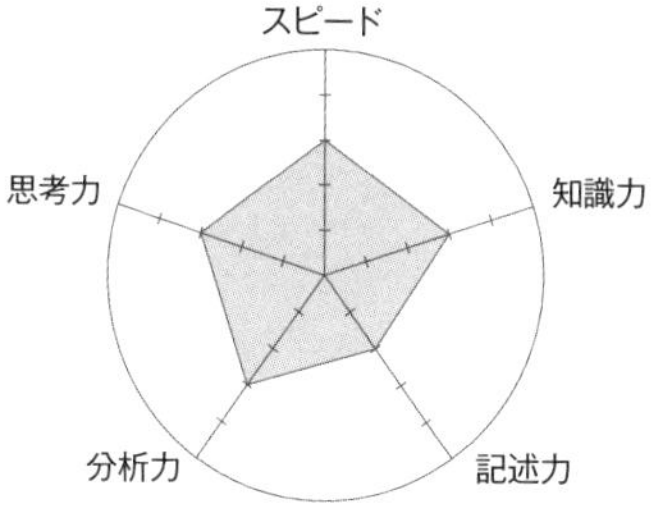

理科 出題形式の内訳と1問あたりの時間

内訳	H24A	H24B	H23A	H23B	H22A	H22B
大問数	4	4	4	4	4	4
小問数	38	41	25	31	25	38
選択	26	22	11	21	14	25
語句記述	5	5	0	4	2	7
文章記述	1	1	0	0	0	1
計算・数値記述	6	13	13	5	9	4
作図・その他	0	0	1	1	0	1
1問あたりの時間（秒）	63.2	58.5	96.0	77.4	96.0	63.2

社会 求められる力

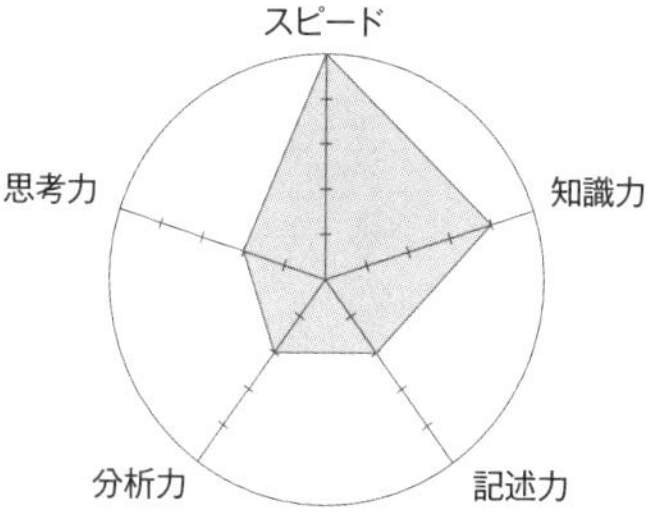

社会 出題形式の内訳と1問あたりの時間

内訳	H24A	H24B	H23A	H23B	H22A	H22B
大問数	3	3	3	3	3	3
小問数	56	58	60	64	59	59
選択	27	28	22	36	40	36
語句記述	24	25	38	27	18	23
文章記述	5	1	0	1	1	0
その他	0	4	0	0	0	0
1問あたりの時間（秒）	42.9	41.4	40.0	37.5	40.7	40.7

芝中学校

東京都港区

試験日 **2/1・4**
発表2/2・5

面接なし

科目	配点	時間
算	100点	50分
国	100点	50分
理	75点	40分
社	75点	40分

出願作戦

2月4日の第2回は第1回から偏差値が大きく上がり、難化します。第1回、第2回ともに受験する場合には1月校、2月2日、3日で合格を確保する必要があります。

1月校では栄東（ABC）、開智のほか、西武文理、城北埼玉なども候補に入れましょう。2月2日、3日には、高輪、国学院久我山、成城などから、校風の違いを考慮して、選択を進めましょう。

1日の午後は、東京都市大付属がまず候補に挙がりますが、安全策なら、佼成学園（特奨）、青稜などもおすすめです。

＊中3から身近な大人に仕事インタビューを、高1で職業適性検査を実施。希望の職種に就くためにどんな学部を選択する必要があるかを考えさせ、高2の秋に第一志望の大学を定めるという、中高6年間での「逆引き進路指導」が徹底されています。

算数

●出題構成

両回試験ともに時間は50分で設問数は14問程度、トータルでの難易度比率は標準69%、発展26%、思考力5%、解答形式は答えのみです。

受験者平均点50点前後に対し、合格者平均点は70～80点前後で推移しています。両回試験の難度に偏差値ほどの大きな差は見られません。

●まず合格レベルを目指す（第1回試験）

第1回試験単独の難易度比率は標準71%、発展26%、思考力3%です。合格者平均点から推測すると、大問1で出題される複雑な計算問題を含めて、標準レベルの問題はすべて正解する必要があります。

左ページの円グラフと表のとおり平面図形、比と割合、速さ、場合の数の出題比率が高くなっています。中でも、速さは毎年最後の大問で登場し、その大半がグラフを利用するものです。さらに平成24・22・20年度は速さを扱った大問が2題出題されるなど、速さが合格を勝ち取るための鍵を握る単元と言えます。

平面図形は相似形・面積比の利用が中心で、平成22年度大問9と平成21年度大問7で出た、正方形の辺を等分した点を結んで作成した図形の求積は、他校でも複数回出題されています。また平成24年度大問6の三角形の分割のように、典型題をひとひねりした問題も見られます。得点差を生みやすい出題なので、市販の問題集や『有名中学入試問題集』（声の教育社）などで、相似形・面積比の問題はすべて解くくらいの気持ちで準備をしましょう。

分野別出題傾向

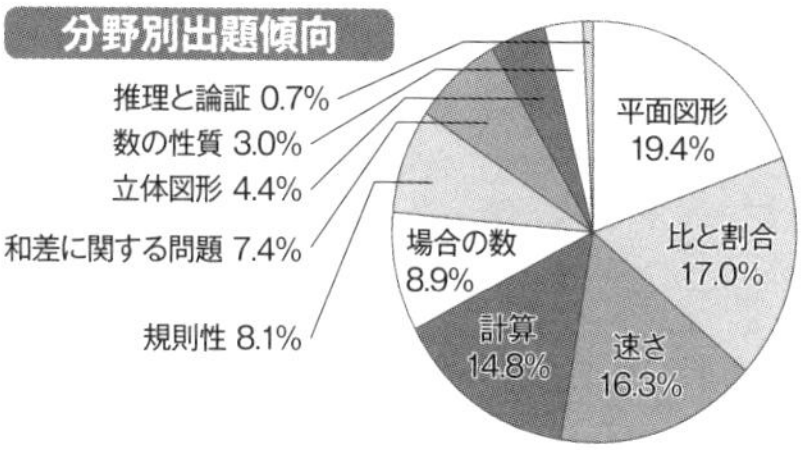

項目別出題ランキング

	項目	標準	発展	思考力	合計
1	相似形・面積比	13	3	0	16
2	場合の数	3	5	3	11
3	還元算	7	3	0	10
4	四則混合計算	8	2	0	10
5	速さとグラフ	6	3	0	9
6	相当算	8	1	0	9
7	旅人算	3	3	1	7
8	点の移動	4	2	0	6
9	面積の求積	5	1	0	6
10	倍数算	3	2	0	5

●さらに算数で得点を伸ばすには（第2回試験）

偏差値の高い第2回試験ですが、単独の難易度比率は標準67％、発展26％、思考力7％です。

相似形・面積比を利用する平面図形、グラフを利用する速さが必ず出題されています。第1回試験と難度や出題傾向は非常に似ているので、第1回の過去問も解いておくとよいでしょう。

一般的に第2回試験の方が受験生の学力が高いと言われますが、2月4日までの疲れで力を出し切れない受験生が多いためか、合格者平均点は第1回と同程度です。思考力問題もあり、その大半が中盤に出題されている点は要注意ですが、「第2回試験は難しい」という先入観は持たず、3日までに合格校を確保して精神的余裕を持つなど、実力を発揮できる環境を整えることが重要です。

平成23年度大問7の平面図形、平成21年度大問6のデジタル時計を用いた問題は、近年の入試や模試でよく出される流行の問題です。このように流行を取り入れた出題もあるので、模試の復習を丁寧に行うことも有効な対策になります。

国語

●問題文について

読解問題は、毎年大問が2題あります。

短めの説明文1題、そして、それに続けて長めの物語文1題が配列されているのが例年のパターンです。ただし平成23年度第1回は、説明文に代えて随筆文が出題されました。

少年少女を主人公にした物語文が、毎年出されていることが大きな特徴です。中学受験生には理解しやすい文章と言ってよいでしょう。

それに対して、説明文はやや難しい文章が取り上げられています。

●設問について

例年の出題パターンは、第1問と第2問が漢字に関する問題、第3問が説明文、第4問が物語文です。

設問形式は、書き抜きや選択肢の問題が多いことが大きな特徴です。記述は、字数が短めのものが数問出されます。さらに、長めの記述が1～2問出されることもあり、平成24年度第2回には100字という大変長い記述が出題されていて、注目に値します。言葉の意味を問う問題もよく出ます。慣用句や文法もときどき問われます。

●対策

毎年、必ず出題される漢字の問題はほとんどが標準レベルであり、満点を目指したいところです。まず塾の漢字の教材を完璧に覚えておきましょう。平成24年度は、漢字に直す言葉自体を自分で考える問題が出題されていて、語彙力も必要です。そのための対策および言葉の意味を問う問題の対策として、知らない言葉はこまめに辞書を引いて、語句の意味をメモしたノートを作成すると、大きな効果があります。

慣用句のような知識や、文中の語句がかかる部分(被修飾語)の指摘のような文法も出題されることがあるので、塾の主要教材で知識や文法もひととおり身につけておきましょう。書き抜き問題、選択肢問題、短めの記述問題についても、塾の通常授業の教材で対応できます。

ただし書き抜き問題では、気をつけたい点があります。まず、本校では平成24年度第1回第3問をはじめ、毎年〈※本文中から抜き出して答える問題では、句読点や「」などの記号は、字数に数えないものとします。〉という注意が問題に付されています。他校では句読点などを字数に数えるケースの方が圧倒的に多い

問題文のジャンル別難易度と文章量

出題年	物語文	説明文	随筆文	その他
H24①	標準	難		
H24②	やや難	難		
H23①	標準★		標準	
H23②	標準★	標準		
H22①	標準★	やや難		
H22②	標準★	標準		
H21①	標準★	やや難		
H21②	標準★	やや難		

求められる力

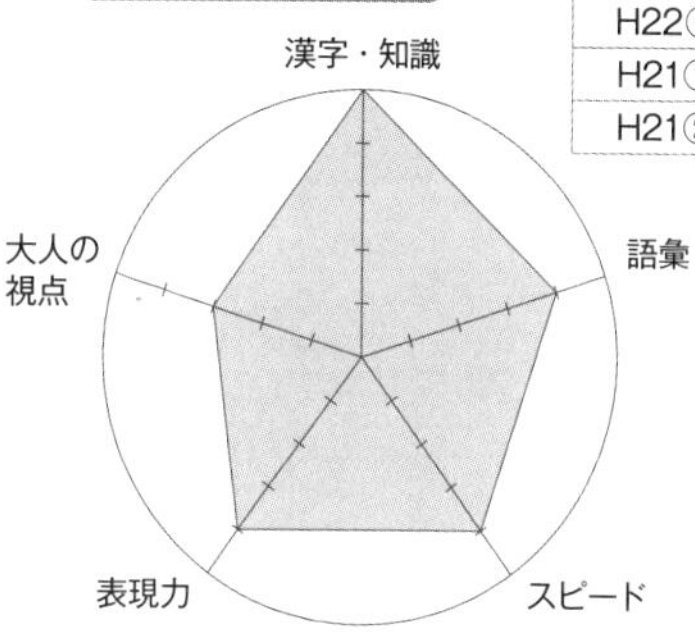

出題内容別の問題数

出題内容	問題数
漢字・知識・文法	11
客観問題・選択肢型	6
客観問題・書き抜き型	6
記述問題・60字未満	3
記述問題・60字以上	1
小問合計	27

ので、本校を受験する場合には気をつけなければなりません。本番の試験の際に、この注意書きがあるかを必ず最初に確認しましょう。

また、段落分けをした上で、2番目や3番目の段落の「最初の5字」などを書き抜かせる問題が、説明文で過去にかなり出題されました。確実に正解できるように、過去問や銀本で同じ形式の問題を練習してください。

長めの記述問題では、「『ドジ吉』から『正吉』へ呼び方が変わっていることに注意しつつ」説明しなさい(平成21年度第1回第4問・問9)、母さんが振り返らなかった理由を「推測して」説明しなさい（平成21年度第2回第4問・問7）というような難しい問題もあります。また、「本文全体をふまえて」記述させたり(平成23年度第2回第3問・問4など頻出)、主人公の気持ちの変化を記述させたり(平成22年度第2回第4問・問7)する問題も出ました。

対策には、麻布や駒場東邦の過去問の中の類似問題のみをピックアップして解くとよいでしょう。これら2校は長い物語文が出題されるので、その点でも有効です。

理科

大問数は5題で、さまざまな分野・単元の小問を集めた総合問題が1題出題されています。また物理、化学分野から難度の高い計算問題があるのも本校の特徴となっています。

●**特徴的な問題**　電熱線をつないだ回路の発熱量を計算する問題（平成24年度第1回）、いろいろな温度のヘリウムガスを詰めた袋にはたらく浮力を考える問題（平成23年度第1回）、川の流れを表した水系図から、川の水量や地形を推測する問題（平成21年度第1回）などがありました。

●**対策**　物理、化学分野の応用問題の演習を十分に積むことが大切です。とくに力のつり合いや電熱線に関する問題などは頻出なので、基本から応用まで幅広く練習しておきましょう。知識問題に関しては、生物分野でやや難度の高い問題が見られるので、入試対策用の問題集などを利用して演習の中で知識をより深めていってください。ただし単純暗記では解けないような問題が多く出題されているため、問題集や模試などで間違えたところは教科書を読み直すなど、基本を大事にした学習を心がけましょう。

社会

記述問題に特色があります。1，300字程度のリード文を読み、その上で指定された語句を用いて120～150字で記述させる問題です。また環境問題や時事問題もからんできます。解答形式は、記号選択と語句記入が同じくらい出題されています。

●**特徴的な問題**　現実の海賊に対して私たちはどのように向き合っていくべきかを記述する問題（平成24年度第1回）。介護保険制度で保険料を支払うのは何歳以上かを問う問題（平成24年度第2回）。気団に関して理科分野に近い問題や、リード文の中で著者が職人の減少を嘆く理由を問う記述問題（平成23年度第1回）。東京タワーができた約50年前に日本で発売されたものを問う問題（平成23年度第2回）など。

●**対策**　地理、歴史、公民分野すべてにおいて幅広く知識を身につけるようにすること、理科などほかの科目と横断的な学習を心がけること、さまざまな出題形式に対応できるようにあらゆるタイプの問題演習を行うことが必要となります。また記述問題は、リード文にヒントが隠されているので、その部分を読み取ろうと意識して臨むことが大切です。

通塾別学習対策

サピックス

算数●『デイリーサポート』Dプリントまで解けるようになりましょう。

国語●『デイリーサピックス』Bテキストで長い物語文を読み、Aテキストで問題演習しましょう。

理科●とくに生物分野は発展問題まで取り組みましょう。

社会●時事問題は『サピックス重大ニュース』などで確認。

日能研

算数●共通問題はすべて解けるように。速さと平面図形は応用問題の前半部分を解きましょう。

国語●『本科教室』と『栄冠への道』の抜き出し問題、短めの記述問題に注意しましょう。

理科●過去問を例題に銀本で類題にあたりましょう。

社会●公民分野と時事問題をしっかり学習するように。

四谷大塚系

算数●『予習シリーズ』の練習問題までと、速さと平面図形は応用問題も解きましょう。

国語●『予習シリーズ』と『演習問題集』、そして入試実戦特訓コースⅠの教材で問題演習をしましょう。

理科●物理、化学の計算問題は難度の高いものまで取り組みましょう。

社会●時事問題と公民は週テストを中心に学習しましょう。

理科 求められる力

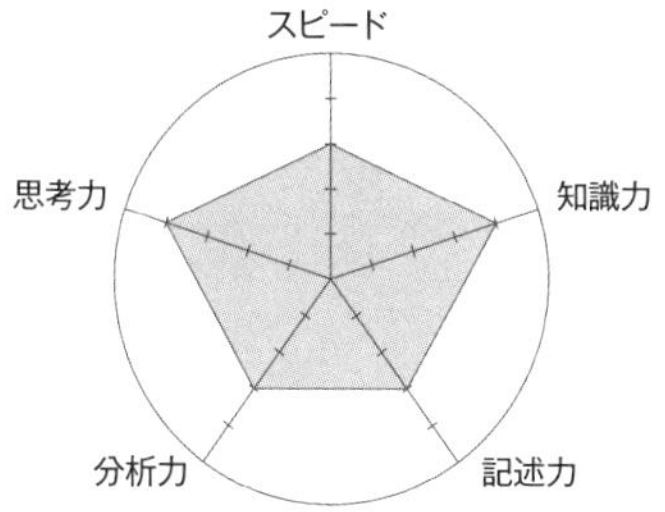

理科 出題形式の内訳と1問あたりの時間

内訳	H24①	H24②	H23①	H23②	H22①	H22②
大問数	5	5	5	5	5	5
小問数	39	35	37	41	38	36
選択	29	22	20	23	27	19
語句記述	1	3	5	5	5	3
文章記述	0	1	1	1	1	1
計算・数値記述	8	9	10	12	5	12
作図・その他	1	0	1	0	0	1
1問あたりの時間（秒）	61.5	68.6	64.9	58.5	63.2	66.7

社会 求められる力

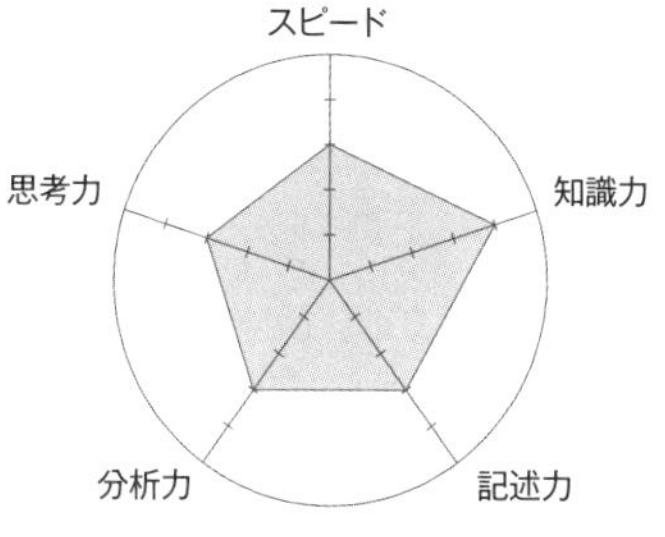

社会 出題形式の内訳と1問あたりの時間

内訳	H24①	H24②	H23①	H23②	H22①	H22②
大問数	4	4	4	4	4	4
小問数	43	45	42	41	43	40
選択	18	25	22	21	23	19
語句記述	24	19	19	19	19	20
文章記述	1	1	1	1	1	1
その他	0	0	0	0	0	0
1問あたりの時間（秒）	55.8	53.3	57.1	58.5	55.8	60.0

渋谷教育学園渋谷中学校

東京都渋谷区

試験日 **2/1・2・5**
発表2/2・3・6

面接なし

科目	配点	時間
算	100点	50分
国	100点	50分
理	50点	30分
社	50点	30分

出願作戦

2月2日の第2回は、男子では麻布、女子では桜蔭との併願が目立つと、学校から公表されています。

1日、2日と連続で受験する受験生は、東京都市大付属や国学院久我山など1日の午後入試で合格を得ておきたいところです。2日の第2回を回避する場合、男子は巣鴨、城北など以外にも、少し開きがある世田谷学園、高輪、成城といった学校も視野に入れましょう。女子はとくに人気が高いので安全圏と思われる学校でも候補に入れるべきです。鷗友女子、普連土学園など以外にも、少し開きがある富士見や品川女子も検討しましょう。

＊場所柄、校舎のつくりがコンパクトになっているため、体育の授業は代々木公園などのグラウンドを借用し、クラブ活動は登戸グラウンドまでバスで行くこともあります。安全確保のために地元警察や商店街との連携に努めています。

算数

●出題構成

試験時間は50分で、設問数は15問程度、難易度比率は標準73%、発展23%、思考力4%です。

解答形式は答えのみ、記述式、作図があり、記述式の解答スペースは広くとられています。各年度を比べると問題の難度は一定ではありませんが、得点差が適度につく、学力差が反映される試験です。

●まず合格レベルを目指す

和差に関する問題と場合の数の出題比率が低くなっていますが、そのほかは幅広い単元から10%程度ずつ出題され、学習完成度の高さが求められています。

平成22年度以前は大問1の計算2問、大問2の小問集合5問の後に大問が3題という構成でしたが、平成24・23年度は大問1に計算1問と小問集合5問のあと大問3題と、少し見た目が変わりました。

後半の大問3題は難度に差があり、この3題がやさしいときは平均点が高く、難しいときは低いという傾向が顕著です。問題の難度にかかわらず、標準問題での得点が合否を分けるので、計算と小問集合は確実に正解しなくてはなりませんが、平成24年度第1回大問1・(5)の角度のような難問も出題されています。

平成24年度第1回第1問をはじめ、小問集合の最後には「答えを求めるのに必要な式、計算を順序よく書きなさい」と明示されています。平成22年度までは計算でも記述が求められるなど、過程が重視されました。

分野別出題傾向

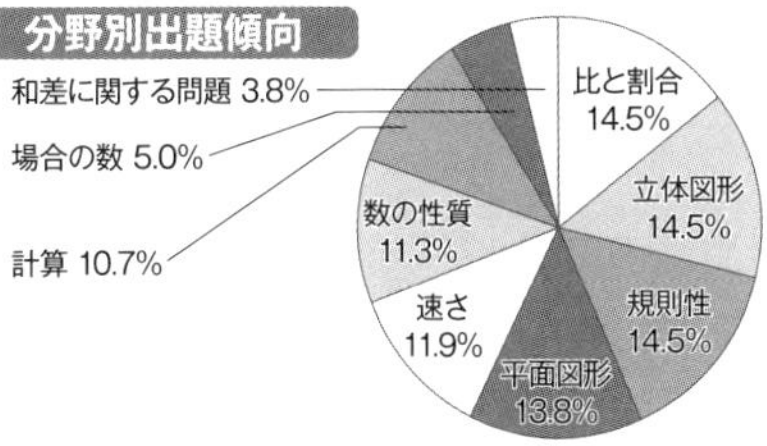

項目別出題ランキング

	項目	標準	発展	思考力	合計
1	旅人算	12	0	3	15
2	立体図形の切断	6	6	0	12
3	四則混合計算	10	2	0	12
4	規則	3	6	0	9
5	食塩水の濃さ	4	5	0	9
6	数の性質	7	1	0	8
7	相似形・面積比	6	1	0	7
8	数表	7	0	0	7
8	場合の数	4	0	2	6
10	回転体	3	2	0	5

さらに平成20年度第1回などで回転体の体積も出題されており、合格するには正確な計算力が必須です。

●さらに算数で得点を伸ばすには

記述式の解答スペースが広いことから、論理的な思考を非常に重要視していることがわかります。

さらに大問の記述式は、平成23年度が立体図形の切断と数の性質、平成24年度が立体図形と旅人算、平成22年度がニュートン算と仕事算、平成21年度が数列と平面図形、平成20年度が平面図形と時計算というように、さまざまな単元から出題され、中でも平面図形や立体図形は解法の表現が難しい問題もあります。

日頃から式や筆算を丁寧に書くようにして、「正解は出せたが、式はどうやって書けばよいかわからない」問題も、自分が考えたプロセスを思い返しながら式を書く習慣をつけておくことが必要です。

また、平成23年度第1回大問3の平面図形など独特な出題もありますが、平成23年度第2回大問2のカードを並べ替える問題、平成21年度第2回大問3の折り重ねた糸を切る問題や、平成23年度以降に頻出の立体図形の切断は、他校の類題や『有名中学入試問題集』(声の教育社)などで、近年の難関校の問題演習を積むことが有効でしょう。

国語

●問題文について

近年では長文問題は説明文と物語文が各1題という形式が続いています。説明文は情報社会、経済など社会のあり方を論じた文章や、自己、時間など哲学的に論じた文章がよく出題されています。言葉、発想ともに毎年大人びた文章が選ばれており、抽象的な説明を含む文章が多いことが大きな特色です。

物語文は、子どもや青年が主人公の文章がよく出題されます。石田衣良《いら》、浅田次郎など、中学入試で頻出の作家や作品が出ることも多く、比較的読みやすいでしょう。内容的には、心の問題を扱う文章や、チェスや陸上など登場人物の青年が取り組む分野の奥深い魅力に迫ろうとする文章がしばしば出題されています。

●設問について

解答時間は50分で総問題数は20～25問前後。長文読解が2題、記述問題が6問前後出題されています。1回の試験で合計250～300字程度書かせることが多く、1問で100字前後という長文になる問題も見られます。読む量、書く量ともに分量が多く、問題文と問題のレベルが高いことから、全体的に難度の高いテストであると言えます。

●対策

物語文では、接続詞、内容一致、空欄補充、表現の意味、心情や人物の行動の説明など、スタンダードな形式の問題が多く見られます。

本校では、毎年のように、抽象性の高い説明文が出題されることが特徴で、そうした文章の攻略が合否の大きなポイントです。文章中の言葉は小学生にとっては難しく、「近代的な主体である『私』」（平成23年度第1回、諏訪哲二『なぜ勉強させるのか？』平成19年）、「言葉が身体感覚を規定する」（平成21年度第1回、石原千秋『未来の読書術』平成19年）、「情報を得るための経路が限定、遮断され、限られたメディアしか持たない人びと」（平成21年度第2回、春木良且《よしかつ》『情報って何だろう』平成16年）といった表現が随所に見られます。カタカナ語や専門的な言葉、固有名詞など語注が付されるものもありますが、ほとんどの一般的な熟語はかなり難しい言葉でも注がありません。

抽象性の高い文章対策には『言葉力1200』（学研）のような語彙用のテキストの活用が有効。しかし、それでもわからない言葉は、筆者がひとつの内容を言葉を変えて何度か言い直すことに着眼しましょう。

問題文のジャンル別難易度と文章量

出題年	物語文	説明文	随筆文	その他
H24①	やや難	やや難		
H24②	やや難	難		
H23①	やや難	難		
H23②	やや難	難		
H22①	やや難	やや難		
H22②	やや難	難		
H21①	標準	難		
H21②	やや難	難		

求められる力

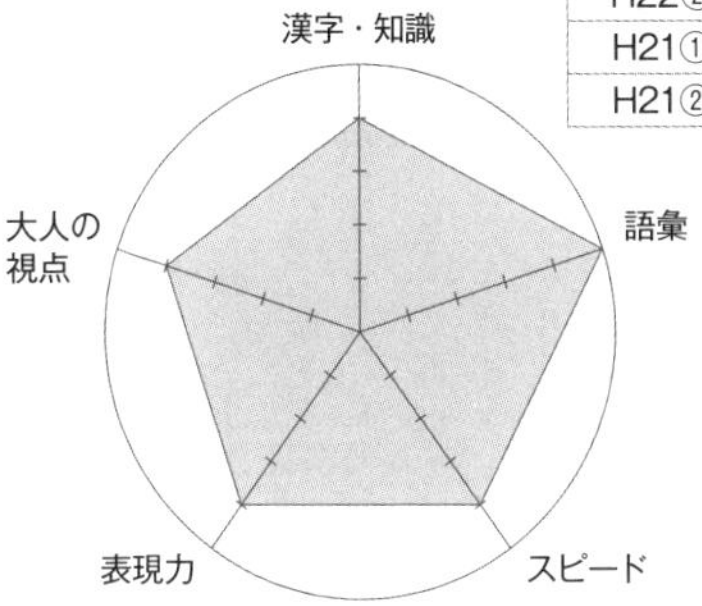

出題内容別の問題数

出題内容	問題数
漢字・知識・文法	10
客観問題・選択肢型	7
客観問題・書き抜き型	1
記述問題・60字未満	3
記述問題・60字以上	2
小問合計	23

例えば「…いわば情報操作のサイクルによって、人々は1つの思想に傾倒《けいとう》していったということが指摘できるでしょう。つまり人々は、多くの同じ考えを持った人の存在によって、自らの考えを証明し、確信するといった行動を取りました」（平成21年度第2回）という一節では、一文目は抽象的でわかりにくいものの、「つまり」以下の部分は格段にイメージしやすくなっています。「つまり」「たとえば」といった言い換えや例示の接続詞の後、具体例の部分に注目しましょう。文中で何度か言葉を変えて言い直されているなら、そのうち1カ所でもわかればしめたものだというぐらいの気持ちで、難しい言い回しに出合っても気おくれせず、積極的に読みこなそうとする姿勢が大切です。

抽象性の高い文章を高頻度で出題する学校はほかにあまりありませんが、豊島岡女子やその他の過去問の中で同様の傾向の文章を選んでなるべく多くあたり、頻出のテーマへの理解を深めるとよいでしょう。全体的に記述問題は、該当する箇所を探し出せれば、文中の言葉を使って書ける問題も多くあります。文章全体の主旨に関わることを100字程度で書かせる場合もあるので、日頃から教材の要約に取り組むとよいでしょう。

理科

試験時間が30分で小問数が20問前後となっています。記述問題の割合が高く、また長いリード文を読解する問題など、試行錯誤を要求する出題形式が本校の特徴となっています。問題数こそ少ないものの、リード文が長く、データや表の読み取りの時間も考えると時間的余裕はそれほどないでしょう。

●**特徴的な問題**　チョコレートを冷やし固める温度と結晶の種類の関係についての問題（平成24年度第1回）、電子レンジでコーヒーを温めた場合の突沸に関する問題（平成23年度第1回）、ブルーベリージャムを混ぜて焼いたホットケーキの色の変化に関する問題（平成22年度第1回）などがありました。いずれも他校では見られないユニークな問題です。

●**対策**　応用的な記述問題が多く出題されるので、ふだんから学習内容を自分の言葉でまとめる習慣を持つとよいでしょう。まずは実験に関する問題を数多く演習し、それぞれの実験の目的、内容、結果を簡単にまとめておくと､思考力や分析力の強化につながります。記述力の向上も必要不可欠なので、記述問題は必ず塾の先生などに採点、解説をしてもらってください。

社会

平成24・23年度はそれまで出ていた冒頭に長いリード文のある問題がありませんでした。その分、小問数がやや増加しています。解答形式は例年どおり、1～2行程度の記述問題が多く出題されています。

●**特徴的な問題**　嘉永6年（1853）に前水戸藩主から娘の夫の関白に宛てた手紙を題材にして、手紙の中に出てくるペリーの来航を事前に知らせてきた外交秘密文情報（オランダ別段風説書）がどこの国からどのような経路で届いたかや、その当時の老中、将軍の名前を問う問題（平成24年度第1回）。沖縄の米軍基地移転問題で普天間とその場所を問う問題（平成24年度第2回）。鹿児島県阿久根市や愛知県名古屋市における市長と市議会との対立を題材に、地方自治に関する知識を問う問題（平成23年度第1回）など。

●**対策**　本校は資料を題材にした思考力を要求する問題が多くなっているので、ふだんから資料などを活用しながら、さまざまな出来事や現象が起きる理由とその背景を読み取ろうと意識して学習することが重要となります。また記述問題対策も十分行いましょう。

通塾別学習対策

サピックス

算数●『デイリーサポート』Dプリントまで解きましょう。

国語●『デイリーサピックス』のBテキストのハイレベルな説明文にとくに注意し、全体を熟読しましょう。

理科●物理、化学の理由説明問題に時間をかけましょう。

社会●テキストの記述問題に役立ちそうな部分に傍線を引いてみましょう。

日能研

算数●応用問題の前半部分は解けるようになりましょう。

国語●『本科教室』の解説まで熟読し、銀本で抽象度の高い説明文に慣れましょう。

理科●実験、観察に関する記述問題対策を十分行いましょう。

社会●国際情勢や貿易問題などを自分でまとめること。

四谷大塚系

算数●『予習シリーズ』の練習問題まで解けるように。

国語●週テストをよく復習し、『演習問題集』のハイレベルな説明文まで解きましょう。

理科●『予習シリーズ』に出てこない問題にも対応できるように心がけましょう。

社会●『ニュース最前線』などで時事問題対策を十分に行いましょう。

理科 求められる力

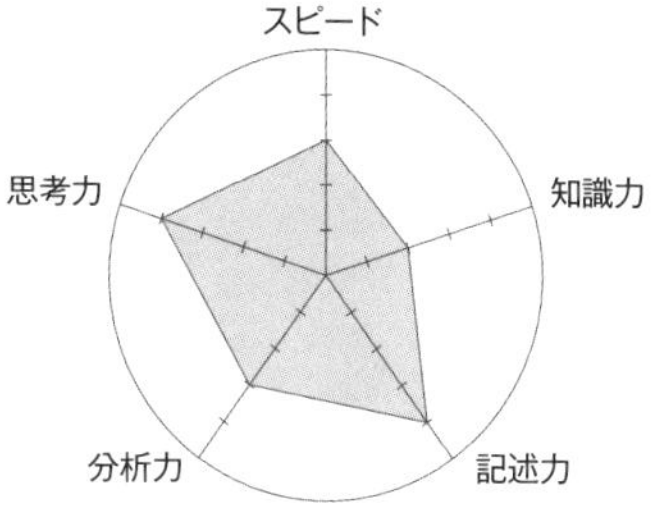

理科 出題形式の内訳と1問あたりの時間

内訳	H24①	H24②	H23①	H23②	H22①	H22②
大問数	3	4	3	4	3	3
小問数	17	26	19	22	24	17
選択	5	10	9	2	8	1
語句記述	0	3	4	11	7	5
文章記述	8	10	6	6	5	7
計算・数値記述	3	2	0	3	3	1
作図・その他	1	1	0	0	1	3
1問あたりの時間(秒)	105.9	69.2	94.7	81.8	75.0	105.9

社会 求められる力

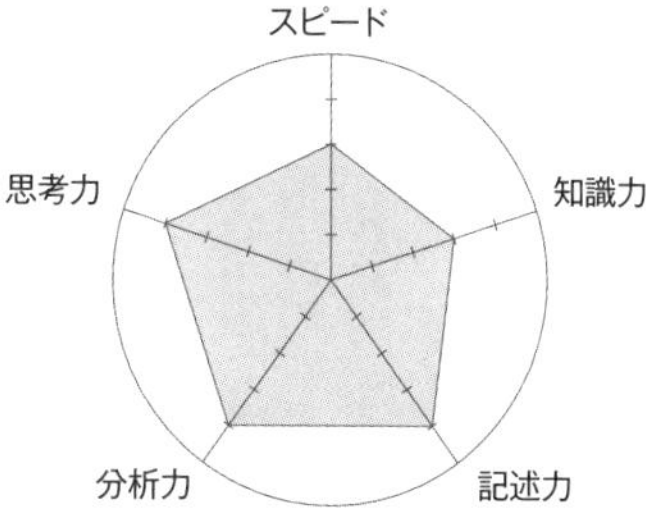

社会 出題形式の内訳と1問あたりの時間

内訳	H24①	H24②	H23①	H23②	H22①	H22②
大問数	3	4	5	2	7	6
小問数	33	29	36	31	23	27
選択	16	14	19	13	5	12
語句記述	12	9	11	12	10	9
文章記述	5	6	6	6	8	6
その他	0	0	0	0	0	0
1問あたりの時間(秒)	54.5	62.1	50.0	58.1	78.3	66.7

渋谷教育学園幕張中学校

千葉県千葉市

外

試験日 1/22・2/2
発表1/24・2/3

面接なし

算	100点	50分
国	100点	50分
理	75点	40分
社	75点	40分

出願作戦 第1回入試では男女御三家志望レベル受験生の多くが併願してくる激戦必至の人気校です。1月前半から確実に押さえを固める戦略が不可欠となります。同じく千葉難関の東邦大東邦、市川との併願はリスクがあることを十分に考え、江戸川取手、専修大松戸、麗澤なども候補に入れましょう。

2月に難関校を受験する場合には精神的な負担も考慮して、より幅広い組み合わせを検討しましょう。男子では海城、城北、巣鴨など、女子では白百合学園、頌栄女子、普連土学園なども視野に入れながら、問題との相性を見て判断しましょう。

＊教育目標のひとつである「自調自考」はそれぞれが独自性を持ち、自分で考えることを指しますが、その理念は多彩な部活動にも反映されているようです。中学電気部や、バラを育てるイエローフェアリー同好会などに、自由な発想が強くうかがえます。

算数

●出題構成

試験時間は50分で設問数は10～15問、難易度比率は標準57％、発展36％、思考力7％です。

解答は答えのみですが、ほぼ毎回作図問題があり、論証問題も頻繁に出題されています。

年度によって難度に差があり、半分以上が発展問題、合格者平均点が50点前後という試験もあります。

●まず合格レベルを目指す

本校の算数は計算問題や一行文章題の出題はなく、すべて大問構成の問題です。しかも問題文が長く、設定を理解するためには高い読解力が必要です。開成、麻布、駒場東邦、桜蔭、豊島岡女子との併願受験者はこのような出題に慣れていますが、問題の本質を理解するために相当数の演習を必要とする受験生が大半だと思われます。

単元別では左ページの円グラフと表のとおり、立体

分野別出題傾向

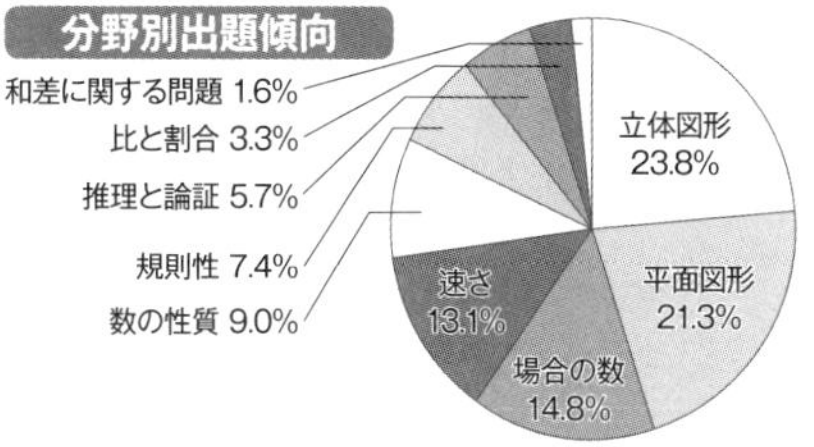

項目別出題ランキング

	項目	標準	発展	思考力	合計
1	場合の数	5	4	5	14
2	作図	5	7	0	12
3	水量変化とグラフ	7	3	0	10
4	旅人算	6	2	1	9
5	相似形・面積比	4	3	0	7
5	投影図	4	3	0	7
7	数の性質	3	2	1	6
8	周期算	4	1	1	6
9	論証	2	3	0	5
10	面積の求積・長さ	3	1	0	4

図形、平面図形、場合の数の三単元で計約60％出題されています。注目点は、ほぼ毎回出題される作図問題でしょう。やさしい問題ではありませんが、難問が多い本校の問題の中では比較的取り組みやすい部類に入るので、得点しておきたい問題です。過去問を解くだけではなく、コンパスを使って作図をする問題は重点的に演習しておきましょう。

また単元出題比率の最も高い立体図形も、平成22年度第2次大問6などのように、応用問題レベルではあるものの、他校でも出されるような問題が多く、こちらも得点しておきたいところです。

●さらに算数で得点を伸ばすには

本校の問題は、平成23年度第2次大問2のハイブリッド車を題材にした問題のように非常に問題文が長いものや、平成23年度第1次大問1のセミが大量発生する問題など、問題設定の理解に苦労する、あるいは解答するまでに時間がかかるものが頻出です。しかも、合格レベルに達している受験生には取り組みやすいと思われる作図問題や立体図形は後半に出題されるため、過去問演習で時間配分を意識づけ、後半の図形問題から解きはじめるなどの戦略を立てましょう。

規則性や場合の数の問題では、調べ上げなど時間をかけざるを得ないケースがありますが、図形問題は時間がかかりそうであれば、一度その問題から離れて先に進むことが鉄則です。答えが出せそうな問題が時間切れで解けなかったという事態は防げるでしょう。

また、本校は学校説明会でかなり具体的な出題単元が公表されます。これを受けて、受験予定者に予想問題を配布している塾もありますし、そのほかに、コンパスを使用する作図の練習問題を配布している塾もあります。

国語

●問題文について

物語文1題と説明文1題の構成です。説明文は森本哲郎、外山滋比古《とやましげひこ》などの文章が出されるように、やや難度の高いものが頻出です。文章全体の正確な理解が前提となる問題ばかりなので、語彙レベルの高い説明文に慣れておくことが必須です。物語文は、ほとんどが受験生と等身大の人物が主人公となるものです。いじめや家族の死など、その年代が抱えるにはつらい出来事に直面した時の心の動きがテーマとなることが多いので、同様の文章に少しでも多くふれましょう。

●設問について

大問2題の構成です。漢字・語句・知識問題は読解問題に含まれており、難度は標準的です。読解問題の形式は選択肢、記述、書き抜きとバランスがとれていますが、熟語を自作させる問題や、ピカソなどの偉人とその業績を合致させる問題、漢和辞典の引き方など、バラエティに富んだ出題もあります。早めに過去問を見て、初見の問題でも焦らないような意識を固めておきましょう。60字前後の記述問題の難度が近年上がっているので、対策に十分な時間が必要です。

●対策

本校の説明文は一時期難度が少し下がっていましたが、ここ数年でまた難化の流れにあります。難しい語句には注釈がついていますが、哲学や脳の老化、忘却の重要性などをテーマにした文章が、抽象的な表現で展開されます。文章全体の内容理解を問う選択肢問題や記述問題が出されるので、難度の高い説明文にどれだけ慣れているかがポイントのひとつになります。

物語文は、登場人物が厳しい状況にある中で、本人、周りの人物がどのように感じ、動き、変化が生まれたかを描いたものが多く見られます。平成23年度第2次第1問（あさのあつこ『ほたる館物語Ⅰ』）、平成22年度第1次第1問（辻村深月《みづき》『ロードムービー』平成20年）はいずれもいじめに近い状況が描かれていました。

注目すべきは平成23年度第1次の第1問（梨木香歩『裏庭』）です。息子を亡くした主人公が、同じ境遇の女性と出会って、自分の母親への考えなどが変わっていく様子が描かれていますが、物語文に慣れた女子にとっても理解が難しかった内容と思われます。対策として、テストなどで、苦境にある人物が他人との出会いで変化していく様子を描いた物語文にあたった際には、とくに注意して内容理解を確かめましょう。

問題文のジャンル別難易度と文章量

出題年	物語文	説明文	随筆文	その他
H24①	標準	難		
H24②	※	※		
H23①	難	難 ★		
H23②	標準	やや難		
H22①	標準	やや難		
H22②	標準	やや難		
H21①	やや難	やや難		
H21②	やや難	やや難		

求められる力

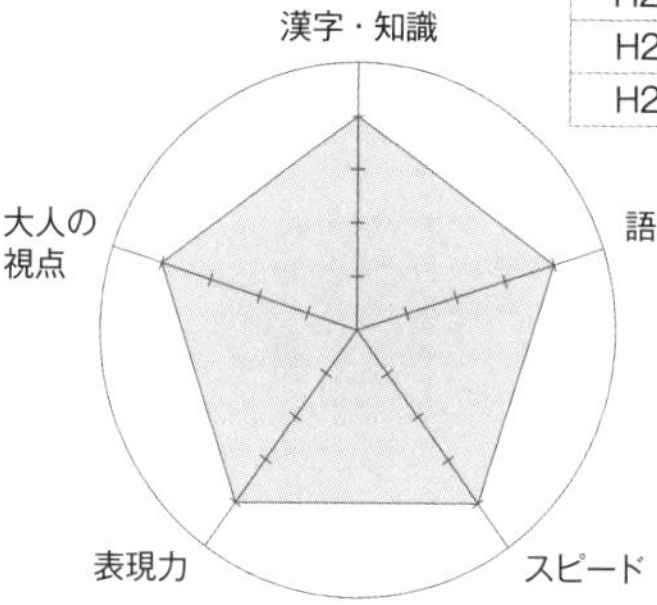

出題内容別の問題数

出題内容	問題数
漢字・知識・文法	11
客観問題・選択肢型	10
客観問題・書き抜き型	3
記述問題・60字未満	5
記述問題・60字以上	1
小問合計	30

本校の記述問題では、解答の根拠となる要素が文章中に明確に示されていないために、何を書けばよいのか戸惑うことがあります。

例えば平成22年度第1次第1問の問10では、学校でのいじめにより主人公トシが孤立し、担任の先生が生徒たちに心の貧しさを説く場面で、「トシのスリッパのつま先と今の先生の話している心の貧しさが彼らの中で決して結ばれることがない」とした表現の説明が求められます。抽象的な表現に対して、文章中に表現の意図を説明する部分がないため、物語全体の流れを確実に把握した上で、自分の言葉を的確に使って記述する力が求められます。

また、説明文では、本文全体の理解を前提とした出題が見られます。平成24年度第1次第2問（片田珠美『一億総ガキ社会』）問2、問7は、いずれも記述問題で、「本文全体を踏まえて」と問題に指示があるように、難度の高い文章内容を的確に理解することが前提となります。

記述問題対策として、自分の言葉を用いた表現力の養成はもちろんのこと、文章内容を理解する読解力が大前提になります。難度の高い文章を要約する練習を取り入れると有効です。

理科

試験時間が40分で大問が3題。計算問題の割合が高く、文章記述問題も出題されています。単純な知識を問う問題は少なく、思考力、分析力を問う非常に密度の濃い問題となっています。また、前年の入試と異なる単元が出題されやすい傾向にあります。

●特徴的な問題　サンゴのからだのつくりについてさまざまな視点から考察する問題（平成24年度第1次）、タンポポのつくりと花茎の伸びのようすを調べる実験に関する問題（平成24年度第2次）、ヒトの体内でのカルシウムの吸収、貯蔵、排出を図と表から読み取る問題（平成23年度第1次）などがありました。

●対策　知識を問う問題は細部まで覚えておくこと と、問題演習量を確保することが必要です。本校は、長い問題文を読んで解かせる出題が多く、他校の似たタイプの過去問なども解いて経験を積むとよいでしょう。科学的思考力はかんたんには身につかないので、教科書をじっくり読む、間違えた問題は解説を読んで解き直すといったことを日頃から意識してください。化学、物理分野は計算が多く出題されるため、スピーディーに解けるよう基本から丁寧に練習しましょう。

社会

大問が3題で出題内容が多岐にわたっています。記述問題の割合も高く、さまざまな資料を分析する力が要求されます。また時事的な問題も例年出されているので、その点にも注意が必要です。

●特徴的な問題　千葉県の養老川に施された土木工事「川回し」の結果、川の流路でなくなった部分を地図上に塗りつぶす問題（平成24年度第1次）。台風により潮位が高くなる現象を答え、風や波以外の原因を記述する問題（平成24年度第2次）。コンビニエンスストアに関するリード文から、個人商店が消費者の利益に合いにくかった理由や、市街地にコンビニエンスストアの出店が難しい理由を問う問題、平成20年7月にある商品の売り上げが伸びた理由を問う問題（平成23年度第1次）などがありました。

●対策　基本的な問題から発展的な問題まで幅広く出題されているので、まずは確実に解ける問題から解答することが大切になります。記述力を中心に分析力、思考力を高めるための学習はもちろんですが、加えて過去問演習を通して時間配分と取り組むべき問題の優先順位をうまくつける練習も行うとより効果的です。

通塾別学習対策

サピックス

算数●『デイリーサポート』Eプリントまでと、本校の対策プリントを解きましょう。

国語●『デイリーサピックス』のAテキストの演習をおろそかにせず、SS教材も十分に活用しましょう。

理科●『有名中学入試問題集』(声の教育社）で男子上位校の記述問題にも取り組みましょう。

社会●地図の問題と政治を題材とした問題の対策を。

日能研

算数●応用問題まで教材のすべての問題を解きましょう。

国語●カリキュラムテストの記述問題について、誤答分析を徹底しましょう。

理科●生物、地学分野では『メモリーチェック』以外のテキストも利用しましょう。

社会●地理分野への対策として銀本の中の地図問題を選んで解いてみましょう。

四谷大塚系

算数●『予習シリーズ』だけではなく、『難問題集』まで取り組みましょう。

国語●難度の高い説明文対策には『予習シリーズ』以外の教材も活用しましょう。

理科●知識問題対策として『予習シリーズ』を繰り返し活用。

社会●関東地方に関する知識を『四科のまとめ』で固めましょう。

理科 求められる力

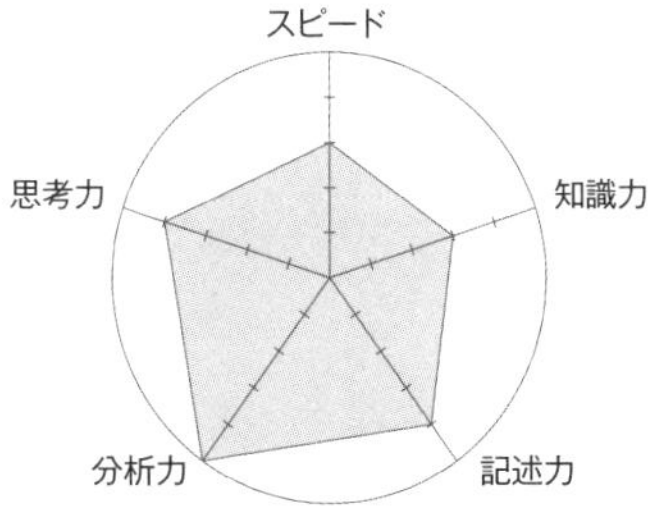

理科 出題形式の内訳と1問あたりの時間

内訳	H24①	H24②	H23①	H23②	H22①	H22②
大問数	3	3	3	3	3	4
小問数	24	25	25	41	24	32
選択	5	7	3	11	7	13
語句記述	6	2	8	20	2	9
文章記述	8	2	2	5	4	7
計算・数値記述	4	11	12	5	7	2
作図・その他	1	3	0	0	4	1
1問あたりの時間（秒）	100.0	96.0	96.0	58.5	100.0	75.0

社会 求められる力

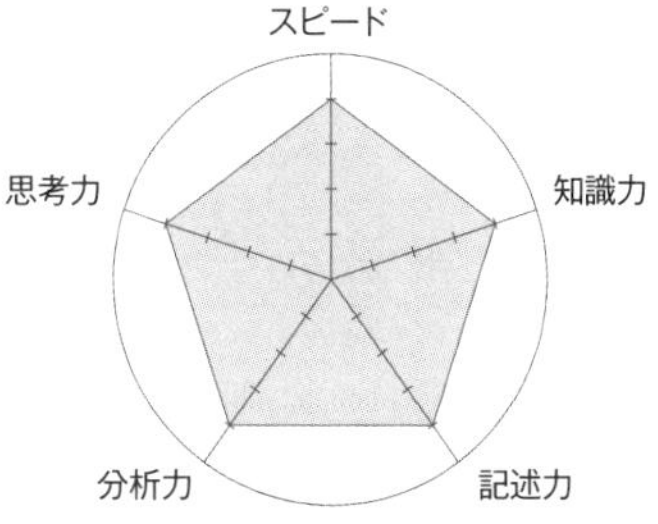

社会 出題形式の内訳と1問あたりの時間

内訳	H24①	H24②	H23①	H23②	H22①	H22②
大問数	3	3	3	3	3	3
小問数	34	35	36	33	32	29
選択	16	20	22	20	13	14
語句記述	4	5	5	2	8	5
文章記述	13	10	9	10	7	10
その他	1	0	0	1	4	0
1問あたりの時間（秒）	70.6	68.6	66.7	72.7	75.0	82.8

淑徳与野中学校

埼玉県さいたま市

内

外

試験日
1/13・2/4
発表1/16・2/5

面接なし

算	100点	50分
国	100点	50分
理	50点	30分
社	50点	30分

出願作戦

1月の第1回には、御三家を含む難関校を受験する層が併願してくるケースが多いのが特徴です。

1月校は、栄東（A）のほか、開智、星野学園、春日部共栄などまで幅広く検討しましょう。

2月の第2回は偏差値が第1回よりも若干下がる傾向にはありますが、募集人員が少なくなるので倍率が高くなります。それを踏まえて、1月後半から2月にかけて安全策をとるなら、2月の大妻、共立女子は偏差値で本校とあまり差がないので、敢えて回避して、少し開きがある跡見学園、三輪田などへ出願するのも一手です。

＊仏教主義により、「花まつり」などの仏教行事が年に4回行われています。法要の後には怪談や演奏会などが開催され、さまざまなかたちで仏教とふれ合う学校です。趣味や特技を学べる土曜講座では、中国語やスペイン語などの語学も受講できます。

算数

●出題構成

試験時間は50分で、設問数は16問程度、難易度比率は標準75％、発展25％で、思考力の出題はありません。解答形式は答えのみですが、平面図形の回転・移動に関する作図問題が必ず出題されています。

受験者平均点はいずれも40点台と低く、合格最低点も低いと推定できるので、60点を目指しましょう。

●まず合格レベルを目指す

左ページ円グラフと表のとおり、分野別では平面図形の出題比率が約29％と突出。項目別でも図形の回転・移動が17％を占めています。次いで速さ、立体図形が多く見られますが、受験者平均点の低さから判断すると、後半の問題は難しく正答率が低いと考えられます。

本校では、大問1と大問2が小問集合で構成されています。その中には角度や相似形・面積比など一般的な平面図形があり、それらを含めて幅広い単元から標準問題が出されています。まずは小問集合で確実に得点することを目標に、塾教材などで典型題を演習しましょう。

大問3以降は難しい問題が多く見られますが、(1)をはじめ前半には必ず正解できる問題があるので、粘り強く考える習慣をつけましょう。

また、平面図形は図形の回転・移動を中心に、平成24年度第2回試験のように複数出題されることもあります。塾教材だけでは明らかに演習不足なので、『応用自在シリーズ図形問題の特訓』（学研）など、図形問題に特化した問題集を1冊は解きましょう。

分野別出題傾向

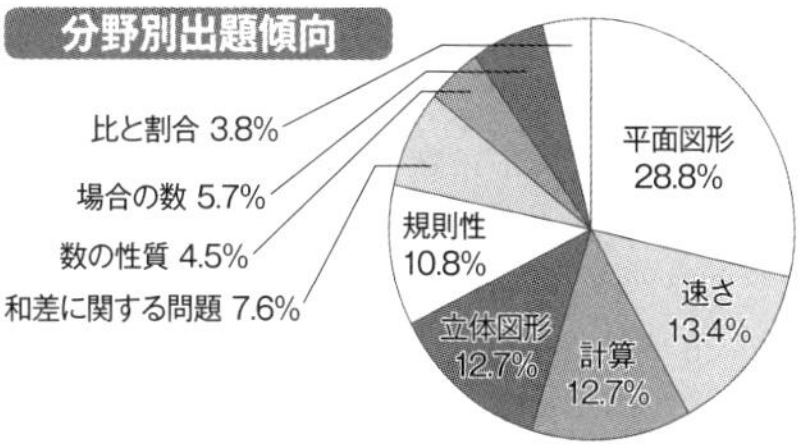

項目別出題ランキング

	項目	標準	発展	思考力	合計
1	図形の回転・移動	16	11	0	27
2	点の移動	7	4	0	11
3	四則混合計算	10	0	0	10
3	単位換算	10	0	0	10
5	周期算	8	0	0	8
6	場合の数	1	5	0	6
7	水量変化とグラフ	3	2	0	5
8	相似形・面積比	5	0	0	5
9	立体図形の切断	2	2	0	4
10	数列	3	1	0	4
10	平均算	3	1	0	4

●さらに算数で得点を伸ばすには

大問3以降、女子受験生にとっては手強い問題の連続ですが、逆に算数で得点差をつけるチャンスです。

出題比率が突出して高い平面図形からは、図形の回転・移動や、図形を折り返して対称性を利用する問題を中心に複数出題されています。中でも、平成23年度第1回大問3や、平成21年度第1回大問6の三角形の周りをおうぎ形が回転移動する問題は、今後も出題が予想されます。

速さも出題比率は高めですが、そのうち60％は点の移動です。しかも平成23年度第1回大問5では、シャドーを利用するものまで出題されています。

次いで出題比率の高い立体図形では、単純な問題はほとんどなく、立体をくりぬいた後の体積、切断、展開図の利用、水量変化とグラフなど、計算処理が複雑なものや観察力が必要なものが中心です。

いずれの単元も、桜蔭や豊島岡女子など、算数が難しい学校の志望者以外は演習しないテーマが目立ちますが、過去問演習を通じて解けるようになる問題です。がんばって取り組みましょう。

国語

●問題文について

読解問題は、毎年物語文が1題出題されます。ほかに随筆文が1題という年が多くありました。平成22年度第1回では、随筆文の代わりに説明文が出され、例年より難度の高いものでしたが、その後また随筆文に戻っています。物語文は受験生と年齢の近い少年少女が主人公のものが多く出題されています。物語文、随筆文ともに、比較的読みやすく、よく読めば小学生にも無理なく理解できるでしょう。難しい言葉に語注がつけられることもあります。

●設問について

解答時間は50分で、総問題数は32〜36問前後。読解問題が2題あります。

文章は総じてやや長めです。とくに物語文でかなり長い文章が出題されることがあります。記述問題は毎年数題出されます。字数指定はありませんが、各問2〜3行の解答欄が与えられて、正解から考えると60字を超えるかと思われる問題が1〜2問出ている年もあります。文中の言葉を使って書けるものも多く、長い文章を記述できる力をつけて試験に臨む必要がありま

す。しかし、全体を通して基本的な問題が多く、試験自体の難度は標準的なレベルです。

●対策

接続詞、内容一致記号選択、抜き出し、記述説明、指示語、段落分け、文章全体の文体や内容上の特色など、さまざまな角度から総合的な国語力が試されます。漢字は独立問題で、標準的なレベルの書き取り7題、読み6題が出題されています。

物語文では、人物の行動理由、心情、本文の表現の真意の読み取り、つながりなどがしばしば問われます。説明文の内容一致選択では、選択肢の内容が本文に書かれているかどうかを正確に見きわめさせる問題が見られます。日頃から、選択肢を選ぶときには、本文と選択肢の各部分を細かく対応させてよく確認する習慣をつけてください。記述問題は本文中の言葉を使って書けるものもありますが、はっきり言葉に表れていない人物の心情など行間を読むことを要求する問題もあるので注意が必要です。

本校では、文中の傍線部の言葉の意味を問う記号選択問題も出題されています。例えば、「あたかも」「いぶかしく」「うとい」などの意味を問う問題は問題集や過去問で一般的ですが、「先鞭をつけた」「綾のつい

問題文のジャンル別難易度と文章量

出題年	物語文	説明文	随筆文	その他
H24①	標準	やや難		
H24②	標準		標準	
H23①	やや難		やや難	
H23②	標準		標準	
H22①	標準	難		
H22②	標準 ★		やや難	
H21①	やや難		やや難	
H21②	やや難		やや難	

求められる力

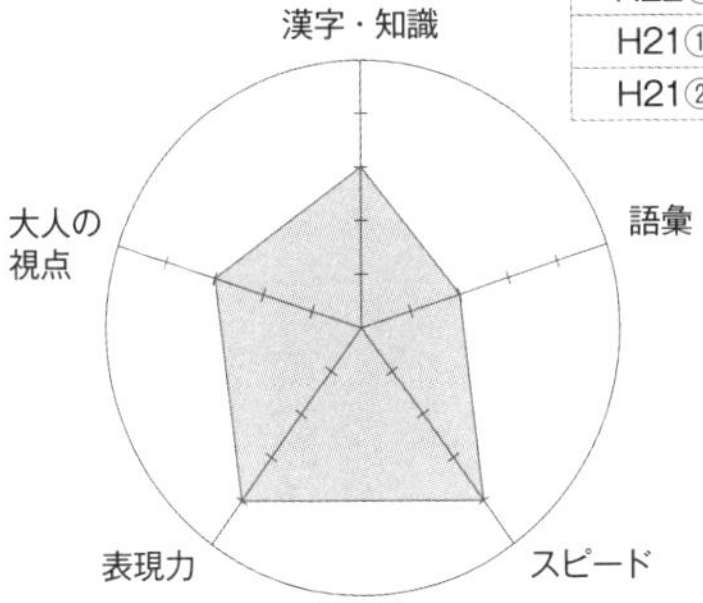

出題内容別の問題数

出題内容	問題数
漢字・知識・文法	17
客観問題・選択肢型	11
客観問題・書き抜き型	2
記述問題・60字未満	5
記述問題・60字以上	1
小問合計	36

た」などは事前に身につけておくことは難しいものです。これらは知識問題というより、読解で文脈に合うものを選ぶ力が問われています。知らない言葉でもあきらめずに、前後の文章の流れを汲み取って、言葉の意味を推察するようにしましょう。

随筆文、物語文に共通して言える内容上の特色は、想像的な広がりを持った文章が出題されること。今までに、書物や猫といった人でないものを人に見立てて話が進んでいったり、子どもの頃好きだったお菓子のおまけやぽっぺんなど筆者の思い入れのある事物を通じ、現実と幻想が交錯する世界に遊んだりするといった内容の文章が出題されました。このような問題を解くには、文章の持つ独特な世界観にすっと入り込んで考えられるような柔軟さが必要です。本校の過去問をよく演習し特色をつかんでおくのはもちろんのこと、過去問題集などで空想的な要素を持った文章にあたって慣れておくと有効な対策となります。

総じて標準的な内容の問いが多いので、塾テキストや問題集から中程度の難度の問題を選んで丁寧に解いていきましょう。間違えたときには解説をしっかり読み、つまずいた理由をよく確認してから次に進むような学習を継続的に行うことが重要です。

理科

大問数が5題で、試験時間が30分です。大問1は各分野の小問集合問題で、大問2以降は各分野から1題ずつとなっています。解答形式は記号選択問題、語句、数値記入問題が多く見られますが、短い記述問題も出題されています。

●**特徴的な問題**　温度による空気の体積変化を調べる実験に関する問題（平成24年度第1回）、時間や季節の変化にともなって月の見え方が変わることに関する問題（平成24年度第2回）、植物のからだのつくりやはたらきを考えさせる問題（平成23年度第1回）、冬の天気についてと霜柱に関する問題（平成22年度第1回）などがありました。

●**対策**　各分野から基本的な問題がまんべんなく出題されているので、まずは教科書の内容をきちんと理解、暗記すること。そのあとは苦手分野をつくらないように、標準的な問題集を繰り返し演習していってください。生物、地学ではやや考えさせる問題も見られますが、水溶液や力、電気に関する計算問題はやさしめなので、ミスなく解いて得点源にしたいところです。簡単だと侮らずに、演習を積み重ねましょう。

社会

大問数が3題で小問数が25問前後。3分野からまんべんなく出題されており、世界地理や環境問題をからめた出題もあります。解答形式は記号選択問題と漢字指定の語句記述問題が多くなっていますが、記述問題も2～3問出されています。

●**特徴的な問題**　尖閣諸島近海で海上保安庁が中国漁船の船長を逮捕したときに中国が日本への輸出を事実上停止した「ある資源」を記述させる問題（平成24年度第1回）や、明治政府が都道府県名と県庁所在地名が異なるようにしたところにはどのような政策的なねらいがあったかを問う問題（平成24年度第2回）。天然マグロの数が減少した理由を記述する問題（平成23年度第1回）。日本が参加した主な万博を題材に幅広く問う問題（平成23年度第2回）などがありました。

●**対策**　漢字指定の出題が多くあるので、基本的な用語、人名、地名などは漢字で確実に書けるようにすることがまず重要となります。記述問題において、語句の意味やある出来事の背景などが問われるので、日々の学習を表面的な暗記学習で終わらせないよう心がけましょう。

通塾別学習対策

サピックス

算数●『デイリーサポート』Dプリントまで解き、図形問題は演習量を増やしましょう。

国語●『デイリーサピックス』A･Bテキストの標準的な問題をミスなく解けるようにしましょう。

理科●マンスリーテストの見直しを中心に1行程度の記述対策も行いましょう。

社会●世界地理や環境問題などもしっかり学習しましょう。

日能研

算数●応用問題の前半部分まで解き、図形問題は演習量を増やしましょう。

国語●塾教材や銀本の標準的な問題を解き、間違えた箇所は理由をよく考えて直しましょう。

理科●全国公開模試の解き直しを中心に、苦手分野をなくすこと。

社会●テキストに出てくる重要用語、人名は漢字で書けるようにしましょう。

四谷大塚系

算数●『予習シリーズ』の練習問題まで解き、図形問題は演習量を増やしましょう。

国語●『予習シリーズ』『演習問題集』の標準的な問題に取り組み力をつけましょう。

理科●『予習シリーズ』の総合問題や、週テストの過去問などを時間を計って解くこと。

社会●週テストの復習をしっかり行い、苦手分野をなくすこと。

理科 求められる力

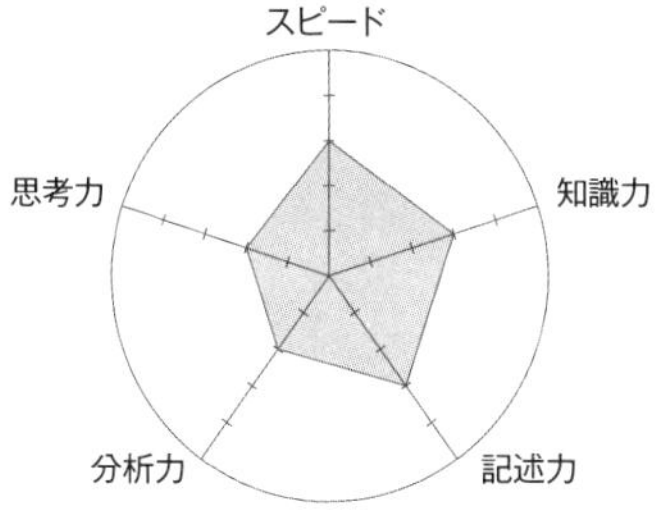

理科 出題形式の内訳と1問あたりの時間

内訳	H24①	H24②	H23①	H23②	H22①	H22②
大問数	5	5	5	5	5	5
小問数	29	23	30	32	28	29
選択	5	14	8	11	7	6
語句記述	12	4	8	16	5	11
文章記述	1	2	4	1	3	1
計算・数値記述	11	1	10	4	11	11
作図・その他	0	2	0	0	2	0
1問あたりの時間（秒）	62.1	78.3	60.0	56.3	64.3	62.1

社会 求められる力

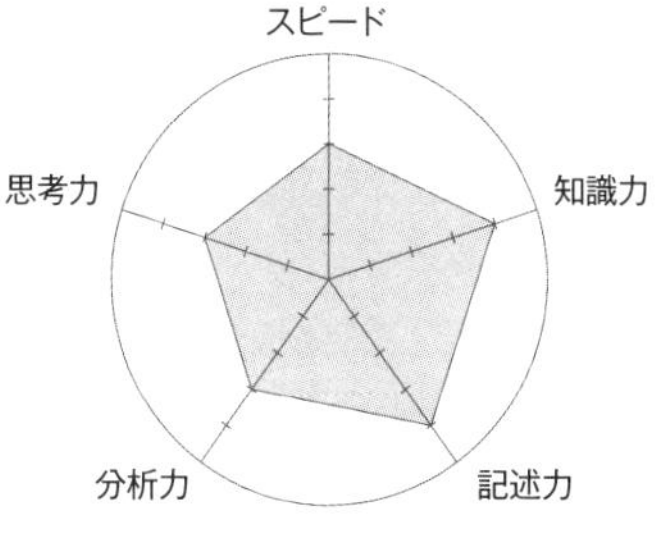

社会 出題形式の内訳と1問あたりの時間

内訳	H24①	H24②	H23①	H23②	H22①	H22②
大問数	3	3	3	3	3	3
小問数	26	25	26	25	24	26
選択	12	13	12	12	14	10
語句記述	11	9	11	10	7	12
文章記述	3	3	3	3	3	4
その他	0	0	0	0	0	0
1問あたりの時間（秒）	69.2	72.0	69.2	72.0	75.0	69.2

頌栄女子学院中学校

出願作戦

2月5日の第2回は他校入試より日程が遅いので、第1回より厳しい戦いになりますが、募集人員が第1回、第2回とも100人と同じであることから、チャレンジする価値はあるでしょう。

そのためには1月校や2月2～4日の学校の組み合わせが重要になります。1月校では西武文理や星野学園も候補に入れましょう。

2日以降は問題との相性もありますが、山脇学園、富士見、恵泉女学園、捜真女学校などを視野に入れる必要があります。東京都市大等々力、大妻中野といった午後受験も検討しましょう。

＊校門は都心の大通り近くにありますが、一歩入れば、ツタに覆われた校舎や、緑に囲まれた運動場など、騒音などとは無縁の落ち着いた環境となっています。英語教育に力を注いでいて、各学年に2割ほど帰国生が在籍し、一般生によい影響を与えています。

東京都港区

試験日
2/1・5
発表2/2・6

面接あり

科目	配点	時間
算	100点	40分
国	100点	40分
理	100点	40分
社	100点	40分

算数

●出題構成

第1回試験、第2回試験ともに時間は40分、設問数は例年大問6題、小問18問程度。難易度比率は標準78％、発展21％、思考力1％で記述式の問題も出題されています。第2回試験の方が難しい年度が多く、合格者平均点は大抵60点前後ですが、平成23・21年度は第1回試験も難しく、難度は一定ではありません。

●まず合格レベルを目指す

両回試験ともに大問1が小問集合で、計算問題を含め幅広い単元からの出題。計算問題は形式や問題数などから、学校側の試行錯誤がうかがえます。全体を通して標準問題のため、苦手な単元をつくらず確実に得点することが重要です。両回試験ともに、平成24年度は大問1の後半で3問ずつ、平成23～21年度は大問2で、図形問題の小問が出題されています。典型題が中心ですが、平成22年度第2回は立体図形の切断、平成

21年度第1回は複雑な平面図形の求積と、演習量が得点を左右する問題もあります。塾教材以外に『でる順』（旺文社）など市販の問題集で図形問題を演習し、対応力を高めておくことが大切です。

　また、平成21年度以降は、推理と論証がほぼ毎回あり、平成24年度の両回と平成21年度第1回では、理由を文章で説明する問題も出されています。難しいテーマではないので、自分の考えを表現できるように、推理と論証への対応も準備しておきましょう。

分野別出題傾向

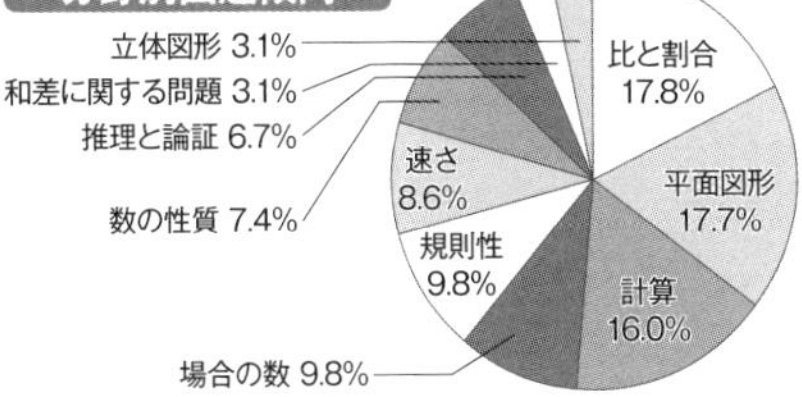

項目別出題ランキング

	項目	標準	発展	思考力	合計
1	場合の数	7	7	1	15
2	四則混合計算	15	0	0	15
3	角度	8	2	0	10
4	食塩水	4	5	0	9
5	推理	4	3	0	7
6	還元算	7	0	0	7
7	旅人算	5	1	0	6
7	通過算	5	1	0	6
9	相似形・面積比	6	0	0	6
9	数列	6	0	0	6

●さらに算数で得点を伸ばすには

第1回、第2回ともに平均点が低かった年度として、平成23年度と平成21年度があります。平成23年度は、両回ともに大問7題で構成と、大問がひとつ増え、さらに立体を積み重ねた問題で時間をとられてしまい得点が伸びなかったと考えられます。平成21年度は、両回ともに大問5の問題文が長く条件整理が難しかったことが原因と思われますが、翌年以降このような問題は見られません。

　図形以外に大問での出題が多い単元としては、規則性と食塩水。規則性は平成20年度第2回大問2のように調べていく問題が多く、食塩水では平成24年度第1回大問4や、平成22年度第1回大問6の移し替える問題など、解いた経験はあっても手間がかかり、計算ミスを誘発しやすい出題が中心です。

　このような問題構成の中で出題数が増えるとなると、計算処理のスピードと正確さが合否を左右する大きな鍵となります。ふだんの学習時からできる限り速く正確に解くことを意識しましょう。また本校は、同年度の第1回と第2回で同じ単元からの出題があります。第2回を受験する際には、入手可能であれば第1回を解いておきたいところです。

国語

●問題文について

総問題数は35問前後で、長文読解が2題です。解答時間が40分と短めですが、文章の長さは短くありません。漢字、抜き出し、内容一致選択、言葉や慣用句の意味を問うものなどさまざまな形式の問題が出題されています。記述問題も数題出され、自分の言葉で書くことが求められる問題もあります。60字程度の比較的長い文章を書かせる問題が出されることもあります。全体的に、解答時間に比して質、量ともにボリュームがあり、時間が短いと感じる受験生が多いでしょう。

●設問について

近年では、長文問題は説明文と物語文が各1題という形式が続いています。説明文はやや難しいレベルで、読書、自由、勉強などひとつのテーマをめぐり、筆者が独自の主張を述べるような文章がよく扱われます。物語文は、少年少女が主人公の文章が選ばれています。比較的読みやすいものですが、心に抱える問題や屈折した心情が描かれるなど、必ずしも単純な内容ではありません。また、本校卒業生が書いたレポートの内容に関する文章や、学校オリジナルの物語文が出題されることがあるのも特徴です。

●対策

説明文は、筆者独自の結論や、普通の考え方とはひと味ちがう逆説的な主張を持つ文章が多く出題されます。自分の考えや既成概念にとらわれず、文章で述べられていることを正確に読み取る力が試されています。物語文は、平成23年度第1回の石井睦美『卵と小麦粉それからマドレーヌ』、同第2回の綿矢りさ『蹴りたい背中』など、大人の世界に足を踏み入れつつある少年少女が主役の文章が頻出です。この年代に特有の強い感受性や悩みや葛藤など、子どもの心の影の部分に目を向けた文章がよく出されます。

解答時間が40分で、長文読解が2題なので、速読ができてスピーディーに解答できる受験生は有利です。模試や中堅校以上のレベルの過去問を多数丁寧にこなし、実践演習を十分に重ねてください。本校のテストでは多少大人っぽい複雑な文章が出題されます。速さを身につけたいからといって、最初からあわてて粗雑に読むようなやり方では、全体の意味を見失ってしまい、逆に読解力がつきません。本校の合格を勝ち取る十分な力をつけるには、本校の過去問と同等の難しさの文章を、自分なりのペースで、ある程度正確に読め

問題文のジャンル別難易度と文章量

出題年	物語文	説明文	随筆文	その他
H24①	やや難	難		
H24②	やや難	標準		
H23①	標準	難		
H23②	やや難	標準		
H22①	標準	やや難		
H22②	難	難		
H21①	標準	やや難		
H21②	標準	※		

求められる力

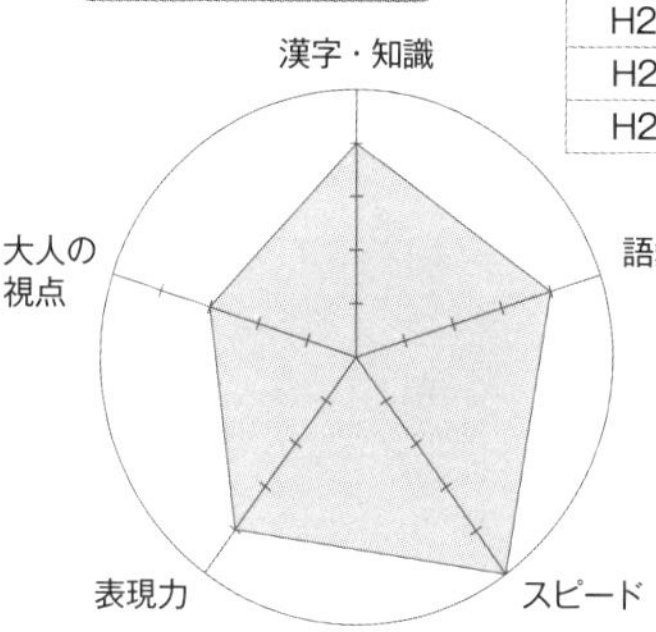

出題内容別の問題数

出題内容	問題数
漢字・知識・文法	9
客観問題・選択肢型	15
客観問題・書き抜き型	4
記述問題・60字未満	4
記述問題・60字以上	1
小問合計	33

るようにしましょう。その上で徐々に時間を縮め、短時間で解けるように練習を重ねるとよいでしょう。

パターンとしては、漢字、接続詞、語や慣用句の意味が毎年出題されます。また、抜き出し、文脈に合った擬態語や副詞の選択、指示語の内容、文中で示された抽象的な表現に合う内容の具体例を選ばせる問題、内容一致などもあります。さまざまな角度から、総合的な読解力を測ろうとするテストであると言えます。新しい言葉を学んだときに短文づくりをするなどして、言葉を的確に使い回す力をつけることが対策として有効です。

記述問題では「自分の言葉でわかりやすく」という条件の問題がよく見られます。平成24年度第1回第2問・問11でも、主人公の少女の人物像を「文章全体からその長所と短所をふまえて考え」自分の言葉で説明させる問題が出されました。本校では表現の背後にある内容を考えさせる問題が多くありますが、文中の言葉をつなぎ合わせるだけでは解答できません。ふだんから、先の展開や人物の心情について、自分なりに思いめぐらせて読むよう心がけ、他校の過去問も含めて記述問題に多くあたりましょう。

理科

試験時間が40分で大問数は、物理、生物、化学、地学4分野から1題ずつの4題、小問数は50問前後。試験時間に対して小問数がかなり多いので、時間配分には気をつけましょう。

●特徴的な問題　歯車や鏡を利用して光の速さを測定する実験に関する問題（平成24年度第2回）、地球上の生物の進化や、中生代に繁栄していた恐竜が絶滅した原因を隕石の衝突と関連づけて記述する問題（平成23年度第1回）、物質の状態変化や体積に関する問題（平成22年度第2回）、メトロノームを通して振り子の性質を考えさせる問題（平成21年度第1回）など。

●対策　幅広い総合力が要求されるので、基本的な知識の習得を前提に、あらゆるタイプの問題演習を重ねることが重要となります。いろいろな学校の入試問題が載っている問題集を利用して、経験を積んでください。また問題の題材として時事問題を取り上げることが多いので、科学に関する話題をひととおり知っておくとスムーズに問題を理解できるでしょう。過去問を解く際には、時間がかかりそうな問題は後回しにするなど、時間配分を工夫しましょう。

社会

大問数が4～5題で小問数が60～80問。歴史の比重が多少高いものの、時事問題も含め、地理、歴史、公民3分野からまんべんなく出題されています。漢字指定、字数指定が多いのも特徴です。

●特徴的な問題　1914～1919年にかけて労働者数の増加に男女差が見られる背景にはどのような事情があるかを80字以内で記述する問題や、憲法改正の手続きを順番どおりに70字以内で記述する問題（平成24年度第1回）。日本政府が原子力発電を推進してきた理由のうち、外国との関係を意識したものを2つ答える問題（平成24年度第2回）。産業別人口から工業のさかんな県を選択する問題や、縄文・弥生時代という時代区分は何を基準にするものかを、奈良・江戸時代という区分と比較しながら説明する問題（平成23年度第1回）。記念貨幣のデザインについて問う問題（平成23年度第2回）などがありました。

●対策　基本的な用語や人名は漢字で書けるようにすること。記述問題において、たまに難問もありますが、標準的な語句の説明や理由を問うタイプの問題の対策をしっかり行うこと。時事問題対策も必須です。

通塾別学習対策

サピックス

算数●『デイリーサポート』Cプリントまでと図形プリントをしっかり復習しましょう。

国語●『デイリーサピックス』のA・Bテキストともに短時間で取り組み、正確に解けるようにしましょう。

理科●『有名中学入試問題集』(声の教育社)であらゆるタイプの問題演習に取り組みましょう。

社会●テキストに出てくる重要用語は漢字で確実に書けるようにしましょう。

日能研

算数●共通問題をしっかり解けるようにし、図形問題は演習量を増やしましょう。

国語●時間を区切って塾教材を解き、模試は記述問題までよく復習しましょう。

理科●『栄冠への道』の発展問題までしっかり演習を重ねること。

社会●時事問題もしっかり対策し、漢字で書けるように練習を。

四谷大塚系

算数●『予習シリーズ』練習問題まで解けるようにして、図形問題は演習量を増やしましょう。

国語●『予習シリーズ』『演習問題集』に解答時間を決めて取り組み、力をつけましょう。

理科●テキスト以外にも副教材を使って弱点分野を補うこと。

社会●記述対策として、語句の説明ができるようにすること。

理科 求められる力

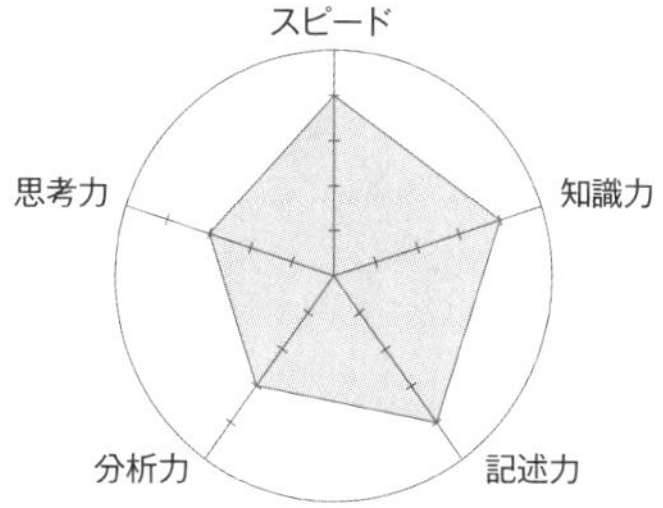

理科 出題形式の内訳と1問あたりの時間

内訳	H24①	H24②	H23①	H23②	H22①	H22②
大問数	4	4	4	4	4	4
小問数	56	53	62	42	45	48
選択	27	22	32	26	30	27
語句記述	13	10	11	2	4	10
文章記述	4	11	5	5	4	8
計算・数値記述	10	8	13	9	7	3
作図・その他	2	2	1	0	0	0
1問あたりの時間(秒)	42.9	45.3	38.7	57.1	53.3	50.0

社会 求められる力

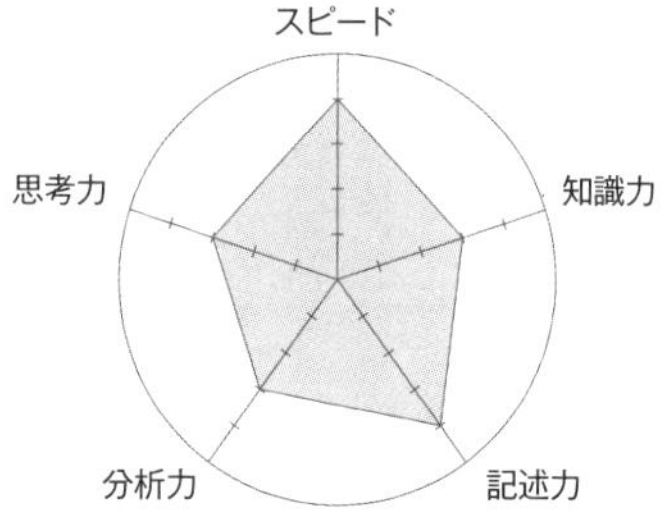

社会 出題形式の内訳と1問あたりの時間

内訳	H24①	H24②	H23①	H23②	H22①	H22②
大問数	4	5	4	4	4	4
小問数	66	80	59	73	78	80
選択	31	41	18	23	3	7
語句記述	30	32	31	43	59	66
文章記述	5	6	9	7	16	7
その他	0	1	1	0	0	0
1問あたりの時間(秒)	36.4	30.0	40.7	32.9	30.8	30.0

城北中学校

東京都板橋区

外

試験日
2/1・2・4
発表2/1・3・5

面接なし

教科	配点	時間
算	100点	50分
国	100点	50分
理	70点	40分
社	70点	40分

出願作戦 学習面での面倒見のよさと、その結果としての大学進学実績の高さから人気を集めています。

第2回、第3回は、第1回より偏差値が上がり、いっそう厳しい戦いになります。まずは1月校で確実に合格を得て、1日の入試に集中しましょう。

1月校では、城北埼玉の第1回、第2回のほか、埼玉栄や東京農大三なども候補に含めて考えましょう。2月1日の午後受験では、東京都市大付属や広尾学園のほか、安全策なら、佼成学園（特奨）、順天などもおすすめです。

＊平成23年度の東大現役合格者数が前年の9人から20人に大きく向上するなど、高い大学進学実績に注目が集まっています。高3の8月に、長野県の信濃大町駅近くにある校外施設を使って「大町学習室」が開かれ、10日間で100時間の自学自習が進められます。

算数

●出題構成

第1回試験、第2回試験ともに時間は50分で、設問数は16問程度、難易度比率は標準73％、発展27％、思考力の出題はなく、解答形式は答えのみです。

合格者平均点は70点台で受験者平均点が60点弱の入試回が多くなっていますが、合格者平均点が40点台の場合もあり、回によって難度にばらつきがあります。

●まず合格レベルを目指す

左ページの円グラフと表のとおり、平面図形、立体図形の出題比率が非常に高く、平面図形では角度と相似形・面積比がほぼ毎回出題されています。

かつて、本校の平面図形は非常に難しいものでした。しかし、平成21年度の平均点が低かったことも一因と思われますが、平面図形、立体図形とも、平成22年度第2回大問4の角度の問題のように、平成22年度以降は、標準レベルよりやや難しいものの、典型題に分類

分野別出題傾向

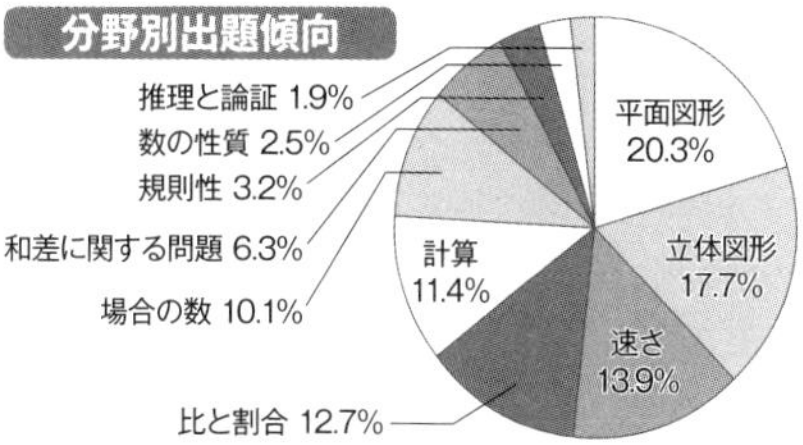

項目別出題ランキング

	項目	標準	発展	思考力	合計
1	相似形・面積比	6	5	0	11
2	角度	7	3	0	10
3	場合の数	3	6	0	9
4	四則混合計算	8	0	0	8
5	水量変化とグラフ	2	5	0	7
6	速さとグラフ	4	3	0	7
7	旅人算	5	2	0	7
7	角すい・円すい	5	2	0	7
9	立体図形の切断	4	2	0	6
10	食塩水の濃さ	5	1	0	6

される問題となっています。これは、次いで出題比率が高い速さ、比と割合、場合の数も同様です。大手塾のテストで偏差値55（サピックスは50）程度あると、合格レベルでしょう。

ただし、平成20年度第2回大問2・(2)でN進法があったように、比率は低いものの幅広い単元から出題されています。典型題の標準問題は何が出題されても大丈夫と自信を持って言える程度の学力を養いましょう。

さらに図形分野は塾教材以外に、『でる順』（旺文社）など市販の問題集も演習しましょう。

●さらに算数で得点を伸ばすには

近年、主に第2回試験で、御三家受験者の併願が減少していると思われ、そのため第1回と、第2回、第3回の間で難度の差がなくなっています。

実際に平成21・20年度第2回は合格者平均点が40点台、平成21年度第2回は受験者平均点が35点と、受験者層と問題レベルが乖離《かいり》していました。平成22年度以降は難問が減っていますが、入学者の学力レベルを下げないように、平成23年度第1回大問5で速さとグラフ、第2回大問5で立体図形をくりぬいた後の体積と表面積といった、現在の受験者層の中で得点差のつく問題が出題されています。ここでの得点が、算数で得点を伸ばすためのポイントです。平面図形を中心に、頻出のタイプでありながら応用レベルにあたる問題まで解けるようになっておきましょう。

また平成21年度以前の問題は難しいとは言え、近年は過去問をアレンジして出題する学校もあるので、過去問も繰り返し解きましょう。

そのほかに、攻玉社の立体図形の問題や、世田谷学園の問題にも取り組むとよいでしょう。

国語

●問題文について

物語文1題と説明文1題の構成です。全般に文章の難度は標準的ですが、第1回と第2回で若干の違いが見られます。第2回の説明文は、語彙も含めてやや難度が上がることがあります。より特徴的なのは第2回の物語文で、読みづらい文章ではないのですが、中学生女子が同級生男子に好意を寄せる内容や、小学生女子が同性に憧れる心情を扱ったものなど、年度によって、小6男子にとっては理解に苦しむであろう文章が出題されることがあります。

●設問について

大問4題で、読解問題2題、語句問題1題、漢字1題の構成です。読解問題は、選択肢と書き抜きが中心で、記述が数題というパターンです。記述問題は40～60字の字数で書かせるものが出されます。第1回と第2回で問題の形式に違いはありませんが、難度は、第1回より第2回の方が高くなります。ただし平成24年度第2回は難度が上がらず、そのためか合格者平均点が72点となりました（第2回の合格者平均点の70点超えは、平成19年度以来）。

●対策

第1回試験の難度は標準的で、問題数も制限時間50分が短く感じられる量ではないでしょう。

選択肢問題は文章内容、表現の意味を正確に把握できれば、選択肢の区別は難しいものではありません。また、書き抜き問題も、問題該当部と書き抜く箇所が離れていても、文章の展開を把握できれば見つけ出すのに負担はないレベルです。

記述問題は毎回3～4問で、40～60字で書かせる問題がありますが、物語の流れや論旨の展開をしっかり把握すれば、文章中にある解答の要素は見つけやすくできています。第1回の読解問題は、選択肢問題や書き抜き問題に時間をかけすぎず、記述問題に必要な時間を捻出する意識を持つ、といったスタンダードな取り組みが活かされます。

第2回の問題形式は第1回と変わりませんが、難度が第1回よりも高い年度が多く見られます。例えば平成22年度第2回を見ると、第1問の説明文（平山廉『カメのきた道』）の問7は、エネルギー効率の点で、変温動物が温血動物より経済的であるとの内容について、「経済的とはどういうことか」を25～30字で記述させる問題です。まず「経済的」の意味を理解できて

問題文のジャンル別難易度と文章量

出題年	物語文	説明文	随筆文	その他
H24①	標準	標準		
H24②	標準	標準		
H23①	標準	標準		
H23②	標準	やや難		
H22①	標準	標準		
H22②	標準	やや難		
H21①	標準	標準		
H21②	標準	標準		

求められる力

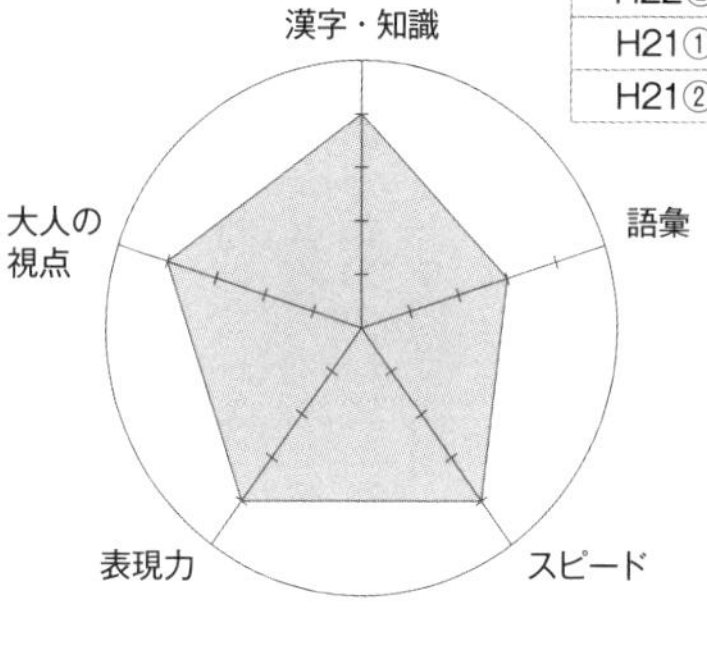

出題内容別の問題数

出題内容	問題数
漢字・知識・文法	11
客観問題・選択肢型	15
客観問題・書き抜き型	3
記述問題・60字未満	4
記述問題・60字以上	0
小問合計	33

いることが前提となり、その上で内容を字数内に簡潔にまとめる作業が要求されます。

また、第2回第2問の物語文（西川美和『きのうの神様』）の問5の選択肢問題では、主人公の女子が、憧れの対象である同学年の女子の髪型を真似たところ、その相手が髪を切ってしまった場面で、主人公が急にしらけた理由を問われます。小6男子には経験のない状況である上に、選択肢の区別が難しいレベルになっています。

第2回試験対策として、説明文では、塾教材などで難度の高い文章に慣れておきましょう。物語文は、平成24・23年度は、男子受験生でも十分に理解できる内容の文章でしたが、先述の『きのうの神様』など、年度によっては男子が実感をもって理解できない内容が出されます。女子校の過去問なども活用して、女子の揺れ動く心理などを題材にした文章まで、幅広くあたっておくことが必須です。

語句問題は、似た傾向が多く、難度も標準的です。ほかの受験生もしっかり対策をしてくるので、差をつけられないよう、塾教材を繰り返し演習して、満点を目指しましょう。

理科

例年、大問数が5～7題程度と多いのですが、各大問の小問数が少なく、基本を重視しています。問題としては各分野からまんべんなく出題されています。

●**特徴的な問題**　斜面上でのばねの伸びに関する問題（平成24年度第1回）、地層の新旧を問う問題（平成24年度第2回）、動いている物体と反射音に関する問題（平成22年度第2回）、地球以外の惑星に関する問題（平成21年度第1回）、化石に関する問題（平成21年度第2回）などがあります。実験に関する問題が比較的多いのも特徴です。

●**対策**　発展問題があまりなく、大問数が多いので、幅広く全単元を確実に学習したいところです。塾で学習した内容のうち、基本から標準問題を繰り返し演習し、どの分野が出題されても大きなダメージを受けないように準備しておくことが大切です。地学分野と力のはたらきでやや難度が高い問題が見られるので、応用問題も練習しておきましょう。また生物や化学分野で実験がらみの問題が多いので、練習しておくとよいでしょう。

社会

記号選択が中心ですが、語句記入はカタカナで答えるものを除いてすべて漢字指定となっている点に注意が必要です。また、歴史分野で細かい知識問題、公民分野で最新の時事問題が問われるのも特徴となっています。

●**特徴的な問題**　東京都の人口密度が日本の人口密度の何倍かを表の数値から計算させる問題や、太平洋戦争終了時の内閣総理大臣が鈴木貫太郎であったことを選択させる問題、大日本帝国憲法制定時の状況として、内閣総理大臣黒田清隆に天皇が憲法を与えるという形だったことと、それを漢字で欽定憲法と答えさせる問題（平成24年度第1回）。知識問題として江戸村三役、日本農民組合を、時事問題として尖閣諸島や地熱発電を書かせる問題、公民分野でえん罪事件の例として免田事件（平成24年度第2回）。えん罪事件は最近も話題になっているので今後も注意が必要です。

●**対策**　細かい知識問題であまり時間を費やさず、解ける問題を確実に解くように時間配分に注意することが大切です。過去問演習を試験時間内で繰り返して感覚を覚えましょう。

通塾別学習対策

サピックス

算数●『デイリーサポート』Cプリントまでは完璧に解けるようになりましょう。

国語●マンスリーテストなどを、語句問題、書き抜き問題に注意して見直しましょう。

理科●マンスリーテストの復習を定期的に行い、穴がないようにしましょう。

社会●公民分野の最新の時事問題に注意して学習しましょう。

日能研

算数●共通問題は完璧に解けるようにして、図形問題の演習量を増やしましょう。

国語●語句問題、書き抜き問題に注意して、公開模試などを見直しましょう。

理科●カリキュラムテストの解けなかった問題の解き直しに力を入れましょう。

社会●テキストにある重要用語、人名などは漢字で書けるようにしっかり練習しましょう。

四谷大塚系

算数●『予習シリーズ』の練習問題まで解けるようにして、図形問題の演習量を増やしましょう。

国語●『予習シリーズ』の語句問題はすべて習得するように。

理科●週テストの見直しを重点的にし、苦手分野をなくすこと。

社会●歴史分野に関しては細かい重要用語まで確認しながら進めましょう。

理科 求められる力

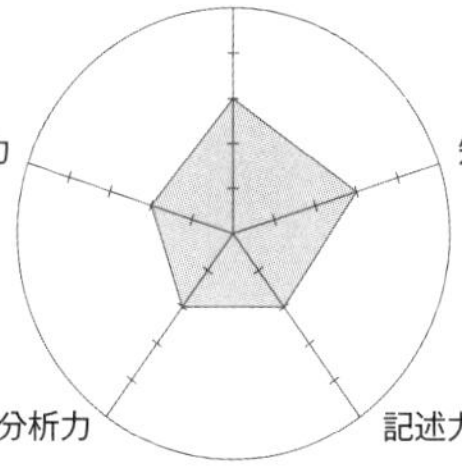

理科 出題形式の内訳と1問あたりの時間

内訳	H24①	H24②	H23①	H23②	H22①	H22②
大問数	5	6	6	7	6	6
小問数	35	32	35	35	32	38
選択	19	19	17	10	17	19
語句記述	6	3	13	16	5	5
文章記述	0	0	1	1	0	0
計算・数値記述	9	10	4	7	10	14
作図・その他	1	0	0	1	0	0
1問あたりの時間（秒）	68.6	75.0	68.6	68.6	75.0	63.2

社会 求められる力

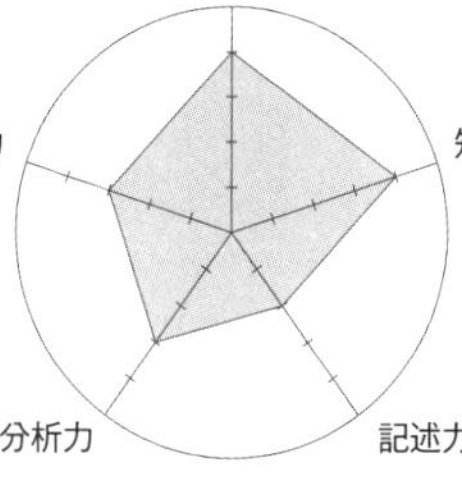

社会 出題形式の内訳と1問あたりの時間

内訳	H24①	H24②	H23①	H23②	H22①	H22②
大問数	3	3	3	3	3	3
小問数	50	53	58	53	55	54
選択	39	37	41	38	43	47
語句記述	10	16	17	15	12	7
文章記述	0	0	0	0	0	0
その他	1	0	0	0	0	0
1問あたりの時間（秒）	48.0	45.3	41.4	45.3	43.6	44.4

昭和学院秀英中学校

千葉県千葉市

外

試験日
12/1*・1/22・2/4
発表12/2・1/23・2/5

面接なし

算	100点	50分
国	100点	50分
理	50点	40分
社	50点	40分

出願作戦

大学進学実績の伸びから、近年では千葉屈指の人気校となっています。

1月入試は第2回のみとなり、男女とも東京難関校志願者が併願してくるケースが多く激戦です。1月前半から確実な押さえを固めて臨み、第3回受験に備えて、2月校も慎重な選択をする必要があります。1月校では、麗澤、春日部共栄、獨協埼玉、千葉日本大一などとの組み合わせを検討しましょう。

2月校については、男子では高輪、成城、青稜、女子では共立女子、江戸川女子などを候補に入れて臨みましょう。

＊高校入試では、偏差値70以上の千葉最難関のひとつに数えられるように、大学進学で確かな実績を残しています。中学入試でも、数年前は市川、東邦大東邦とは偏差値に開きがありましたが、もはやほぼ同値にまで迫っています。

算数

●**出題構成**

試験時間は50分で、設問数は18問程度、難易度比率は標準76%、発展22%、思考力2%です。

解答形式は従来答えのみでしたが、平成23年度より大問2以降がすべて記述式となりました。

全体を通して図形問題が多く、合格者平均点が60点前後の難しい試験と言えます。

●**まず合格レベルを目指す**

左ページの円グラフと表から、立体図形と平面図形の出題比率の合計が35%近いことがわかります。中でも立体図形は切断が、平面図形は図形の回転・移動といった難しい出題が多いことに目が奪われてしまうかもしれません。しかし、合格者平均点が60点前後という結果を鑑みると、平成23年度第2回大問5のような複雑な求積問題は、深追い不要です。

また平成24年度は図形問題が減少し、数の性質、規

*第1回12/1は第一志望入試

則性、場合の数の大問が出題されました。しかも、図形問題中心だった問題構成がただ変化しただけでなく、全体的に取り組みやすくなり、学力が得点に反映される構成へと変化しました。

よって、図形問題の対策に頭を悩ませるのではなく、まずは大問1の計算問題と幅広い単元から出題されている小問集合、そして各単元の標準問題で確実に得点することを目指しましょう。

難問ではありませんが、平成22年度第2回ではN進法が出題されているので、あらゆる知識の標準問題が解ける学力が必要です。

分野別出題傾向

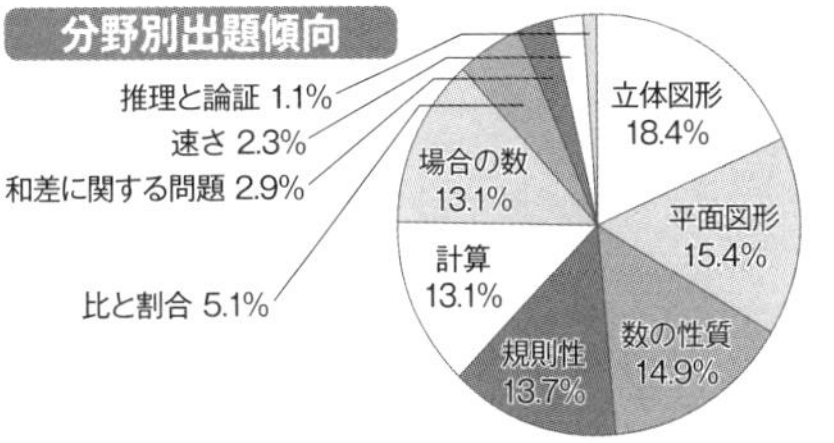

項目別出題ランキング

	項目	標準	発展	思考力	合計
1	場合の数	17	4	0	21
2	立体図形の切断	9	4	0	13
3	還元算	9	1	0	10
4	相似形・面積比	8	1	0	9
5	数表	5	3	0	8
6	数の性質	7	1	0	8
7	四則混合計算	8	0	0	8
8	小数・分数	6	0	0	6
9	図形の回転・移動	4	2	0	6
10	規則	3	2	0	5
10	体積・容積	3	2	0	5
10	約数・倍数	3	2	0	5

●さらに算数で得点を伸ばすには

多種多様な図形問題が毎回あり、平成20年度第2回のように、大問2以降はすべて図形問題という試験もあります。難問はありませんが、演習量がそのまま得点差となって表れる試験と言えます。

中でも、立体図形の切断で切り口の形を問うものが多く、平成24・23年度第2回、平成22・21年度第1回、平成20年度第2回と、毎年どちらかの回で登場しているので、必ず得点できるように準備しましょう。立体図形は演習量が得点に大きく反映する単元です。塾教材だけではなく、『でる順』(旺文社)の図形問題編など、市販の問題集を用いて演習量を増やしましょう。

また、規則性か場合の数のいずれかが毎回出題されていますが、図形問題ほど高い難度ではないので、確実に得点できるように対策しましょう。

その他、平成24年度第1回大問3では、推理と論証が出題されました。ふだんの学習時から、式を書くだけではなく考え方を表現する練習をしましょう。

国語

●問題文について

物語文1題と説明的文章1題。文章が短いことが本校の特徴のひとつで、一見すると取り組みやすそうですが、文章の難度が高いので十分な注意が必要です。

物語文は、基本的には受験生と等身大の人物が登場するものが頻出ですが、心情の変化を正確に把握しなければ、解答できない問題がほとんどです。説明的文章は難度がとくに高く、一読で内容を理解するには、日頃から大人向けの文章にもふれて、抽象的な表現に少しでも慣れておくことが必要になります。

●設問について

大問2題の構成で、漢字、語句などは読解問題に含まれ、難度は標準的です。選択肢問題と記述問題の割合が高く、書き抜き問題が2~3問（平成24年度第2回はなし）といった構成です。平成24年度には、第1回で記述問題、第2回で選択肢問題の割合が増えました。選択肢問題、記述問題とも難度が高く、いずれも文章全体の内容の正確な理解が求められます。第3回では、与えられた文章を１００字または１５０字で要約させる問題が出されています。

●対策

短いながら難度が高く、理解が難しい文章が多く見られます。とくに説明文の内容をどこまで正確に理解できるかが、本校攻略のひとつのポイントになります。

説明的文章のテーマは、手技に生きる職人の感覚がいかに重要かについて（平成24年度第2回第1問）、社会的動物としての人の特徴について（平成23年度第1回第1問）など、大人向けの内容が多く、また、わかりやすい具体例の提示が少ないため、抽象的に展開される論旨に、しっかりとついていく力が求められます。塾教材の中でも、とくに難度の高い文章に集中して取り組むほか、立教新座や法政大など、他校の問題から同様に難度の高い説明的文章を選んで活用するようにしましょう。他校の問題は、問題は解かなくても、文章内容の理解を確認するだけで構いませんが、できれば60字くらいで要旨をまとめる練習を取り入れてみましょう。

説明的文章からの問題の終盤に、文章全体の要旨を60字前後にまとめるタイプの記述問題が出題されます。前述のとおり、内容が難しいケースが多くあります。模試やテストなどで、難しい説明的文章にあたった際は、模範解答にある文章の説明なども参考にしな

問題文のジャンル別難易度と文章量

出題年	物語文	説明文	随筆文	その他
H24①	やや難	やや難		
H24②	標準	難		
H23①	標準	難		
H23②	やや難	やや難		
H22①	標準	やや難		
H22②	標準	難		
H21①	標準	やや難		
H21②	やや難	やや難		

求められる力

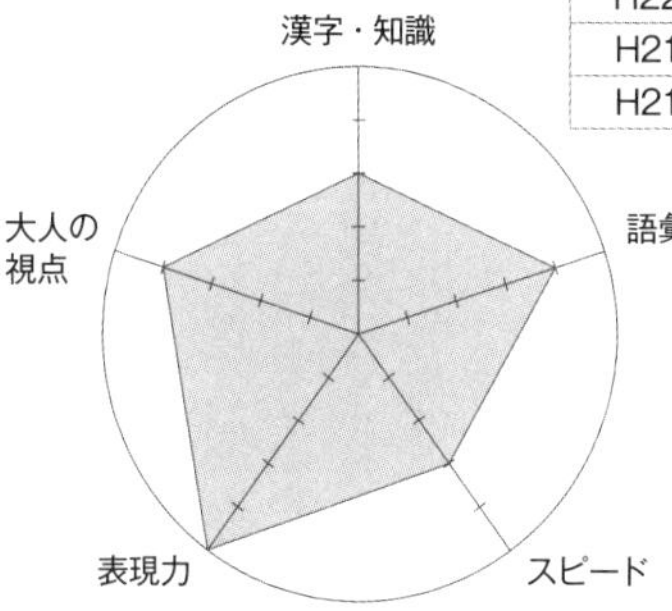

出題内容別の問題数

出題内容	問題数
漢字・知識・文法	6
客観問題・選択肢型	14
客観問題・書き抜き型	2
記述問題・60字未満	7
記述問題・60字以上	0
小問合計	29

がら、要旨をまとめる作業を実践しましょう。

物語文は、説明的文章と比べて、読みやすい内容になっています。登場人物が等身大で、受験生にとって身近な感覚で読み進められる文章が多いので、しっかり人物の心情の動きを把握することに集中しましょう。ただし、問題はやはり難度が高いので注意が必要です。

例えば、平成24年度第2回第2問（伊集院静『海峡』）問8や、平成22年度第1回第2問（干刈《ひかり》あがた『名残りのコスモス』）問7は、問題該当部の前後の脈絡だけで判断することはできず、書かれていない内容まで推測しながら、正解の要素を探さなければなりません。表面的な読み取りではなく、行間から内容を解釈する力が求められます。

難度の高い問題が並びますが、制限時間が50分と長めなのは受験生にとっては救われるところでしょう。ある程度の時間をかけても、各問題に慎重に取り組むことが求められている試験と言えるので、早めに過去問演習をはじめて、時間の使い方をつかむようにしましょう。また、第3回入試対策でも要約の練習が必要になります。

理科

大問数は3題で、試験時間は40分、記号選択問題と語句記述問題が大半を占めていますが、記述問題や作図問題が多少あります。また全体として基本的な問題が多くなっています。大問が3題なので4分野すべてからは出題されないのですが、ここ数年は地学分野がほとんど見られません。

●特徴的な問題　ヒトの血液に関する計算問題（平成23年度第1回）、本校のある千葉県内に見られる野生動物や一年中生息している野鳥を選択する問題（平成23年度第2回）、電流が一方通行でしか流れない発光ダイオードの問題（平成22年度第2回）、植物のはたらきに関する問題（平成21年度第1回）など。

●対策　すべての分野の基本的な問題を確実に解けるように演習し、苦手分野をなくすことが大切となります。基本レベルがほとんどのため合格者平均点が高く、ケアレスミスが命取りになってしまいます。基本問題の練習を繰り返し行っておくとよいでしょう。また簡単な記述問題や図をかかせる問題もあるので、模試や塾内テストなどに出てきた記述、作図問題はきちんと確認しておきましょう。

社会

大問数は5～6題で3分野からまんべんなく出題されます。解答形式は記号選択問題と語句記述問題の割合が非常に高くなっています。

●特徴的な問題　公民分野で正しい選択肢を2つずつ選ぶ問題、違憲立法審査権がアメリカの制度で議院内閣制がイギリスの制度であることを見分ける問題、歴史で幕末の事件の順番のうち2番目と4番目を選ぶ問題、地理で水産業が成立する条件を記述させる問題、言文一致運動の提唱者で『浮雲』の作者である二葉亭四迷を記述させる問題（平成24年度第1回）。珍しい「三角座標グラフ」を読み取り、このグラフが4つの構成要素ではうまく書けない理由を記述させる問題、国勢調査の管轄と地上デジタル放送の管轄が同じ（総務省）という選択をさせる問題（平成24年度第2回）がありました。

●対策　日本と関係の深い外国についての知識を整理し、国際連合の仕組みなども押さえておきましょう。憲法や三権の仕組みについては頻出問題なので、意識的に取り組むことが大切です。加えて選挙関連の時事問題とからめた問題もあるので要注意。

通塾別学習対策

サピックス

算数●『デイリーサポート』Ｃプリントまでと、立体図形の切断の標準問題を復習しましょう。

国語●『デイリーサピックス』のＡテキストから難度の高い説明的文章を選んで、徹底的に演習。

理科●テキストの基本問題を繰り返し演習し、苦手分野をなくしましょう。

社会●テキストに出てくる日本と関係の深い国などをノートにまとめましょう。

日能研

算数●共通問題は完璧に解けるようにして、図形問題は『でる順』（旺文社）などで演習量を増やしましょう。

国語●テストで出た選択肢問題をよく見直して、正誤のポイントを確認しましょう。

理科●『栄冠への道』の基本問題を確実に解けるように。

社会●公民、とくに憲法、三権の仕組みに関する問題を演習。

四谷大塚系

算数●『予習シリーズ』の練習問題までと、図形問題は『でる順』（旺文社）などで演習量を増やしましょう。

国語●『予習シリーズ』の難度の高い説明的文章を優先して演習。

理科●『予習シリーズ』の基本問題を何度も演習すること。

社会●選挙関連の時事問題はしっかり押さえておきましょう。

理科 求められる力

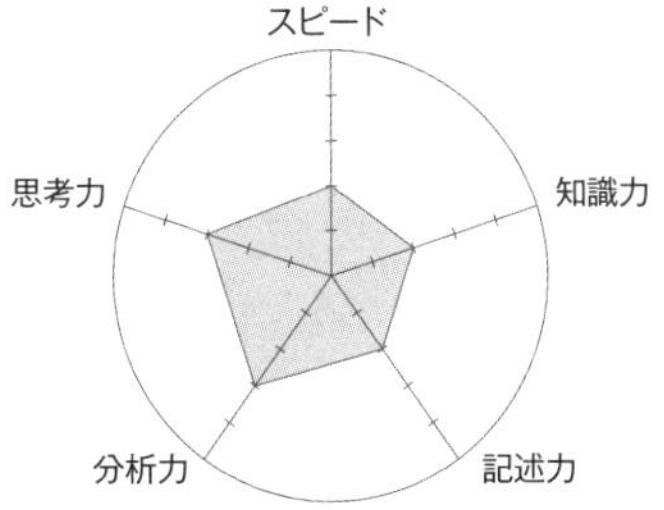

理科 出題形式の内訳と1問あたりの時間

内訳	H24①	H24②	H23①	H23②	H22①	H22②
大問数	3	3	3	3	3	3
小問数	24	27	29	29	17	25
選択	7	21	12	27	6	16
語句記述	8	0	14	2	2	8
文章記述	3	0	1	0	1	0
計算・数値記述	5	5	2	0	8	0
作図・その他	1	1	0	0	0	1
1問あたりの時間（秒）	100.0	88.9	82.8	82.8	141.2	96.0

社会 求められる力

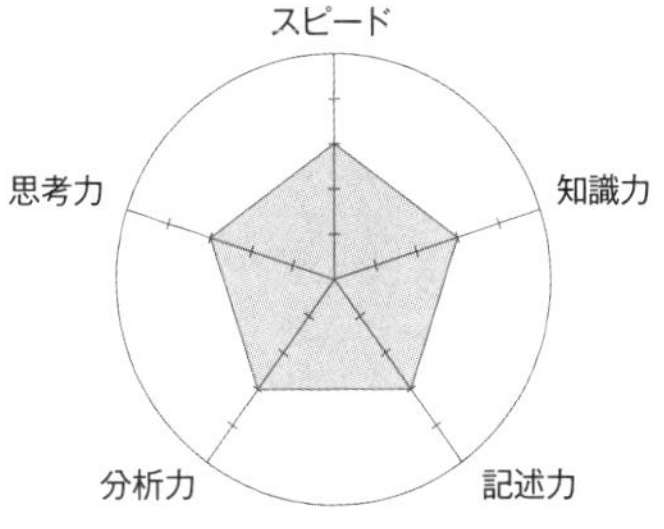

社会 出題形式の内訳と1問あたりの時間

内訳	H24①	H24②	H23①	H23②	H22①	H22②
大問数	7	6	6	5	6	6
小問数	40	40	47	50	36	47
選択	20	25	21	32	11	16
語句記述	19	13	25	17	24	29
文章記述	1	2	1	1	1	2
その他	0	0	0	0	0	0
1問あたりの時間（秒）	60.0	60.0	51.1	48.0	66.7	51.1

女子学院中学校

東京都千代田区

試験日 2/1 発表2/2

面接あり

算	100点	40分
国	100点	40分
理	100点	40分
社	100点	40分

出願作戦

女子御三家の一校で、自由な校風から高い人気を集めています。

1月校では、浦和明の星、市川との併願が多く見られますが、栄東（ABC）や淑徳与野などを含めると、より安全な組み合わせが考えられます。

2月校では、豊島岡女子や渋谷教育渋谷、鷗友女子と併願するケースが見られます。同じミッション系の東洋英和、頌栄女子、自由な校風を重視して、吉祥女子や共立女子なども候補に挙げると幅が広がります。共学の大学付属校を対象とする場合、青山学院、成蹊もおすすめです。

＊高い大学進学実績を毎年上げていますが、大学受験に照準を合わせた授業ではないことが、説明会でも明言されています。自由な校風の中で、生徒の個性を尊重し、自主性・自発性を伸ばすという方針が進路指導の面でも徹底されています。

算数

●**出題構成**

試験時間は40分、設問数は例年25問程度で、多いときは30問にもおよぶ年があり、非常に高い正確性とスピードが求められる構成です。

難易度比率は標準73％、発展26％、思考力1％で、問題用紙と解答用紙は一体型、記述式の出題もあります。合格するために80点は必要です。

●**まず合格レベルを目指す**

女子御三家のひとつで、高い総合力が必要です。ランキングのとおり平面図形の比率が約29％と高く、中でも角度の出題が全体の10％を超えているので、平面図形（とくに角度）の強化は不可欠です。

塾教材だけでは平面図形自体の演習量が足りません。相似形・面積比を利用する問題が中心ということを見ても、本校の角度問題の対策としては、明らかに演習量不足です。『でる順』（旺文社）など市販の問題

分野別出題傾向

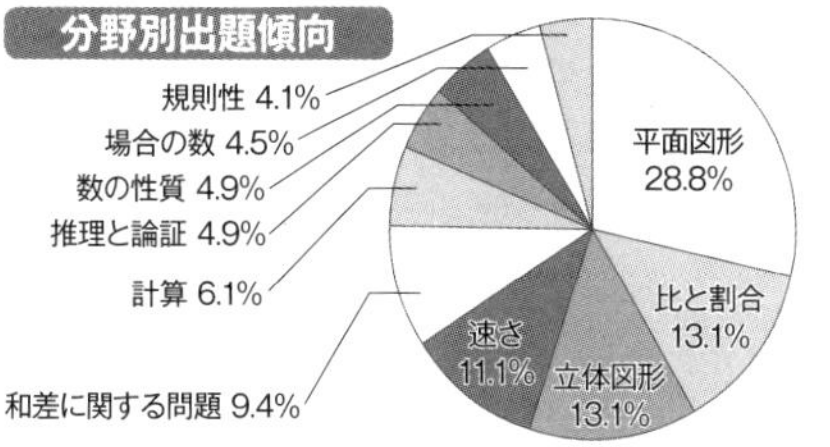

項目別出題ランキング

	項目	標準	発展	思考力	合計
1	角度	24	5	0	29
2	旅人算	11	5	0	16
3	面積の求積・逆算	9	3	0	12
4	水量変化とグラフ	5	5	0	10
5	四則混合計算	10	0	0	10
6	場合の数	2	5	1	8
7	対戦表	4	4	0	8
8	倍数算	6	2	0	8
9	点の移動	4	3	0	7
10	相当算	6	1	0	7
10	相似形・面積比	6	1	0	7

集で、二等辺三角形と正三角形の見つけ方や、外角の利用への意識を高めるなどの対策が必要です。

その他の単元では、旅人算が毎年出されていて、平成23年度大問6の点の移動や、平成21年度大問3のグラフを利用する問題など出題形式は多岐にわたります。中でも平成22年度大問3、平成20年度大問4など、出発時間にズレがあり条件を整理して解く問題が、本校の特徴的なものです。

また、標準問題ながら水量変化とグラフの出題も増加傾向にあるので、『有名中学入試問題集』（声の教育社）などで演習量を増やしましょう。

●さらに算数で得点を伸ばすには

本校は桜蔭に次ぐ女子難関校ですが、問題レベルは標準で、時間をかけて解けば満点が取れる構成です。しかし、40分という短い時間の中で25問程度の問題を解き、一部の問題では解法を記述することまで求められるため、問題文を読んでから解きはじめるまでの反応が遅いと、時間内に解き終えることはできません。

ただ、出題比率の高い旅人算、水量変化とグラフ、相当算や倍数算は、求められている視点が一定です。旅人算では平成21年度大問3で出題された、必要な条件整理の方法が、実に本校らしい問題です。また倍数算では、平成23年度大問2や、平成16年度大問3のような、比をそろえて考えていく問題が数多く出されています。これらの問題がスムーズに解けるようなら、本校の問題に対する適応力はかなり高いと言えます。

その他の注意点は、慶應義塾中等部や慶應義塾湘南藤沢の志望者が、2月1日に本校を受験するケースが多いこと。本校の志望者も慶應義塾2校の過去問を解いておくことをおすすめします。

国語

●問題文について

読解問題として、大問3題が出題されます。随筆文が多いことが大きな特徴です。随筆文は毎年1題は必ず見られ、さらにもう1題加わることが多くあります。また、説明文も毎年1題出されています。ただし平成22年度は随筆文、物語文、説明文が1題ずつでした。

問題文のレベルは標準的です。難しめの問題文は、平成21年度第3問や平成20年度第2問くらいです。本校では、きわめて難解な文章が出題されることはない、と言ってよいでしょう。

●設問について

毎年の出題パターンは、大問4題です。第1～3問が読解問題で、最後の第4問が漢字の書き取りです。40分という短めの試験時間にもかかわらず、設問数が多いことが、本校の最大の特徴です。

設問形式としては、選択肢や書き抜きの問題のウエイトが大きくなっています。また、記述問題は字数の短いものが多く出題されます。平成24年度第2問・問14で、自分なりに考えて記述する問題があったことは注目に値します。

●対策

厳しい制限時間の中で、問題文を読み上げて数多くの問題に解答する力が求められています。ただし、勉強の最初の段階から、速いスピードで読んだり解いたりすることに気を取られるべきではありません。そうしてしまうと、いい加減に読んだり解いたりする癖がつくことになりかねません。

本校の設問は標準的なレベルです。まずは確実に正解を導く力をつけるべきです。国語の入試問題は、必ず本文に正解を導く根拠があります。何行目を見れば正しい選択肢を選べたのか、あるいは、何行目の内容を記述の解答に盛り込むべきだったのかという点は徹底して追求してください。具体的には、塾教材などの解説部分までよく読み、授業での先生の説明をよく聞くことです。そうやって、「やさしめの読解問題なら、じっくりと本文を読むことで必ず満点を取れる！」という自信を持てるくらいになりましょう。

その上で、スピードを上げる練習を繰り返しましょう。塾で国語のテストを受けたり、自分で過去問を解いたりする際に、5分（さらには10分）短い時間で解き終えるように心がけると効果的です。

問題文のジャンル別難易度と文章量

出題年	物語文	説明文	随筆文	その他
H24		標準/やや難	標準	
H23		標準	標準/標準	
H22	標準	標準	標準	
H21		難	標準/標準	
H20		標準	標準/やや難	
H19		標準	標準/標準	
H18		標準	標準/標準	

求められる力

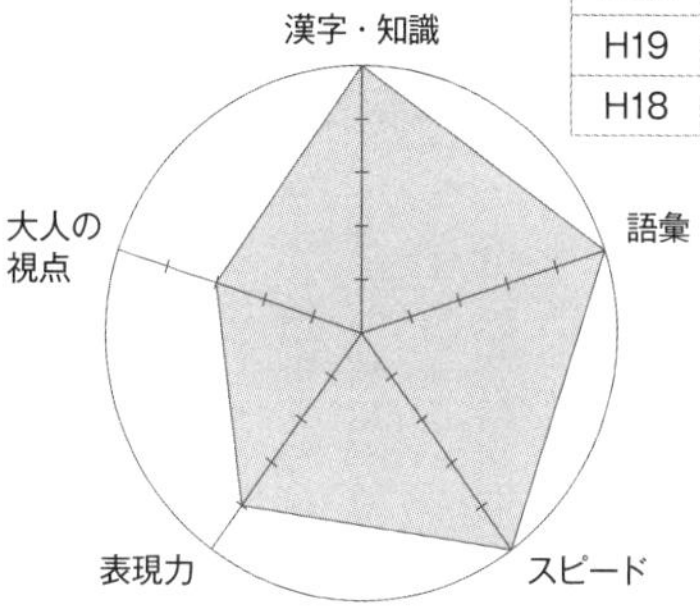

出題内容別の問題数

出題内容	問題数
漢字・知識・文法	10
客観問題・選択肢型	15
客観問題・書き抜き型	6
記述問題・60字未満	11
記述問題・60字以上	1
小問合計	43

次に、読解以外の問題の対策を述べます。

漢字は、毎年必ず数題の書き取りが出題されるほか、本文中の語句と同じ意味で使われている漢字を選ばせる問題が出されることがあります（平成21年度第1問の問6など）。知識問題は、熟語の組み立て（平成22年度第1問・問3）、文法（平成22年度第1問・問6）、慣用句（平成21年度第2問・問10）などが見られます。塾の主要教材で、漢字や知識は完全に身につけておきましょう。

また、「つかみかねる」（平成23年度第2問・問5）、「たしなめる」（平成20年度第3問・問10）、「一筋縄ではいかない」（平成18年度第2問・問7）といった言葉の意味を尋ねる問題があります。対策として、わからない言葉はこまめに辞書を引いてその意味をメモする〝意味ノート〟を作成すると非常に効果的です。

さらに、「気に〈とめる・いる・さわる・する〉」のような、同じ言葉を含む言い回しを区別させる問題が頻出（平成22年度第1問・問2など）。対策には、『小学生の新レインボー　ことばの結びつき辞典』（学研）がおすすめです。

理科

試験時間が40分で大問数が4〜5題、小問数が60問前後です。分析力を要求する問題が多い点、小問数が多い点などを考慮すると、効率よく処理しなければいけない問題構成になっていて、かなり難度が高いと言えるでしょう。

●**特徴的な問題**　金星・地球・火星の公転周期の違いと見え方に関する問題（平成24年度）、地球規模で気象を考える問題（平成23年度）、エタノールと水の温度変化による体積変化の様子の違いを考察する問題（平成22年度）などがありました。作図問題がよく出されている点や、小問数がかなり多い点も特徴と言えます。

●**対策**　図、グラフ、実験結果などから分析する問題は、表面的ではなく本質的な理解が求められます。常に「なぜ」という気持ちを大切にした、単なる暗記にとどまらない学習が不可欠となります。また、文章の空欄に語句を補充する問題に対しては慣れが必要なので、過去問を繰り返し演習することが効果的です。出題範囲に偏りがないので、苦手単元をつくらないようにしましょう。

社会

大問数は4題ですが、小問数が50〜60問前後と多めです。小問数は年度により少し増減があります（平成24年度は52問、平成22年度は64問）。また、分野を超えた融合問題、記述問題が増えているので、出題範囲には注意が必要です。試験時間内にすべてを解き終えるには、高い総合力が必要な入試問題となっています。

●**特徴的な問題**　平成23年度から、大問4題に一貫した大きなテーマがあり、それに関連する形で各大問の文章がつくられています。平成24年度のテーマは住まいと暮らしでした。鎌倉時代の武士の館と弥生時代のむらを比較する問題や、江戸時代と現代の間取り図を比較して生活様式の違いを説明させる問題がありました。平成23年度では、東京都とその周辺地域がテーマでした。品川区、大田区を題材に4枚の地図を古い順に並べる問題などがありました。

●**対策**　高い分析力や思考力が要求される融合問題が増えているので、定着した基礎知識同士を結びつけられるかがポイント。難度の高い問題を数多く演習することが必要です。また地形図の読み取り問題が近年多くなっているので、その対策も不可欠となります。

通塾別学習対策

サピックス

算数●『デイリーサポート』Dプリントまで復習し、平面図形はほかの問題集も解きましょう。

国語●通常授業の『デイリーサピックス』Aテキスト、SS特訓の教材を活用すること。

理科●知識の問題は発展問題まで繰り返し取り組みましょう。

社会●副教材として市販の参考書も利用し、『サピックス重大ニュース』も押さえましょう。

日能研

算数●応用問題の前半部分まで解きましょう。日特のテキストをすべて解く必要はありません。

国語●塾教材を網羅した上で、カリキュラムテストを活用して、スピードアップを目指すこと。

理科●銀本の共学校から生物、地学の問題を選んで演習。

社会●『メモリーチェック』で知識をまず定着させた後、過去問演習に入りましょう。

四谷大塚系

算数●『予習シリーズ』の練習問題まで解き、平面図形はほかの問題集も解きましょう。

国語●『予習シリーズ』『演習問題集』、特別コースの教材を活用。YTを活用して、スピードアップを目指すこと。

理科●週テストの形式はそのまま対策になるので確実に復習を。

社会●『予習シリーズ』重要事項から一歩踏み込んだ知識習得を。

理科 求められる力

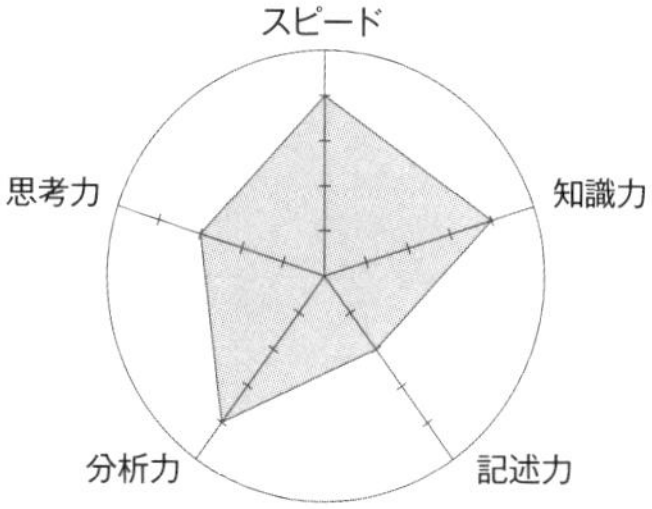

理科 出題形式の内訳と1問あたりの時間

内訳	H24	H23	H22	H21
大問数	5	4	5	4
小問数	67	61	59	53
選択	34	36	35	39
語句記述	13	22	15	8
文章記述	4	0	2	2
計算・数値記述	14	2	3	4
作図・その他	2	1	4	0
1問あたりの時間（秒）	35.8	39.3	40.7	45.3

社会 求められる力

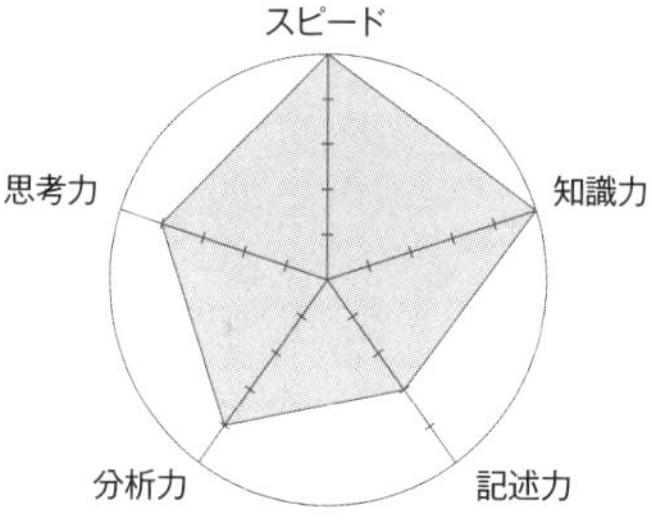

社会 出題形式の内訳と1問あたりの時間

内訳	H24	H23	H22	H21
大問数	4	4	4	3
小問数	52	64	82	77
選択	25	42	25	42
語句記述	20	15	53	34
文章記述	5	7	3	1
その他	2	0	1	0
1問あたりの時間（秒）	46.2	37.5	29.3	31.2

白百合学園中学校

東京都千代田区

内　外

試験日 2/2
発表2/3

面接あり

算	100点	40分
国	100点	40分
理	75点	30分
社	75点	30分

出願作戦

試験日は2月2日の1回のみ。雙葉をはじめ、1日に難関校を受験した層が併願してくるケースが多いため、1月校、1日の受験校で確実に合格しておく必要があります。

1月校では栄東（ABC）、淑徳与野との併願が多く見られますが、西武文理などまで視野に入れて考えましょう。

また、1日の選択が非常に重要になります。学習院女子や鷗友女子などは偏差値で本校と開きがなく、リスクが高いので、頌栄女子、東洋英和や田園調布学園なども含めて選択を進めましょう。

＊白百合女子大への進学率は卒業生の10％前後で、他大学への進学が多くなっています。文系志願者の約半数が国公立、早慶に現役で進学。理系では医学部志望が圧倒的に多く、理系の半分が医学部に進学しています。

算数

●出題構成

試験時間は40分で、設問数は10問程度ですが、平成24年度は8問と減少しました。難易度比率は標準77％、発展23％、思考力の出題はなく、解答形式は記述式が中心です。受験者平均点は50点程度でしたが、平成24年度は60点、合格者平均点も平成23年度の65点から75点へ上昇しました。

●まず合格レベルを目指す

平成17年度以降はすべて大問構成で、計算問題や小問集合はありません。平面図形の出題比率が約30％を占め、平成18年度には大問が3題も出題されました。ほかに、速さ、推理と論証や比と割合、数の性質の融合問題などが目立ちます。

平面図形は、相似形・面積比や円とおうぎ形からの出題が中心。相似形・面積比は平成21年度大問6、平成18年度大問4、平成15年度大問5が難問ですが、その他の問題は標準的なレベルです。円とおうぎ形は、楕円形の面積が多く利用されています。「正方形の面積×0・57」の公式を暗記しましょう。

その一方で、平成16年度は大問4で当選に必要な投票数、大問5でN進法が出るなど、すべての学習内容から幅広く出題されているので、塾教材の標準レベルの問題は必ず解けるように学習しましょう。

また、速さは同じような論理的思考を必要とする問題であることや、平成20年度大問2と平成19年度大問6の売買損益算は内容がほとんど同じであることから、過去問演習は非常に重要と言えます。

分野別出題傾向

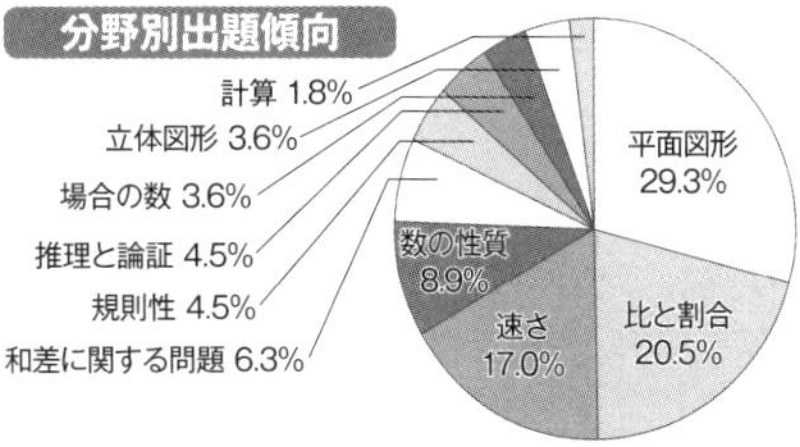

項目別出題ランキング

	項目	標準	発展	思考力	合計
1	相似形・面積比	17	6	0	23
2	旅人算	11	1	0	12
3	相当算	3	3	0	6
4	円とおうぎ形	5	1	0	6
5	推理	2	3	0	5
6	倍数算	5	0	0	5
7	二量の関係	3	1	0	4
7	流水算	3	1	0	4
9	数の性質	1	2	0	3
9	場合の数	1	2	0	3

●さらに算数で得点を伸ばすには

計算問題と小問集合がなくなった大問1では、平成24年度は平面図形、平成23年度はニュートン算、平成22～17年度は速さが出題されています。

速さは、同じ時間内に進む距離の比から速さの比を求めて利用するものや、速さと時間の逆比を利用するものなど、読解力と条件整理能力が必要な本校特有の問題が多く、過去問演習を通じて慣れが必要です。平成24年度は点の移動が出題されましたが、状況を整理する力が必要なことに変化はありません。また、平成22年度までは後半に出題されてきた推理と論証や割合と数の性質の融合問題が、平成23年度は大問2で出題。平成23年度大問5、平成22年度大問4では複雑な体積を求める回転体が出題されるなど、全体的に計算処理が複雑な問題が多く、また試験の前半や中ほどで難問が出題されるケースが多く見られます。

出題傾向や問題数などの点で、学校側の試行錯誤の姿勢がうかがえます。平成24年度は平均点が上昇しましたが、また難しい問題構成に戻っても70点程度得点できるように過去問演習を行いましょう。

国語

●問題文について

全体的に驚かされるような難解な文章が出題されることはなく、よく読めば小学生にも無理なく理解できます。

説明文は、自然、日本文化と異文化、言語など、代表的な話題を扱った文章が多く選ばれています。物語文は、犬飼道子『花々と星々と』(平成24年度)のように、受験生にとって等身大の少年少女が主人公の文章が出題されています。山本周五郎『鼓くらべ』(平成20年度)や有島武郎《たけお》『碁石をのんだ八っちゃん』(平成18年度)のように時代設定が古い文章も見られます。

●設問について

総問題数は25～30問前後。長文読解が2題、知識を問う大問が1題出題されています。解答時間が40分と短い割には読む量が多いので、処理速度の速さが要求される試験です。

問題文はやや難しいレベルです。客観問題では標準的な内容が多く見られます。試験全体の中で記述問題の占める割合が高く、中には文章全体の意味を深く理解できていないと正解できないような問題が含まれるので注意が必要です。

●対策

接続詞、内容一致選択、抜き出し、比喩の意味、指示語の内容、欠文補充、漢字、言語知識などさまざまな問題パターンが見られます。全体的に記述問題が多く、60～90字程度の字数指定のある長文記述問題も毎年1～2問出題されます。解答文を書くときに、さほど必要でないところを省いたりしながら、必要な解答ポイントを指定字数に収める技術を身につけましょう。そのために、本文の内容を集約するにはどのような表現を使うとまとめやすいかをよく知っておくと有利です。日頃から、記述問題の模範解答と解答のもとなっている本文箇所をよく見比べる習慣をつけましょう。まとめる技術や表現を学び取ることは、本校の記述問題への有効な対策となります。

説明文では代表的なテーマを扱った一般的な文章が出題され、論理的な読解力が試されています。物語文では子どもの視点に立った文章が出題されていますが、大人向けのものが出ることも。内容的には、困難な状況の中での子どもの心の有り様がきめ細やかに描かれた文章がしばしば選ばれる傾向にあります。したがって、問題においても心情の読み取りが主体です。

問題文のジャンル別難易度と文章量

出題年	物語文	説明文	随筆文	その他
H24	やや難	やや難		
H23	標準	標準		
H22	やや難	標準		
H21	標準	やや難		
H20	やや難	難		
H19	やや難	やや難		
H18	標準	標準		

求められる力

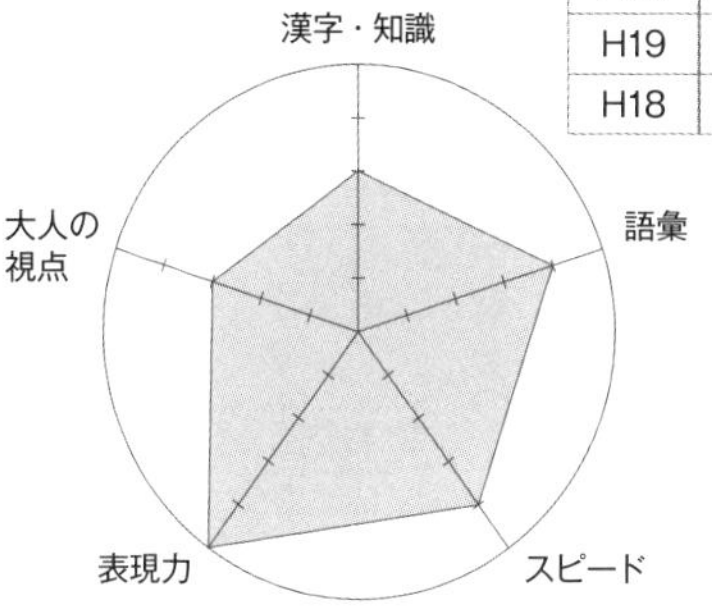

出題内容別の問題数

出題内容	問題数
漢字・知識・文法	11
客観問題・選択肢型	8
客観問題・書き抜き型	3
記述問題・60字未満	5
記述問題・60字以上	1
小問合計	28

日頃から、状況、人物の性格、心情が一体となって問われるような物語文を多く解くと対策になります。

読解問題でありながら、心情理解のほかに、難語を理解しているかが試されます。「けむたい」「武者ぶるい」「接待」「交歓」といった言葉の意味を注釈なしで確実に理解していないと解答できない問題も見られ、ほかに言葉の意味そのものを問う問題も出されています。辞書をこまめに引く、知らない語は〝意味ノート〟をつくって書きためて復習するなどして、語彙の増強を常に心がけましょう。

本校の読解問題では、細部の読み取りとともに、全文の内容や世界観を理解できているかが問われる問題がしばしば出されます。そのひとつとして、文章のタイトルを考えさせる問題があります。記述問題でも、全文の読み取りがきちんとできていないと答えが書けないような問題が出るので、その点を意識しながら問題にあたりましょう。

問題形式はいずれもオーソドックスなものです。塾テキストや受験向け問題集で、標準からやや難しいレベルで特徴が出すぎない典型タイプの問題を選び出して、疑問点をひとつひとつ明らかにしながら着実に解く学習が効果を発揮します。

理科

試験時間が30分で小問数が60問前後あり、記述問題、作図問題も多く含まれることから、相当なスピードでの問題処理を要求されます。しかし問題は標準レベルのものが多いので、日頃の学習をきちんと積み重ねているかどうかが問われると言えるでしょう。

●特徴的な問題　ペットボトルで雲をつくる実験をし、そこからゲリラ豪雨の原因を推察する問題（平成24年度）、セキツイ動物のなかま分けと進化に関する問題（平成23年度）、プリズムによる色の発生と、光の三原色に関する問題（平成22年度）、電球のつくりや静電気についての問題（平成21年度）などがありました。

●対策　生物においては植物と動物、地学においては天体、地形、火山など、出題されやすい単元は教科書をよく読み込みましょう。計算や記述問題も多くありますが難問は少ないので、標準的な入試対策問題集で十分対応できます。物理分野では、他校でよく出題される力のつり合いの問題があまりなく、浮力や光、熱、音などが多く見られます。ポイントを絞らず、幅広く学習しておきましょう。

社会

例年、大問数が3～5題で、小問数が60～70問となっています。基本的な内容を確認する問題が多く、語句記述問題が大半を占めています。

●特徴的な問題　野田政権が誕生する際の経緯で、決選投票の対立候補を問う問題や、野田佳彦総理の姓名と直前の大臣職（財務大臣）を問う問題、国の基本図である地形図を発行している機関を問う問題（平成24年度）。日本各地の歴史的建造物に関するリード文から建造物を時代の古い順に並べる問題や、平成22年に行われた参議院議員通常選挙と、その後の政治情勢についてのリード文から、国会、内閣などに関して幅広く問う問題（平成23年度）。日本列島が属する造山帯を答え、その造山帯に属さないものを世界の山脈5つからすべて選ぶ問題（平成22年度）など。

●対策　語句記述式の一問一答式の問題集を繰り返し演習し、反射的に答えられるように、とにかくスピード力を高めることが重要です。さらに、過去問演習で制限時間内に解けるように対策することが絶対不可欠となります。また資料も多く使用されるので、資料集などに繰り返し目を通しておくことも大切です。

通塾別学習対策

サピックス

算数●『デイリーサポート』Cプリントまで解けるように。

国語●『デイリーサピックス』のBテキストで長文記述問題を確実に書く力をつけること。

理科●苦手分野は、まずはテキストの一問一答形式の問題から取りかかりましょう。

社会●地理、歴史分野はテキストの復習に時間をかけましょう。

日能研

算数●共通問題を解けるようにして、図形問題は演習量を増やしましょう。

国語●塾テキストや銀本の記述問題を解いて添削してもらいましょう。

理科●『メモリーチェック』を押さえた後、とくに生物分野の演習に取り組みましょう。

社会●地理分野はカリキュラムテストの復習をしっかり行いましょう。

四谷大塚系

算数●『予習シリーズ』の練習問題まで解き、図形問題は演習量を増やしましょう。

国語●『予習シリーズ』『演習問題集』の標準からやや難しい問題を中心に取り組みましょう。

理科●生物、地学分野は難度の高い問題にも取り組みましょう。

社会●テキストに出てくる重要語を『四科のまとめ』を利用して覚えましょう。

理科 求められる力

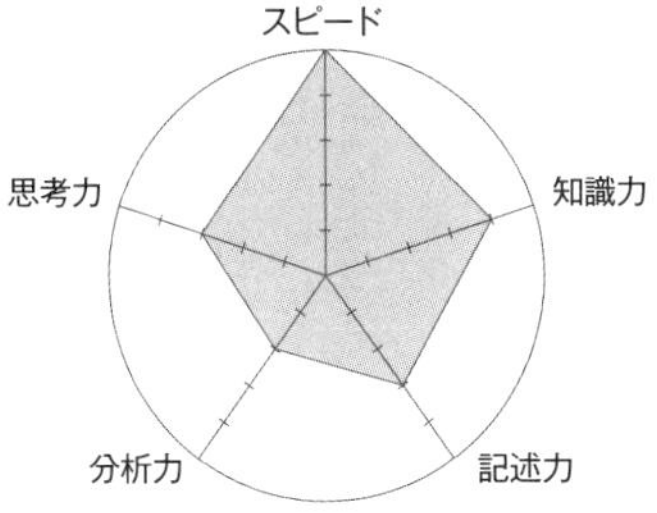

理科 出題形式の内訳と1問あたりの時間

内訳	H24	H23	H22	H21
大問数	6	6	5	4
小問数	54	60	64	59
選択	26	26	28	35
語句記述	7	12	21	9
文章記述	9	6	7	7
計算・数値記述	10	14	5	5
作図・その他	2	2	3	3
1問あたりの時間（秒）	33.3	30.0	28.1	30.5

社会 求められる力

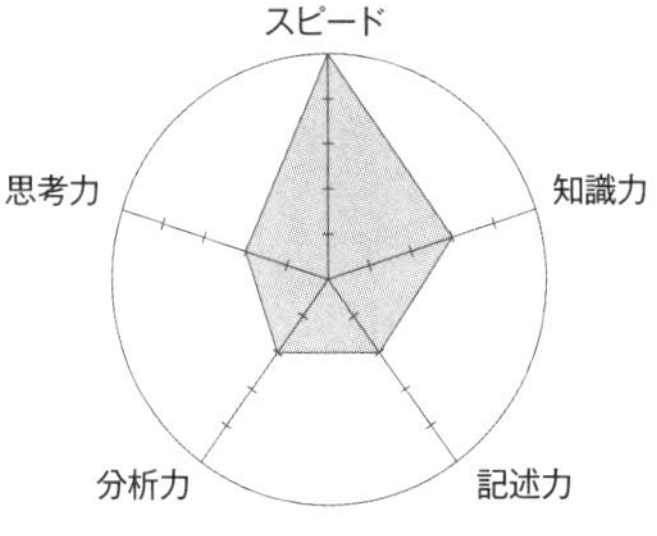

社会 出題形式の内訳と1問あたりの時間

内訳	H24	H23	H22	H21
大問数	3	5	4	4
小問数	63	68	68	66
選択	15	22	14	13
語句記述	40	43	51	49
文章記述	3	3	3	4
その他	5	0	0	0
1問あたりの時間（秒）	28.6	26.5	26.5	27.3

巣鴨中学校

東京都豊島区

外

試験日 2/1・2
発表2/1・2

面接なし

	算	国	理	社
点	100点	100点	50点	50点
分	50分	50分	30分	30分

出願作戦 校風が厳しいという印象から敬遠されることもありますが、高い大学進学実績もあり、人気は高く維持されています。

とくに2日の第2回には1日に最難関校を受験した層が併願してくるので、1月校、1日の午後受験校の選択が重要になります。1月校では江戸川取手、開智だけでなく、西武文理、春日部共栄、城北埼玉なども候補に入れましょう。

また1日の午後受験では、広尾学園、東京都市大付属は人気が集中するので、安全策なら、佼成学園（特奨）、青稜などから校風も考慮して選択を進めましょう。

＊東大をはじめ、堅調な大学進学実績が人気の要因になっています。本校が掲げる「硬教育」が拡大解釈されることもありますが、卒業生からは厳しすぎることはないとの声も聞かれます。学校説明会には必ず参加して、校風を直に感じる方がよいでしょう。

算数

●出題構成

試験時間は50分で、設問数は15問程度、難易度比率は標準65％、発展32％、思考力3％です。

解答形式はすべて記述式ですがスペースは小さめで、要点をコンパクトにまとめる必要があります。

合格するには第Ⅰ期試験、第Ⅱ期試験ともに、70点を目指しましょう。

●まず合格レベルを目指す

例年両期ともに5題構成で、計算問題はありません。数の性質から1題、大問4が平面図形、大問5が立体図形で、そのほかは規則性、比と割合、速さ、和差に関する問題など、幅広い単元から出題されています。

各年度とも問題構成、分量、レベルが均一なので、過去問演習を通じて合格可能性を判断することができます。近年偏差値は下降気味ですが、問題レベルに変化はないので、模試で合格可能性が80％であっても本校の問題が簡単に解けるとは限りません。

文章を読んですぐに解ける問題は少数で、問題設定の理解には高い読解力が必要です。各大問も(1)→(2)→(3)と徐々に難しくなり、基礎学力が確立していないと、問題の核心を見失う可能性があります。

大手塾のテスト偏差値が55（サピックスは50）以下の場合、10月までは過去問演習よりも標準問題の典型題が解けるように繰り返し学習するべきです。11月以降、過去問演習を取り入れていき、本校のよく考えられた問題に挑戦しましょう。

分野別出題傾向

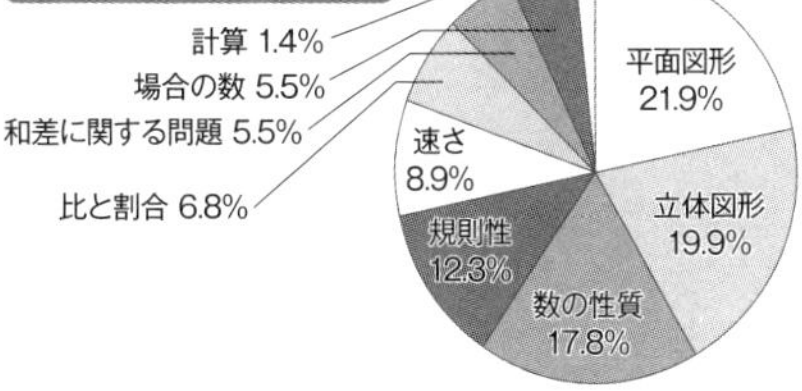

項目別出題ランキング

	項目	標準	発展	思考力	合計
1	面積の求積・長さ	13	2	0	15
2	立体図形の切断	7	7	0	14
3	数の性質	8	3	1	12
4	数列	8	2	1	11
5	旅人算	9	1	0	10
6	相似形・面積比	4	5	0	9
7	角すい・円すい	1	5	0	6
8	約数・倍数	4	2	0	6
9	場合の数	3	1	1	5
10	図形の回転・移動	1	3	0	4

●さらに算数で得点を伸ばすには

かつては、塾関係者などの間で、算数が得意な受験生の方が結果を出している、と話題になったほど算数に力を入れている学校で、以前学校説明会でも算数か国語の得点が高い受験生が有利と話がありました。

例えば、平成22年度第Ⅰ期大問4の平面図形は、同じような問題がこれまでに数回出されていますが、過去のものは多くの塾教材や問題集に使用されるほどの良問です。

ほかにも、最上位校を志望する受験生にもぜひ解いてほしい、算数の学力を高めることができる良問が多数あります。試験時間と問題量のバランスもよく、大手塾のテスト偏差値60（サピックスは55）程度の受験生は、存分に実力を発揮できる構成です。

平成23年度第Ⅰ期大問4の三角形を60度回転させた図が書けなくては面積が求められない問題や、平成22年度第Ⅰ期大問5の立体を切断し三平方の定理を利用して体積を求める問題など、得点差が開く図形問題は出題され続けることが予想されるので、しっかり準備しておきましょう。

国語

●**問題文について**

読解問題は、毎年、大問2題が出題されます。説明文1題と随筆文1題という構成が頻出です。そうでなければ、説明文2題が出題されています。物語文はありません。この点が本校の大きな特徴です。

問題文がきわめて論理明快な文章である点も、際立った特徴と言えます。

●**設問について**

例年の出題パターンは、第1問が漢字の書き取り10問、第2問と第3問が読解問題です。

設問形式としては、選択肢や書き抜きの問題が多く見られます。記述は、字数が短めのものが数題出されます。本文中の要素をそのまま用いて記述させる場合がほとんどです(「本文中の言葉を用いて」という条件が付されている形式も頻出)。さらに、60~70字の長めの記述が1~2問出されることがあります。

段落分けの問題が多いことも、本校の特徴です。文法(呼応の副詞など)や、慣用句や四字熟語も頻出。言葉の意味や用法を問う問題もよく出ます。

●**対策**

毎年、第1問で出題される漢字の書き取り10問は、ほとんどが標準レベルであり、やや難しいものが1~2問出される程度なので、確実に満点を取りたいところです。塾の漢字の教材を完璧に覚えておきましょう。

慣用句、ことわざ、四字熟語といった知識は、まず塾の主要教材でひととおり身につけましょう。さらに本校の頻出分野について、例えば『ズバピタ慣用句・ことわざ』や『ズバピタ四字熟語』(ともに文英堂)などで徹底的に補充するとよいでしょう。

毎回出題されている文法は、典型的な問題ばかりなので、まずは塾の主要教材を完璧に身につけましょう。その上で、『ズバピタ文法・敬語』(文英堂)や『四科のまとめ』(四谷大塚)などで、文法部分を徹底的に学習するとよいでしょう。

言葉の意味や用法を問う問題の対策として、知らない言葉についてこまめに辞書を引いて、語句の意味をメモしたノートを作成することが、大きな効果を上げます。さらに、『語彙力アップ1300 ①小学校基礎レベル』(すばる舎)を用いて語彙を豊かにしていけば、読解にも役に立ちます。

次に、読解問題の対策を述べます。選択肢問題、書

問題文のジャンル別難易度と文章量

出題年	物語文	説明文	随筆文	その他
H24Ⅰ		やや難	標準	
H24Ⅱ		難	やや難	
H23Ⅰ		標準/やや難		
H23Ⅱ		標準	標準	
H22Ⅰ		標準	標準	
H22Ⅱ		やや難	標準	
H21Ⅰ		標準/やや難		
H21Ⅱ		標準	標準	

求められる力

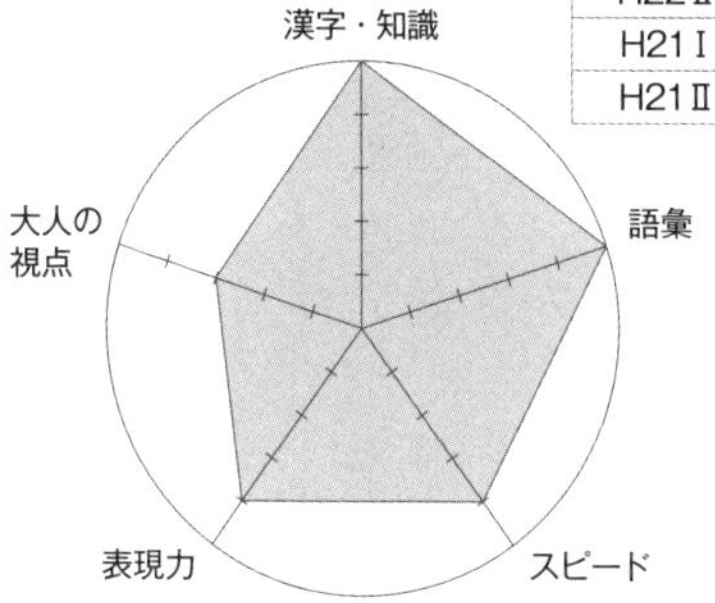

出題内容別の問題数

出題内容	問題数
漢字・知識・文法	14
客観問題・選択肢型	10
客観問題・書き抜き型	5
記述問題・60字未満	4
記述問題・60字以上	1
小問合計	34

き抜き問題、短めの記述問題、そして、60～70字の長めの記述問題のいずれについても、基本的には塾の通常授業の教材で対応できます。ただし、次の点に注意しましょう。

まず書き抜き問題で、正解部分が傍線部からきわめて離れているために見つかりにくい難問があります。しかしこれは、問題文の中にあるキーワードに注目すれば正解できます（例えば、平成23年度第Ⅱ期第2問・問2なら「共通」「変化」）。設問の文章中にも問題文と共通するキーワードそのものか、非常に近い内容の言葉がそのままあることが本校の特徴です。そうした言葉を探す意識を強く持ちましょう。

また、記述問題では、塾教材などで「本文中の言葉を用いて」答える形式の問題をたくさん練習してください。さらに、本校頻出の段落分けの問題について、銀本や『有名中学入試問題集』（声の教育社）などで徹底的に練習しておきましょう。

本校では、論理明快な文章が出題されるので、塾の教材などで論説文の論理構造をしっかりつかむようにしましょう。

理科

試験時間が30分で50点満点（4科合計３００点）です。解答形式のほとんどが記号選択か数値記入で、計算問題では多少難度の高い問題もあります。小問数も40問以上と多いので1問あたりにかけられる時間が短いのが本校の特徴です。また傾向として、物理分野では力のつり合いが多くなっています。

●特徴的な問題　ヒトやウシ、ニワトリの消化に関する問題（平成24年度第Ⅱ期）、中和反応と反応熱による液温上昇に関する計算問題（平成23年度第Ⅰ期）、ばね、滑車、浮力の複合問題（平成22年度第Ⅰ期）などがありました。

●対策　物理、化学の計算問題の演習を十分積むことが大切です。とくに力のつり合いは、てこ、ばね、滑車、輪軸、浮力のうち、複数の要素が含まれる複合問題が出されることが多いので、苦手分野をつくらないようにしてください。30分と試験時間が短いので、時間のかかる問題は後回しにするなど、過去問演習の際には時間配分にも注意が必要。また生物の知識問題は、幅広く、詳しく問われるので、知識をしっかり整理しておきましょう。

社会

大問3題で、地理、歴史から各10問、公民から5問の計小問25問という構成が続いています。解答形式は正誤選択問題が多く、記述問題はあまりありません。問われる知識は標準的な難度が多くなっています。

●特徴的な問題　国土地理院の2万5千分の1の地形図には用いられていない地図記号（銀行）を選ぶ問題（平成24年度第Ⅰ期）。歴史上のさまざまな事柄に関する誤った文章が10個示され、各文章に引かれた数個の下線部のうちひとつを語群の語句と入れ替えると正しい文章になるものを7個見つける問題（平成23年度第Ⅰ期）、ＥＣ（ヨーロッパ共同体）に関する問題5問（平成22年度第Ⅰ期）などがありました。

●対策　例年非常に難しい問題がいくつか出されるので、過去問演習を通し、その数問に焦らないよう訓練しましょう。また正しい記号の組み合わせなど正確な知識が要求されるので、ひとつひとつの事柄を確実に覚えること、地理では地図帳を使って、地名はもちろん川や平野の正確な位置もその都度しっかり確認すること、公民では難しい語句の意味も理解することが大切です。

通塾別学習対策

サピックス

算数●『デイリーサポート』Dプリントまで解けるように。

国語●『デイリーサピックス』Bテキストで説明的文章に慣れ、Aテキストで演習を徹底。

理科●計算問題は『ウィークリーサピックス』などで難問まで取り組みましょう。

社会●『白地図トレーニング帳』なども利用して地理の難問に備えましょう。

日能研

算数●応用問題の前半部分までは解けるようになりましょう。

国語●『本科教室』と『栄冠への道』で、説明的文章を重点的に演習しましょう。

理科●計算問題は解説をよく読み、過程を理解するように心がけましょう。

社会●正確な知識を定着させるため、早めに『メモリーチェック』を導入しましょう。

四谷大塚系

算数●『予習シリーズ』の練習問題まで解けるように。

国語●『予習シリーズ』と『演習問題集』で、説明的文章を重点的に演習しましょう。

理科●計算問題は週テストの復習をしっかり行いましょう。

社会●『四科のまとめ』を早期に活用し、巻末の発展編まで取り組みましょう。

理科 求められる力

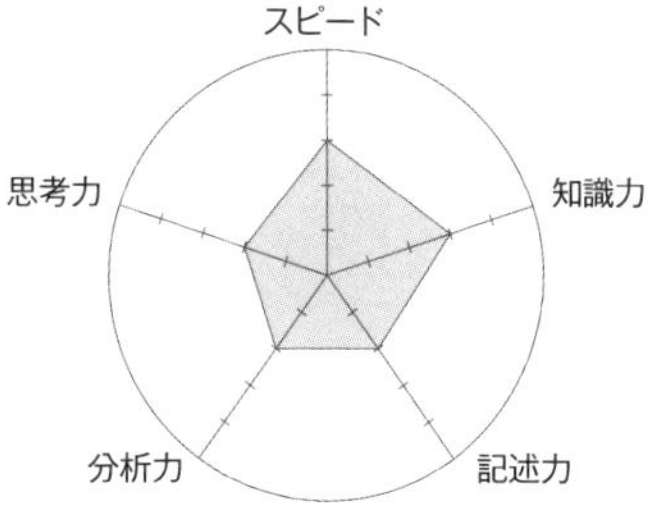

理科 出題形式の内訳と1問あたりの時間

内訳	H24 I	H24 II	H23 I	H23 II	H22 I	H22 II
大問数	4	4	4	4	4	4
小問数	40	42	44	45	50	50
選択	23	25	28	24	25	30
語句記述	5	3	3	7	13	7
文章記述	0	2	0	0	1	1
計算・数値記述	12	11	13	14	11	12
作図・その他	0	1	0	0	0	0
1問あたりの時間（秒）	45.0	42.9	40.9	40.0	36.0	36.0

社会 求められる力

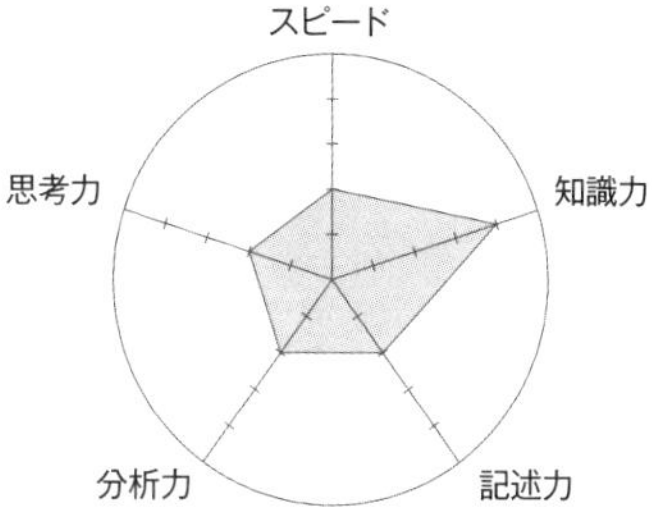

社会 出題形式の内訳と1問あたりの時間

内訳	H24 I	H24 II	H23 I	H23 II	H22 I	H22 II
大問数	3	3	3	3	3	3
小問数	25	25	25	24	25	25
選択	19	20	20	20	21	18
語句記述	6	5	5	4	4	7
文章記述	0	0	0	0	0	0
その他	0	0	0	0	0	0
1問あたりの時間（秒）	72.0	72.0	72.0	75.0	72.0	72.0

聖光学院中学校

神奈川県横浜市

試験日 2/2・4 発表2/3・5

算	150点	60分
国	150点	60分
理	100点	40分
社	100点	40分

面接なし

出願作戦

第1回が2月2日に実施されるため、1日に東京男子御三家や慶應義塾普通部、駒場東邦などを受験する層が併願してきます。

毎年高水準での戦いになるので、2日の合格水準に達しているかがきわどく、本校受験がチャレンジになる場合、また4日に第2回を受験する場合には、1日、3日の受験校を慎重に選ぶ必要があります。同じキリスト教系のサレジオ学院や、同じ地域の逗子開成、桐蔭中等などがまず候補に挙がります。

1日の候補として、校風が合うようであれば巣鴨、仏教系ですが世田谷学園、算数が得意ならば攻玉社、高輪(午後)も視野に入れて戦略を立てるとよいでしょう。

＊土曜日に選択芸術講座が開催されている背景には、子どものいろいろな居場所をつくろうとする意図があります。創立55周年を迎えるにあたり、校舎の全面建替工事が進められています。

算数

●出題構成

試験時間は60分で、設問数は16問程度、難易度比率は標準65％、発展31％、思考力4％です。

解答形式は、記述式や作図問題が1問程度ですが、大半が答えのみを書くものです。

平成23年度まですべて大問形式でしたが、平成24年度は小問集合が出題されました。

●まず合格レベルを目指す

分野別の出題比率は平面図形が多くを占めます。また、和差に関する問題、比と割合、速さの文章題、立体図形、場合の数の出題も多く、これらの分野は模試や塾のテストで得点源となるように演習を積み重ねましょう。平面図形の相似形・面積比は平成23年度第2回大問4のようにレベルの高いものばかりですが、絶対に正解しなくてはなりません。場合の数も平成24年度第2回大問5や平成21年度第1回大問2が本校らしい複雑な構成の問題と言えます。

　個々の問題を見ると、一度は解いたことがあるような問題がそろっています。そのため、最初は誘導に沿って解き進めていけるのですが、用意されている条件が多い上、途中から複雑になる仕掛けが施されています。丁寧な条件整理ができなければ、解答するまでに時間がかかる、あるいは答えにたどり着けないという特徴があります。まずは、多数出題されている単元の応用問題レベルを、解けるようになるまで繰り返し学習し、スピードを上げながらも正確に解ける計算力を養いましょう。

分野別出題傾向

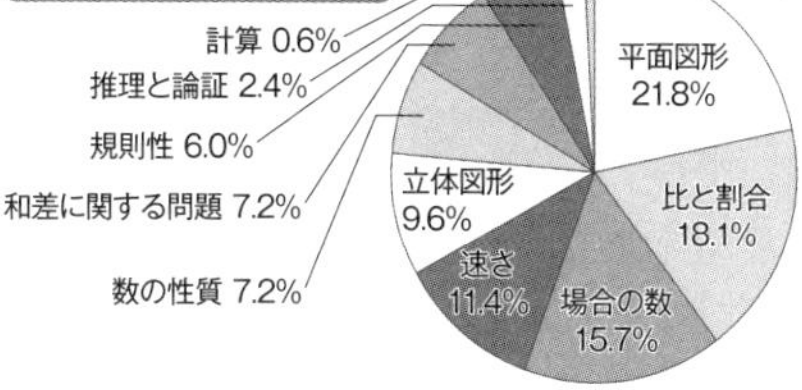

項目別出題ランキング

	項目	標準	発展	思考力	合計
1	相似形・面積比	18	5	0	23
2	場合の数	5	7	1	13
3	仕事算	9	4	0	13
4	組み合わせ	7	2	0	9
5	点の移動	4	3	0	7
6	速さとグラフ	4	2	0	6
6	図形の回転・移動	4	2	0	6
8	旅人算	5	1	0	6
9	周期算	0	2	3	5
10	消去算	4	1	0	5

●さらに算数で得点を伸ばすには

　解答に時間がかかる問題が多く、60分で全問解答するにはスピードと高い集中力が必要です。しかも学力差を正確に反映させた緻密な問題設計で、合格者平均点と受験者平均点は、150点満点中、25～30点の開きがあります。

　答えのみを書く問題が多いため、正確に答えを出さなくては得点できないわけですが、難問ぞろいの中で合格者平均点は120点程度と、合格者の学力は相当高く、演習量が得点に反映されると言えます。

　よって、大手塾のテスト成績が高いレベルで安定している受験生にとっては、入試でも算数でかなり優位に立てる可能性が高いでしょう。

　大手塾のテストで偏差値が65（サピックスは60）以上の受験生は、塾で与えられる問題をすべて学習した上で、和差に関する問題、比と割合、速さの文章題と平面図形に取り組み、立体図形は、『中学への算数』（東京出版）も活用するとよいでしょう。また、四谷大塚の『難問題集』は全単元の発展問題が集められているので、仕上げの1冊によいでしょう。

国語

●問題文について

問題文の難度は標準からやや難しめです。物語文は、平成24年度第1回（角野栄子『ラストラン』）は寓《ぐう》話《わ》的要素を含む内容でしたが、多くは等身大の人物の心の動きを追うもので、読みづらさはありません。説明文も構成がしっかりとしていて、難しい語彙も見られません。日本人とカレーの関係（平成21年度第2回）からコミュニケーション論（平成23年度第1回）まで、幅広いテーマですが、大人の視点が強く求められるものではないでしょう。

●設問について

語句・知識問題と客観問題、選択肢型の出題割合が高くなっています。語句・知識問題は、難関校では珍しく独立して大問1題です。選択肢問題は読解問題の7割を占め、文章の長い選択肢が出題されることが特徴的です。記述問題は60字未満ながらも要約を求められるなど難度は高く、自分の言葉で的確に表す必要があります。合格ラインが高い上に、1問あたりの配点が大きいと推測されるため、いかに失点を防ぐかが重要になります。

●対策

本校の国語の特徴として、語句・知識問題と長い文章の選択肢問題が挙がりますが、記述問題にも十分な注意が必要です。制限字数は60字未満がほとんどで、要約を求められる難問が含まれます。また、150点満点にしては全体の問題数が少ないため、1問あたりの配点が高くなると推測されます。学校公表の合格者平均点が7割前後、4科合計の合格者最低点も6割5分前後の水準ですから、安易に〝捨て問〟をつくることは許されません。高いレベルの戦いの中で、幅広く総合的な国語力が求められる試験です。

記述問題の難しさが見られる例として、平成22年度第2回第4問（鷲《わし》巣《ず》力《つとむ》『公共空間としてのコンビニ』）問6が挙げられます。コンビニが持つ3種類の簡便性について説明が求められる問題ですが、問題文の終盤に、コンビニの簡便性がどこにあるか、はっきりと問う文章が明示され、後にその答えにあたる説明が連なるため、説明の該当箇所は容易に見つけられます。ところが問題文での内容説明が1，000字以上にわたるのに対し、それを30～40字くらいにまとめなければなりません。問題文の内容をしっかり理解しつつ、必要な箇所を確実に抽出し、自分の言葉を使ってそれら

問題文のジャンル別難易度と文章量

出題年	物語文	説明文	随筆文	その他
H24①	やや難 ★	標準		
H24②	標準	やや難		
H23①	標準	標準 ★		
H23②	標準	標準		
H22①	標準 ★	やや難		
H22②	標準	標準		
H21①	標準	標準		
H21②	やや難	やや難		

求められる力

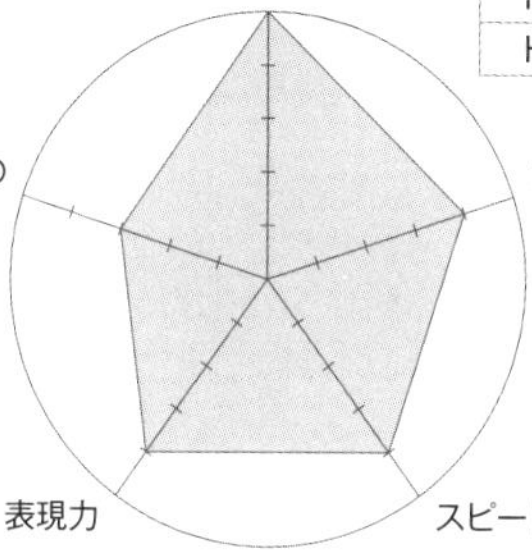

出題内容別の問題数

出題内容	問題数
漢字・知識・文法	13
客観問題・選択肢型	13
客観問題・書き抜き型	1
記述問題・60字未満	4
記述問題・60字以上	0
小問合計	31

をつなぎ合わせる必要があります。

全体の対策としては、制限時間60分の使い方が重要になります。出題内容が幅広く、問題数以上にボリュームを感じる構成なので、過去問や類似の問題を実際に解いてみて、解答にどれだけの時間がかかるかを早めに体感しましょう。

選択肢の文章の長い問題が例年ありますが、平成24年度はさほどの長さではありませんでした。今後は長さが戻る可能性もあり、注意が必要です。ただし、文章の内容が正確に理解できてさえいれば、選択肢に含まれる誤った要素は見つけやすくなっています。解き方を養成するには塾テキストの内容で十分ですが、文章が長い選択肢に慣れるには、豊島岡女子、海城、攻玉社（第２回）などの選択肢問題も活用するとよいでしょう。

要約が求められる記述問題では、まずは塾のテキストなどで練習を積んだ上で、海城、桐朋、鷗友女子などの同じ種類の問題を選んで演習することが有効です。語句・知識問題の対策は、塾や市販のテキストだけでは足りません。灘や慶應義塾湘南藤沢、攻玉社などの問題を活用しましょう。

理科

大問は例年4～5題で小問数もあまり変化はなく、発展的な知識力重視の問題と物理分野で複雑な計算の問題が見られます。また本校の計算問題は、ひとつ前の設問の数値などを利用する場合が多いので、その点、慎重な対応が求められます。

●特徴的な問題　ガやチョウは気温が低いときに体を暖めてから飛び立つことに関する問題（平成24年度第2回）、海流に関する問題（平成23年度第1回）などがありました。他校と異なる点として、4分野から偏りなく出題されるのではなく、地学分野がない年度があることが挙げられます。

●対策　社会科で学ぶ内容や身近な生活の中での知識が必要な問題があるので、ふだんから高い意識を持って学習する姿勢が大切です。また生物の問題は狭い範囲からかなり掘り下げて問われることが多いので、浅く広い知識では対応できません。物理分野も力のつり合い、電気ともに高難度の問題が見られるので、基本を徹底した後、難しめの問題を練習しておきましょう。化学分野は、水溶液や気体の性質で取りこぼしのないように学習してください。

社会

●特徴的な問題　平成24年度は、地図に必要な内容を書き込むなど、独特の形式が復活。野辺山原《のべやまはら》の位置と信濃川（千曲川《ちくまがわ》）の流れ、天竜川の流れを書き込む問題がありました（平成24年度第1回）。

その他の特徴的な問題として、裁判の公開の例外や検察審査会の権限を問う問題、裁判員制度での裁判員の人数とその権限に関する問題、上級裁判所と下級裁判所の違いや、違憲立法審査権が最高裁判所だけではなく下級裁判所にもあることを問う問題（平成24度第1回）、神話の因幡《いなば》の白ウサギに関して、因幡の現在の県名を書かせる問題（平成24年度第2回）がありました。

記述問題では、屋久島にさまざまな植物が分布している理由を記述する問題（平成23年度第1回）、国際連合の加盟国が中央アジアとヨーロッパで、ある時期に増えた理由を問う問題（平成22年度第2回）などがありました。

●対策　伝統や文化に関する問題があるので、ふだんから興味を持った日常生活の中の伝統、文化行事などについて調べてまとめておくと効果的でしょう。

通塾別学習対策

サピックス

算数●『デイリーサポート』Eプリントまで解けるように。

国語●『デイリーサピックス』のBテキストで要旨をまとめる問題を選んで解き、必ず添削を受けましょう。

理科●『コアプラス』で知識を、『デイリーサピックス』発展問題で実践力を養いましょう。

社会●公民分野の知識を深め、時事問題対策を十分行うこと。

日能研

算数●応用問題まで解けるようにした上で、図形は『でる順』（旺文社）などの問題集で補充。

国語●選択肢の選び方について『本科教室』の解説をしっかり理解しましょう。

理科●『メモリーチェック』の知識をさらに深める学習を行いましょう。

社会●複数の教材を活用し、時事問題対策に十分時間をかけて取り組みましょう。

四谷大塚系

算数●図形問題は、塾テキスト以外も活用すること。

国語●語句・知識問題対策は『四科のまとめ』以外のテキストも活用しましょう。

理科●『週テスト問題集』を徹底的に演習しましょう。

社会●週テストと『四科のまとめ』を組み合わせて知識の整理をしましょう。

理科 求められる力

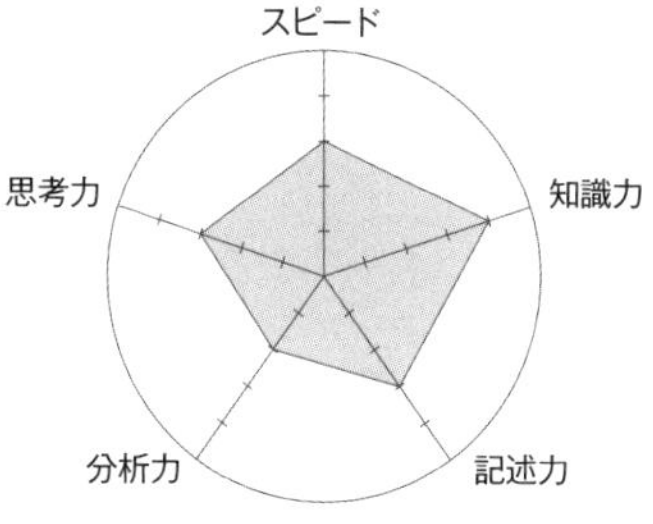

理科 出題形式の内訳と1問あたりの時間

内訳	H24①	H24②	H23①	H23②	H22①	H22②
大問数	4	5	4	4	4	4
小問数	37	28	33	37	34	41
選択	21	18	18	22	23	24
語句記述	5	1	3	6	2	10
文章記述	1	2	4	5	3	1
計算・数値記述	10	5	8	3	3	6
作図・その他	0	2	0	1	3	0
1問あたりの時間（秒）	64.9	85.7	72.7	64.9	70.6	58.5

社会 求められる力

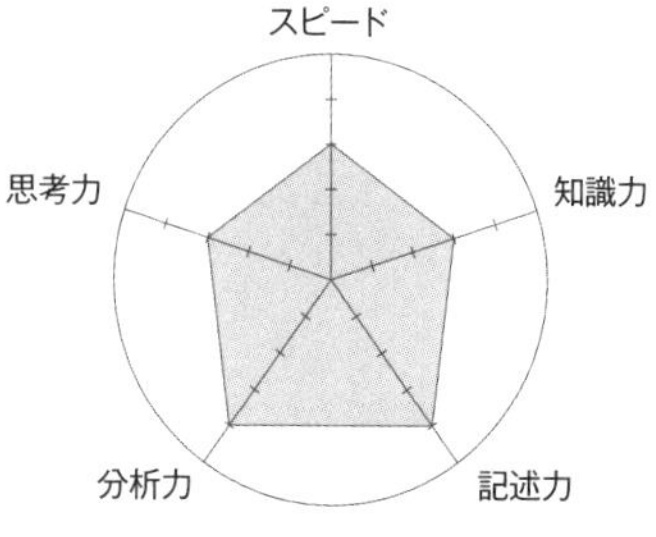

社会 出題形式の内訳と1問あたりの時間

内訳	H24①	H24②	H23①	H23②	H22①	H22②
大問数	4	4	4	4	4	3
小問数	42	49	48	47	48	59
選択	23	20	32	31	26	36
語句記述	17	26	14	14	20	23
文章記述	1	3	2	1	2	0
その他	1	0	0	1	0	0
1問あたりの時間（秒）	57.1	49.0	50.0	51.1	50.0	40.7

中央大学附属中学校

東京都小金井市

内 外

試験日 2/1・4
発表2/2・5

面接なし

算	100点	50分
国	100点	50分
理	60点	30分
社	60点	30分

出願作戦

人気の大学付属校の中で、設立3年目の本校は大きな注目を集めています。明治大明治、法政大、学習院中等科、学習院女子、立教池袋などのG-MARCH付属を併願校の候補とする場合には、いずれも偏差値で同レベルか、より上位の学校になるケースが多いので、慎重な判断が必要です。また出題傾向が異なるので、問題との相性もよく見て受験するかどうかの判断材料にしましょう。

同じ大学付属校でも法政大二、日本大二、明治学院など、また付属校以外で、男子では穎明館、女子では晃華学園などを含めた組み合わせを考えましょう。

＊築3年の新しい校舎は、高い耐震能力を備えた構造になっています。制服は選択の幅が広く与えられているなど、自由な校風が人気の要因になっています。図書館は、地元小金井市の市民から開放を求める声があるほど充実しています。

算数

●**出題構成**

試験時間は50分で、設問数は20問程度、難易度比率は標準68%、発展32%、思考力の出題はなく、解答形式は答えのみです。

過去6回の試験は、合格者平均点が50点台後半、受験者平均点は40点程度の回が多く、点数は低いながらも大きな得点差がついています。

●**まず合格レベルを目指す**

開校した平成22年度からの3年分、第1回と第2回を合わせた計6回分の試験の分析になりますが、平均点から判断すると、受験生にとっては難しい問題構成です。一方、難易度比率と合格者平均点を見ると、大手塾のテストで標準問題（目安は正答率40%以上）を正解できると、合格者平均点は越えられます。

単元別で見ると、一般的に出題の多い数の性質、速さ、比と割合、平面図形、立体図形を中心とした構成であることが左の円グラフと表からもわかります。場合の数はまだ出題がありません。しかし平成23年度第1回大問5でN進法が出されたように、塾の授業で扱う回数の少ない単元からも出題されています。

入学試験の実施回数が少ないため、まだまだ学校側も、本校のスタイルを模索中と思われます。しばらくは傾向分析よりも、立体図形の切断やN進法、ニュートン算など、ふれる機会が少ない単元も含めて、標準レベルの問題は穴がなく、しっかり得点できるように繰り返し演習しましょう。

分野別出題傾向

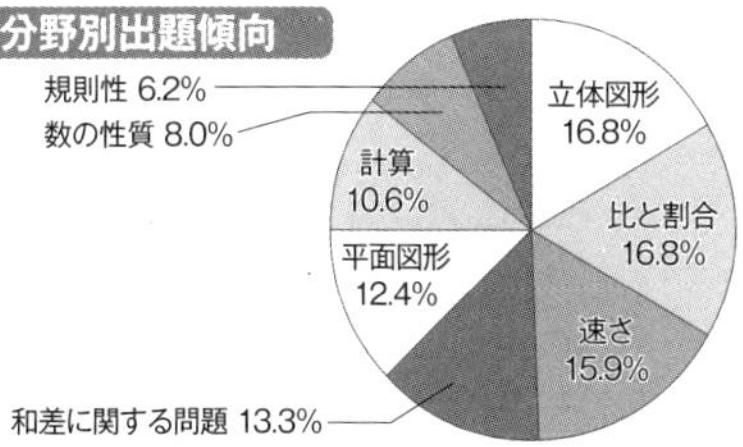

項目別出題ランキング

	項目	標準	発展	思考力	合計
1	数の性質	3	4	0	7
2	つるかめ算	5	1	0	6
3	四則混合計算	6	0	0	6
4	表面積	1	4	0	5
5	速さとグラフ	2	3	0	5
6	水量変化とグラフ	3	2	0	5
6	二量の関係	3	2	0	5
8	食塩水の濃さ	2	2	0	4
9	旅人算	3	1	0	4
9	速さの三用法	3	1	0	4
9	相似形・面積比	3	1	0	4

＊過去3年間（H22～H24）×2回分の小問から算出。

●さらに算数で得点を伸ばすには

平成23・22年度を見ると、平成23年度第1回大問3と平成22年度第2回大問1・(6)で出題された角度と、平成22年度第1回大問2の半円と直角二等辺三角形を合わせた図形を回転させる問題を除けば、その他は正解にたどり着ける問題で、他校の問題と比べて特段の難しさは感じられません。それでも、受験者平均点と合格者平均点に得点差が生じています。

平成24年度では、第1回大問2の回転体と大問5の数表、第2回大問1・(2)の箇便法、同(6)の相似形・面積比、大問3の数の性質、大問5の速さとグラフなど、過去2年より複雑なものや難度の高いものが多く出題。その結果、第1回では合格者平均点と受験者平均点との差が前年以上に広がりました。第2回は、難度の高さのせいで、合格者平均点、受験者平均点ともに大きく下がりました。

この出題傾向のままだと受験生全体の学力と問題のレベルはますます乖離《かいり》すると考えられますが、逆説的に考えれば、算数が得意な受験生にとっては非常に有利な問題構成と言えます。大手塾のテストで偏差値60（サピックスは55）程度の学力を養っておきましょう。

国語

●問題文について

長文読解は、物語文1題と、説明文（もしくは説明文に準ずる内容の文章）が1題、合計2題が過去3年のスタンダードな出題形式です。1題目の物語文は、比較的平易な言葉で書かれたものや青少年向けの文章が選ばれていて、取り組みやすく感じられるでしょう。

2題目は、毎年難度が高い文章が出題されています。平成23年度第2回の永井均『翔太と猫のインサイトの夏休み』と、平成22年度第2回の新井明・柳川範之・新井紀子・e－教室『経済の考え方がわかる本』は、それぞれ哲学、経済学とジャンルこそ違いますが、どちらも複数の人物が問答するというスタイルで学問上の本格的な問題に読み手の思考をいざなっていく文章であるという点で類似しています。他校で同じタイプの出題は多くないので、注意が必要です。

●設問について

多くの問題が標準的な難度です。漢字は5問で、言葉の知識問題や抜き出し問題も見られますが、文章の内容把握を問う記号選択問題が大半を占めていることが特徴です。これまでのところ、記述問題は出題されていません。問題文の長さが長く、総問題数は平均50題程度と、他校に比しても多いと言えます。確かな読解力と速読力、そして短時間で多くの問題をどんどん処理するスピードも要求される試験です。

●対策

本校でよく見られる問題形式に、問題文の内容についての解説文があります。解説文は、例えば物語文についてであれば、出来事のあらましや、登場人物の心情などさまざまな内容が語られます。解説文中の数カ所には、いくつかの選択肢が設けられており、本文の内容に合致するものを選んで自分で文章を完成させながら解き進めていく形式です。青山学院の過去の問題でも、同じようなタイプの問題が見られるので、形式に慣れるために解いてみるのもよいでしょう。ごく一般的なスタイルの記号選択問題も多く出題されており、ここで確実に得点することが重要になります。

これらの問題では、おのおのの選択肢の内容を正しく把握し、選択肢の内容の違いを正しく見きわめることが必要です。日頃から、選択肢を選ぶ際には、ひとつの選択肢の文を細かく区切って、この部分は合っているが、この部分は違うというように細かく分析した上で、論理的に答える習慣を身につけましょう。選択

問題文のジャンル別難易度と文章量

出題年	物語文	説明文	随筆文	その他
H24①	標準	難		
H24②	標準 ★	やや難		
H23①	標準	難		
H23②	※			難（哲学入門書）★
H22①	標準	やや難 ★		
H22②	標準	やや難		

求められる力

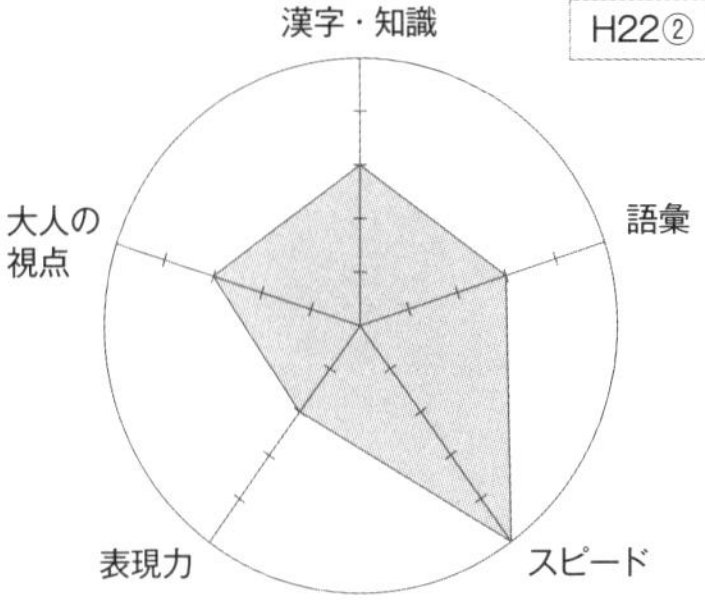

出題内容別の問題数

出題内容	問題数
漢字・知識・文法	8
客観問題・選択肢型	45
客観問題・書き抜き型	2
記述問題・60字未満	0
記述問題・60字以上	0
小問合計	55

肢の文の中には「したたかさ」「つつましさ」といった、意識的に言葉の学習をしていないと意味があやふやになりそうな語も出てくるので、日頃から意味調べをするなどして語彙力を増やすよう心がけましょう。

説明文は、限られた時間内に読み切るには長く、論理的思考力もまっこうから試される、手ごたえのある難文です。平成23年度第2回の『翔太と猫のインサイトの夏休み』は、哲学的なテーマを扱っていて、抽象性の高い文章でした。これが自分だと感じている自分や、自分の認識している世界が、人工脳が見ている夢などではなく実際に存在するものだと証明することは実は原理的に不可能であるという、受験生にとってはきわめて難解な内容です。少年と飼い猫の対話という、子ども向け小説のようでありながら、文章の内容は非常に高度なこうした出題からは、形式はやさしく、しかし本文把握力は本格的に試そうという本校の傾向が見てとれます。また、平成24年度第2回では、人間が蛇を見たときに生じる嫌悪について考えた文章が出題されています。

渋谷教育渋谷や豊島岡女子など他校の過去問を利用し、抽象的な題材を扱う文章に慣れることが有効な対策となります。

理科

試験時間は30分で、大問数が4題です。小問数が20問くらいで、各分野からの出題となります。解答形式は記号選択問題、語句、数値記述問題がほとんどです。

●特徴的な問題　いろいろな気体の分子や原子について考える問題（平成24年度第1回）、鏡やレーザー光線を利用して光の速さを調べる実験に関する問題（平成24年度第2回）、動物園で観察できるセキツイ動物に関する問題（平成23年度第2回）、ムササビが巣穴から出てくる時刻の表と太陽の沈む時刻のグラフからその関連性を考察する問題（平成22年度第2回）などがありました。

●対策　幅広い分野から実験や観察を題材にした標準的なレベルの出題が多くなっているので、まず基本事項を正確に理解した上で標準的な問題を繰り返し演習することが重要になります。問題の題材として時事問題が取り上げられることが多いので、その年の科学関連のニュースを知っておくことも問題への取り組みやすさという点で有効です。

社会

大問数が2題、小問数が30問くらいです。総合問題が多く、解答形式は記号選択問題と語句記述問題が大半ですが、30字程度の記述問題も出題されています。

●特徴的な問題　人体が放射線を受けた場合の影響を測定する単位「Sv《シーベルト》」の読み方をカタカナで書く問題や、一乗谷の名物（越前ガニ）の名前とイラストを選ぶ問題（平成24年度第1回）。「ふろふき大根」の説明を選ぶ問題や、選挙以外に全国レベルで全国民の意志を問う2つの方法について記述する問題（平成24年度第2回）。近代オリンピックの創始者と、その人物が言った言葉をスピーチからそれぞれ選択する問題（平成23年度第1回）、高野山《こうやさん》や柳田国男の『遠野《とおの》物語』についての正誤問題（平成23年度第2回）などがありました。

●対策　ふだんの学習から、地図、統計集、史料集などを積極的に利用しながら学習することが重要となります。すべての分野からまんべんなく標準的な知識を問う問題が多いので、苦手分野をつくらないように、知識の整理をしっかり行うことが大切です。

通塾別学習対策

サピックス

算数●『デイリーサポート』Cプリントまで解けるように。

国語●『デイリーサピックス』のAテキストの客観問題を中心に、短時間で解く練習をしましょう。

理科●テキストのカラー写真などを使い、動物分野をしっかり学習しましょう。

社会●マンスリーテストの写真、統計などをノートにまとめてみましょう。

日能研

算数●共通問題は完璧に解けるようになりましょう。

国語●『本科教室』の記述問題以外の客観問題を中心に、短時間で解く練習をしましょう。

理科●実験、観察に関する模試問題の復習を重点的に行いましょう。

社会●カリキュラムテストの資料は、その概要をノートにまとめてみましょう。

四谷大塚系

算数●『予習シリーズ』の練習問題まで解けるようにすること。

国語●『予習シリーズ』『演習問題集』の客観問題を中心に、短時間で解く練習をしましょう。

理科●全分野の標準問題を解けるように『予習シリーズ』を効果的に使いましょう。

社会●『四科のまとめ』などで30字程度の記述問題対策を行いましょう。

理科 求められる力

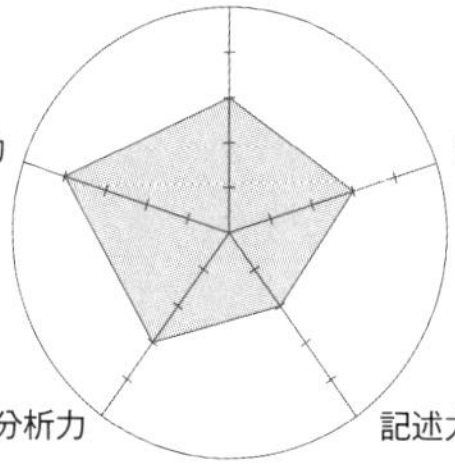

理科 出題形式の内訳と1問あたりの時間

内訳	H24①	H24②	H23①	H23②	H22①	H22②
大問数	4	4	4	4	4	4
小問数	18	19	21	23	18	20
選択	12	8	11	10	15	15
語句記述	2	0	0	5	0	4
文章記述	0	0	0	1	1	0
計算・数値記述	4	11	10	7	2	1
作図・その他	0	0	0	0	0	0
1問あたりの時間（秒）	100.0	94.7	85.7	78.3	100.0	90.0

社会 求められる力

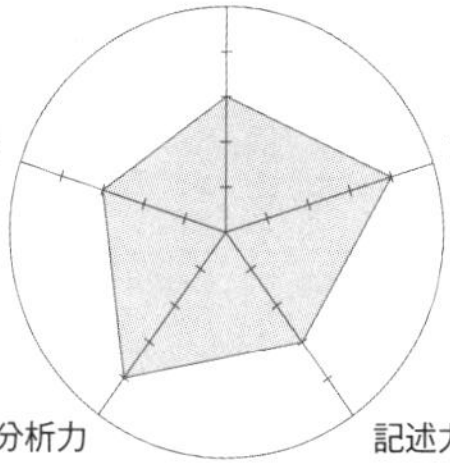

社会 出題形式の内訳と1問あたりの時間

内訳	H24①	H24②	H23①	H23②	H22①	H22②
大問数	2	2	2	2	2	2
小問数	28	30	30	29	30	29
選択	21	27	24	26	21	27
語句記述	6	3	5	3	8	2
文章記述	1	0	1	0	1	0
その他	0	0	0	0	0	0
1問あたりの時間（秒）	64.3	60.0	60.0	62.1	60.0	62.1

筑波大学附属駒場中学校

東京都世田谷区

大

外

試験日
1/16・2/3*
発表2/5

面接なし

算	100点 40分
国	100点 40分
理	100点 40分
社	100点 40分

出願作戦　2月1日の開成、麻布との併願が非常に多く見られます。そのためには、1月、2月2日に確実な合格を得ておきましょう。

1月は渋谷教育幕張、栄東（東大選抜）などとの併願が多く見られますが、安全策として、市川、栄東（ABC）なども候補に入れましょう。2月2日は本郷、攻玉社などから確実に合格できる学校を選びましょう。また2日に神奈川の栄光学園、聖光学院を受験する場合は、1日に安全策をとる必要があります。桐朋、芝などから過去問との相性も含めて慎重に判断を進めましょう。

＊大学付属校ではありますが、進学特典はありません。音楽祭・体育祭・文化祭の3大行事で、生徒は個々の得意分野を発揮する場が与えられます。単に発表の場というよりも、自身の存在を自他ともに認める場として、爆発的なエネルギーが注がれます。とくに高3の文化祭は大変な盛り上がりを見せます。

算 数

●**出題構成**

試験時間は40分で、設問数は12問程度、難易度比率は標準57%、発展21%、思考力22%です。

解答形式は記述式ですがスペースは小さく、要点をコンパクトにまとめる高度な技術が必要です。

平均点は非公表ですが、合格するには12問中9問の正解は必要と思われます。

●**まず合格レベルを目指す**

言うまでもなく全国最難関中学の一角で、よく練られた問題は受験算数に大きな影響を与えてきました。

大問4題構成で、平成23年度大問4の一辺が、(1)は3㎝、(2)は4㎝、(3)は1，2３４㎝の正三角形を利用した図形の移動のように、最初の設問で簡単な操作をさせ、それを利用して最後は大きな数値で考えさせる問題が本校の特徴です。すべての問題が難しく、各大問とも、最後の小問は計算処理が複雑あるいは調べ上

*1次は抽選。募集人員の約8倍を越えると実施。
1/12に実施か否か告知、1/16実施。
2次（学力検査）2/3、発表2/5

げが必要で時間がかかるので、40分ですべて解答することは至難の業と言えます。

ただし、近年は平成24年度大問2の仕事算、平成23年度大問1の水量変化とグラフ、平成20年度大問4の旅人算、平成19年度大問1の周期算、平成17年度大問1の表を利用した集合算など、確実に正解できる出題が増えており、平成19年度以降は全体的に取り組みやすくなってきています。

とは言え、最高レベルの受験生が集う学校です。塾教材の全問題が解けるようになることが、スタートラインだと肝に銘じてがんばりましょう。

分野別出題傾向

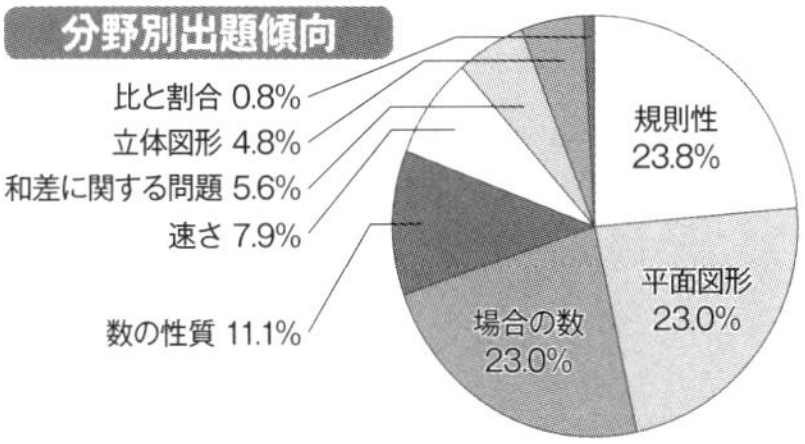

項目別出題ランキング

	項目	標準	発展	思考力	合計
1	場合の数	14	9	4	27
2	点の移動	12	6	5	23
3	規則性	3	1	13	17
4	周期算	8	3	2	13
5	数の性質	5	2	0	7
6	水量変化とグラフ	3	3	0	6
7	図形の回転・移動	4	2	0	6
8	平均算	3	1	1	5
9	線対称・点対称	4	0	0	4
10	小数・分数	0	0	3	3

●さらに算数で得点を伸ばすには

本校合格レベルの学力を持つ受験生には、時間をかけると全問解答が可能な年度もあります。しかし試験時間は40分と短いため、平成18年度大問4の正四角すいを回転させた軌跡の規則性、平成17年度大問4の三角形を分割していく規則性など、手間のかかる問題では部分点を獲得できるよう、小さな解答欄に要点をコンパクトにまとめる訓練を重ねておきましょう。

また、じっくり考えると効率的な解法が見つかる問題もありますが、きれいな解法にこだわらず試験中に規則が見つかるまで書き出すなど、重戦車のごとく1問でも多く解答するという姿勢で受験しましょう。

開成、麻布、駒場東邦、栄光学園、聖光学院との併願者が多いと思われますが、手を動かして解き進めるという点では、書き出し問題の多い開成、処理の複雑な問題の多い聖光学院の受験生に対応力の点で分があります。本校の問題は、じっくり考え、高い数的感覚が必要な問題の多い麻布、栄光学園とは問題の性質が異なります。併願する場合は、頭を切り替えて過去問演習を行いましょう。

国語

●問題文について

平成24年度は、それまで毎年出題されていた詩がなかったことが大きな変化でした。読解問題は、平成23年度までは説明文、物語文、詩の3題のパターンが頻出でした。このパターンではない例として、平成24年度の随筆文と物語文、平成21年度の随筆文と詩の2題があります。

問題文の内容は標準的レベルです。極端に難解な文章は出題されていません。

問題文の長さは、とくに長くはありませんが、試験時間が40分と短く、記述の設問が多いため、スピードが必要になります。

●設問について

例年、大問3〜4題の構成です。読解問題の大問2題または3題に、漢字の大問1題が加わります。

設問形式として、読解問題は記述中心であることが最大の特徴です（客観問題も数題出されています）。漢字は、一文の中に含まれるものを漢字に直させる形式で、標準的または平易なレベルの漢字が出題されています。

●対策

まず記述対策に最大のウエイトを置きましょう。塾の教材の記述問題について、内容はもちろん、表現の一字一句についてきめ細かく添削を受けられれば理想的です。本校の記述問題は、字数指定がなく、答案用紙に解答枠のみが与えられている問題がほとんどです（年度によって、字数指定のある問題が1問だけ出されることも）。字数指定のない形式では、記述する分量をある程度自分で決めなくてはならないので、そうした練習を1問でも多くしてください。武蔵や雙葉の過去問が活用できます。

答案に記述すべき内容として、本文中の言葉をほぼそのまま盛り込むことで解答できる問題も出題されています（平成23年度第1問の問3や問5など）。

しかし、本校で多いのは、本文中に書かれていることをもとにして、自分で思考力や想像力をはたらかせた上で、自分なりの表現で記述する問題です。とくに詩の問題では、そうした想像力と表現力が必要です。問題自体に、「『A』の心の動きを想像して」（平成23年度第3問・問2）、あるいは「本文をふまえて想像して」（平成22年度第2問・問4）という条件が明示されていることもあります。思考力を必要とする記述

問題文のジャンル別難易度と文章量

出題年	物語文	説明文	随筆文	その他
H24	標準		標準	
H23	標準	標準		標準（詩）
H22	標準	標準		標準（詩）
H21			標準	標準（詩）
H20	標準	標準		標準（詩）
H19	標準	やや難		標準（詩）
H18	やや難	標準		標準（詩）

求められる力

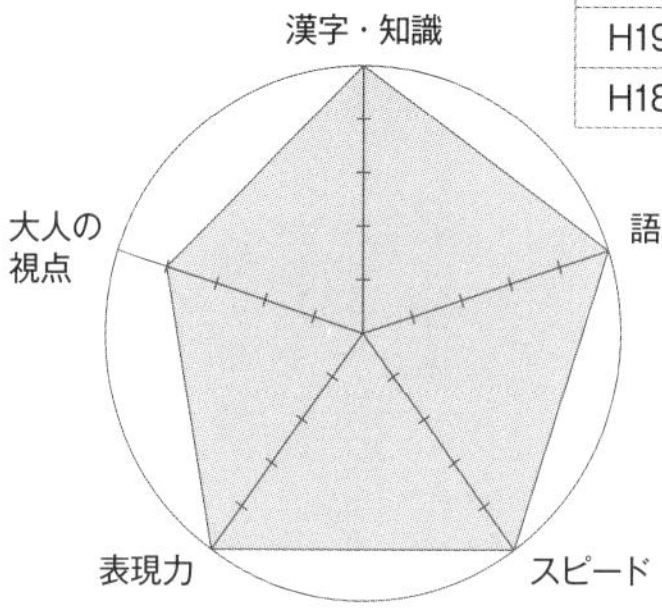

出題内容別の問題数

出題内容	問題数
漢字・知識・文法	4
客観問題・選択肢型	5
客観問題・書き抜き型	1
記述問題・60字未満	6
記述問題・60字以上	5
小問合計	21

問題は、桜蔭の過去問を活用するとよいでしょう（平成20年度第2問・問4、平成19年度第1問・問5など）。

さらに、「あなたの『旅』の経験を書きなさい」（平成21年度第1問の問5）、あるいは「植物を一つ取り上げ、その植物に対して、何かを語りかける文章を書きなさい」（平成18年度第3問の問3）のように、記述する内容自体を自分なりに決める出題もあります。その対策には、開成の過去問が有効です（平成20年度第2問・問2や平成18年度第2問・問2が、経験を書く問題）。

平成23年度まで出題されていた詩は、過去問で取り組んでおきましょう。

漢字の問題では、小3レベルの「深」や小4レベルの「浅」といった平易な漢字が、丁寧に書くようにとの指示が付されて出題されています。『小学漢字1006の正しい書き方』（旺文社）を活用して、トメやハネはもちろん、1画1画の長さや方向などを正確に覚えることにしましょう（例えば「月」の1画目は「はらう」が、「青」の5画目は「とめる」。「工」の「下のヨコ棒」は「上のヨコ棒より長く」するなど）。

理科

大問数が7題、物理、化学、生物の各分野から2題ずつと地学分野の総合問題が1題の構成で、配点は100点です。解答形式は選択問題が多く、そのほかに語句記述、計算問題となっています。選択問題は当てはまるものをすべて選ばせる形式が多く、正確な知識が要求されます。

●特徴的な問題　角材の上に板を置いてつり合いを考えるてこの問題（平成24年度）、アゲハの生態に関する問題（平成23年度）、物干し竿を使ったてこのつり合いの問題（平成22年度）などがありました。物理分野では電流とてこのつり合い、生物分野では植物、動物、人体のからだの仕組みやはたらきなど、頻出単元がはっきりしているのも本校の特徴です。

●対策　基本事項をしっかり理解した上で、知識の整理を早い時期に行うことが大切です。大問が7つあるので、どの分野のどの単元が出題されてもいいように、幅広く学習しておいてください。計算問題は、物理分野では力のつり合いと電流、化学分野では中和、ものの溶け方、気体の発生などを丁寧に学習しておきましょう。

社会

大問数3題に変化はないのですが、小問数が平成22〜24年度の3年間に28↓35↓29と変化しています。平成23年度は小問と語句記述が増えましたが、平成24年度はいずれも減りました。文章記述は例年どおりありません。また公民分野で、世の中で起きている社会問題をテーマとした出題があります。

●特徴的な問題　平成24年度は震災・復興に関連する出題が多く見られ、マスメディア、原子力発電所、地方自治体を題材にしていました。平成23年度は、7つの都道府県に関する文章を読んで設問に答える形式で、選択肢13個からすべて選ばせるなど吟味に時間のかかる問題や、冒頭に格差社会についてのリード文があり、それをもとに現在の雇用不安などから再び安定した社会基盤を築いていくためにはどのような政策が必要か、また低所得者が増えるとどのような社会的な影響があるかなどを問う問題がありました。

●対策　選択問題では、当てはまるものすべてを選ぶ問題が多いので、このタイプの問題に十分慣れておきましょう。また公民では、世の中で起きている出来事に注意を向けておく必要があります。

通塾別学習対策

サピックス

算数●『デイリーサポート』をはじめ、すべての教材を解けるようになりましょう。

国語●通常授業の『デイリーサピックス』Bテキスト、SS特訓の記述問題を活用しましょう。

理科●過去問演習を通して特徴を知った上でテキストを活用しましょう。

社会●選択肢の多い問題対策として、テキストで知識を徹底的に固めましょう。

日能研

算数●すべての教材の全問題を解けるようにしましょう。

国語●『本科教室』と『栄冠への道』の記述問題を重点的に演習。

理科●テキストで基本事項を組み合わせて考えるような問題に数多くあたりましょう。

社会●テキスト以外に新聞にも目を通し、問題意識をしっかり持って学習を進めましょう。

四谷大塚系

算数●『予習シリーズ』と『難問題集』の全問題を解けるように。

国語●『予習シリーズ』と『演習問題集』の記述問題を重点的に演習しましょう。

理科●週テスト、模試の復習を中心に、苦手分野をつくらないようにしましょう。

社会●時事的な出来事について自分の考えをノートにまとめるとよいでしょう。

理科 求められる力

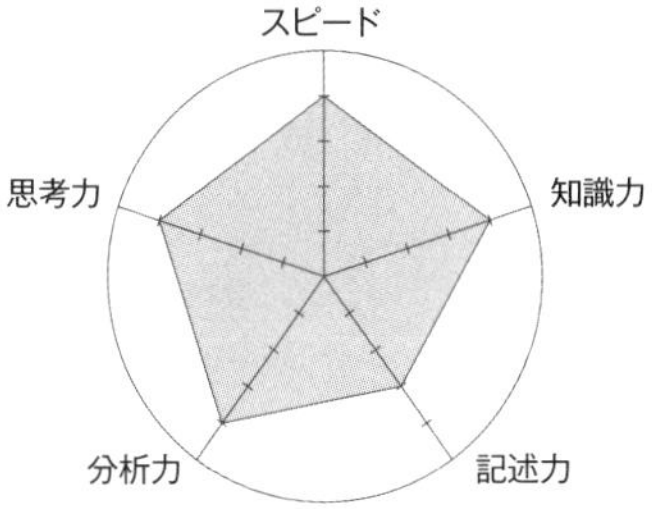

理科 出題形式の内訳と1問あたりの時間

内訳	H24	H23	H22	H21
大問数	7	7	7	7
小問数	38	32	30	36
選択	33	19	20	18
語句記述	3	8	5	8
文章記述	0	0	1	3
計算・数値記述	2	5	3	5
作図・その他	0	0	1	1
1問あたりの時間（秒）	63.2	75.0	80.0	66.7

社会 求められる力

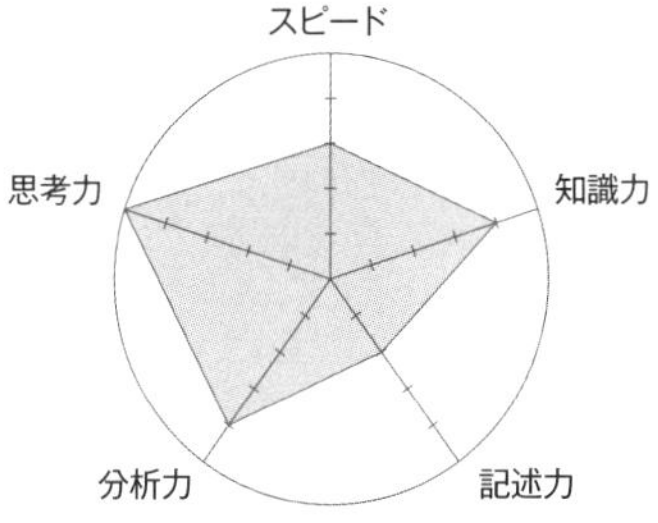

社会 出題形式の内訳と1問あたりの時間

内訳	H24	H23	H22	H21
大問数	3	3	3	3
小問数	29	35	28	24
選択	22	21	18	16
語句記述	7	14	10	8
文章記述	0	0	0	0
その他	0	0	0	0
1問あたりの時間（秒）	82.8	68.6	85.7	100.0

桐朋中学校

東京都国立市

大　外

試験日 2/1 発表2/2

面接なし

科目	配点	時間
算	100点	50分
国	100点	50分
理	60点	30分
社	60点	30分

出願作戦

自由な校風と、大学進学実績の伸びで人気が再浮上しているので、まずは1月校で確実な押さえをもって臨みたいところです。立教新座との併願が多く見られますが、より安全に、西武文理や城北埼玉も視野に入れるべきです。

2月校で、城北、浅野との組み合わせを考える場合には、2日に進学を考えられる学校を選択する必要があります。法政大、穎明館、帝京大、東京電機大、桐蔭中等教育、桐光学園などを候補に入れて選択の幅を広げましょう。

＊もとよりアカデミックな授業が展開されている本校ですが、平成24年度より新カリキュラムが適用されました。高校でも文理分けせずにクラス編成がなされるなど、偏りのない普遍的教養が重視されます。平成28年には新校舎が完成の予定です。同じ法人の大学、短大は芸術系で、本校からの進学者はほとんどいません。

算数

●出題構成

試験時間は50分で、設問数は20問程度、難易度比率は標準74％、発展16％、思考力10％です。

解答形式を見ると、中盤に記述式の問題があり、それ以外は答えのみです。受験者平均点は60点程度ですが、平成23年度は難しく平成24年度はやさしいなど、年度によって難度のばらつきがあります。

●まず合格レベルを目指す

大問1の基本的な四則混合計算3問でスタートし、最後は思考力問題など難しい問題が出題されるという、学力が得点に反映されやすい問題構成となっています。

大問1の計算問題と、大問2の基本的な一行文章題は、確実に正解しなくてはなりません。続いて大問3、大問4は記述式ですが、標準的な問題を順序立てて考え、表現できるかどうかが出題意図と推測されます。

単元別で見ると、立体図形、規則性、場合の数は少なめですが、ほかの単元からはまんべんなく出題されています。中でも、速さと時間の比を利用する旅人算か流水算と、相似形・面積比は毎年登場しています。旅人算と流水算は標準レベルの問題が大半ですが、平面図形は後半に出題される場合、難しいケースが多いので、注意が必要です。

全体の難度が高かった平成23年度も、大問4までは標準問題でした。まずはテストで正答率40％以上の問題を確実に正解できるようになりましょう。

分野別出題傾向

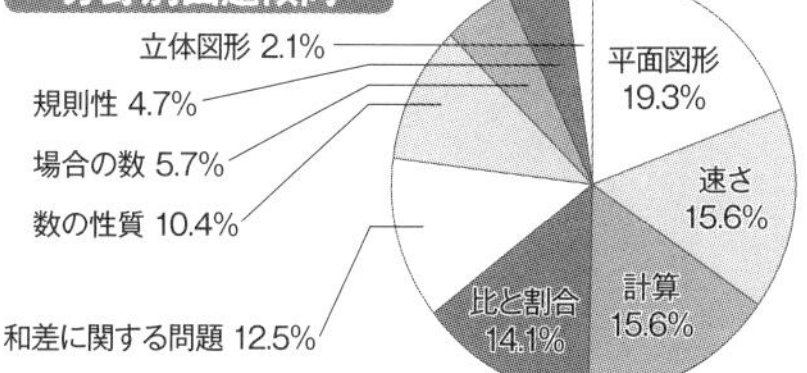

項目別出題ランキング

	項目	標準	発展	思考力	合計
1	四則混合計算	30	0	0	30
2	相似形・面積比	12	5	0	17
3	旅人算	16	2	0	18
4	場合の数	2	2	7	11
5	数の性質	4	1	6	11
6	相当算	8	1	0	9
7	面積の求積・長さ	9	0	0	9
8	仕事算	5	3	0	8
9	点の移動	2	2	2	6
10	流水算	3	3	0	6
10	消去算	3	3	0	6

●さらに算数で得点を伸ばすには

受験者平均点が60点程度に対し、合格者平均点は75点程度の年度が中心と推測されます。

規則性、場合の数からの出題が少ないことから、速さ、比と割合、平面図形での学習完成度が、そのまま得点差となって表れていると考えられます。

近年の出題から例を挙げると、平成24年度大問6の水量変化や、平成23年度大問5で出題された集合の問題、平成22年度大問5と平成21年度大問5で出題された図形の移動、平成20年度大問6の観覧車を題材にした問題などが、分岐点と思われます。

大半を占める標準問題をスムーズに解き進めることができれば、最後の大問7の思考力問題に取り組む時間は十分にあります。ここで得点差をつけることも可能でしょう。しかし平成22年度大問7のような超難問や、部分点がないため時間をかけて調べても答えにたどり着けないと無駄に終わってしまうなどの要注意問題もあります。

どの問題でしっかり得点すべきかを意識しながら、過去問演習を行いましょう。その他、明治大明治や学習院中等科の問題も参考に解いてみましょう。

国語

●問題文について

物語文1題と随筆文（あるいは随想的な論説文）1題のパターンが頻出です。文章の長さは標準より少し短めで、一見すると読みやすそうですが、表現や心情の細やかな理解が必要な高度な文章が多く見られます。行間から、心の交流や心情の変化を読み取る力が求められるのは毎年のことです。大人にしか理解できない文章ではなく、大人の視点を求める絶妙の出典が本校の特徴です。平成24年度には、森絵都《えと》の短編『銀色の町』が出題されましたが、内容が寓話《ぐうわ》的で難解でした。

●設問について

記号選択、空所補充、記述問題がまんべんなく出題されます。漢字・語句問題も毎年出ています。記号選択問題はここ数年、消去法で対応できる取り組みやすい問題が増えていますが、それでも表面的な解釈で臨むと間違えてしまう危険性の高い難問が含まれます。また記述問題は一見すると書きやすそうですが、本文の要素だけで完成できるものではなく、自分の言葉を的確に用いなければ正答できません。漢字・語句問題の難度は標準的です。

●対策

本校攻略のためには、まず問題文の内容を正確に把握することが大前提となります。前述のとおり、問題文は一見読みやすそうで実は高度な内容が扱われます。また問題も、思い込みや部分的な理解だけで解くとなかなか得点できないようにできています。

例えば平成24年度第1問（河野裕子『たったこれだけの家族』）は、アメリカに転居した筆者が、現地の学校になじめない息子・淳と、それを支える父親の姿を描いた随筆文でした。その問9で、「今の淳には、なぜこの父親が必要なのか。本文全体をふまえ、くわしく説明しなさい」とあります。

問6で、父親と過ごした後に淳が見せた表情が独特な表現で描かれた場面で、淳の表情がどのような意味を持つかが問われます。そこで、淳の心の傷みが癒されたことを踏まえられれば、大きなヒントになります。文章の後半では、父親の淳への態度が読み取れますし、問8で父親のとった淳との距離感を答えさせる問題があり、その解答もヒントになります。ただしそれだけでは、説明不十分です。淳自身がどのような問題を抱えて、どうした心境にあるのか。そして父親とのふれ

問題文のジャンル別難易度と文章量

出題年	物語文	説明文	随筆文	その他
H24	やや難		標準	
H23	標準		やや難	
H22	標準		やや難	
H21	標準		やや難	
H20	標準		標準	
H19	標準	標準		
H18	やや難（翻訳）	標準		

求められる力

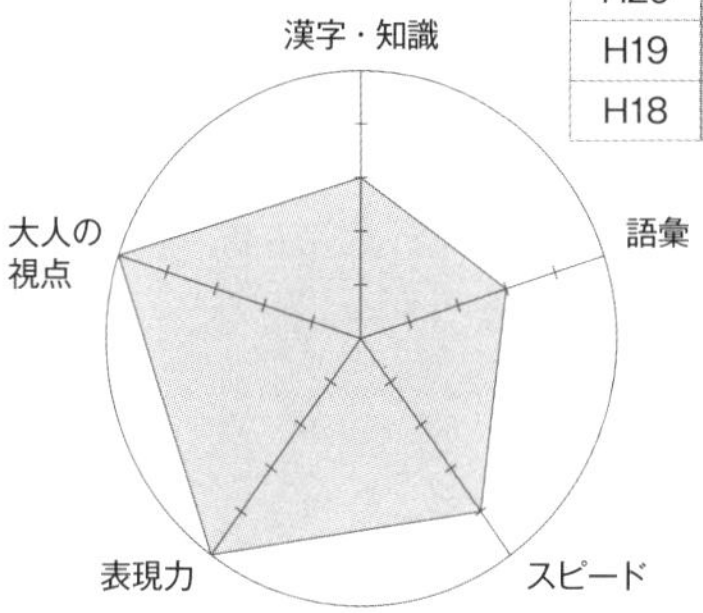

出題内容別の問題数

出題内容	問題数
漢字・知識・文法	10
客観問題・選択肢型	8
客観問題・書き抜き型	2
記述問題・60字未満	4
記述問題・60字以上	3
小問合計	27

合いを通して、淳がどのように変わったのか。問題にある「本文全体をふまえて」の指示に答えるには、そうした要素をすべて含める必要があります。文章の前半から、言葉の問題で現地の学校になじめない淳が、孤独感からいらだっていること、文章中盤以降から、そんな淳に対し父親が息子の置かれている状況を把握し、友だちのような感覚で接していること、淳の心の痛みを父親が和らげていることを組み合わせ、後は字数の調整となります。傍線部の表現だけにとらわれず、それまでに至る描写の流れや人物の心の動きを的確に踏まえ、時にほかの問題も活用しなければならないところに本校国語の難しさがあります。

記号選択、書き抜き、空所補充などの中には、基本的な問題も含まれます。それらを確実に正解し、応用問題でどれだけ得点できるかが合否を決めると言えます。記述問題にどれだけの時間を使えるかもポイントになるので、過去問演習を通じて、時間配分をしっかり意識する習慣を身につけましょう。

また、問題を解き進めることで、問題文の内容がさらに深く理解できるという点では、問題文の長さは異なりますが麻布の問題が同じような構成なので、参考にしましょう。

理科

試験時間が30分で大問数が4題となっています。小問が30問前後あって、文章記述問題や計算問題が多くあり、制限時間内でのレベルの高い処理能力が要求されています。

●**特徴的な問題**　コオロギの学習能力を調べる実験に関する問題（平成24年度）、種子が風によって運ばれる植物の特徴に関する問題（平成23年度）、タイヨウチョウという小鳥の各種行動の消費エネルギーと得られる花の蜜から効率を考える問題（平成22年度）、セダカスズメダイの生活範囲について考える問題（平成20年度）などがありました。知識を問うというより、思考力、分析力を問う問題がメインになっています。

●**対策**　表やグラフを用いた問題が多いので、これらのタイプの問題演習を数多くこなすことが重要です。知識問題はごく基本レベルなので、基本知識をひととおり復習した後は、発展的な問題の演習に時間を費やしてください。難関校向けの入試対策用の問題集も利用し、できる限り演習量を確保するとともにスピードアップも図りましょう。過去問演習は時間を意識しながら行ってください。

社会

大問数が3題となっています。基本的な知識を問う問題が多い中、解答欄が4行あるやや長めの記述問題が、ここ数年間、毎年2問ずつあります。

●**特徴的な問題**　日本三景の位置を地図から選び、半径50km（設問で半径何kmの円かと問われる）の円内に、都道府県庁、原子力発電所、新幹線の線路があるかどうかを問う問題や、世界各地の世界遺産の位置を地図から選ぶ問題（平成24年度）。奈良時代から明治時代までの文化を担った人物に関する6つの文章を時代順に並べるところから、さまざまな知識などを問う問題や、約20年間の公債金と国債費の変化を示したグラフから、わかることを記述させる問題（平成23年度）がありました。

●**対策**　歴史分野では複数の文章を時代順に並べ替える問題、地理分野では日本だけでなく世界の国や都市の位置を問う問題、また記述問題では資料の読み取りなどが例年出題されています。このような頻出パターンの問題への対策を、過去問演習はもちろん、その他のテキストも用いて意欲的に行うことが大切です。

通塾別学習対策

サピックス

算数●『デイリーサポート』Cプリントまで解けるようになりましょう。

国語●『デイリーサピックス』のBテキストの記述問題で、自分の言葉を的確に使って書く練習をしましょう。

理科●テキストは発展問題まで必ず目を通すようにしましょう。

社会●発展問題に出てくる記述問題に取り組みましょう。

日能研

算数●共通問題までは解けるようになりましょう。

国語●テストの記述問題の見直しを、塾の先生などの細かい指示を受けて進めましょう。

理科●物理の力学を中心に銀本の上位校の問題演習に取り組みましょう。

社会●カリキュラムテストから一歩進んだ学習を心がけるようにしましょう。

四谷大塚系

算数●『予習シリーズ』の練習問題まで解けるように。

国語●自分の言葉を使う記述問題対策に『予習シリーズ』以外の教材も活用しましょう。

理科●物理、化学の計算問題はテキスト以上のものに取り組みましょう。

社会●週テストの総合回レベルをしっかり解けるように。

理科 求められる力

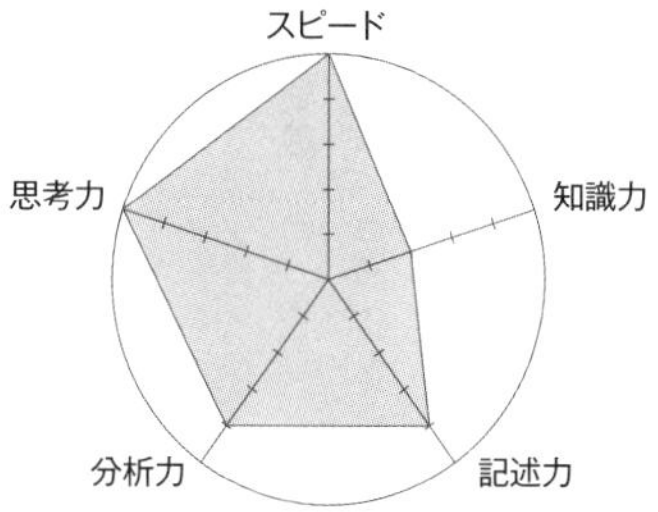

理科 出題形式の内訳と1問あたりの時間

内訳	H24	H23	H22	H21
大問数	4	4	4	4
小問数	32	33	28	33
選択	19	18	14	11
語句記述	2	6	6	6
文章記述	2	1	3	8
計算・数値記述	9	7	5	7
作図・その他	0	1	0	1
1問あたりの時間（秒）	56.3	54.5	64.3	54.5

社会 求められる力

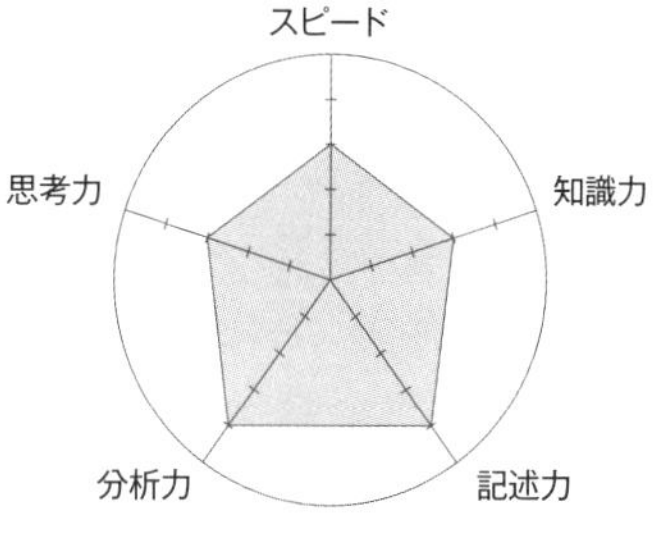

社会 出題形式の内訳と1問あたりの時間

内訳	H24	H23	H22	H21
大問数	3	3	3	3
小問数	39	36	26	34
選択	28	23	14	22
語句記述	8	9	8	6
文章記述	2	3	2	4
その他	1	1	2	2
1問あたりの時間（秒）	46.2	50.0	69.2	52.9

東邦大学付属東邦中学校

千葉県習志野市

内 外

試験日 1/21(前)・2/3(後)
発表1/23(前)・2/4(後)

面接なし

算	100点	45分
国	100点	45分
理	(前)100・(後)50点	(前)45・(後)30分
社	(前)100・(後)50点	(前)45・(後)30分

出願作戦

千葉最難関のひとつで、前期試験には東京御三家レベルの受験生が多く併願してくるため、激戦必至です。1月後半の市川、昭和秀英は偏差値が本校と近く、併願としては厳しいので、まずは前期試験前の1月前半に確実に合格を得ておくことが不可欠になります。江戸川取手は人気を集めるので、春日部共栄、獨協埼玉なども視野に入れましょう。

後期試験を受ける場合には、2月1日、2日で、男子では高輪、成城など、女子では江戸川女子、三輪田などから確実に合格が得られる組み合わせを考えるとよいでしょう。

＊東邦大医学部、薬学部、理学部に特別推薦枠があります。大学進学志望での文系と理系の比率は約4：6で、理系の強さが目立ちますが、高校では地歴公民を2科ずつ履修できるなど、文系志望者にも配慮したカリキュラムが用意されています。

算数

●**出題構成**

前期試験、後期試験ともに時間は45分で、設問数は18問程度、難易度比率は前期試験が標準79％、発展21％、後期試験が標準83％、発展17％でいずれも思考力の出題はありません。2回の試験に難度差はあまりなく、受験者平均点は55～65点で、合格者平均点は70～80点で概ね推移しています。

●**まず合格レベルを目指す**

出題内容を見ると、難問は出題されていませんが、幅広い単元からのよく練られた問題が多く、実力が得点に表れやすいと言えます。

各単元を分析すると、比と割合、速さを中心に典型題を習得していれば正解できる問題が多いのですが、平成22年度後期大問6と平成20年度後期大問3ではニュートン算が、平成22年度前期大問3ではN進法が出題されているので、塾教材の標準問題まではすべて解けるようにしましょう。

また、大問1、大問2は計算問題と小問集合で構成されています。工夫する計算問題や単位の換算なども出題されますが、一般的に使われている計算問題集よりもやさしい内容なので、必ず得点しましょう。

大問1、大問2でケアレスミスをしないことは当然ですが、本校の解答用紙は答えのみを記入する形式なので部分点がありません。ふだんから、解ける問題は1回で確実に正解を出すという厳しい姿勢で学習しましょう。

分野別出題傾向

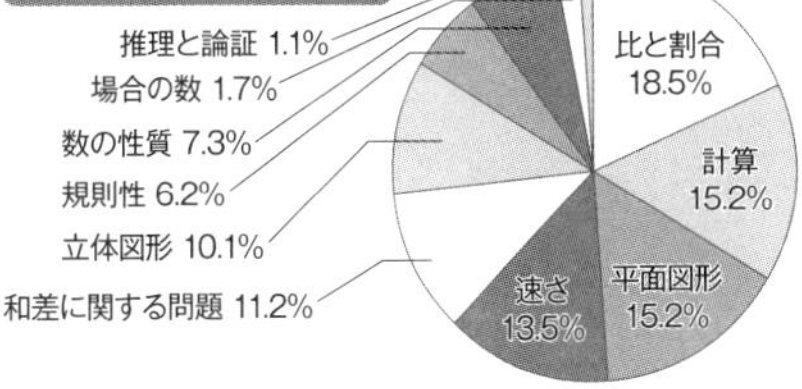

項目別出題ランキング

	項目	標準	発展	思考力	合計
1	四則混合計算	14	0	0	14
2	旅人算	9	1	0	10
3	点の移動	5	4	0	9
4	仕事算	7	2	0	9
5	和差算	4	2	0	6
6	還元算	6	0	0	6
6	計算の工夫	6	0	0	6
8	水量変化とグラフ	1	4	0	5
9	流水算	4	1	0	5
9	円とおうぎ形	4	1	0	5
9	相似形・面積比	4	1	0	5

●さらに算数で得点を伸ばすには

平均点が高い試験のため、算数で大きな得点差をつけることは困難ですが、平成24年度前期大問7の立体図形、同後期大問4の点の移動、大問6の図形の移動、平成23年度前期大問5の点の移動とグラフ、大問6の水量変化とグラフ、同後期大問4の図形を用いた和差算、平成21年度後期大問7の水量変化、平成20年度前期大問3の平均算、大問6の流水算などで得点ができれば、より有利となります。

また図形分野では、平成23年度前期大問3は、自分で三角形を90度回転させた図を書く必要がある問題。平成22年度前期大問6は、四角すいに糸を張り、その最短距離を求める問題。平成21年度前期大問3は、自分で立体図形の見取図を書く段階から考える必要のある問題。平成20年度前期大問7は、立体図形を2方向から切断する問題など、自分で作図できなくては解答できない出題があります。展開図などを面倒くさがらず、フリーハンドである程度正確に描けるように練習しながら復習するとよいでしょう。

国語

●**問題文について**

　説明文1題と物語文1題の構成です。文章の長さはいずれも標準的。ただし、説明文の多くは難度の高い文章です。文化論、言語論から自然を題材にしたものまでテーマはさまざまですが、いずれも構成のはっきりした論理性の高い文章で、語彙レベルも高めです。物語文の難度は多くが標準的ですが、平成24年度後期第2問（中沢新一『無人島のミミ』）のような難解な文章が今後も出題される可能性があるので、注意が必要です。

●**設問について**

　左ページ「出題内容別の問題数」表のとおり、読解問題では記述は出題されず、選択肢問題か書き抜き問題に集中しています。選択肢問題には難問が多く、選択肢同士の細かな違いを的確に見つけ出す力が求められます。書き抜き問題の難度は標準的で、空欄のある短文が与えられ、文中の言葉を書き抜いて穴埋めするタイプの問題です。制限時間45分が短く感じられる試験ではありませんが、選択肢問題に時間をかけすぎないなど、時間配分は意識して取り組みましょう。

●**対策**

　難度の高い選択肢問題への対応力と、豊かな語彙が求められる試験です。これまでの合格者平均点を見ると、概ね70点前後と高い水準で推移しており、取りこぼしのできない試験と言えます。

　まずは難度の高い論説文に慣れる必要があります。「フィードバック」「フィクション」といった語句に注釈がなく、そうした語句の意味が理解できなければ解答できない問題も出題されます。塾教材以外に、雑誌や新聞のコラムなど、大人向けの文章にふれる機会をより多く持つことも有効です。物語文は決して読みづらくはありませんが、「目を三角にして」「たけなわ」などの語句の意味が、まぎらわしい選択肢で問われます。語彙を増やすために、初見の語句は自分で意味を調べてノートにまとめるのがおすすめです。

　前述のとおり、記述問題のない点が特徴的です。漢字や語句問題以外は、選択肢問題と書き抜き問題になります。書き抜き問題はさまざまなタイプがありますが、難度は標準的です。書き抜き問題が苦手な場合は、早めに過去問演習をスタートして、難度を確認した上で、難しく感じるようであれば、他校の過去問も含めて少しでも演習量を多くするようにしましょう。

問題文のジャンル別難易度と文章量

出題年	物語文	説明文	随筆文	その他
H24前	標準	標準		
H24後	難	標準		
H23前	標準	標準		
H23後	やや難	やや難		
H22前	標準	やや難		
H22後	標準	難		
H21前	標準	やや難		
H21後	標準	やや難		

求められる力

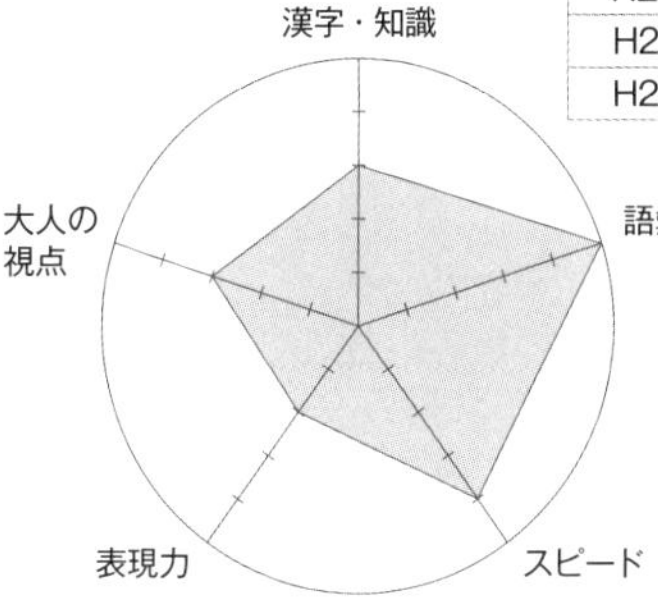

出題内容別の問題数

出題内容	問題数
漢字・知識・文法	6
客観問題・選択肢型	14
客観問題・書き抜き型	4
記述問題・60字未満	0*
記述問題・60字以上	0
小問合計	24

＊平成21年度以降は、平成22年度後期に2問のみ出題

一方、選択肢問題には難問が頻出です。とくに説明文は文章の難度も高く、その内容理解を踏まえた問題が出されます。

例えば、平成23年度前期第1問（橋本淳司『67億人の水』）は水問題の解決方法をテーマとした説明文です。問5では、石油の供給量がピークを迎えたことで、転換期に立った現代農業がどのように転換していくべきかが問われます。いずれの選択肢も後半部は化石燃料についての言及で共通しています。本校では、このように共通する語句や表現をすべての選択肢に含ませるパターンが多く見られます。文章中に化石燃料の消費量が少なくあるべき、との筆者の考え方がはっきりと書かれているので、本問では、化石燃料の「消費量をおさえて」の選択肢アが最有力の候補になり、その上でアの文章の前半部を見ると、本文内容と相違しないため、アで確定します。

このように、選択肢の文章が一見長く難しい印象でも、構成に注意して共通点、相違点を本文と照らし合わせれば解答に行き着けます。早めに過去問演習に着手して本校の出題パターンに慣れるとともに、豊島岡女子や聖光学院の選択肢問題も参考にしましょう。

理科

前期試験は試験時間が45分で大問数が7題、後期試験は30分で配点は前期の半分となっています。前期試験の内訳は物理、化学、生物、地学それぞれ1～2題の計7題。解答形式は選択問題と計算問題が中心で、文章記述や作図問題は出題されず、その形式はここ数年変化がありません。

●**特徴的な問題**　まず挙げられるのは時事問題です。ニホンウナギの卵の採集に成功したことに関する問題（平成24年度前期）、世界初の宇宙ヨット「イカロス」、金星探査機「あかつき」、小惑星イトカワの探査を終えてカプセルが地球に帰還した「はやぶさ」の3つの名称を問う問題（平成23年度前期）、皆既日食が起きた地域を問う問題、（平成22年度前期）など。

●**対策**　典型問題が中心なので幅広く正確な知識を身につけることが大切です。前期試験は大問数が多いので苦手分野をなくして本番を迎えること、計算問題はまず基本から標準問題を確実に解けるようにすることが必要となります。また、毎年時事問題が出題されているので、ふだんから理科に関するニュースにアンテナを張っておきましょう。

社会

例年、前期試験の大問が3題、小問が30問前後で、ほとんどが選択問題。とくに地理分野で分析力を要求される問題が多いので、この特徴に慣れましょう。また、地理、歴史、公民3分野からまんべんなく出題されています。

●**特徴的な問題**　「終末時計」について、まず選択文章の中から2002年以降の日本と世界の出来事が書いてあるものを選び、さらに針の増減から2011年は人類が迎える終末の何分前になるかを計算させる問題（平成24年度前期）。日本の気候を題材とした地理総合問題で、新潟市、高知市、長野市、岡山市に当てはまる気候の表を選んだ上で、それを北から順に並べる問題（平成23年度前期）などがありました。

●**対策**　地理分野において読み取りが比較的難しいグラフが出題されることがあるので、ふだんからグラフを使った問題に多く接することが大切です。まずはじっくり丁寧にグラフを読み取る作業からはじめ、徐々に注目すべき数値、変化の背景まで深く考察していく訓練を重ねましょう。また、正誤問題では語句の正確な読み取りが重要です。

通塾別学習対策

サピックス

算数●『デイリーサポート』Cプリントまで解けるようになりましょう。

国語●マンスリーテストの選択肢問題で、とくに選択肢の長い問題は必ず復習しましょう。

理科●物理、化学はテキストの発展問題まで取り組みましょう。

社会●テキストの基本問題に出てくる知識をしっかり習得しましょう。

日能研

算数●共通問題はすべて解けるようになりましょう。

国語●カリキュラムテストで、短文での空所補充問題を重点的に復習しましょう。

理科●とくに物理分野の計算問題に重点的に取り組みましょう。

社会●カリキュラムテストと『メモリーチェック』を確実に押さえましょう。

四谷大塚系

算数●『予習シリーズ』の練習問題まで解けるようにしましょう。

国語●合不合判定テストで全体正答率の低い選択肢問題を詳しく復習しましょう。

理科●生物は『四科のまとめ』の知識をしっかり覚えましょう。

社会●地理、歴史分野は『予習シリーズ』を繰り返しましょう。

理科 求められる力

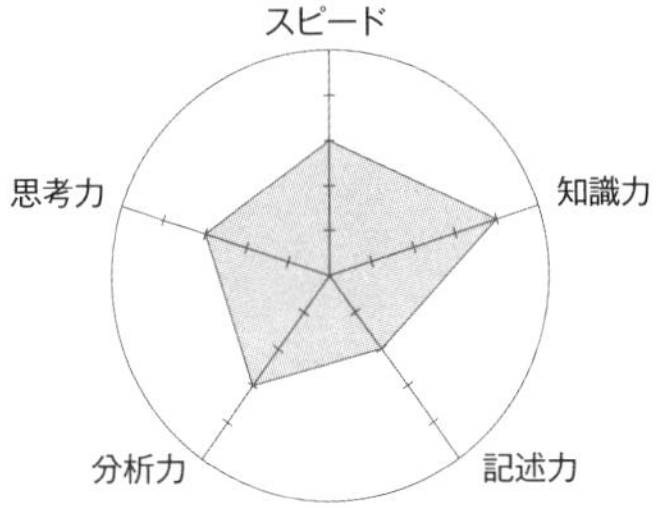

理科 出題形式の内訳と1問あたりの時間

内訳	H24前	H24後	H23前	H23後	H22前	H22後
大問数	7	4	7	4	7	4
小問数	25	10	25	10	25	11
選択	13	5	16	4	10	5
語句記述	1	0	0	1	1	0
文章記述	0	0	0	0	0	0
計算・数値記述	11	5	9	5	14	6
作図・その他	0	0	0	0	0	0
1問あたりの時間（秒）	108.0	180.0	108.0	180.0	108.0	163.6

社会 求められる力

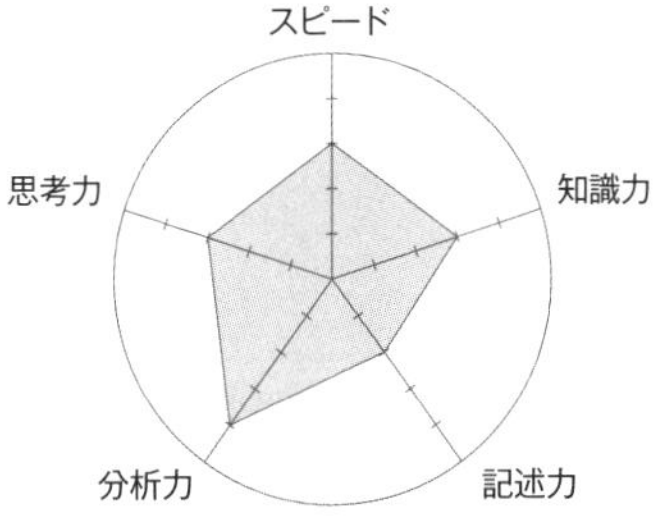

社会 出題形式の内訳と1問あたりの時間

内訳	H24前	H24後	H23前	H23後	H22前	H22後
大問数	3	3	3	3	3	3
小問数	30	25	30	26	29	25
選択	28	21	29	21	24	21
語句記述	2	3	1	4	5	3
文章記述	0	1	0	1	0	1
その他	0	0	0	0	0	0
1問あたりの時間（秒）	90.0	72.0	90.0	69.2	93.1	72.0

東洋英和女学院中学部

東京都港区

内 外（斜線） 👤

試験日 2/1(A)・3(B)
発表2/2(A)・4(B)

面接あり

	算	国	理	社
点	100点	100点	60点	60点
分	45分	45分	30分	30分

出願作戦　1日のA日程では2日の青山学院、白百合学園、3日のB日程では雙葉との併願が見られるため、上位層との戦いになることを十分に念頭に置く必要があります。とくにB日程は難化する可能性が高いので、2日に恵泉女学園、山脇学園、実践女子などを候補とする必要があります。

1月校では、国府台女子はリスクが高いので、獨協埼玉や大宮開成なども視野に入れましょう。2月校では、頌栄女子や普連土学園などだけでなく、田園調布学園、八雲学園、品川女子なども含めると、選択の幅が広がります。

＊東洋英和女学院大学への推薦入学は1割程度で、基本的には他大学を受験するケースがほとんどです。英語教育には定評があり、中1でクリスマス劇、中2にはスピーチコンテスト、中3では演説や詩の暗唱といった特別プログラムが設置されています。

算　数

●**出題構成**

平成21年度より試験時間と配点比率が変更され、両日程試験ともに時間は40分から45分へ5分の延長、配点は算国：理社＝5：4から5：3へと算数、国語の比重が増しました。

両日程を比較すると難度は同程度、難易度比率は標準78％、発展18％、思考力4％です。

●**まず合格レベルを目指す**

本校の出題形式は、大問9題構成が大半で、大問1は計算問題が3問、大問2は5問構成の小問集合、大問3になると等積変形・移動を用いる円とおうぎ形の求積が現れます。中盤の大問5くらいで推理と論証や条件整理などの発展問題、さらに水量変化とグラフ、速さとグラフ、思考力問題も見られます。

大問1の計算問題は複雑なものではなく、大問2の小問集合も毎日の計算問題集レベルなので、大問2までは全問正解することが必須です。左のランキング表の速さとグラフ、水量変化とグラフ、円とおうぎ形は毎回出題されています。いずれも難問ではありませんが、円とおうぎ形では丁寧に等積変形・移動を行うこと、グラフ問題では順序よく状況整理を行い、正確な計算処理ができるかどうかが、得点するためのポイントとなっています。

　また合格者平均点から、本校合格者は比と割合の文章題（相当算が多い）と、和差に関する文章題（つるかめ算や過不足算が多い）を、確実に得点していると推測されます。

分野別出題傾向

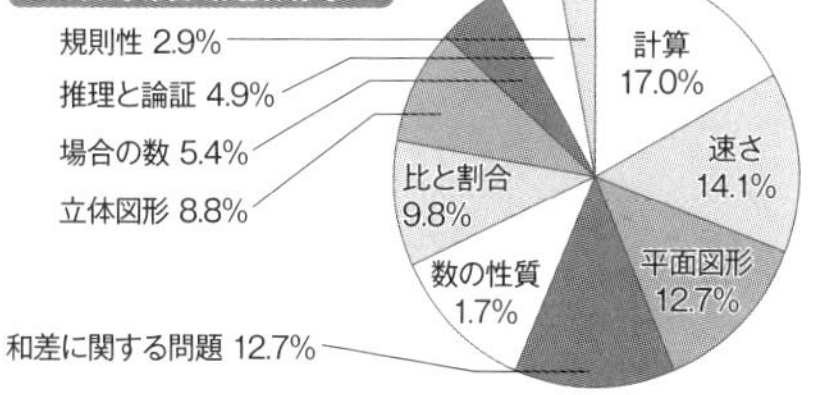

項目別出題ランキング

	項目	標準	発展	思考力	合計
1	四則混合計算	30	0	0	30
2	速さとグラフ	9	4	0	13
3	点の移動	12	1	0	13
4	水量変化とグラフ	10	2	0	12
5	公約数・公倍数	9	1	0	10
6	つるかめ算	6	2	1	9
7	円とおうぎ形	6	3	0	9
8	場合の数	4	3	1	8
9	相当算	7	1	0	8
10	約束算	7	0	0	7

●さらに算数で得点を伸ばすには

　前述のとおり、平成21年度より試験時間は5分長くなりましたが、出題数は20問程度が維持されています。また、配点が50点満点から100点満点へ変更され、1問あたりの配点も倍になったことにより、部分点の与え方が細かくなったことが、合格者平均点の上昇に関係していると考えられます。

　その結果、算数の成績が安定しており、記述式の解答形式を得意とする受験生にとっては、算数で大きく得点差をつけることができる試験となりました。

　算数が得意なら前述の頻出単元はすべて正解することが可能ですが、平成21年度B日程大問8のような点の移動の問題にも正解できると、合格者平均点程度の学力が備わっていると言えます。

　また、立体図形は水量変化とグラフの出題が大半です。平成24年度は両日程ともグラフはありませんが、計算の正確さが得点差に直結する出題でした。正解することが最も理想的ですが、途中式で自分の考え方をしっかり表現し、部分点を獲得することも重要です。過去問演習でそれらの点を徹底しましょう。

国語

●**問題文について**

近年、随筆文か物語文が中心に出題されています。毎年ではありませんが、詩歌の入門書や鑑賞文などから、詩歌をめぐる文章が引用されることが多くあり、詩の表現技法を問われることもあるので、対策が必要です。全体的にほかの多くの女子校と同様に、論理構成がしっかりとした文章よりも、文学的な文章が選ばれる傾向にあり、随筆文が比較的難しいことが多くなっています。

●**設問について**

解答時間は45分で、文章読解の大問が1題もしくは2題出題されています。言語要素だけの独立の大問はありません。文章読解の中で漢字、四字熟語、対義語、文法問題などがバランスよく配され、知識の面からも国語力が総合的に問われています。

記述問題の割合が高く、読解力だけでなく、読み取った内容や自分の考えを客観的に説明できる表現力が問われる試験です。全体的に、受験生が小学生という年代であることに十分に配慮し、難しい漢字や語句にはふりがなや語注をつけるなど、小学生に無理のない範囲に収めるよう工夫されています。標準的な問題が中心ですが、同時に、力の差はつくように、よく考えられた問題構成になっています。

●**対策**

本校の問題では、子どもながらに他人の境遇や心情を思いやり、しみじみと共感を持てることが求められ、含みのある表現の意味を正しくとらえられているかが試されます。また、文章表面では表現されていない情緒を感じ取り、感受性豊かに文学作品を読み味わえることも重視されます。そのため、問題文をじっくりと読みたくなるような、文学的な香りを持った文章から多く引用されます。平成21年度B日程はそうした本校の特徴がよく出た問題です。問題文は水上勉『土を喰ふ日々』で、本校の中でも難度が高めですが、問15はとくに本校の典型的な問題と言えます。

問題文の内容は、少年時代を過ごした禅寺の和尚《おしょう》の娘と、長年を経て再会した著者が、今は亡き和尚の妻が著者にと遺した心のこもった古い梅干しを受け取った体験や、著者が梅干しに抱く特別な思いがつづられた随筆文です。大正生まれの作家の文章ということもあり、本文内には語注が多数設けられていました。

問15は、著者が源義経に自分の思いを重ねながら梅

問題文のジャンル別難易度と文章量

出題年	物語文	説明文	随筆文	その他
H24A	標準		標準	
H24B		標準	標準	
H23A	やや難 ★			
H23B			やや難	やや難(短歌と入門)
H22A			標準	
H22B			やや難 ★	
H21A	やや難			※(詩と鑑賞文)
H21B			難 ★	

求められる力

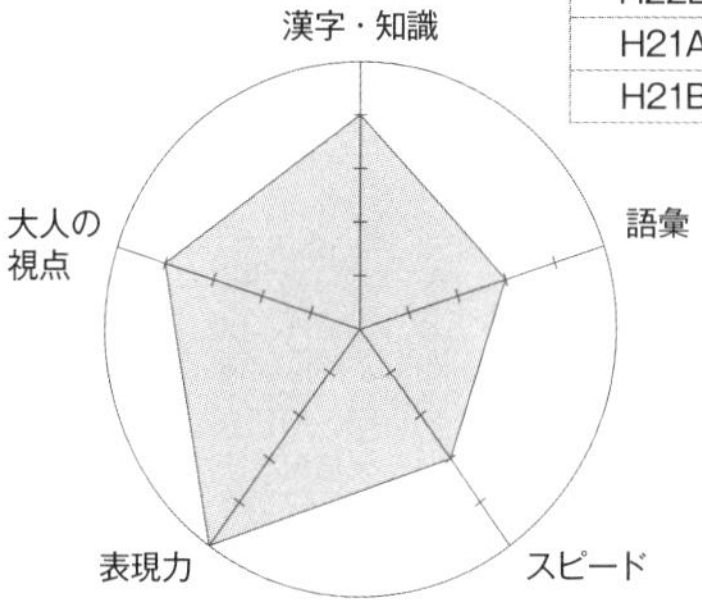

出題内容別の問題数

出題内容	問題数
漢字・知識・文法	9
客観問題・選択肢型	13
客観問題・書き抜き型	2
記述問題・60字未満	7
記述問題・60字以上	1
小問合計	32

干しを漬けるという部分に関する記述問題で、著者が推し量る義経の気持ちを説明する内容でした。兄・源頼朝のため懸命に戦った義経が、その兄に追われる身となるという悲哀を理解できるかが解答のポイントになります。ちなみに義経が兄に追われるという内容は本文ではなく、義経についての語注に記されていました。語注も含めて、与えられた情報のどこからでも解答の鍵を見つけようとする姿勢も大切です。

設問の難度は総じて標準的なので、銀本や塾テキストから中程度の難度の問題を選び、じっくり精読しながら丁寧に解く学習が効果的です。記述問題では150字以内といった大きな字数の文章を書かされることもあり、注意が必要です。平成24年A日程第2問・問9に見られるような、文章の内容を踏まえ自分の経験と関連させる作文タイプや、「自分の言葉で」と指定された記述問題も見られます。言いたいことを客観的に伝えられる確かな文章力を培うために、文章を添削してもらう機会を多くつくりましょう。物事に接したときに自分なりの豊かな感想を持つことも必要です。どう書くか戸惑う場合は、日々の出来事やニュース、本の内容などについて家庭内で感想を言い合うことからはじめてみましょう。

理科

試験時間が30分で、大問数は4分野から1題ずつの4題となっています。小問数は40問前後ですが、作図問題や文章記述問題が含まれていることを考えると、ある程度のスピードが要求されていると言えます。

●特徴的な問題　エサの違いによるおたまじゃくしの育ち方の違いについて、実験結果から考える問題（平成24年度A日程）、アゲハチョウのさなぎの色が決定する要因について調べた実験に関する問題（平成23年度A日程）、鍾乳洞のでき方や岩石について問う問題（平成23年度B日程）、植物の葉から他の部分に養分が運び出されることについて、実験結果から考察する問題（平成22年度A日程）などがありました。

●対策　まず標準的な知識問題を素早く解く練習が必要です。その際、間違えたところは教科書を読み直して復習するなど、暗記だけに頼らない学習をしましょう。また特徴的な問題からもわかるように、実験に関する問題が多く出題されています。とくに生物分野の問題が多い傾向にあるので、生物関連の実験問題は十分に演習を重ねて準備しておくとよいでしょう。

社会

大問数は2～4題。小問数は35問前後で大きな変化はありません。語句記述問題と一行記述問題が多いことが特色となっています。

●特徴的な問題　知る権利を保障するために2001年に制定された法律（情報公開法）を答えさせる問題（平成24年度A日程）。1890年に国家主義教育を強めるために発布されたものは何か（教育勅語）を答えさせる問題（平成24年度B日程）。織田信長が天下統一を進めることができた理由を、年間の稲作カレンダーと信長が起こした戦との関係を示した表を参考に問う問題や、韓国に関して、仁川《インチョン》国際空港を題材にハブ空港や竹島の位置を問う問題（平成23年度A日程）。南アフリカ共和国について、レアメタルやアパルトヘイトを問う問題（平成23年度B日程）など。

●対策　まず基本的な用語を確実に押さえることが重要となります。そして地形図や表、グラフを用いた問題に慣れることも必要です。また日本とつながりの深い外国については時事問題と関連づけて出題されることがあるので、この点注意が必要となります。

通塾別学習対策

サピックス

算数●『デイリーサポート』Cプリントまで解けるように。

国語●『デイリーサピックス』のBテキストの記述問題に取り組み、正解文もよく見て参考にしましょう。

理科●記述、作図問題対策を副教材などを利用し進めましょう。

社会●マンスリーテストで地図を題材にした問題をしっかり復習しましょう。

日能研

算数●全単元の共通問題と、グラフ問題は応用問題の前半部分まで解けるようになりましょう。

国語●塾で配られた教材の中から記述問題を選び出して、書く力を徹底的につけましょう。

理科●銀本などを利用し、本校と同じ試験時間の学校の問題を解くのが有効。

社会●テキストをもとに日本と関係の深い外国について自分なりにまとめると効果的です。

四谷大塚系

算数●『予習シリーズ』の練習問題まで解けるようにすること。

国語●『予習シリーズ』や模擬テストの記述問題を重視し、最後に解答の解説文も読みましょう。

理科●『四科のまとめ』を活用し、知識を素早く活用できるようなスピード力を身につけましょう。

社会●白地図などを有効活用し、地図問題に強くなりましょう。

理科 求められる力

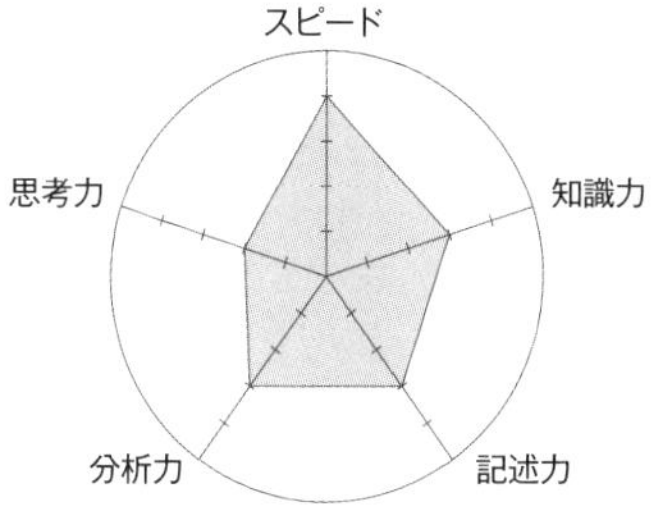

理科 出題形式の内訳と1問あたりの時間

内訳	H24A	H24B	H23A	H23B	H22A	H22B
大問数	4	4	4	4	4	4
小問数	33	35	37	34	34	37
選択	19	23	28	16	19	26
語句記述	6	3	5	7	5	2
文章記述	3	1	2	4	2	1
計算・数値記述	5	6	0	6	6	7
作図・その他	0	2	2	1	2	1
1問あたりの時間(秒)	54.5	51.4	48.6	52.9	52.9	48.6

社会 求められる力

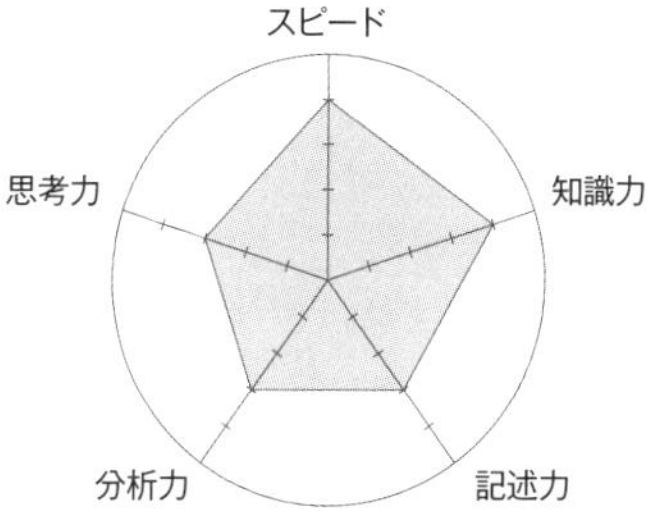

社会 出題形式の内訳と1問あたりの時間

内訳	H24A	H24B	H23A	H23B	H22A	H22B
大問数	3	3	2	4	4	3
小問数	33	37	35	31	36	37
選択	6	9	4	2	9	12
語句記述	18	25	25	23	22	20
文章記述	7	3	5	6	5	5
その他	2	0	1	0	0	0
1問あたりの時間(秒)	54.5	48.6	51.4	58.1	50.0	48.6

豊島岡女子学園中学校

東京都豊島区

㊋ 外

試験日 2/2・3・4
発表2/3・3・4

面接なし

算	100点	50分
国	100点	50分
理・社	計100点	計50分

出願作戦　2月1日に桜蔭か女子学院を受験し、2日に本校というパターンが多いので、第1回は厳しい戦いになります。1月校、2月1日校は進学を考えられる学校を選び、確実に合格しましょう。全回受験を考えるならばなおのことです。

1月校では浦和明の星、栄東（東大選抜）などの人気校はリスクが高いので、淑徳与野、栄東（ＡＢＣ）、西武文理なども考慮に入れましょう。

1月に合格していても、あくまで本校を第一志望とするならば、1日も確実な選択が必要です。鷗友女子、吉祥女子などは激戦必至なので、できれば頌栄女子、大妻などまで視野を広げましょう。

＊東大入試問題分析集の作成など、塾に行かずとも最難関大学に合格させる環境が整っています。医学部医学科への現役合格も躍進しています。平常心を養うための「運針」は変わらず行われています。

算数

●出題構成

試験時間は50分で、設問数は18問、難易度比率は標準70％、発展23％、思考力7％、解答形式は答えのみです。

第1回試験、第2回試験ともに合格者平均点と受験者平均点に15～20点の開きがあり、合格者の学力は非常に高いことがわかります。

●まず合格レベルを目指す

全単元から幅広く出題されていますが、計算問題と数の性質の一行題で構成されている大問1と、特殊算の一行題で構成されている大問2は、標準的な典型題ばかりなので、取りこぼしは厳禁です。また、出題比率の低い数の性質、和差に関する問題は、ほとんど小問集合で出題されています。大手塾のテストで正答率が40％以上の標準問題は、全単元の問題が解けるように演習しておきましょう。

大問3～5は速さ、平面図形、比と割合、規則性、場合の数が中心で、さらに平成21年度以降は最後の大問6で立体図形が出題されています。速さ、比と割合は、(1)は正解を求めやすいのですが、その後は計算処理が複雑なため得点差がつくと思われます。また正解できたとしても、時間をかけてしまうとそれ以降の問題にじっくり取り組めません。

家庭学習の際には、1問ずつ解いて答え合わせするのではなく、15問程度の問題を50分で解くなど、制限時間の感覚を養うことが大切です。

分野別出題傾向

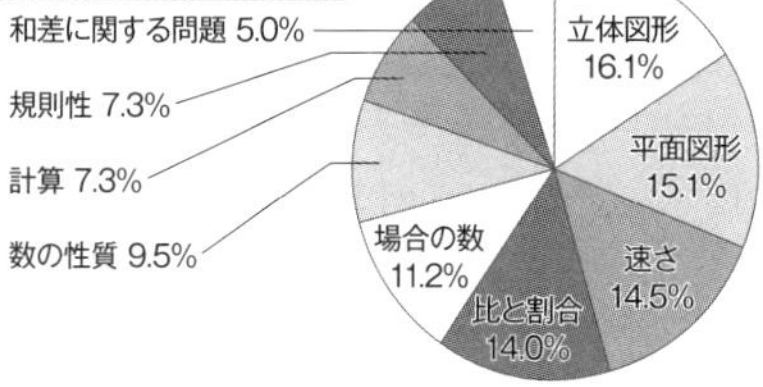

項目別出題ランキング

	項目	標準	発展	思考力	合計
1	場合の数	5	7	7	19
2	相似形・面積比	14	3	0	17
3	旅人算	6	4	0	10
4	速さとグラフ	5	2	1	8
5	四則混合計算	8	0	0	8
6	周期算	2	2	3	7
7	立体図形の切断	3	4	0	7
8	つるかめ算	5	0	1	6
9	数の性質	4	2	0	6
10	体積	5	1	0	6

●さらに算数で得点を伸ばすには

合格者平均点は、両回試験ともに80点程度で推移しています。試験時間と問題の量、レベルを考えると、大手塾のテスト偏差値が65（サピックスは60）以上でなければ厳しいところです。

本校受験生の大半は桜蔭との併願者です。問題作成者が、それを意識しているかどうか定かではありませんが、平成21年度第1回大問4の紙を折り返し切断する問題などの平面図形、平成20年度第1回大問4の正六角形を題材にした相似形・面積比、近年出題されはじめた立体図形の切断などは、桜蔭受験者であれば塾の志望校対策で学習しています。

つまり桜蔭との併願受験者なら、桜蔭の対策と本校の過去問を学習すると合格水準に達することが可能です。一方、本校が第一志望の受験生は、彼女たちと互角に渡り合うだけの準備が必要です。本校の過去問だけではなく、桜蔭の過去問も小問集合や速さ、立体図形を中心に解きましょう。

また、早稲田や巣鴨の問題で、切断方法や展開図への反映方法などを演習するとよいでしょう。

国語

●**問題文について**

物語文や随筆など文学的文章が1題、随筆的内容を含む説明的文章が1題、計2題の長文が出題されるという傾向は一定しています。問題文は全般的に難しく、同じ年度で比較すると第1回より第2回の難度が高くなることが多くあります。文学的文章は、子どもが登場する物語の場合、一見親しみやすそうでもやさしい内容とは言えません。説明的文章は、抽象的な文章が出題されることが多く、ほぼ毎回難しいと考えておく必要があります。「一般化」「普遍」「象徴」など、重要語を押さえておくことも大切です。

平成23年度第2回の村田喜代子『故郷のわが家』は、現実と幻想的な回想が入り混じった特殊な味わいの物語でした。そのため、難しく感じた受験生も多かったでしょう。説明的文章の難しさには定評がある学校ですが、物語文でもこうした難解な文章が出題されることに、注意が必要です。

●**設問について**

50分の解答時間で、総問題数は30～35問程度です。漢字は3～4問出題されています。熟語、四字熟語などはありますが、文法的な問題は近年出題されていません。近年、書き抜きや記号選択など客観問題がほとんどを占めていましたが、平成24年度には40～50字の記述問題が出され、傾向に変化が見られました。今後注意が必要です。

●**対策**

本校の問題は、「悪事を阻止するヒーロー」「厳しい社会規範」「個人の抑圧」といった大人っぽい言い回しが頻繁に出てくることが大きな特徴です。それは、説明的文章の文中だけでなく、文学的文章の選択肢問題の文章にも現れます。

また、内容一致の選択肢問題が多く出題されます。選択肢は常に5つですが、それぞれがある程度の長さなので、選択肢だけでも相当な分量を読むことになります。難しい語を含む文章であっても、自在に読みこなせなければなりません。言葉力の問題集に取り組む、意味調べをこまめにするといったことも大切ですが、すべての語を網羅することは不可能です。一定以上のレベルの説明的文章などを早くから多読するようにし、知らない熟語でも、前後の文章を読めば意味が自然と類推できる状態にまで達することがベストです。

前述のとおり、本校の説明的文章は難度が高く、抽

問題文のジャンル別難易度と文章量

出題年	物語文	説明文	随筆文	その他
H24①	標準	やや難		
H24②	やや難	難		
H23①	やや難	やや難		
H23②	難	難		
H22①	やや難	やや難		
H22②		難	難	
H21①	標準	難		
H21②	やや難	難		

求められる力

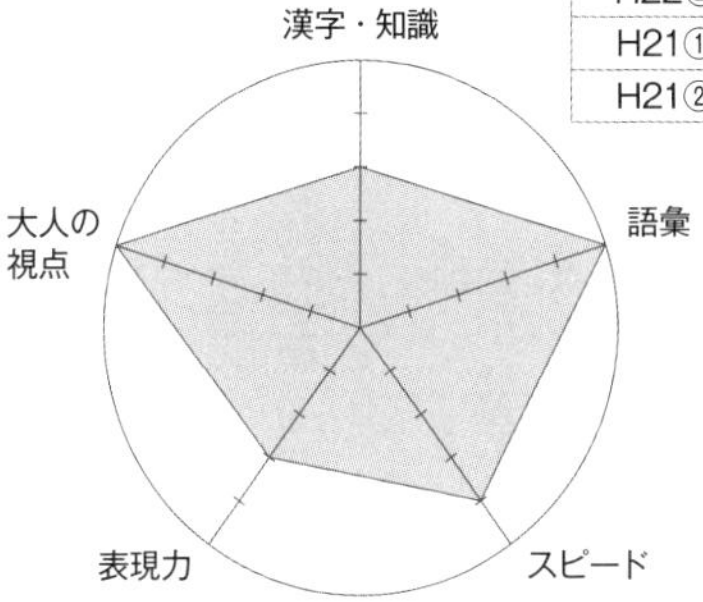

出題内容別の問題数

出題内容	問題数
漢字・知識・文法	4
客観問題・選択肢型	17
客観問題・書き抜き型	4
記述問題・60字未満	2
記述問題・60字以上	0
小問合計	27

象的な文章も出題されるため難しさを感じることがあるでしょう。抽象度の高い表現をあいまいな理解のまま読み進めていって、自分でも気がつかないうちに文章の筋道を見失ってしまうことは、大人でもあります。抽象的な表現に出合ったら、ことごとく具体的な事例を思い浮かべ、置き換えて読むようにしましょう。そうすることで、説明的文章の読解に適した発想力やイメージ能力がトレーニングでき、最終的には問題文を読みこなせるレベルまで到達します。

いずれの対策も時間がかかることなので、確実に合格するには、早い段階で近年の過去問でどのようなレベルの問題が出ているかを確認しましょう。目標から逆算して、5～6年生でどこまでやっておくべきかを考え、計画を立てていくことが大切です。

平成23年度第2回の外山《とやま》滋比古《しげひこ》『異本論』、平成21年度第1回の五明《ごみょう》紀春《としはる》『(食)の記号学』は、言語表象論や記号論といった、現代哲学に通じる内容の文章でした。哲学的な文章を扱った問題はそうたくさん出ることはないものの、同じようなジャンルの文章に慣れるために、問題形式は違いますが、渋谷教育渋谷の哲学的文章を扱った過去問などを解くとよい練習になるでしょう。

理科

本校は、理科と社会を合わせて50分で解く試験形式になっています。難度の高い計算問題が多く出題されることが特徴です。地学や生物では思考力を必要とする問題がいくつか見られるため、全体としてレベルの高い問題であると言えます。

●**特徴的な問題**　季節による月の南中高度の違いや緯度による日の出の時刻の違いを考える問題（平成24年度第2回）、熱気球を浮き上がらせるための浮力を計算する問題（平成23年度第2回）、水酸化ナトリウムが水に溶けたり中和したりするときに発生する熱についての問題（平成22年度第1回）、地球と火星の公転周期の違いから火星の見え方を推測する問題（平成21年度第2回）などがありました。

●**対策**　難度の高い計算問題を数多く演習することが重要となります。化学の水溶液や気体、物理の力のつり合いや熱や音など、幅広く計算練習を積み重ねましょう。地学、生物も知識を暗記しただけでは解けないような問題が多く見られます。入試対策用の問題集などでいろんな問題に取り組み、演習の中で知識をつけ、理解を広げていくとよいでしょう。

社会

大問数が2～3題で小問数が25問くらいです。解答形式は選択問題と語句記述問題が中心で、短文記述問題が数問となっています。

●**特徴的な問題**　衆議院本会議に出席した人数（議長を含む）から、通常議案が可決されるのに必要な人数を算用数字で答える問題（平成24年度第1回）。甲府盆地でブドウや桃の栽培がさかんな理由を、気候以外の地形や土壌の特質から答える問題、「ソーシャルメディア」という言葉を答える問題(平成24年度第2回)。オバマ大統領のプラハ演説の内容を含んだ、「核」をテーマとするリード文をもとにした総合問題や、LEDを利用している信号機が北海道、東北、北陸地方には向いていない理由を問う記述問題（平成23年度第1回）。世界金融危機と日本経済に関するリード文からギリシャの位置など幅広く問う問題（平成23年度第2回）などがありました。

●**対策**　知識問題が多いので、知識をまんべんなく習得し、漢字で書けるようにしましょう。また、理科と合わせて50分という試験時間をどのように使うのか、時間配分の訓練を十分重ねておくことが重要です。

通塾別学習対策

サピックス

算数●『デイリーサポート』Dプリントまでと、立体図形の切断プリントを解きましょう。

国語●『デイリーサピックス』のBテキストの文章でもハイレベルに的を絞り、全体を熟読しましょう。

理科●物理、化学の計算問題は発展問題まで取り組みましょう。

社会●『コアプラス』を活用して漢字での用語の定着を繰り返し図りましょう。

日能研

算数●応用問題まで解き、立体図形はとくに演習量を増やしましょう。

国語●『本科教室』の解説まで熟読し、銀本で難度の高い問題を解きましょう。

理科●典型的な計算問題は銀本を利用して取り組みましょう。

社会●地理、歴史はカリキュラムテストの復習を中心に行いましょう。

四谷大塚系

算数●『予習シリーズ』だけでなく、『難問題集』も解きましょう。

国語●『予習シリーズ』や『演習問題集』の難度の高い問題まで取り組みましょう。

理科●過去問演習を繰り返し、物理、化学問題に慣れましょう。

社会●選択問題で間違ったところはテキストで確認するようにしましょう。

理科 求められる力

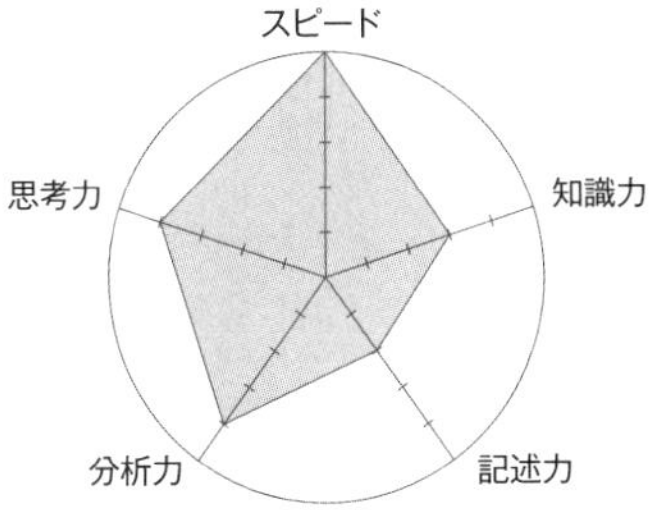

理科 出題形式の内訳と1問あたりの時間

内訳	H24①	H24②	H23①	H23②	H22①	H22②
大問数	4	4	4	4	4	4
小問数	25	25	27	20	22	27
選択	10	12	15	12	10	14
語句記述	4	4	6	1	2	5
文章記述	0	0	0	0	0	0
計算・数値記述	11	9	6	7	9	7
作図・その他	0	0	0	0	1	1
1問あたりの時間（秒）	60.0	60.0	55.6	75.0	68.2	55.6

社会 求められる力

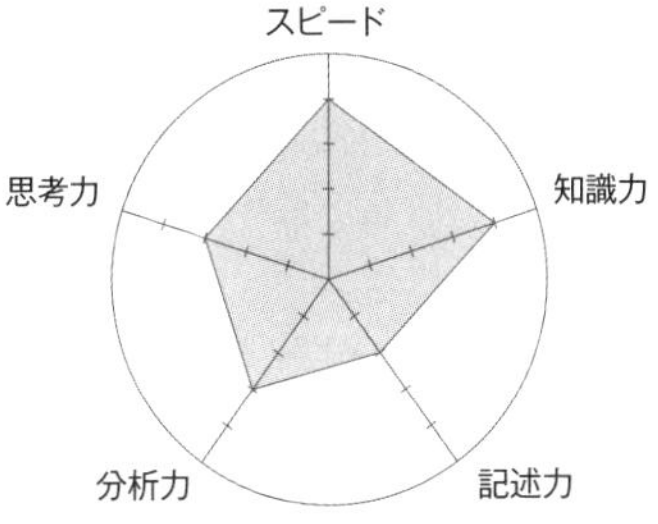

社会 出題形式の内訳と1問あたりの時間

内訳	H24①	H24②	H23①	H23②	H22①	H22②
大問数	3	3	3	2	3	3
小問数	27	25	25	26	24	25
選択	17	15	16	15	15	15
語句記述	8	7	7	10	8	9
文章記述	2	2	2	1	1	1
その他	0	1	0	0	0	0
1問あたりの時間（秒）	55.6	60.0	60.0	57.7	62.5	60.0

フェリス女学院中学校

神奈川県横浜市

試験日 2/1
発表2/2

面接あり

教科	配点	時間
算	100点	50分
国	100点	50分
理	60点	30分
社	60点	30分

神奈川女子最難関校であり、県外の多数の成績上位生も第一志望にします。

出願作戦

地域的に1月校の選定が難しいところです。通学時間が多少長くなりますが、淑徳与野、栄東（ABC）、国府台女子、西武文理などから通える距離の学校を選びましょう。

2月校では、洗足学園、鎌倉女学院などとの併願が多く見られますが、より安全な組み合わせとしては、午後受験もある山手学院、中央大横浜山手や、田園調布学園、桐蔭学園（理数）などがおすすめです。

＊細かな校則がなく、例えば制服の上にはおるものは、襟が正しく出ていればOKと、生徒の個性が重視されています。フェリス女学院大学への推薦希望者はほとんどいません。センター試験受験者は9割超で、大学現役進学率は75%前後となっています。

算数

●出題構成

平成23年度より試験時間が45分から50分に変更されました。設問数は17問程度で、難易度比率は標準67%、発展22%、思考力11%です。

問題用紙と解答用紙が一体になっており、後半では記述式の問題が出題されます。70点前後得点できると十分に合格ラインに届くでしょう。

●まず合格レベルを目指す

平成23年度より試験時間が延長されたことにともない、大問1の小問集合で問題数が増えました。

例年、小問集合では、計算、数の性質、和差に関する問題、比と割合、平面図形を中心に、幅広く標準問題が出題されています。確実に得点できるように、標準問題で苦手な単元をなくしましょう。

分野別に見ると、平面図形が約27%と多く、比と割合、数の性質、和差に関する問題、速さが10%台で続

分野別出題傾向

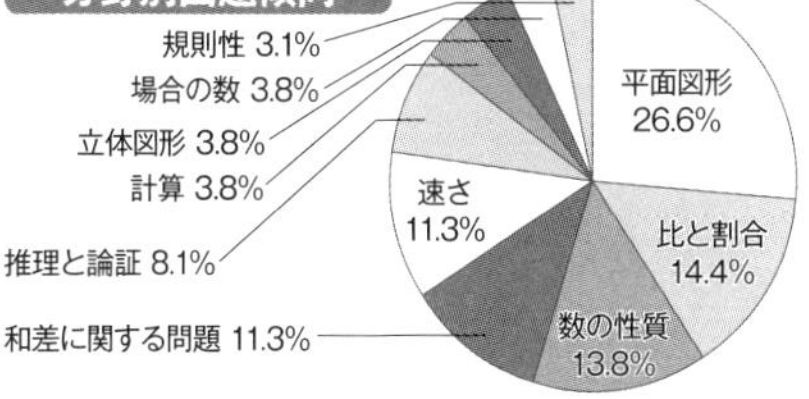

項目別出題ランキング

	項目	標準	発展	思考力	合計
1	推理	2	0	11	13
2	円とおうぎ形	7	4	0	11
3	旅人算	9	2	0	11
4	相似形・面積比	6	4	0	10
5	数の性質	3	4	2	9
6	約数・倍数	6	0	2	8
7	角度	7	1	0	8
8	倍数算	5	2	0	7
9	面積の求積・逆算	6	1	0	7
10	消去算	3	2	0	5

きますが、比と割合、数の性質、和差に関する問題は、小問集合での出題が中心です。

平面図形は小問集合で1題、応用問題の大問が1題以上出題されています。相似形・面積比も多く見られますが、円とおうぎ形で共通部分を利用するもの、非常に難しい合同条件を見抜かなくては解けない角度や求積の出題が本校の特徴と言えます。

大問2以降は難しい問題が多いため、部分点を稼ぐことも重要な戦略となります。ふだんの学習時から過去問の解答用紙に実際に答案を書くことを意識し、わかりやすく条件を整理して解く練習をしましょう。

●さらに算数で得点を伸ばすには

ハイレベルの受験者層でも、ほとんどの年度で受験者平均点が50点前後となる、非常に難しい問題です。算数で差をつけるには、大問で出題される旅人算、平面図形、推理と論証で得点を伸ばす必要があります。

旅人算は、平成22年度大問2のような比を利用する出題が中心です。レベルはごく標準的ですが、演習量によって差がつくので、『でる順』（旺文社）など市販の問題集で演習量を増やしましょう。また、平面図形は非常に難しい条件から合同や相似を見つける問題、推理と論証は平成24年度大問4のような整数条件から数字を決定していく問題が中心です。

これらは問題集などでの掲載数が少なく、本校入試問題でのみ目にする類いの問題です。塾の本校対策クラスで使用されるテキストなどを、利用する条件を確認しながら、繰り返し演習しましょう。

入試本番で解答の糸口が見つからない問題は、後回しにする、または飛ばしてしまうなどの対応が必要です。全問題を解答することは不可能でしょうから、問題の見きわめと取捨選択が大きな鍵になります。

国語

●問題文について

物語文1題と論説文1題のパターンがここ数年は定着しています。語彙を含めて難解な文章はありませんが、物語文で、時代設定が現代とは異なるものや、随想的な内容で抽象表現が多いものが出されます。ただ字面を追うのではなく、心情のやりとりを丁寧に読み取る習慣を身につけること、さまざまな時代設定の文章を重視して取り組むことが必要です。文章の長さは標準的で、物語文が長くなる際は、論説文がその分短めになるなど、全体でバランスがとられています。

●設問について

漢字は毎年8~10問で、難度は標準的です。平成23年度には出されなかった文法の独立した大問が、平成24年度には再び出題されました。読解では選択肢問題の割合が高めです。最近は選択肢問題が易化したとの評価を多く耳にしますが、平成22・21年度には難度の高い問題が出されています。本校の特徴である100字以上の記述問題は毎年1問か2問あり、それ以外に60字未満の記述問題が毎年5~6問出されるので、正確な表現力を養うことが不可欠です。

●対策

本校の特徴と言える、大問の最後で出題される、制限字数100~200字の記述問題は、

平成24年度は、社会の流れのスピードアップがもたらす弊害を題材とした論説文をもとに、スピード社会について自分の考えを、よい点と悪い点の両方を挙げて記述させる問題でした。こうした記述問題では、内容に過不足のない、意図の明確な文章が書けるかどうかで得点が大きく変わってきます。主述関係のしっかりした、言いたいことが読み手にわかりやすく伝わる文章が必須なので、そのための練習を少しでも早くはじめておきましょう。

類題として、光塩女子、横浜雙葉、浅野、暁星といった学校の問題を活用することが有効です。制限字数が60字未満の記述問題も多く出されます。難度の高い問題ではありませんが、限られた時間内で対応するには、少しでも記述に慣れておく必要があります。

選択肢問題は、前述のとおり、やさしくなったとよく言われますが、難問が出されることもあるので注意は欠かせません。例えば平成22年度第1問（梶井基次郎『夕凪橋の狸』）では、行方のわからなくなった弟たちに対して、主人公が彼らを心配する気持ちよりも、

問題文のジャンル別難易度と文章量

出題年	物語文	説明文	随筆文	その他
H24	難	標準		
H23	やや難	標準		
H22	やや難	標準		
H21	標準	標準		
H20	標準	標準		
H19	標準	標準		
H18	※		標準	

求められる力

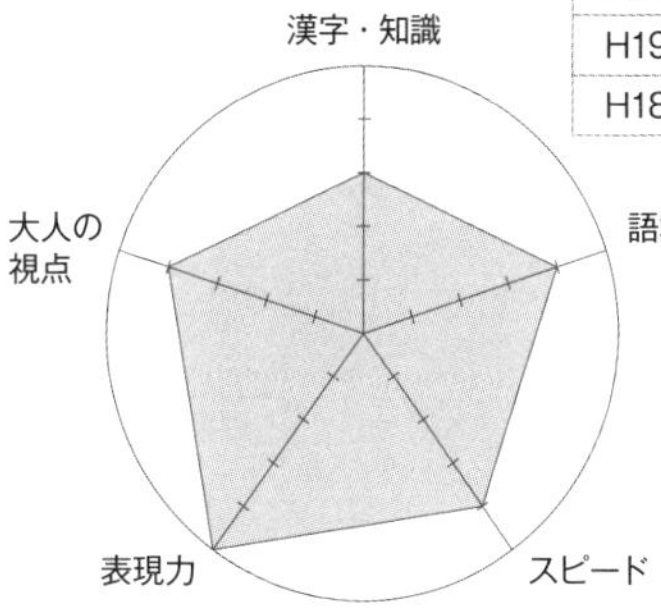

出題内容別の問題数

出題内容	問題数
漢字・知識・文法	13
客観問題・選択肢型	14
客観問題・書き抜き型	1
記述問題・60字未満	7
記述問題・60字以上	2
小問合計	37

むしろ自分に探しに行かせようとする両親への反抗心を強く持っていることへの理解が求められます。弟たちを心配する趣旨で、一見すると正解に思えるような選択肢が多く出されているので、慎重に取り組まなければ大きな失点につながります。

　物語文では、平成24年度の第1問（吉野せい『洟《はな》をたらした神』）、平成23年度の第1問（いせひでこ『七つめの絵の具』）と、抽象的な表現や比喩表現が多く、小学生には内容把握が難しい文章の出題が続いています。塾教材や過去問題集から難度の高い物語文を選んで、内容理解を確かめる練習を積みましょう。

　本校の試験は、受験者平均点の高い、厳しい戦いになることをしっかり意識して臨む必要があります。時間配分では、自由度の高い記述問題にどれだけの時間が必要になるか、そこから逆算して、60字未満の記述問題、選択肢問題にかけられる時間を算出してみましょう。60字未満の記述問題で不正解だったときは、模範解答をしっかり見て、どの要素が抜けていたのかを確認することが必須です。

　また、知識・文法問題は重要な得点源なので、塾の教材や、四谷大塚の『四科のまとめ』などを活用して、正確な知識を積み上げましょう。

理科

平成22年度までは試験時間が40分で１００点満点でしたが、平成23年度からは試験時間が30分で60点満点となりました。大問数は５～６題となっています。小問数が多いことと、記述問題の比重が高いことが特徴です。

●特徴的な問題　水が凍りはじめるときのコップ内の水温の変化を考える問題（平成24年度）、森の土、河原の砂、火山灰の性質の違いに関する問題（平成23年度）、地球における水の循環に関する問題（平成22年度）、植物や昆虫が冬に備えてどのようなことをするかを問う問題（平成21年度）などがありました。

●対策　まずは物理、化学、生物、地学４分野の基本をまんべんなく学習することが重要です。出題される内容は超難問というわけではありませんが、理解度を問われることが多いので、暗記に頼った学習をしないよう気をつけてください。また、与えられたデータ、文章から答えを導く問題も多く見られます。発展的な問題を練習して、科学的思考力を養っておきましょう。問題数が多めなので、過去問演習の際には時間配分にも十分注意を払ってください。

社会

試験時間が40分から30分に短縮されたことにともない問題数も減少しました。しかし語句記述問題、記述問題の比重は高いままで、かつ統計問題や正誤選択問題など出題内容も幅広く、スピード力と知識力が要求されています。

●特徴的な問題　歴史上の人物を説明した文章を題材に、まずは人名を答え、さらに西南戦争に参加した士族はどんな特権を失ったために政府に不満を持ったのかを記述する問題や、地図で江戸から京都まで引かれた線を中山道《なかせんどう》と答えさせる問題（平成24年度）。キリスト教をテーマとした総合問題で、飛鳥～鎌倉時代の仏教の信仰のあり方や安土桃山時代の社会の様子を問う問題、満州事変のきっかけを記述する問題（平成23年度）、気候図からシンガポールを選ぶ問題（平成22年度）がありました。

●対策　出題形式が多岐にわたるので、幅広い知識力と、その知識から統計データなどを素早く分析する力を身につけておくことが重要です。ふだんから統計資料などを使用した学習を心がけましょう。また短文記述問題対策を十分行うことが不可欠となります。

通塾別学習対策

サピックス

算数●『デイリーサポート』Dプリントまで完璧に解けるようになりましょう。

国語●『デイリーサピックス』のBテキストの記述問題で、自分の言葉を的確に使う練習をしましょう。

理科●物理、化学の計算問題は男子上位校レベルまで取り組みましょう。

社会●歴史は分野別問題集に加えて市販の問題集なども利用。

日能研

算数●応用問題の超難問以外は解けるようになりましょう。

国語●テストの記述問題の見直しを、塾の先生などの細かい指示を受けて進めましょう。

理科●生物、地学は一問一答形式の問題で覚えた事柄を関連づけて、知識を深めましょう。

社会●テキストのほかに、丁寧な解説のある参考書で歴史の知識を深めましょう。

四谷大塚系

算数●『難問題集』まで手を広げて演習しておきましょう。

国語●自分の言葉を使う記述問題対策に『予習シリーズ』以外の教材も活用しましょう。

理科●生物、地学は『予習シリーズ』の知識を確実に押さえること。

社会●歴史はテキストに載っていない事柄でも、ノートにまとめましょう。

理科 求められる力

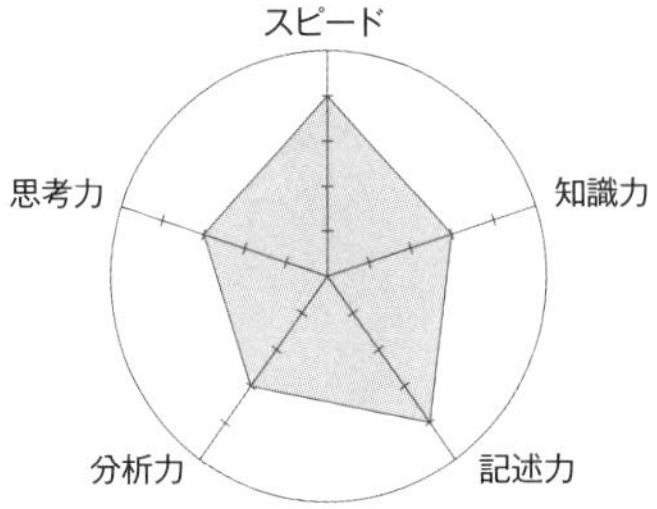

理科 出題形式の内訳と1問あたりの時間

内訳	H24	H23	H22	H21
大問数	6	5	6	6
小問数	39	36	51	55
選択	13	22	16	20
語句記述	0	4	13	9
文章記述	10	10	14	24
計算・数値記述	15	0	8	1
作図・その他	1	0	0	1
1問あたりの時間(秒)	46.2	50.0	47.1	43.6

社会 求められる力

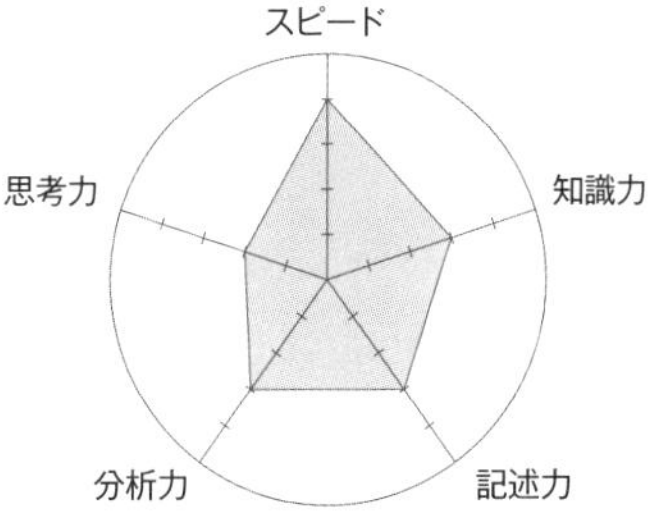

社会 出題形式の内訳と1問あたりの時間

内訳	H24	H23	H22	H21
大問数	4	2	4	3
小問数	47	41	61	64
選択	25	11	24	23
語句記述	16	24	30	34
文章記述	3	6	7	7
その他	3	0	0	0
1問あたりの時間(秒)	51.1	58.5	39.3	37.5

雙葉中学校

東京都千代田区

試験日 2/1 発表2/2

面接あり

教科	配点	時間
算	100点	50分
国	100点	50分
理	50点	30分
社	50点	30分

出願作戦

女子御三家の1校で、毎年高い人気を集めています。1月校では、女子校の浦和明の星、淑徳与野との併願が多く見られますが、より安全な組み合わせを検討したいところです。女子校であれば国府台女子、共学も含めれば、市川、東邦大東邦などの千葉の難関校だけでなく、埼玉の栄東（ABC）や開智なども候補に入れましょう。

2月校の候補としては、同じカトリック校として白百合学園、晃華学園、光塩女子などが多く挙がりますが、大妻や、2日の普連土学園の午後なども含めると幅が広がります。

＊落ち着いた雰囲気のカトリック校としてのイメージを強く持たれますが、生徒の体力づくりにも力が入れられており、クラス対抗球技大会や、東京体育館で開催される運動会は大いに盛り上がります。中3でフランス語が必修など、語学教育も重視されています。

算数

●出題構成

試験時間が、平成22年度に40分から50分へ延長されましたが、設問数は10問前後のまま変更なく、じっくり取り組めるようになりました。

難易度比率は標準73％、発展27％、思考力の出題はありません。合格基準の目安は、70点程度と予想されます。

●まず合格レベルを目指す

本校は問題用紙と解答用紙が一体になっており、大問1の計算問題を含め、解答はすべて記述式です。

そのため、条件整理が難しい上に順序よく調べる問題や、計算処理の複雑な問題では、たとえミスをしたとしても、部分点を獲得することが重要です。

また単元別では、立体図形がやや少ないもののすべての単元からバランスよく出題されています。大手塾のテストで正答率が30％以上の問題や、塾教材の標準問題を中心に、どのように考えたかがわかるよう式を書きながら解く練習をしましょう。

その他の注目点は、平成23・19・15年度に出題されている、円やおうぎ形と三角形や四角形を合わせた平面図形の問題です。

その中でも、円やおうぎ形の半径はわからないけれども、半径×半径の数値を利用して解く問題は、本校では繰り返し出されているので、必ず得点できるように演習しておきましょう。

分野別出題傾向

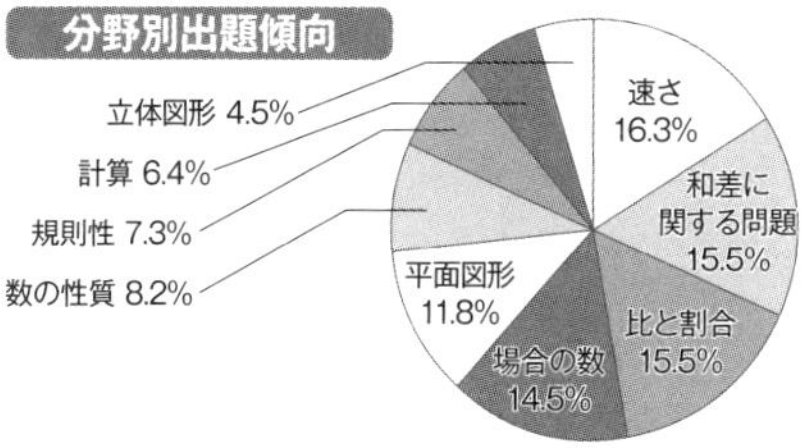

項目別出題ランキング

	項目	標準	発展	思考力	合計
1	旅人算	10	7	0	17
2	仕事算	9	0	0	9
3	つるかめ算	5	3	0	8
3	条件整理	5	3	0	8
5	小数・分数	4	3	0	7
6	円とおうぎ形	5	2	0	7
7	図形の規則性	3	2	0	5
8	相当算	3	1	0	4
9	還元算	4	0	0	4
10	周期算	3	0	0	3
10	四則混合計算	3	0	0	3

●さらに算数で得点を伸ばすには

平成20年度以前には難問が多数ありましたが、平成22年度より問題量は変わらず、試験時間が10分延びました。難度や処理の複雑さも和らぎ、取り組みやすい構成へと変化しつつあります。過去問だけで「算数が難しい」と判断しないようにしましょう。

過去問演習の際は、40分で実施されていた問題を、50分かけて解いて構わないので、コンパクトに答案を書きながら正解を求められるようになりましょう。

40分では、答えを求めやすい問題で確実に得点し、処理の複雑な問題をいくつか正解すれば合格ラインに到達したと思われます。50分となると、条件整理や計算処理の複雑な問題を解くのに時間をあてることができます。合格に近づくには、過去問に取り組むにあたって、平成20年度大問6や平成17年度大問4のような難度の問題でも、時間に余裕ができた分、完答に近い程度まで解答できるようにしましょう。

また、旅人算が多く出題されます。平成23年度大問6の速さと時間の比を利用する問題や、平成22年度大問6のつるかめ算を利用する問題などは、旅人算の典型題ですが、女子校の入試では非常に得点差がつくポイントとなります。

国語

●問題文について

読解問題として、大問2題が出題されます。

説明文は、ほぼ毎年登場し、それに加えて、随筆文または物語文が出題されています。

問題文の内容は、標準的あるいはやや難しいレベルです。きわめて難解な文章はないと言ってよいでしょう。問題文の長さは、それほど長いものはありません。

なお平成17年度までは、毎年、詩が出題されていました。しかし、平成18年度は解説文中に詩が含まれている形式に変わり、平成19年度以降、詩はありません。

●設問について

大問3題または4題の構成です。そのうち2題が読解問題です。それに加えて、漢字や語句の用法を問う大問が1題または2題、出題されています。

設問形式としては、記述のウエイトが大きいことが本校の第一の特徴です。客観問題も若干出題されます。そして、語句の用法を問う設問が多いことが第二の特徴です。大問としての出題に加えて、読解問題の中にもそうした設問が含まれています。

●対策

本校は女子御三家のひとつであり、国語を得意とする受験生が多いと考えられます。合格には、豊富な語彙および言葉に対する感性が人並み以上に必要です。

まず、塾の読解の教材全部の文章に目を通すぐらいの取り組みをしましょう。そして、時間の許す限り、さまざまなジャンルの読書を心がけましょう。

次に、日常的に文を書くことを実践してください。はじめは、思ったことをノートに一文で書くところから手をつけるとよいでしょう。例えば「初夏の風が快い」「最近、明るいニュースが少ない」、あるいは「電車の中で心あたたまる親子の会話を聞いた」というくらいの一文なら、1日のうちで折にふれて気楽に書くことを実行できることでしょう。

以上を前提にした上で、設問形式ごとの対策を述べます。

第一に、記述対策にウエイトを置きましょう。塾の教材の記述問題について、内容はもちろん、表現の一字一句についてきめ細かく添削を受けるのが理想的です。本校の記述問題は、字数指定がなくて、答案用紙に解答枠のみが与えられている形式です。同じ形式の問題を練習をするには、武蔵や桜蔭の過去問が活用で

問題文のジャンル別難易度と文章量

出題年	物語文	説明文	随筆文	その他
H24	やや難		標準	
H23		難	標準	
H22	標準	やや難		
H21	標準	やや難		
H20		標準	やや難	
H19		標準	標準	
H18		やや難	標準	

求められる力

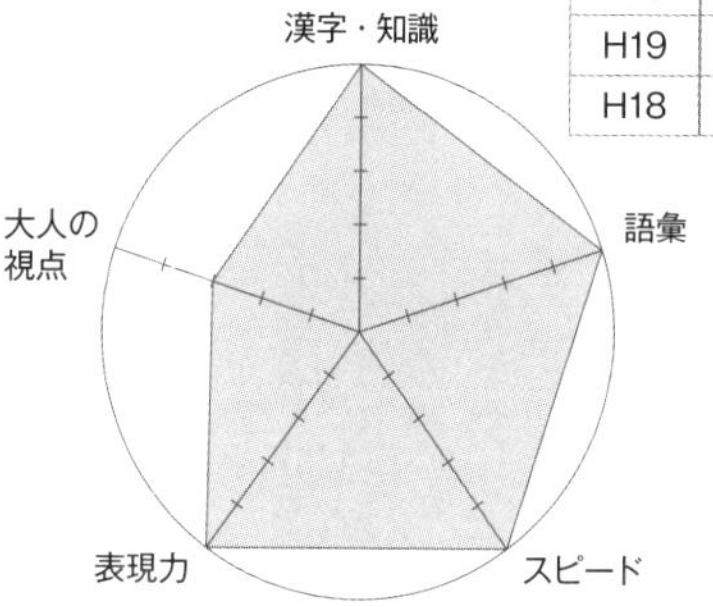

出題内容別の問題数

出題内容	問題数
漢字・知識・文法	21
客観問題・選択肢型	9
客観問題・書き抜き型	1
記述問題・60字未満	7
記述問題・60字以上	6
小問合計	44

きます。

第二に、本校で特徴的に出題される「語句の用法」についての対策です。語句の持つ意味内容や、語句が用いられる場面が問われます（平成22年度第1問の問2、同第3問など）。演習用の問題集として、とくにおすすめなのは『語彙力アップ1300 ①小学校基礎レベル』（すばる舎）です。語句の意味を選んだり、例文に当てはめたりするドリルで、本校に最適です。『小学生の新レインボー ことばの結びつき辞典』（学研）も役に立ちます。はじめから通読するよりも、折にふれてあちこちページをめくって、気を引かれた語句からドンドン覚えていくとよいでしょう。さらに、意味のわからない言葉に出合ったら、こまめに辞書を引いて語句の意味をメモしたノートをつくるようにすると、語彙知識を蓄えるのに大きな効果を上げます。

また、与えられた3つの言葉を用いて短文をつくる問題が出されることがあります（平成20年度第2問など）。類題があまり見られないので、塾の志望校対策講座などで補うようにしましょう。

理科

試験時間が30分で、各分野1題ずつの大問4題となっています。物事の現象を深く考えて記述する問題などに特色があります。式や求め方を書く計算問題は平成23年度にはありませんでしたが、平成24年度は4問出題されました。年度によって問題の傾向が大きく変わるので、幅広く学習しておく必要があります。

●特徴的な問題　水と食塩水の蒸発しやすさや凝固点の違いについての問題（平成24年度）、蓄電器を用いて、従来の電球とLEDの違いについて考える問題（平成23年度）、pHを利用して水溶液の中和について考える問題（平成21年度）などがありました。

●対策　身の回りで起きている現象や状況に対して、その原因や影響についてふだんから意識することが大切です。まずは実験に関する問題を丁寧に学習し、科学的なものの考え方を身につけましょう。また、表やグラフを読み取る思考力と分析力が要求されるので、過去問を解いた後に解説文をしっかり読んで、どのような点に着目すればいいのかをひとつひとつ確認しながら演習を重ねることが重要となります。

社会

大問数が3題で、語句記述問題と記号選択問題が中心となっています。知識力を土台とした分析力が要求されます。

●特徴的な問題　民族差別問題に関して、海に囲まれた島国で、単一民族である日本に、民族差別はないという意見の誤りを具体例を挙げて記述させる問題（平成24年度）。室町幕府の支配の動揺とともに京都の人口が減少し、各地に京都に似た都市ができるようになった理由を記述する問題や、各地方の人口の一番多い7つの都市を比較して、都市の共通点、自然の特色、郷土料理を問う問題（平成23年度）。日本と外国との戦争について記された6枚のカードを題材に、例えば時代の古い順に並べる問題や、マリアナ諸島に含まれる島を選択する問題、沖縄の形を問う選択問題（平成22年度）などがありました。

●対策　正誤問題では、選択肢の文章を丁寧に読み取るようにしましょう。またさまざまなタイプの問題にふれることで身につけた知識を答案上にどのように活かすのか、演習の繰り返しを通じて、このコツを会得することが、得点力アップにつながります。

通塾別学習対策

サピックス

算数●『デイリーサポート』Dプリントまで解けるようになりましょう。

国語●通常授業の『デイリーサピックス』A・Bテキスト、土特とSS特訓の教材を活用しましょう。

理科●『分野別問題集』で実験器具の使い方を押さえましょう。

社会●テキストは発展問題まで繰り返し取り組みましょう。

日能研

算数●応用問題の前半部分まで解けるようになりましょう。

国語●『本科教室』と『栄冠への道』の全問に取り組みましょう。

理科●テキストに出てくる実験はノートに順序立ててまとめ直しましょう。

社会●講習のテキストも利用し、総合的な知識の定着を図るようにしましょう。

四谷大塚系

算数●『予習シリーズ』の練習問題まで解けるようにすること。

国語●『予習シリーズ』『演習問題集』と週例テストの過去問集、そして特別コースの教材を活用しましょう。

理科●『予習シリーズ』に出てくる実験をノートに順序立ててまとめ直しましょう。

社会●総合問題に対応できるように、分野をまたいだ問題の復習に力を入れましょう。

理科 求められる力

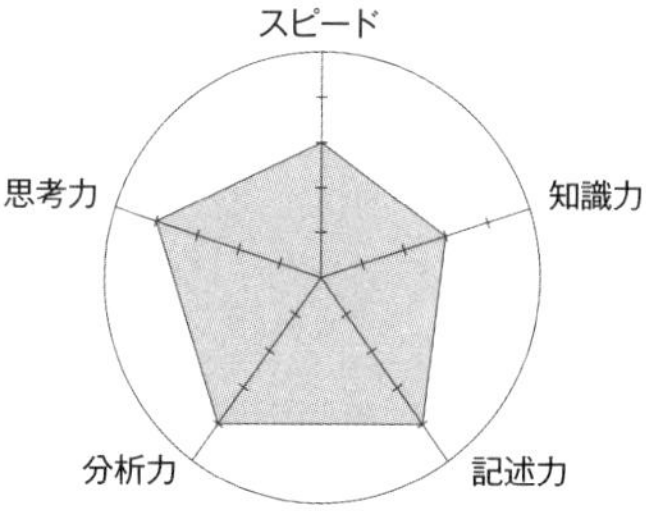

理科 出題形式の内訳と1問あたりの時間

内訳	H24	H23	H22	H21
大問数	4	4	4	4
小問数	33	40	36	43
選択	8	17	12	12
語句記述	4	18	6	23
文章記述	7	5	15	2
計算・数値記述	13	0	2	5
作図・その他	1	0	1	1
1問あたりの時間（秒）	54.5	45.0	50.0	34.9

社会 求められる力

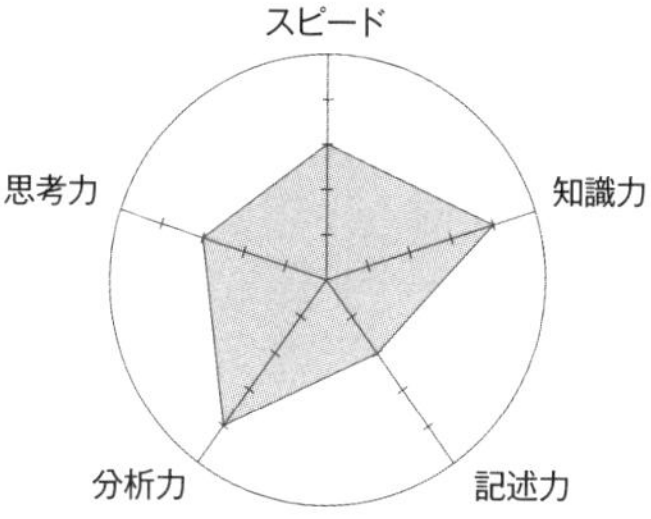

社会 出題形式の内訳と1問あたりの時間

内訳	H24	H23	H22	H21
大問数	3	3	3	4
小問数	30	36	35	30
選択	21	19	22	19
語句記述	6	14	12	10
文章記述	2	3	1	1
その他	1	0	0	0
1問あたりの時間（秒）	60.0	50.0	51.4	60.0

法政大学中学校

東京都三鷹市

大 内 外

試験日
2/1・3・5
発表2/2・4・6

面接なし

算	150点	50分
国	150点	50分
理	100点	35分
社	100点	35分

出願作戦

GIMARCHの付属校で共学でもあり、人気校なので、何としても第1回試験で合格を確保したいところです。

第1回に集中できるように、1月校では西武文理や獨協埼玉、大宮開成などから通える範囲の学校を選んで、1日の午後受験では、順天、青稜など、女子ではそれに加えて大妻中野（アドバンスト選抜）なども候補に入れましょう。

男子は2日以降に法政大二を組み合わせるパターンが多く見られますが、男女とも日本大などの日大系を含めると、幅が広がり、リスクがより軽減できます。

＊卒業生の90％前後が法政大学に推薦入学します。平成19年度高3からは、法政大学への推薦権利を持ったまま、国公立、私立を問わず他大学を受験することができるようになりました。授業には「表現」の時間があり、読解力と記述力が養成されます。

算数

●出題構成

第1回試験、第2回試験ともに試験時間は50分で、設問数は20問程度、難易度比率は標準77％、発展23％、思考力の出題はなく、解答形式は答えのみです。

両回試験ともに、平成21年度以降は大問6題構成で、大問1は計算問題、大問2は小問集合と出題形式は似ていますが、第2回の方がやや難度が上がります。

●まず合格レベルを目指す（主に第1回試験）

第1回の難易度比率は標準81％、発展19％で、合格者平均点は１５０点満点中１２０点前後と高め。典型的な標準問題中心で、ミスが許されない内容です。

大問2の小問集合では、集合算や生徒会の選挙など幅広い分野から出題されていますが、計算と一行問題集で十分に対応できるレベルです。毎日の計算練習で満点を目指しましょう。過去問演習と並行して計算と一行問題集の復習に取り組み、一行問題は何が出題されても正解できるレベルまで固めておきましょう。

大問3以降は、毎年旅人算かニュートン算、平面図形、立体図形、場合の数で構成されています。傾向がつかみやすそうですが、立体図形は取り組みづらい問題があるので注意が必要です。平成23年度は三角すい、平成22年度は円すいに関する出題がありました。第2回では立体図形の切断も出されているので、今後は第1回でも切断が出題されることを視野に入れて準備しましょう。

分野別出題傾向

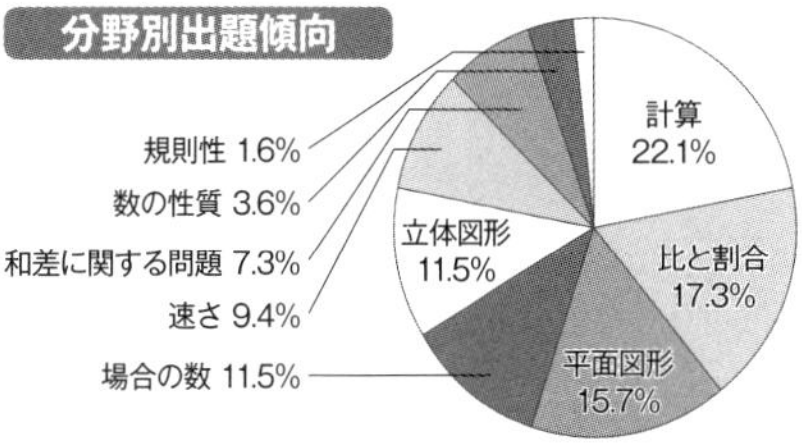

項目別出題ランキング

	項目	標準	発展	思考力	合計
1	四則混合計算	22	0	0	22
2	相似形・面積比	12	9	0	21
3	場合の数	6	5	0	11
4	旅人算	6	4	0	10
5	単位換算	10	0	0	10
5	還元算	10	0	0	10
7	仕事算	6	1	0	7
7	ニュートン算	6	1	0	7
9	つるかめ算	4	2	0	6
10	角度	5	1	0	6

その他は標準問題中心ですが、平成24年度大問6の旅人算、平成23・21年度大問3のニュートン算、平成22年度大問3の動く歩道、平成20年度大問4の水量変化は得点差のつきやすい問題です。

●さらに算数で得点を伸ばすには（主に第2回試験）

第2回の難易度比率は標準76％、発展24％で、合格者平均点は150点満点中100点程度と、第1回よりも難しい年度が多い傾向にありますが、平成24年度は第1回と同程度でした。

大問1の計算問題と大問2の小問集合は、第1回と同レベルなので、第1回の過去問も解いて、確実に得点できるように準備しておきましょう。

大問3以降の出題単元を見ると、第1回と同様に、毎年旅人算か比と割合、平面図形、立体図形、場合の数で構成されています。しかし、平成24・23・20年度の面積比や、平成23年度大問3の相当算、平成22年度大問3の旅人算、平成21年度以降の表面積の問題、平成20年度の立体図形の切断は、第1回では出題されておらず、得点差のつきやすい問題です。

第2回の受験生は、平面図形、立体図形、場合の数、速さ、比と割合は、塾教材のほかに『でる順』（旺文社）など市販の問題集を1冊仕上げるとよいでしょう。

国語

●問題文について

物語文は、基礎から標準レベルの文章が多く出題されています。子どもの視点で周囲の大人や友人との間のすれ違いや心の交流が描かれる文章が多く、子どもにも読みやすい文章です。

説明文は、やや難しい文章が中心に出題されています。中でも平成22年度第1回大問2の寺田寅彦『科学と科学者のはなし』は、書かれた時代が古いため昔風の表現が多く出てきて、近年では目立って難しい問題文でした。自然、科学、環境、近代人の自我、本など幅広いテーマが取り上げられています。

●設問について

解答時間は50分で総問題数は30〜35問程度です。長文問題は、物語文と説明文が各1題の計2題。記述問題は、基本から標準レベルの客観問題が多いため、ケアレスミスをなくし確実に解答することが重要です。知識問題では、近年は文法問題が出題されています。長文読解1題につき1問出ることが多く、数は少ないながら、敬語、動詞や助動詞の識別などがあり、細かい知識が求められます。

●対策

接続詞、内容一致選択、抜き出し、比喩の内容、指示語の内容、副詞の選択、言語知識などさまざまな問題が出されています。大問1題につき2〜3問の記述問題が出題されますが、中には80字程度の長い問題もあります。その多くは、本文中の言葉を使って書けるものなので、日頃から本文中のいくつかの重要箇所を40〜80字程度にまとめさせる問題を解いて備えとしましょう。本校の試験は問題文が多少長いので、記述問題は短時間で適宜順番を組み換えたり字数を調整したりしながら、問題の要求にかなった解答を手早く書けるよう、よく訓練しましょう。

内容一致選択問題などでは、傍線部の直前直後の見つけやすい場所に正解のヒントとなる箇所がある問題が多く見られます。こうした比較的解答しやすい問題で、ミスなく着実に得点することが重要です。塾テキストや一般的な教材の、標準からやや難しいレベルの問題を継続的に丁寧に解くことが対策となります。

知識問題では、助動詞の意味の識別など、言葉の意味合いが同じものを選ばせる文法が出題されています。助動詞の用法や敬語など答えやすいものもありますが、平成23年度第1回では、「悲しみ」などの表現

問題文のジャンル別難易度と文章量

出題年	物語文	説明文	随筆文	その他
H24①	標準	標準		
H24②	標準	標準		
H23①	標準		やや難	
H23②	標準	やや難		
H22①		難		標準（作文）
H22②	標準	難		
H21①	標準	やや難		
H21②	標準	やや難		

求められる力

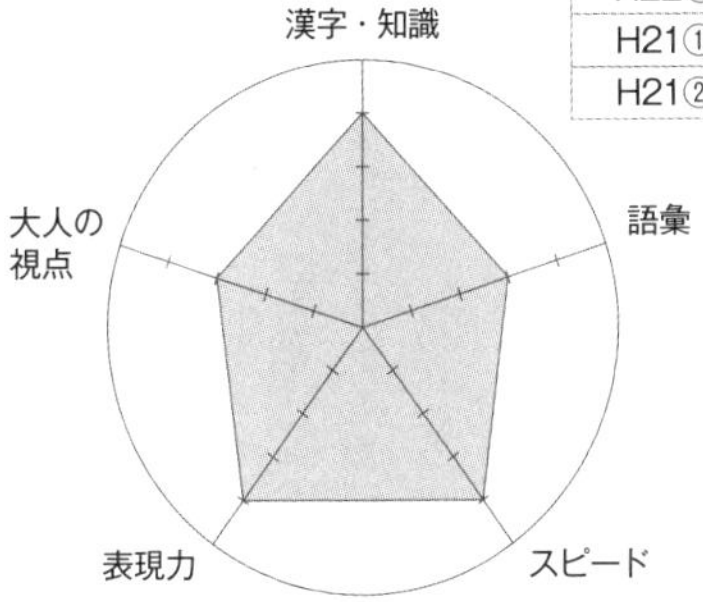

出題内容別の問題数

出題内容	問題数
漢字・知識・文法	11
客観問題・選択肢型	15
客観問題・書き抜き型	3
記述問題・60字未満	4
記述問題・60字以上	1
小問合計	34

は「形容詞の語幹」が「み」に接続して「名詞」化したものであるという、品詞分解の知識を問う選択問題がありました。また、平成24年度第1回と平成23年度第1回で、直喩（「のように」「みたいな」などの語を使い、形の上でたとえであるとわかる比喩）の知識が問われました。出題数は少ないながら、細かい知識を問う傾向が見られます。

文法的要素が内容読解に盛り込まれた問題も見られます。例えば文章中の「まで」に注目して内容を説明させる問題（平成21年度第3回）は、「まで」がほかの要素をつけ加える機能を持つ言葉であることを理解できてはじめて正しい答えが書ける問題です。本校の問題でしばしば要求される、言葉の機能やニュアンスを敏感にとらえる力は、意味や用法の違いを意識する機会を多くつくることで養えるものです。とくに文法の識別問題に多く取り組むことは、本校入試への有効な対策となります。

なお、読解問題の中で「挿話」「逆説」「はらばい」などの言葉を確実に理解していなければ答えられない問題も出されており、日頃から辞書をこまめに引いて語彙を増やすことが重要です。

理科

試験時間が35分で大問数が5題。大問1が小問集合形式の総合問題で、その他、物理、化学、生物、地学4分野から各1題の出題となっています。基本問題中心なので、日頃の努力の成果がそのまま点数につながる試験と言えそうです。

●特徴的な問題　ジェットコースターの傾斜や乗客数の違いによる速さなどの変化を問う問題（平成24年度第1回）、白熱電球や蛍光灯など、家庭に流れる電流についての問題（平成23年度第1回）、生物について、パンをつくるときや醤油をつくるときにどのような生物のはたらきを利用しているかを問う問題（平成22年度第1回）、回遊魚であるアユに関する問題（平成22年度第2回）などがありました。

●対策　記述問題も数問ありますが、全体的に標準的な知識力を確認する問題なので、4分野まんべんなく基礎を固めることが重要です。気体・水溶液や力のつり合いの計算問題は出題頻度が高いので、あらゆるタイプの演習に取り組んでおきましょう。作図、記述問題も見られるので、塾のテストや模試で出題された作図、記述問題は必ず復習しておいてください。

社会

大問数が3題で、地理、歴史、公民3分野からまんべんなく出題されています。解答形式は文章記述、語句記述問題の割合が多いのが特徴となっています。

●特徴的な問題　水力発電の長所と短所を記述する問題や、最高裁判所裁判官の国民審査の役割を記述する問題（平成24年度第1回）。堤防を築いたりダムを建設したりして水量を調整すること（利水）を答える問題、「風評被害」とはどういうことかを説明する問題（平成24年度第2回）。第一次産業にはどんな産業があるか3つ答える問題や、平安時代の戸籍の届出による人口構成の表を題材に、偽った戸籍の届出が各地で行われた理由を説明する問題（平成23年度第1回）。昔の国名に、上・下・前・中・後がつけられている理由を説明する問題、昔の国名と関係している半島や川、伝統工芸品の名称を問う問題（平成23年度第2回）など。

●対策　記述問題が多いので重要用語などは漢字でしっかり書けるようにすること、簡潔に自分の言葉でまとめる練習を重ねることが必要となります。また地図、統計、史料などをふだんから十分に活用しながら学習を進めましょう。

通塾別学習対策

サピックス

算数●『デイリーサポート』Cプリントまで解けるようになりましょう。

国語●『デイリーサピックス』Bテキストで80字程度の記述問題を確実に書く力をつけましょう。

理科●物理、化学のさまざまなタイプの計算問題に対応できるようにしましょう。

社会●『テーマ別特訓ノート』シリーズ（学研）を利用しましょう。

日能研

算数●共通問題は解けるようにして、図形問題は演習量を増やしましょう。

国語●カリキュラムテストの記述問題、文法問題をよく見直しましょう。

理科●『栄冠への道』や講習会テキストを繰り返し演習すること。

社会●カリキュラムテストで出た資料問題は、その概要をノートにまとめましょう。

四谷大塚系

算数●『予習シリーズ』の練習問題まで解けるようにして、図形問題は演習量を増やしましょう。

国語●『予習シリーズ』各回の文法や知識問題にも注意を払い、漢字、文法、読解などすべての分野でミスをなくしましょう。

理科●週テストや組分けテストの見直しを中心に行いましょう。

社会●『四科のまとめ』などで記述問題対策を行いましょう。

理科 求められる力

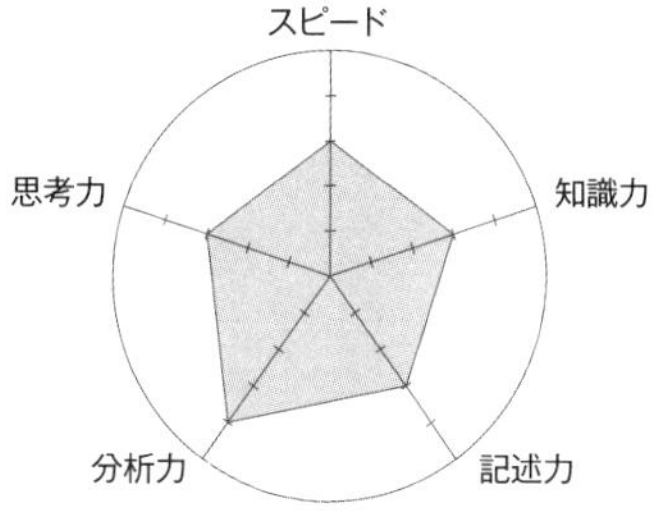

理科 出題形式の内訳と1問あたりの時間

内訳	H24①	H24②	H23①	H23②	H22①	H22②
大問数	5	5	5	5	5	5
小問数	48	46	41	40	53	45
選択	41	37	34	28	44	40
語句記述	4	4	6	9	5	1
文章記述	0	0	1	2	1	2
計算・数値記述	3	5	0	0	2	2
作図・その他	0	0	0	1	1	0
1問あたりの時間（秒）	43.8	45.7	51.2	52.5	39.6	46.7

社会 求められる力

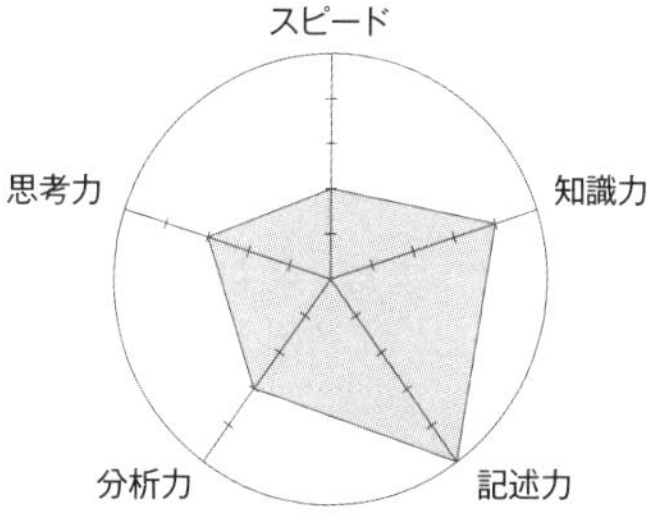

社会 出題形式の内訳と1問あたりの時間

内訳	H24①	H24②	H23①	H23②	H22①	H22②
大問数	3	3	3	3	3	3
小問数	29	27	29	32	29	26
選択	8	10	10	8	5	7
語句記述	13	8	9	17	17	12
文章記述	7	9	10	7	7	7
その他	1	0	0	0	0	0
1問あたりの時間（秒）	72.4	77.8	72.4	65.6	72.4	80.8

本郷中学校

東京都豊島区

外

試験日
2/2·3·5
発表2/2·3·5

面接なし

算	100点	50分
国	100点	50分
理	75点	40分
社	75点	40分

出願作戦

第1回が2月2日実施のため、試験日の重ならない駒場東邦、早稲田、海城といった難関校受験者が多数併願してきます。

また2月5日の第3回は、40人の定員に対して、上位校で結果が出なかった層も集まるため、全回とも厳しい戦いになると考えましょう。

1月校、2月1日で確実に合格を得ておく必要があります。1月校では城北埼玉や西武文理などを視野に入れましょう。1日はとくに芝が人気ですが、本校と偏差値の差がなく、高リスクです。世田谷学園、高輪、成城といった学校も検討するとよいでしょう。

＊水泳の北島康介選手の母校で、ラグビー部も全国大会に出場するなど、運動部の活躍が目立ちますが、文科系も全日本英語弁論大会の東京代表に選ばれたり、科学部の生徒が物理オリンピックの日本代表選考に出場したりと、さまざまな場面で本校生徒の活躍が見られます。

算数

●**出題構成**

両回試験ともに時間は50分で設問数は17問程度、解答は答えのみです。

難易度比率は第1回試験が標準74％、発展25％、思考力1％、第2回試験が標準75％、発展21％、思考力4％と、問題の難度に大きな違いはなく、平成24年度は、取り組みやすい問題構成となりました。

●**まず合格レベルを目指す**

合格者平均点は、第1回は60点程度の年度が多く（平成20年度は78点）、第2回は60点程度（平成23年度は72点）に対し、受験者平均点が50点程度と、本校の受験生の多くが苦戦しています。

大問1は計算問題が2問、大問2は小問集合が5問前後の構成ですが、単純に解ける問題は少数です。平成21年度第1回大問2は6問中4問が発展問題に分類できるほど骨のある問題がそろいました。

大問3以降も難問が多く、完答できそうな大問は、平成23年度第1回大問4の水量変化、同第2回大問4の数の性質、平成22年度第1回大問3の水量変化とグラフ、同第2回大問5の立体図形の色塗り、平成21年度第2回大問5の速さとグラフ、平成20年度第2回大問4の正八面体の展開図と、各試験に1題程度しかありません。

合格目安となる60点を取るには、大手塾のテスト偏差値60（サピックスは55）以上の学力が必要です。塾教材は応用問題まで解けるようにして、さらに『でる順』（旺文社）など市販の問題集も解きましょう。

分野別出題傾向

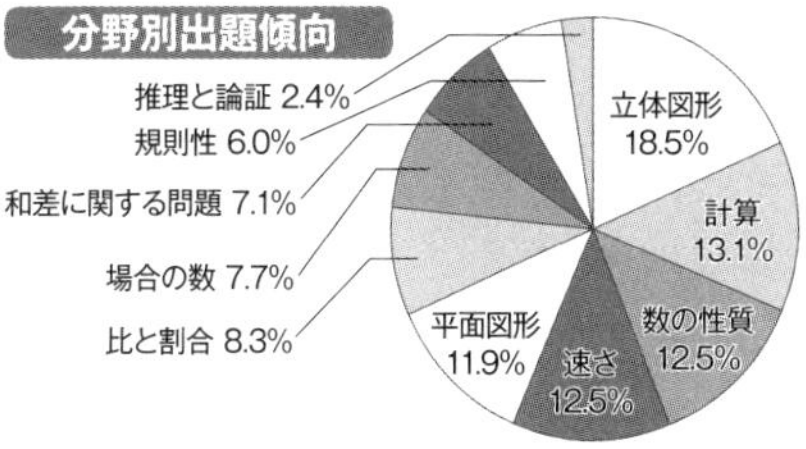

項目別出題ランキング

	項目	標準	発展	思考力	合計
1	速さとグラフ	9	6	0	15
2	水量変化とグラフ	9	1	0	10
3	四則混合計算	10	0	0	10
4	還元算	8	1	0	9
5	数の性質	6	2	0	8
6	場合の数	2	4	1	7
7	図形の回転・移動	6	1	0	7
8	立体図形の切断	1	5	0	6
9	仕事算	5	1	0	6
9	円とおうぎ形	5	1	0	6
9	相似形・面積比	5	1	0	6

●さらに算数で得点を伸ばすには

平成20年度第1回では、大問4で条件整理、大問5で速さとグラフ、と計算や過程を書き出す問題が連続して出題されるなど、偏差値が同レベルの学校の中で群を抜いて難しい問題構成です。

平成21年度第2回大問6では3の倍数と3のつくカードを選ぶ、平成20年度第2回大問5では7の倍数と7を含む数を選ぶ問題と、同じような設定がある一方、平成22年度第2回大問6の貸切バスと数の範囲、平成21年度第1回大問5の球体を用いた円とおうぎ形と大問6の速さとグラフなど、ユニークな設定の問題では高い理解力と観察力が求められます。

また近年は立体図形の切断が増えており、平成24年度第2回大問6は二方向からの切断、平成23年度第2回大問6は重ねた2つの四角すい、平成22年度第1回大問4は四角すい、平成20年度第1回大問6は四角すい台と、いずれも難問です。対応するには、塾教材や市販の問題集で演習量を増やさなくてはなりません。

国語

●問題文について

大問3題のうち、第2問に説明文または随筆文、第3問に物語文が出題されるのが、例年のパターンです。

問題文の内容や表現は、やや難しいレベルです。長さは標準的と言ってよいでしょう。極端に長い文章が出題されることはありませんが、内容や表現が難しいために、50分の試験時間では苦しい場合もあると思われます。

●設問について

毎年、第1問が漢字5問(書き取り4問と読み1問)、第2問と第3問が読解問題の構成です。

設問形式では、選択肢問題と書き抜き問題が多いことが本校の特徴です。一方、記述問題は、字数が短めのものが数題出されるケースが多く見られますが、平成24年度には70字や80字といった長めの出題もありました。

慣用句や四字熟語のような知識・文法問題もあります。さらに本校の特徴として、言葉の意味や用法を問う問題や、問題文中から一文を抜き出し、元の位置に戻したときどこに入るかを問う問題が頻出です。

●対策

毎年、第1問で出題される漢字5問のうち、1～2問はやや難しいものが出されています。確実に全問得点できるように、塾の漢字の教材は、難しいものも含めて完璧にさらっておきましょう。

慣用句や四字熟語など知識の問題は、平成23年度第2回第2問・問1、第3問・問12などに代表されるように、標準的なレベルです。塾の主要教材で知識をひととおり身につけるとよいでしょう。

文法の問題も、品詞の区別(平成22年度第2回第2問・問1)や、「ない」の区別(平成21年度第2回第3問・問3)といった典型的な問題が出されています。知識と同じく、まずは塾の主要教材を完璧にこなしましょう。その上で、『ズバピタ文法・敬語』(文英堂)や『四科のまとめ』(四谷大塚)などで、文法部分をさらに演習するとよいでしょう。

頻出である、言葉の意味や用法を問う問題の対策として、知らない言葉についてこまめに辞書を引き、語句の意味をメモしたノートを作成することが大きな効果を上げます。さらに、『語彙力アップ1300 ①小学校基礎レベル』(すばる舎)を用いて、言葉の意味や用法についての知識を深めるとよいでしょう。

問題文のジャンル別難易度と文章量

出題年	物語文	説明文	随筆文	その他
H24①	標準	やや難		
H24②	標準	やや難		
H23①	標準	やや難		
H23②	やや難		標準	
H22①	やや難	標準		
H22②	標準	やや難		
H21①	難	やや難		
H21②	やや難	やや難		

求められる力

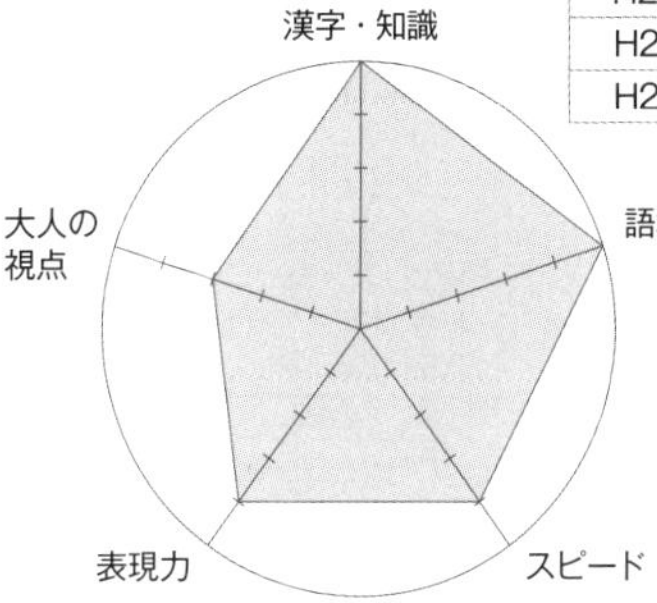

出題内容別の問題数

出題内容	問題数
漢字・知識・文法	7
客観問題・選択肢型	16
客観問題・書き抜き型	6
記述問題・60字未満	3
記述問題・60字以上	1
小問合計	33

次に、読解問題の対策を述べます。選択肢問題、書き抜き問題、記述問題のいずれについても、塾の通常授業の教材で対応できます。

選択肢問題および書き抜き問題は本校で頻出なので、より重点的に練習しておきましょう。とくに前述の、問題文中から抜き出した一文を元に戻したときの位置を問う問題（平成23年度第1回第2問・問2など）は、銀本や『有名中学入試問題集』（声の教育社）などから同じ形式のものをピックアップして取り組みましょう。

記述問題では、まずは短めの字数のものを中心に演習し、本文中のどの部分を解答に盛り込むべきかを意識しながら、徐々に長い字数の問題に取り組むようにします。

本校の設問形式は巣鴨に似ているので、巣鴨の過去問を活用することも有効です。

また、やや難しい文章が出題されるので、塾の教材で難しめの文章を繰り返し読んでおきましょう。桜蔭の過去問の文章を読むことも有効です。ただし設問は本校とは傾向が異なるため、問題を解く必要はありません。

理科

試験時間は40分、大問数は4題で物理、化学、生物、地学分野から1題ずつの出題となっています。解答形式は記号選択問題と語句記述問題が大半を占めます。

●特徴的な問題　地磁気のN極と北極点の位置がずれていることによる方位磁針のズレを考える問題（平成24年度第1回）、地球の表層を覆うプレートの動きや地震に関する問題（平成24年度第2回）、大雨や猛暑の原因となるラニーニャ現象や偏西風の蛇行について考察する問題（平成23年度第1回）、海で生育するカサノリの実験結果から、からだの再生について考察する問題（平成23年度第2回）などがありました。

●対策　すべての分野の基礎力を確実に身につけることがまず重要となります。教科書で大きく扱われていない単元が出題されることもあるので、見落としのないよう丁寧な学習を心がけてください。また本校では、知識問題でも思考力を要求するような問題が多く見られるのも特徴です。あまり出題はされませんが、記述問題を練習しておくと思考力や分析力を養うのに効果的です。

社会

大問数が3題で地理、歴史、公民分野から各1題、同じ25点ずつの出題です。小問数が40問以上あり、さまざまな分野から幅広く問われる融合問題が多いのも特徴となっています。

●特徴的な問題　国連の理事会のうち経済社会理事会や信託統治理事会を答える問題（平成24年度第1回）。隋の皇帝（煬帝）を答える問題や、銅像の人物（楠木《くすのき》正成《まさしげ》）を答える問題（平成24年度第2回）。温泉を題材としたリード文からの歴史総合問題や、その中で夏目漱石《そうせき》と川端康成の著した書名を選択する問題（平成23年度第1回）。九州地方8つの県の統計表を題材に、伝統工芸品、海域、河川、半島、火山、島、温泉、工業都市、県名、県庁所在地などを問う問題（平成23年度第2回）がありました。

●対策　まず重要な用語、人名などは漢字でしっかり書けるようにすることが必須です。次に、表、グラフ、地形図、史料の読み取り問題が多いので、ふだんから資料集や地図帳、年表を上手に利用しながら学習することが重要。また正誤問題も比較的多いので、各事柄の内容を確実に押さえることも大切です。

通塾別学習対策

サピックス

算数●『デイリーサポート』Dプリントまで解けるように。

国語●『デイリーサピックス』のBテキストで難しめの文章を読み、Aテキストの演習も欠かさないようにしましょう。

理科●テキストの環境問題に関する部分はとくに重点的に読みこなしましょう。

社会●マンスリーテストの解き直しを徹底的に行いましょう。

日能研

算数●応用問題の前半部分までは解けるようにしましょう。

国語●『本科教室』と『栄冠への道』は、範囲を限定せずに網羅して演習を進めましょう。

理科●『栄冠への道』などで頻出の力学分野を何度も解くこと。

社会●融合問題、総合問題に銀本などを利用し、慣れるようにしましょう。

四谷大塚系

算数●『予習シリーズ』の全問題を解けるようにしましょう。

国語●『予習シリーズ』と『演習問題集』は、難しめの文章を中心に幅広く演習を進めましょう。

理科●『予習シリーズ』の力学分野は確実に解けるまで繰り返しましょう。

社会●『四科のまとめ』で最後の仕上げを行い、苦手分野をつぶしましょう。

理科 求められる力

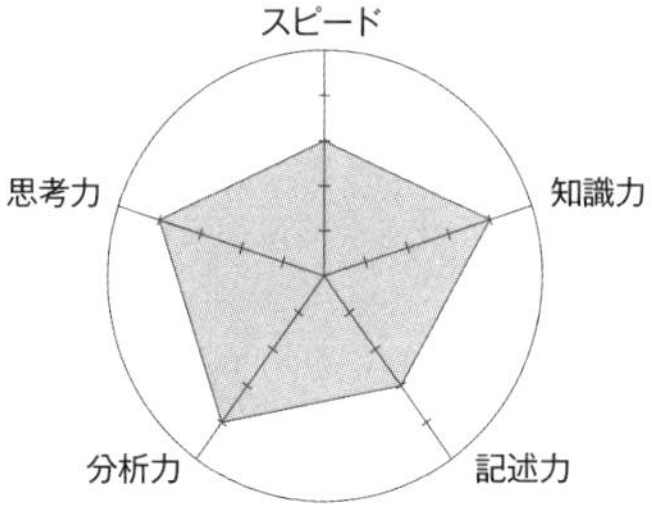

理科 出題形式の内訳と1問あたりの時間

内訳	H24①	H24②	H23①	H23②	H22①	H22②
大問数	4	4	4	4	4	4
小問数	31	37	31	32	27	42
選択	20	29	14	23	21	23
語句記述	3	1	10	4	2	5
文章記述	1	2	0	0	0	0
計算・数値記述	5	5	7	4	4	14
作図・その他	2	0	0	1	0	0
1問あたりの時間（秒）	77.4	64.9	77.4	75.0	88.9	57.1

社会 求められる力

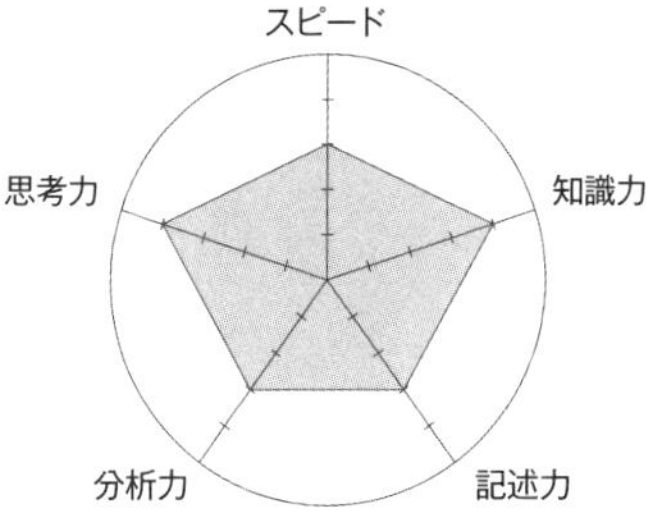

社会 出題形式の内訳と1問あたりの時間

内訳	H24①	H24②	H23①	H23②	H22①	H22②
大問数	3	3	3	3	3	3
小問数	49	46	45	52	49	45
選択	19	18	17	31	28	17
語句記述	30	28	27	21	21	28
文章記述	0	0	1	0	0	0
・その他	0	0	0	0	0	0
1問あたりの時間（秒）	49.0	52.2	53.3	46.2	49.0	53.3

武蔵中学校

東京都練馬区

内

試験日
2/1
発表2/3

面接なし

算	100点	50分
国	100点	50分
理	60点	40分
社	60点	40分

東京男子御三家の1校です。伝統あるアカデミックな校風で高い人気を集めています。

出願作戦

1月校は栄東（東大選抜）、立教新座との併願が目立ちます。安全策なら、栄東（ABC）、開智、城北埼玉などがおすすめです。2月は早稲田、本郷、城北との併願が目立ちます。いずれも第2回が難化するので、2日に本郷、城北を選ぶ場合は、1月により安全な選択を進め、3日に早稲田などを選ぶ場合は、2日に確実な合格を得ておくために、学習院中等科、世田谷学園、高輪、国学院久我山なども候補に入れましょう。

＊生徒を大人として扱う武蔵の教育方針は授業にも大いに反映されています。国語では原典主義が徹底され、中1から旧かなづかいの志賀直哉や芥川龍之介の文章にふれます。最初は戸惑う生徒たちも、半年経つとしっかり原書を読めるようになるそうです。

算数

●出題構成

試験時間は50分で、設問数は10問程度、難易度比率は標準64％、発展21％、思考力15％です。

大問4題構成で、1枚の用紙に1題ずつ問題と広い解答スペースが用意されており、そこには「式や考え方も書きなさい」と明示されています。年度ごとに難度の差がありますが、70点取れると安心です。

●まず合格レベルを目指す

本校の入試問題は、大問1の相似形・面積比で幕を開け、大問2は旅人算、そして大問4の場合の数で締めくくるという年度が多く見られます。大問1では、平面図形のほかに一行題が出題されることもあり、完答が合格への第一歩です（平成21年度大問1・(2)は難問のため例外）。また、平成15年度の平行線や等積変形を利用する問題が多くの塾教材や問題集に掲載されているように、毎年「武蔵らしい」良問が出題されています。

相似形・面積比の問題が解けるかどうかは、演習量に大きく左右されます。平面図形の過去問では、問われる本質が似ている問題が多数あるので、10年以上さかのぼって演習しましょう。

次に旅人算では、速さと時間の逆比の利用や、最小公倍数を利用して全体の距離を設定する問題が中心です。平成23・22・20年度のいずれも大問2で出題された旅人算が、実に「武蔵らしい」問題なので、これらの問題を通して正解するために必要な論理的思考を身につけましょう。

分野別出題傾向

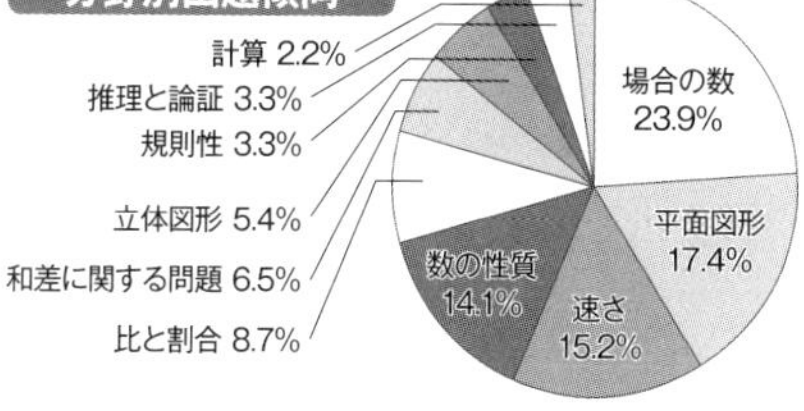

項目別出題ランキング

	項目	標準	発展	思考力	合計
1	場合の数	6	1	12	19
2	相似形・面積比	11	2	0	13
3	旅人算	5	4	0	9
4	数の性質	3	2	1	6
5	和差算	2	2	0	4
6	推理	0	2	1	3
7	公約数・公倍数	2	1	0	3
7	数列	2	1	0	3
7	色塗り	2	1	0	3
10	概数・数の範囲	1	1	0	2

●さらに算数で得点を伸ばすには

問題数に対して、試験時間（50分）は十分あるように思えますが、式や考え方を書くための広いスペースに、説明を交えて論理的に解答することを考えると、決して時間に余裕のある試験ではありません。また場合の数では、後半の設問で完答が難しい複雑な数え上げが出題されており、自分の考えを整理し表現する解答作成能力が、そのまま得点差となります。過去問演習の際には、学校で購入できる過去問題集を用いて、入試本番と同じ形式で演習するなど、答案作成の訓練が非常に重要です。

その他、平成22年度大問3の水量変化や、平成16年度大問2の数の範囲を絞り込んでいく問題など、本質を変えずに繰り返し出題される問題もあります。

やさしい問題の多い年度や難しめの問題が多い年度があり、平均点にばらつきはありますが、出題単元と各問における難度の幅に変化は見られません。入手可能な限りの過去問を解き、本校の求める図形の考察力、数的感覚、論理的思考力を養うことが、本校の受験を突破するための近道です。

国語

●問題文について

例年、大問として長文1題のみが出題されます。平成22年度以前は物語文が続いていましたが、平成23・24年度は説明文でした。

物語文は、少年少女を主人公にしています。しかし、厳しいしつけが行われていた戦前（平成21年度）、初恋の頃（平成20年度）、１９７０年代の筑豊の炭鉱町（平成18年度）などを回想するという、小学生には理解が難しい文章となっています。

そして、説明文も、人間を犬のようなものと見る独特の視点の文章や、待つことについての考察など、かなり難解な文章です。

●設問について

本校の最大の特徴は、きわめて長文の記述問題が6問前後出題される点です。しかも、字数指定がなく、答案用紙に大きな解答枠のみが与えられる形式となっています。本文の内容をまとめるような問題に加えて、思考力を要する難問も出題されます。

選択肢や書き抜きの問題はありません。

例年、最後の設問として漢字6～7問が出ています。また、慣用句、ことわざ、言葉の意味を記述させる問題、敬語が出題されることがあります。

●対策

まず、塾の主要教材で、難解な説明文に関する記述問題を徹底的に練習しましょう。その上で、少年少女を主人公とする長い物語文にも取り組んでおきましょう。同様の物語文が出題される駒場東邦や麻布の過去問を活用すると有効です。さらに、森鷗外《おうがい》『山椒大夫』、川端康成『伊豆の踊子』、井上靖『しろばんば』、山本有三『路傍の石』など、少年少女が登場する古い時代の物語を読んで慣れておくとよいでしょう。

本校では、多様な立場に立って思考する力が求められています（例えば、平成19年度の物語文では、ひとつの出来事がクロアリ、少年、アカアリの立場から語られる）。

このため、①世の中一般とは異なる考え方が示されていたり（平成24年度の期待しないで待つことの意味を述べた文章、平成23年度の人間を犬のようなものと見る文章、平成18年度の本当の意味での金持ちとは何かを述べた文章）、あるいは、Ⅱ周りとは異なる自分なりの生き方を持った登場人物が描かれていたりします（平成22年度）。

問題文のジャンル別難易度と文章量

出題年	物語文	説明文	随筆文	その他
H24		やや難 ★		
H23		やや難 ★		
H22	標準 ★			
H21	難 ★			
H20	難			
H19	やや難 ★			
H18	やや難			

求められる力

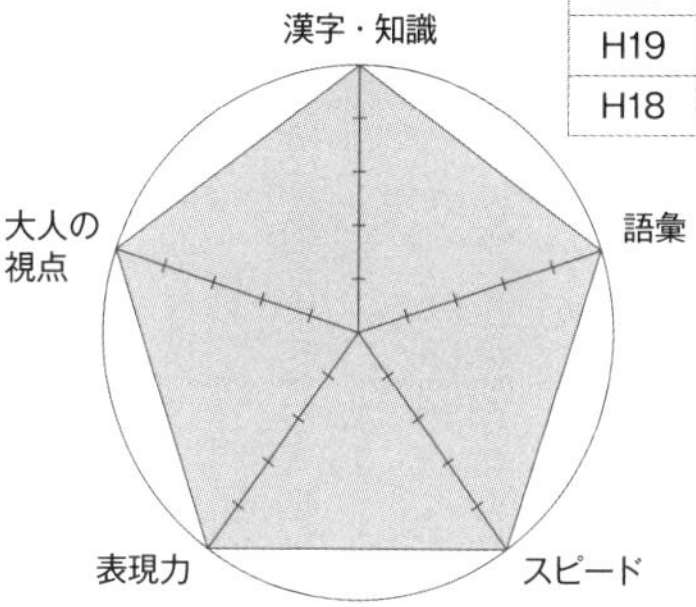

出題内容別の問題数

出題内容	問題数
漢字・知識・文法	10
客観問題・選択肢型	0
客観問題・書き抜き型	0
記述問題・60字未満	1
記述問題・60字以上	5
小問合計	16

そこで、同様に多様な視点が見受けられる問題文が出る桜蔭や開成の過去問が有効です（Ⅰについては、桜蔭の平成20年度第2問および開成の平成22年度第2問など。Ⅱについては、桜蔭の平成22・19・18年度第2問など）。

設問内容を見ると、まず、本文に書かれていることを記述させる問題が出ています（平成23年度問3、平成22年度問4など）。さらに、論理的思考力を要したり、大人の考えることに思いをめぐらせたりする必要のある問題もあります。対策として、日常生活の中で、物事を論理的に考えるように努めながら、父母をはじめとする大人との会話を重ね、〝大人の視点〟に慣れるように心がけましょう。

設問形式は前述のとおり、字数指定がなく、答案用紙に大きな解答枠が与えられる記述です。よって、記述する分量を自分で決める必要があります。演習には、同様の問題が多く出題される雙葉の過去問が有効です。

漢字・知識・文法問題は、確実に得点できるように、塾の主要教材を完璧に習得しておきましょう。

理科

大問は平成17年度が2題のみ、それ以外は毎年3題出題されています。そのうちの1題が「袋問題」と呼ばれる独自のものです。試験の際に配られる袋の中身について観察し記述する問題となっています。小問数は10～25問と年度によってばらつきがありますが、試験時間が40分あるので時間が足りなくなるおそれはないでしょう。

●特徴的な問題　まず袋問題が挙げられます。折れ曲がるストローの仕組みについての問題（平成24年度）、発光ダイオードとボタン電池のつなぎ方と明るさの関係を調べる問題（平成23年度）、ファスナーの仕組みについての問題（平成22年度）などが出題されています。またその他の大問も、記述問題が非常に多いことが特徴になっています。

●対策　基本知識の習得はもちろんのこと、記述力を高めることが不可欠です。過去問や類題演習では、塾の先生などに添削をしてもらい、記述力の向上を図りましょう。また書き方のテクニックを高めることも大切です。ひとつの文章を長々と書かず、端的にわかりやすく、読みやすく書く練習が必要となります。

社会

毎年、ひとつのテーマの問題文をもとにした出題で、幅広い知識力と、問題文、資料に対する分析力が求められます。平成24年度のテーマは布と糸でした。

●特徴的な問題　1990年代以降、日本製の衣類が国際競争力を失ってしまった理由を記述させる問題や化学繊維の発達は工業や産業にどのような影響を与え、また身近な生活をどのように変えたかについて自分の考えを記述する問題（平成24年度）。江戸時代に仏教が堕落したとしたら、それはなぜなのかを、江戸時代の宗教政策とも関連させて説明させる記述問題や、明治時代のはじめ頃に、仏教が抑圧された理由について説明する記述問題（平成23年度）。石油が石炭に比べすぐれている点を記述する問題や、化石燃料と新エネルギー（太陽光・風力発電など）のそれぞれの問題点を挙げた上で、これらエネルギーの利用のあり方についての考えを書く記述問題（平成22年度）など。

●対策　問題文の読解力や資料などの分析力を必要とする記述問題が多く出されるので、過去問はもちろん、ほかの学校の同じようなタイプの過去問を十分に活用し、演習を重ねましょう。

通塾別学習対策

サピックス

算数●『デイリーサポート』Dプリントまでと、平面図形のプリントを学習しましょう。

国語●通常授業の『デイリーサピックス』Bテキスト、SS特訓の教材を活用しましょう。

理科●実験データを取り扱った問題に重点的に取り組むこと。

社会●ふだんから新聞や雑誌の特集記事などに目を通しておきましょう。

日能研

算数●応用問題の前半部分まで解き、相似形・面積比の演習量を増やしましょう。

国語●『本科教室』と『栄冠への道』の記述問題を活用。

理科●カリキュラムテストの実験、観察問題を最低限、押さえましょう。

社会●時事問題の資料に幅広くふれるよう、心がけましょう。

四谷大塚系

算数●『予習シリーズ』の練習問題レベルまでを解き、相似形・面積比の演習量を増やすこと。

国語●『予習シリーズ』と『演習問題集』の記述問題、特別コースの教材を活用すること。

理科●早めに過去問を見て傾向をつかみ、注意すべき分野を『予習シリーズ』で固めましょう。

社会●『予習シリーズ』の演習以外に、現在の社会問題の原因となっていることを調べましょう。

理科 求められる力

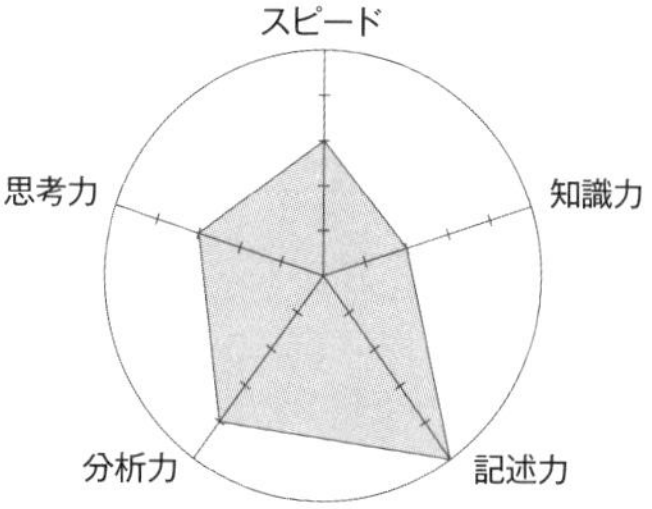

理科 出題形式の内訳と1問あたりの時間

内訳	H24	H23	H22	H21
大問数	3	3	3	3
小問数	12	22	24	21
選択	2	9	4	11
語句記述	1	0	12	2
文章記述	8	9	7	7
計算・数値記述	0	4	0	1
作図・その他	1	0	1	0
1問あたりの時間（秒）	200.0	109.1	100.0	114.3

社会 求められる力

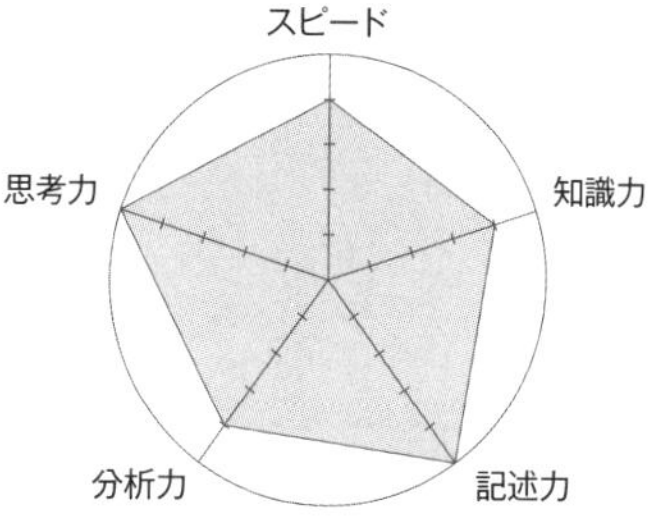

社会 出題形式の内訳と1問あたりの時間

内訳	H24	H23	H22	H21
大問数	1	1	1	1
小問数	10	14	12	9
選択	1	2	0	0
語句記述	3	7	4	3
文章記述	5	5	7	6
その他	1	0	1	0
1問あたりの時間（秒）	240	171.4	200.0	266.7

明治大学付属明治中学校

東京都調布市

内 外

試験日 2/2・3
発表2/3・4

面接なし

	配点	時間
算	100点	50分
国	100点	50分
理	75点	40分
社	75点	40分

出願作戦

第1回が2月2日の実施で、また人気の明治大学の付属校ということもあり、第1回、第2回ともに激戦となります。とくに女子は平成20年度に共学となってからずっと高い人気を維持しているので、確実に押さえを固めて臨む必要があります。

1月校では男子は城北埼玉、女子は専修大松戸に加え、男女とも西武文理まで含めて検討しましょう。

1日の中央大附属、法政大は人気が高いので、男女とも通える範囲であれば明治大中野八王子を、午後受験から東京都市大付属、東京農業大一なども組み合わせて考えましょう。

＊優秀な女子受験生が多いことから、平成24年度より合格者の女子の比率を25～35％から約40％に増やすことになりました。また、2回とも出願した受験生には、第1回が不合格で、第2回がボーダーライン以下の場合に、3点加算の優遇措置があります。

算数

●出題構成

試験時間は50分で、設問数は15問程度、難易度比率は標準69％、発展31％、思考力の出題はありません。解答用紙は記述式中心ですがスペースは小さく、要点をコンパクトにまとめる技術が必要です。

両回試験とも出題数や難度は一定で、合格者平均点は70点前後の年度が多めです。

●まず合格レベルを目指す

合格者平均点と受験者平均点に例年20点以上の開きがあるのは、本校受験者の多くが早慶付属校との併願者であり、学力差があることが原因でしょう。

問題構成を見ると、大問1は還元算と小問集合ですが、簡単な問題ばかりではありません。

大問2以降では、平成22年度第2回大問4と平成20年度第1回大問4のニュートン算や、平成21年度第1回大問2のN進法など、受験生がなかなか手が回らない単元からも出題されています（平成10年代は、ほぼ毎年ニュートン算が出題されました）。

　また、出題比率が約24%を占める比と割合からは、食塩水の濃さ、仕事算、相当算を中心に、2題出題される年度もあります。得点源にしたい単元です。

　このように、幅広い単元から、よく練られた問題が出題されています。大手塾のテストで偏差値60（サピックスは55）以上に達すれば、合格ラインが見えてきます。そのレベルを目指して日々の演習を積み重ね、まずは全単元において、標準レベルの典型題は確実に解けるように学習しましょう。

分野別出題傾向

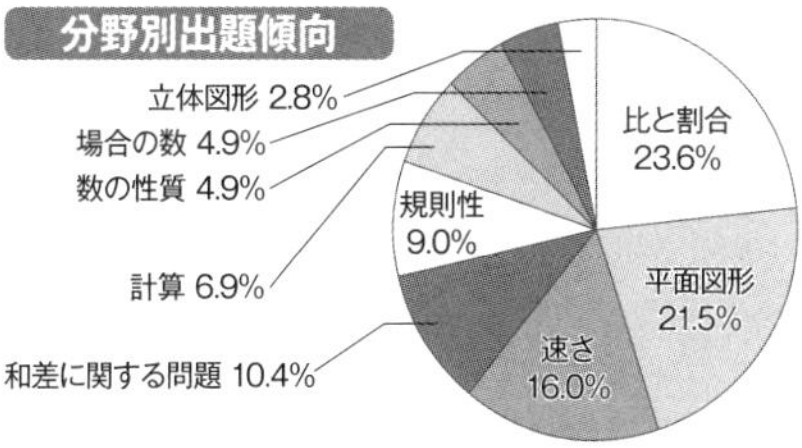

項目別出題ランキング

	項目	標準	発展	思考力	合計
1	相似形・面積比	11	7	0	18
2	旅人算	10	3	0	13
3	点の移動	2	10	0	12
4	還元算	9	1	0	10
5	食塩水の濃さ	5	3	0	8
6	数列	7	1	0	8
7	仕事算	8	0	0	8
8	場合の数	3	4	0	7
9	相当算	5	0	0	5
9	倍数算	5	0	0	5
9	ニュートン算	5	0	0	5

●さらに算数で得点を伸ばすには

　頻出ではないものの、ニュートン算やN進法が出題されていて、全単元の準備が必要です。出題比率が高くない単元も含めて典型題は穴がなく正確に解けるようにしておきましょう。

　とくに、平面図形の相似形・面積比では、明記はないものの、直角三角形で三辺の比が3：4：5になることを利用して解く問題が出されます。この解法を使う問題がテキストやふだんのテストで出てきたらぜひ活用して復習しましょう。さらに出題比率の高い、旅人算、速さとグラフ、点の移動は、応用問題レベルではありながら頻出の問題まで解けるようにしておきましょう。塾教材だけでなく学習院中等科など、他校の過去問も活用して演習量を補うと有効です。

　その他、小問集合の一行題では、後半に難しい問題が出てきます。後の大問を考える時間を確保するために、時間がかかるようならある程度で見切りをつけて先に進むことが必要です。また、解答用紙の記述スペースが小さいので、どの式を書くべきかなどを、過去問演習を通じて習得しましょう。

国語

●**問題文について**

これまでは説明文のみの出題です。テーマは、時間、情報、雑木林の機能、アウトドア、インターネットなどさまざま。平成21年度第1回は、漢の武将・張良の逸話をもとに、コミュニケーションにおける解釈の問題を論じた文章が出題されました。驚くような難解な問題文は見られませんが、ひとつひとつの内容をよく確認しながら、筋道立った読解につなげ、文章全体の主旨を的確に把握する力が要求されています。

●**設問について**

解答時間は50分。総問題数は35問程度です。本校は長文1題の出題のため、文章が非常に長いのが特徴です。近年は説明文が取り上げられています。日頃から、未知の内容を扱った、説明的な内容の本を読む習慣をつけて、長文に負けない集中力を養うようにしましょう。読解問題では記述問題が大半を占めていて、書く力が必要です。難度は標準的なレベルです。

漢字・知識問題は、漢字が10問、言語知識の問題が10問、独立問題として出題されるパターンが続いています。基本的な知識が問われているので、ミスなく得点する必要があります。

●**対策**

接続詞、空欄補充、内容一致選択などで客観問題も出題されますが、記述問題が主です。問題の多くは字数指定がありませんが、正解に必要な要素からすると40～50字程度と考えられます。指示語の内容を具体的に述べさせる問題がよく見られるので、塾教材や過去問を中心に演習を重ね、確実に答えられるように対策を進めましょう。

平成22年度以降、指定語を使った記述問題が見られます。例えば、「次の言葉を使って筆者の主張を70字以内で答えなさい」（平成24年度第2回第1問・問11）や、筆者が言う、情報選択において最も大切なことを、3つの指定語を用いてまとめる（平成23年度第2回第1問・問12）という問題などです。こうした問題では、文章の全体にかかわる内容が問われており、70字などと字数も長めであるのが特徴です。そして、例に挙げた問題もそうですが、答えのもととなるフレーズが文章全体にわたって散らばっていることがよくあります。問題用紙が配られたときに、このような問題については読みはじめる前に手早く設問内容を確認し、重要箇所に注目しながら読むようにすると、後で解答を

問題文のジャンル別難易度と文章量

出題年	物語文	説明文	随筆文	その他
H24①		標準 ★		
H24②		やや難 ★		
H23①		やや難 ★		
H23②		やや難 ★		
H22①		難 ★		
H22②		標準 ★		
H21①		難 ★		
H21②		やや難 ★		

求められる力

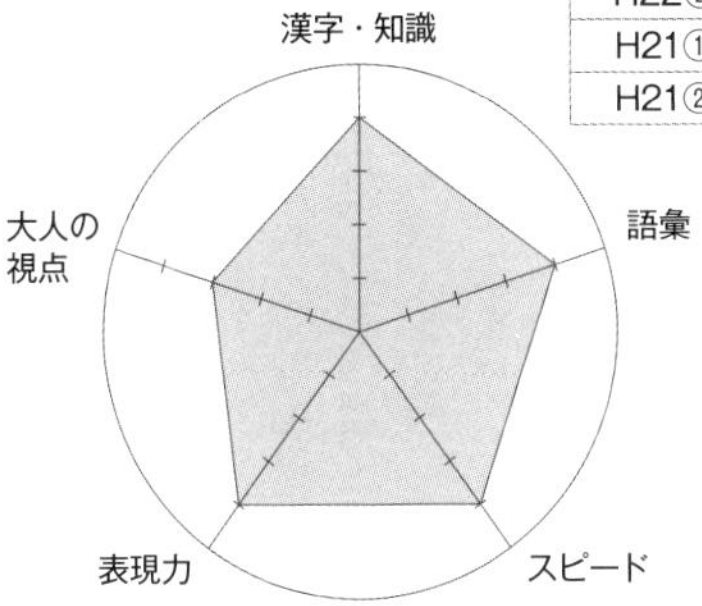

出題内容別の問題数

出題内容	問題数
漢字・知識・文法	21
客観問題・選択肢型	5
客観問題・書き抜き型	4
記述問題・60字未満	8
記述問題・60字以上	1
小問合計	39

まとめる際に役に立つでしょう。

本校の読解問題に対応するには、話題のまとまりや変わり目に注意し、ひとつの話題を代表して言い表しているキーワードにマークをつけるなどの方法で、各部分の内容を確実に押さえながら、大意の理解につなげていく読み方が効果を発揮します。ふだんから、説明文の長文問題を解くにあたって、全文を要約する練習を積んでおくと、本校試験に必要な力がつきます。また、本校の過去問のほかに、学習院中等科など傾向が似ている他校の問題を解くのも、よい練習になるでしょう。

知識問題を見ると、平成23年度第2回で、「目が」「鼻が」「無理が」の後に続く共通する動詞を入れさせる（正解は「きく」）という問題が10問出されています。問われる内容は標準的な難度が多いのですが、毎年違うスタイルです。そのため、限られた試験時間内で落ち着いて解答するには、いろんなパターンで練習を積んでおく必要があります。他校の過去問も含めて、言語知識の独立問題に多くあたっておくことは、本校試験の有効な対策となります。

理科

試験時間が40分で、大問数が6～7題、小問数が40問前後。内容は基本から発展まで幅広く盛り込まれています。また計算問題が多いため、時間配分には十分に気をつけましょう。これまで、時事問題はありませんでしたが、平成24年度は第1回、第2回にそれぞれ1題ずつ時事問題が出題されています。

●特徴的な問題　正四面体の各辺に豆電球をつないだ回路に関する問題（平成24年度第1回）、南半球で見える星空に関する問題（平成23年度第2回）、原子同士が結合するための手の数を考慮し、いろいろな化合物の分子モデルを図示させる問題(平成20年度第1回)などがありました。

●対策　力学、気体・水溶液の発生を中心に、計算問題対策を十分行うことが重要となります。電流のはたらきも複雑な回路が出題されているので、積極的に学習しておきましょう。地学では、天体に関する問題と岩石と地層に関する問題のいずれかが出されていて、近年は気象に関する問題は見られません。学習範囲を絞り、その分、難度の高い問題まで演習しておくとよいでしょう。

社会

大問数が3題で、地理分野、歴史分野、時事問題も含めた公民分野という構成になっています。地理、歴史分野は知識力と分析力が要求され、公民分野では時事用語とその背景の理解が問われています。

●特徴的な問題　ラムサール条約やワシントン条約を補い、生物資源の持続可能な利用を行うための条約名を問う問題（平成24年度第1回）、原子力発電所のあり方について例示したいくつかの立場から自分に一番近いものを選び、理由を記述する問題（平成24年度第1回）、グーグル、ツイッター、ワンセグ、緊急地震速報、ユビキタスなどを問う問題(平成23年度第1回)、家族形態の移り変わりに関し、老々介護、ユニバーサルデザインほかを問う問題（平成23年度第2回）など。

●対策　データを取り扱った表やグラフを題材とした問題を数多く演習することが重要です。その際に、基本知識として習得している事柄をどのように使って分析するのかを、解説文などを熟読することでひとつひとつ丁寧に学習していきましょう。またふだんから、日本、世界で起こっている事象への関心を持ち続けることが必要となります。

通塾別学習対策

サピックス

算数●『デイリーサポート』Dプリントまで解けるようになりましょう。

国語●『デイリーサピックス』のBテキストで、標準からやや難しい説明文を中心に取り組みましょう。

理科●マンスリーテストの物理、化学の計算問題をしっかり復習しましょう。

社会●資料などから分析するタイプの問題の演習量を増やしましょう。

日能研

算数●応用問題の前半部分までは解けるようになりましょう。

国語●塾テキストや銀本で記述問題を多く解き、添削を受けましょう。

理科●気体・水溶液の分野は講習会のテキストなども使い、何度も学習しましょう。

社会●地理、歴史分野はとくにテキストを深く読み込むこと。

四谷大塚系

算数●『予習シリーズ』の練習問題まで解けるように。

国語●標準からやや難しい説明文を解くとともに、模試で長い文章に慣れましょう。

理科●週テストや模試の計算問題を繰り返し演習しましょう。

社会●公民分野を中心に時事問題から問題の背景を考えるようにしましょう。

理科 求められる力

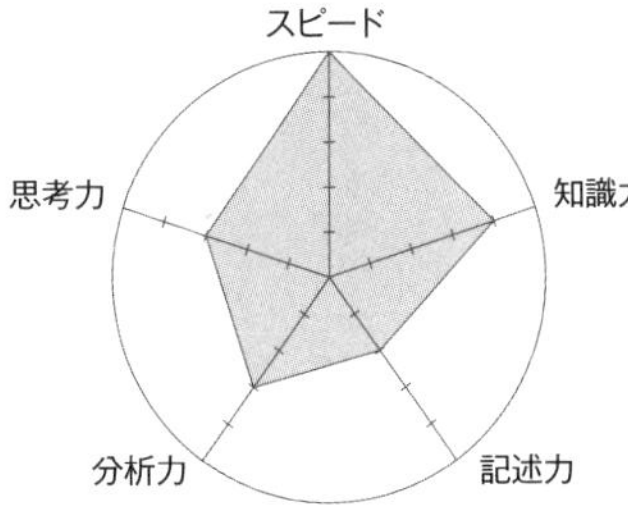

理科 出題形式の内訳と1問あたりの時間

内訳	H24①	H24②	H23①	H23②	H22①	H22②
大問数	7	7	7	7	6	7
小問数	38	41	41	39	37	38
選択	26	25	15	22	17	15
語句記述	6	5	15	8	14	11
文章記述	0	0	0	0	0	0
計算・数値記述	6	11	11	9	6	12
作図・その他	0	0	0	0	0	0
1問あたりの時間（秒）	63.2	58.5	58.5	61.5	64.9	63.2

社会 求められる力

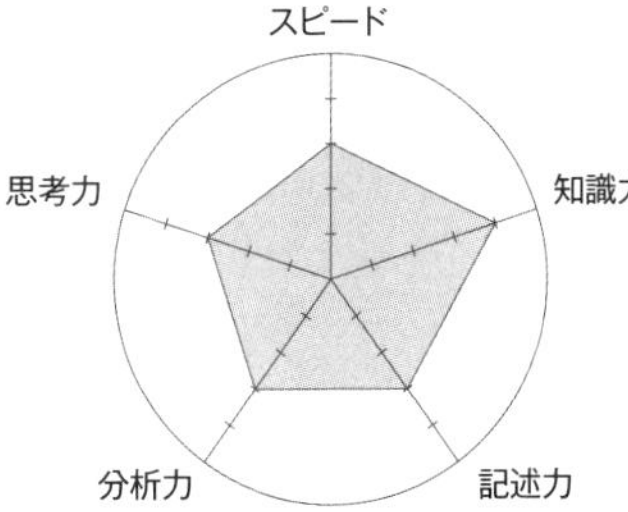

社会 出題形式の内訳と1問あたりの時間

内訳	H24①	H24②	H23①	H23②	H22①	H22②
大問数	3	3	3	3	3	3
小問数	40	56	42	42	57	51
選択	26	38	19	26	36	28
語句記述	10	15	20	16	20	20
文章記述	4	3	3	0	1	3
その他	0	0	0	0	0	0
1問あたりの時間（秒）	60.0	42.9	57.1	57.1	42.1	47.1

横浜共立学園中学校

神奈川県横浜市

試験日 2/1(A)・3(B)
発表2/2(A)・3(B)

面接あり

算	100点	(A)(B) 45・50分
国	100点	(A)(B) 45・50分
理	(A)100点	40分
社	(A)100点	40分

神奈川女子御三家の1校で、真摯な校風と堅実な大学進学実績で高い人気です。

出願作戦

B方式は、受験科目が算数、国語の2科のみ。募集人員がA方式の150人から30人と大きく減るため、まずはA方式での合格を目指して、確実な組み合わせを考えましょう。

1月校は地域として選定が難しくなりますが、国府台女子、西武文理などを候補にしましょう。2月3日の受験を想定する場合、2日はより確実に。鎌倉女学院、湘南白百合は、本校と偏差値の差がなくリスクが高めです。山手学院、横浜女学院の午後受験や、捜真女学校なども視野に入れましょう。

＊木のぬくもりが感じられる本校舎は、横浜市の有形文化財に指定されていて、毎日生徒と先生で行われる掃除の成果で、どこもきれいに磨かれています。大学現役合格率は約90％、例年、文系と理系の割合は7：3です。

算数

●**出題構成**

試験時間はA方式が45分、B方式が50分と異なりますが、設問数はいずれも17問程度です。

難易度比率はA方式が標準85％、発展15％、思考力なし、B方式が標準71％、発展27％、思考力2％となっていて、解答形式は答えのみです。平均点は非公表ですが、合格基準は70点程度と思われます。

●**まず合格レベルを目指す（主にA方式）**

大問1は、計算2問と小問集合の基本問題6問で構成されています。確実に全問正解したいところです。

単元別では、後半に立体図形の大問が必ず出題されています。平成24年度は直方体を重ねた立体、平成23年度は重ねた円柱の求積、平成22年度はおもりを沈める水量変化、平成21年度は投影図の求積、平成20年度は回転体の求積と、毎年テーマが異なります。

塾教材の学習で十分対応できますが、計算力次第で

分野別出題傾向

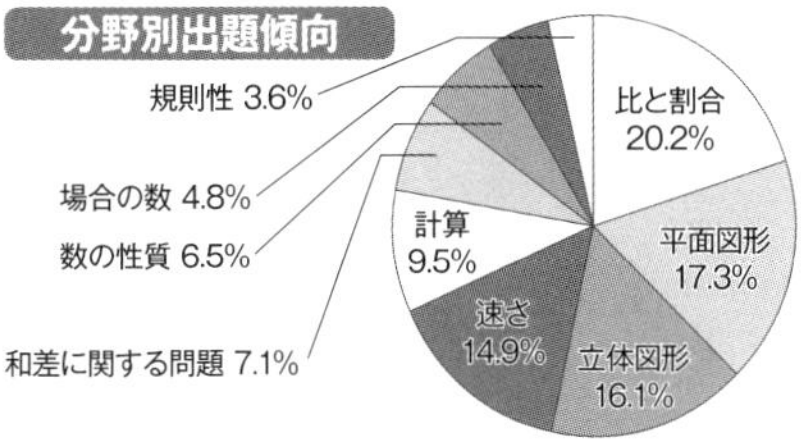

項目別出題ランキング

	項目	標準	発展	思考力	合計
1	図形の回転・移動	7	3	0	10
2	食塩水の濃度	9	1	0	10
3	場合の数	5	1	2	8
4	還元算	8	0	0	8
5	相似形・面積比	5	2	0	7
6	四則混合計算	7	0	0	7
7	水量変化とグラフ	4	2	0	6
8	速さとグラフ	6	0	0	6
8	体積・容積	6	0	0	6
10	回転体	1	4	0	5

得点差が生じるので、正確な計算力を養いましょう。

また、速さの大問では、平成24年度大問2と平成20年度大問3の旅人算、平成21年度大問4の動く歩道といったグラフを用いた問題や、平成22年度大問3の通過算などがあり、多くの受験生が苦手とする問題です。

その他、平成23年度大問3の仕事量が変化する仕事算と、平成21年度大問2の1人あたりの配布枚数をそろえる過不足算は、得点差がつきやすい問題です。平成23年度大問4のおうぎ形の周りを円が移動する問題と、平成21年度大問3の二等辺三角形と台形の移動はやや難問なので、解くのに時間をかけすぎないようにしましょう。

●さらに算数で得点を伸ばすには（主にB方式）

本校のB方式は、A方式と試験時間や出題形式が異なり、大問1は計算と小問集合の合計3問構成です。

この大問1と、平成24年度は大問3の流水算での得点率、平成23年度は大問3の売買損益算、平成22年度は大問2の日暦算と大問3の倍数算、平成21年度は大問2・(2)の二量の関係、平成20年度は大問2・(3)の数列の和が、合否の分かれ目となったでしょう。

ほかの注目点は、平成24・22年度は大問5で図形の回転移動、平成23年度は大問4で点の移動（速さ）、平成21年度は大問6で点の移動（求積）、平成20年度は大問6で図形の回転というように、移動や回転が毎年見られますが、A方式の立体図形と同様に毎年出題テーマが異なるので、幅広く演習を重ねましょう。

また、平成22年度大問6では水量変化とグラフが出題されています。グラフや図形の回転・移動の問題は、小問ごとに状況を書き記す必要があって手間がかかるため、多くの受験生が苦手としていますが、得点できると大変有利なので、しっかり習得しましょう。

国語

●問題文について

説明文1題に、物語文か随筆文が1題の構成です。平成24・23年度は随筆文の出題が続きました。A方式よりもB方式の方がやや文章の難度が上がることがありますが、基本的に読みづらい文章は多くありません。ただし随筆文では、平成24年度B方式第1問（川上弘美『あるようなないような』）がやや難度が高かったので、今後の傾向に注意が必要です。

説明文では、自然や文化、コミュニケーションなどさまざまなテーマが扱われます。いずれも難度は標準からやや難しめです。

●設問について

制限時間がA方式45分、B方式50分と異なります。両方式に全体的に大きな難度の違いはありませんが、B方式の書き抜き問題や記述問題の一部に難問が見られます。回によって内容別の問題数に違いはありますが、全体としてはバランスのとれた問題構成です。助詞の区別などの文法問題や、語句の意味なども出題されるので、どの単元ももれなく対策をとる必要があります。スタンダードな構成で、真正面から受験生の総合的な国語力を問う、直球勝負の試験です。

●対策

前述のとおり、スタンダードな問題構成なので、模試などテストに慣れている受験生は抵抗なく取り組めると思われますが、取りこぼしができない分、慎重さも必要です。

漢字・語句問題、接続詞や副詞の穴埋め問題、文法問題などの難度は標準的なので、確実な得点源となるようにふだんから演習を重ねる必要があります。

選択肢問題は全般に区別が難しいものは少なめですが、本文の内容と合致するかどうかを選択肢ごとに○×で答えさせるタイプが多く出されます。選択肢をしっかり読み込めば決して難しくはありませんが、苦手意識を持つ受験生が多い問題です。このタイプの問題を全問正解すれば差がつけられるという意識を持って、粘り強く取り組みましょう。

記述問題の多くは60字未満で、文中から要素を取り出して、文章を組み立てる表現力が問われます。書き抜き問題にも共通しますが、問題該当部の近いところに解答の要素が含まれることが多いので、物語文では話の流れを、説明文では論理の展開をしっかり追って、該当部の前後にあるポイントを見逃さないことが必須

問題文のジャンル別難易度と文章量

出題年	物語文	説明文	随筆文	その他
H24A		標準	標準	
H24B		やや難	やや難	
H23A		※	標準	
H23B	やや難	標準		
H22A	標準	標準		
H22B	やや難	標準		
H21A	※	標準		
H21B	標準	標準		

求められる力

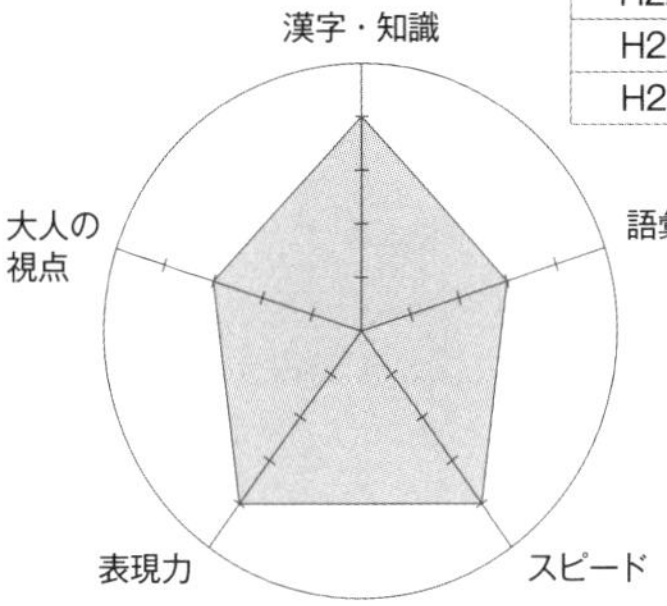

出題内容別の問題数

出題内容	問題数
漢字・知識・文法	10
客観問題・選択肢型	14
客観問題・書き抜き型	5
記述問題・60字未満	7
記述問題・60字以上	2
小問合計	38

です。その上で、精度の高い文章を仕上げて、失点を何としても防ぐよう練習を重ねましょう。

解答欄のスペースから、60字以上になる記述問題は問題数としては少ないと推測されますが、その記述での得点が全体に大きく影響すると言えます。文中の要素を組み合わせて完成させる問題ではなく、例えば、平成24年度B方式第3問（茂木《もぎ》健一郎『ひとり遊びのスヽメ』）問5では、自分にとっての「謎」を挙げて説明させ、平成21年度A方式第3問（日高敏隆『セミたちと温暖化』）問7は、文章中の表現について自分で例を考えさせるなど、自由度が高いものになっています。平成23年度A方式第3問（塩野米松《よねまつ》『木の教え』）問10のような内容要約タイプも出題されるので、さまざまな種類の記述問題に慣れておきましょう。

対策として、塾の教材などでの演習成果が活かせる部分が多いので、地道に演習を進め、間違えた問題の復習を細かく行うことが大前提です。模試などでは、問題ごとの全体正答率を確認して、60％以上の問題が確実に得点できているかをチェックしましょう。記述問題では、自分の考えを書かせる問題が出されるので、光塩女子、横浜雙葉、浅野、暁星といった学校の問題も活用しましょう。

理科

試験時間が40分で大問数は例年4～6題。記述問題や作図問題、選択問題があります。選択問題は当てはまるものすべてを選ぶ問題が増えて、基本的な知識を十分に理解しているかが問われています。A方式は配点が4科同じ１００点なので、理科の対策も非常に重要になります。B方式は理科の試験なし。

●特徴的な問題　平面鏡、凹面鏡、凸面鏡の光の反射に関する問題（平成24年度A方式）、フナの解剖に関する問題（平成23年度A方式）、火山の噴火と地層に関する問題（平成22年度A方式）、塩酸やアンモニア水と同じ性質の水溶液を家庭にある物から選択する問題（平成21年度A方式）などがありました。

●対策　近年、難問ではありませんが思考力や分析力を要求する問題が増えているので、単純に知識を暗記するだけの学習ではなく、ふだんからさまざまな現象が起こる理由を自分の頭で考えながら学習することが重要です。また実験方法や実験器具の取り扱いに関する問題が多く出されているので、実験についての知識は完璧にしておきましょう。

社会

大問数が4題で3分野からまんべんなく出題されています。平成24・23年度は記述問題が3題ありました。多少細かいところまで問われており、知識力が要求される問題となっています。B方式は社会の試験なし。

●特徴的な問題　「○○富士」と呼ばれる山を題材にしてさまざまな設問がある問題や、公民分野で誤りをすべて選び、ない場合は「なし」と答える問題（平成24年度A方式）。史料を用いた歴史総合問題において、韓国統監府設置や石川啄木の歌を項目とした年代並べ替えの問題、佐藤栄作首相が在任中に結んだ条約の内容を問う選択問題（平成23年度A方式）。冷戦時代の１９６３年、アメリカと旧ソ連を含む国々が、はじめて核軍縮に向けて結んだ条約を選択する問題や、六波《ろくは》羅殿《らどの》（平清盛）が貿易港である大輪田泊《おおわだのとまり》を修築したが、この港のあった位置を地図から選択する問題（平成22年度A方式）などがありました。

●対策　まず幅広く苦手分野をつくらないように基本的な知識を固めることが重要となります。その上で地図帳や歴史資料集をふだんから活用し、史料などを使用した問題演習を繰り返すと効果的です。

通塾別学習対策

サピックス

算数●『デイリーサポート』Cプリントまで解けるように。

国語●マンスリーテストなどの復習で、苦手単元をなくすようにしましょう。

理科●マンスリーテストは解答だけでなく、理由、説明などまでしっかり読みこなしましょう。

社会●テキストの全分野、細かいところまでしっかり知識を覚える学習をしましょう。

日能研

算数●共通問題は完璧に解けるようになりましょう。

国語●毎回のテストの見直しを細かく行い、間違えた範囲の復習を徹底しましょう。

理科●テキストや銀本では、すべて選ぶタイプの正誤問題に意識的に取り組みましょう。

社会●テキストに加え、市販の参考書などで幅広い知識を身につけましょう。

四谷大塚系

算数●『予習シリーズ』の練習問題まで解けるようにすること。

国語●週テストや合不合判定テストは、単元を問わずすべて復習しましょう。

理科●週テストの分析と、思考するタイプの問題を重点的に見直しましょう。

社会●『四科のまとめ』に記載されている内容は確実に押さえるようにしましょう。

理科 求められる力

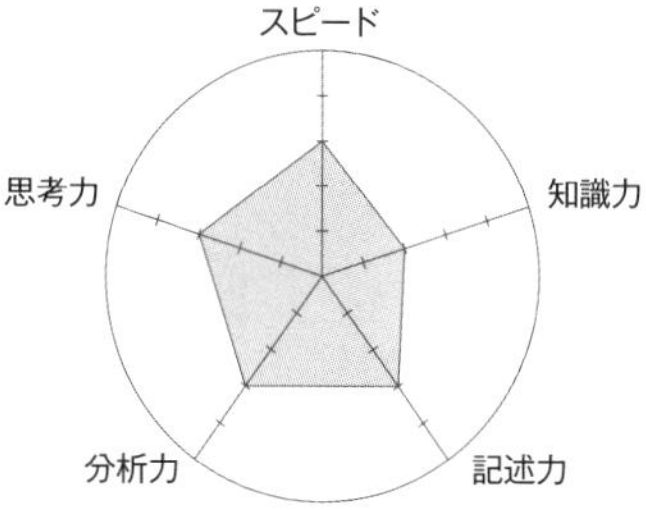

理科 出題形式の内訳と1問あたりの時間

内訳	H24A	H23A	H22A	H21A
大問数	5	4	6	4
小問数	47	42	52	50
選択	32	30	29	24
語句記述	6	1	5	10
文章記述	4	6	9	10
計算・数値記述	2	2	7	5
作図・その他	3	3	2	1
1問あたりの時間（秒）	51.1	57.1	46.2	48.0

社会 求められる力

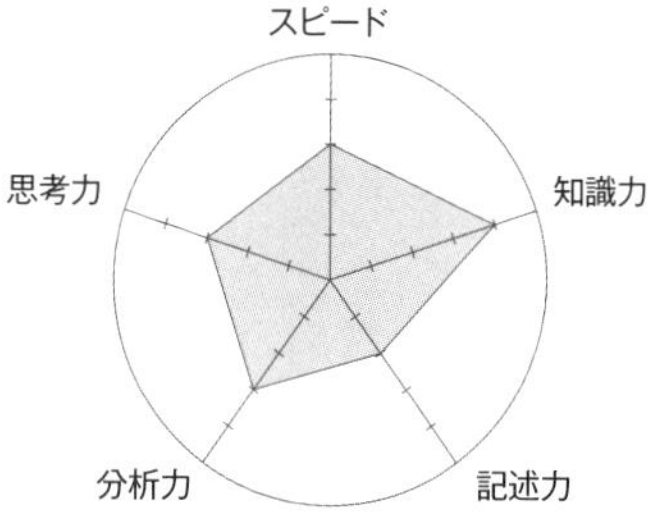

社会 出題形式の内訳と1問あたりの時間

内訳	H24A	H23A	H22A	H21A
大問数	4	4	4	4
小問数	47	46	50	50
選択	28	31	37	34
語句記述	15	12	13	16
文章記述	3	3	0	0
その他	1	0	0	0
1問あたりの時間（秒）	51.1	52.2	48.0	48.0

横浜雙葉中学校

神奈川県横浜市

試験日 2/1
発表2/2

面接あり*

算	100点 50分
国	100点 50分
理	80点 40分
社	80点 40分

出願作戦

神奈川女子御三家の1校で、明るい校風と確かな大学進学実績で人気を集めています。

地域として1月校の選定が難しくなりますが、何とか先に確実に合格しておきたいところです。通える範囲であれば国府台女子、西武文理などを候補としましょう。面接が別日に行われるので、2月1日の午後に、横浜女学院、八雲学園などを受験するのも一手です。

安全策なら、2日以降に、捜真女学校、田園調布学園、桐蔭学園（理数）なども視野に入れましょう。

＊平成15年に新校舎が完成。明るい校風をそのまま反映するように、豊かに日光を取り入れた、美しく、居心地のよい環境です。大学進学実績は、国公立では理系が多く、私立では文系約70％、理系約25％、芸術系約5％となっています。

算数

●出題構成

試験時間は50分で、設問数は18問程度、難易度比率は標準74％、発展24％、思考力2％です。

解答形式を見ると、後半に記述式の問題が出題されるほか、論証問題も多数あります。合格者平均点は非公表ですが、受験者平均点は40～70点で推移していて、年度によってかなりの難度差があります。

●まず合格レベルを目指す

平成24年度はやさしめの問題構成でしたが、平成23年度以前は受験生の学力に対して難しい問題の比率が高くなりました。それでも受験者平均点から考えると、標準問題を確実に得点すれば合格できるでしょう。

本校は、大問1（計算と小問集合）で発展問題が出題されています。また、後半の大問では設問数が4問以上と多めですが、最初の数問は標準問題なので、「問題文が長いから難しそう」と安易に考えず、解ける問

*別日に実施。受験番号により、実施日を決定

題をしっかり見きわめて得点しましょう。「自分が解けるレベルかどうか」を判断できるようになるには、大手塾のテストで全体正答率が40％前後のレベルの問題を基準に復習し、さらに塾教材だけではなく『でる順』（旺文社）など市販の問題集も用いて同レベルの問題をたくさん解きましょう。問題文を読んですぐに見きわめられる程度まで訓練するとよいでしょう。

　左の円グラフでは、数の性質、規則性、速さの出題比率が低めですが、小問集合の中に登場したり、規則性の大問が平成22年度大問3で出題されたりしています。推理と論証の出題比率は他校と比較して高いので、標準問題は全単元で穴をなくしましょう。

分野別出題傾向

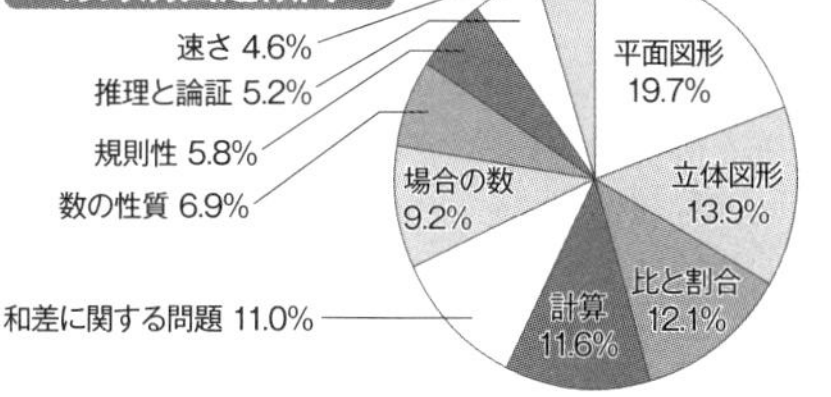

項目別出題ランキング

	項目	標準	発展	思考力	合計
1	水量変化とグラフ	14	3	0	17
2	場合の数	8	4	4	16
3	相似形・面積比	9	4	0	13
4	点の移動	7	4	0	11
5	四則混合計算	10	0	0	10
6	数の性質	8	1	0	9
7	還元算	8	0	0	8
8	比・比の値	4	3	0	7
9	論証	2	4	0	6
10	規則性	4	2	0	6

●さらに算数で得点を伸ばすには

　算数で得点差をつけるには、発展問題と思考力を問う問題で得点することが重要という考えも多いと思われます。しかし本校では、標準問題を解く際に当たり前に考えている論理の流れを、式で書けたり文章で説明できたりする方が優先です。

　ポイントは、式や考え方を書く問題と、推理と論証です。式や考え方を書く問題は、水量変化とグラフ、図形の移動とグラフ、点の移動からの出題です。解答用紙に図が用意されている場合もありますが、小問ごとに自分で状況図を書く必要があるので、ふだんから意識的に作図の練習をしましょう。

　推理と論証では、平成21年度は正六角形にぴったり収まる円を書き、円周率の説明をする問題、平成20年度は場合の数の途中式を説明する問題などのほか、平成21年度の「円周率」、平成18年度の「仮分数」など、ふだん考えることのない基本概念を説明する出題もあるので、過去問演習で慣れるようにしましょう（平成21年度はp.13、平成18年度はp.12参照）。

国語

●問題文について

物語文または随筆文1題と論説文1題のパターンです。文章の長さは標準よりやや短めですが、物語文でも随筆的な作風であったり、また論説文も随想的な内容が展開されるなど、文章のジャンルがはっきりと特定しづらいものが多く出されます。随筆文への苦手意識が強いと読みづらく感じるものが多いので、随筆文対策は重点的に進めましょう。物語文は時代設定が現代と異なるものや、会話が少ない文章が出されることがあるので、多種の文章にあたる必要があります。

●設問について

知識・語句問題の小問数が10問以上と多く、その内容も、敬語の問題から、短歌を完成させるものまで、非常に多彩です。読解問題の中で語句の意味を問う問題も含めて、語彙に関する出題が多いことが特徴です。読解問題の出題内容はバランスがとれていますが、記述問題が多いので、解答時間をいかに使うかが重要になります。記述問題の中には、自分の意見を書かせるものもあるので、十分な練習が不可欠です。限られた時間内で総合的な国語力を問う試験です。

●対策

本校では、高いレベルの語句・知識問題が、さまざまな形式で出題されます。短歌の完成や、季語の選択など、韻文の分野に属する問題も多く、平成23年度第1問・問2で「端午節」と異なる季節の語を「打ち水・時雨・蛍・朝顔市」から選ぶなど、容易には対応できないものが見られます。語句・知識問題に関しては、塾教材に限らず、雙葉（東京）、慶應義塾中等部、灘などの問題も活用して、少しでも多く演習量を確保しましょう。

解答時間50分の使い方が非常に重要です。とくに記述問題の数が多く、自分の意見を書かせるものや、文章全体の理解を踏まえるものが出題されるので、確かなスピードが不可欠。早期に過去問演習に着手して、本校を受験する上での時間の感覚を養成しましょう。

選択肢問題、書き抜き問題や記述問題の一部は、問題該当部から遠くない箇所に、解答のヒントがある傾向。文章内容が読みづらくても、話の流れや、大きな論旨の展開は把握できるようにふだんの演習を積み重ねましょう。流れがつかめれば、ポイントとなる箇所は見つけやすくなっています。

本校の合格者最低点は4科で60％後半になることが

問題文のジャンル別難易度と文章量

出題年	物語文	説明文	随筆文	その他
H24	標準	やや難		
H23	標準	やや難		
H22		標準	標準	短歌あり
H21		やや難	※	
H20	標準	標準		
H19		標準	標準	
H18	やや難	※		

求められる力

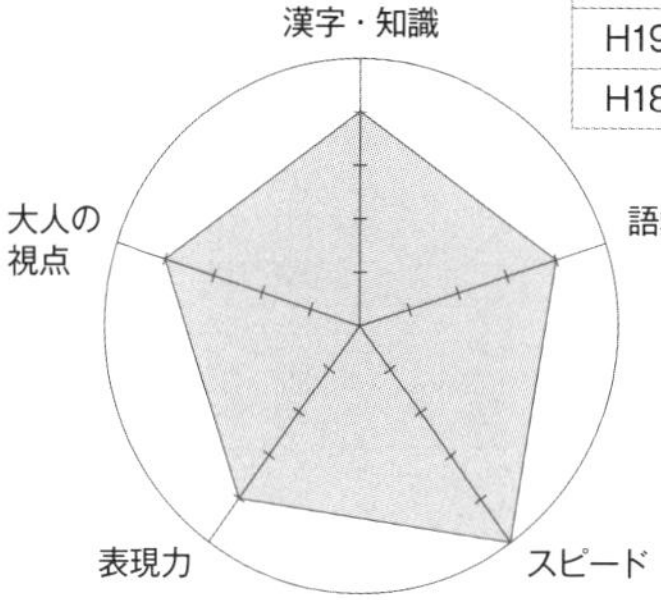

出題内容別の問題数

出題内容	問題数
漢字・知識・文法	19
客観問題・選択肢型	10
客観問題・書き抜き型	4
記述問題・60字未満	5
記述問題・60字以上	3
小問合計	41

多く、高いレベルでの戦いになります。得点差がつきやすい問題での成否が、全体に大きく影響します。

例えば平成22年度第2問(長島有里枝『背中の記憶』)の最終問11では、けんかを重ねてきた私と弟の関係について、文章の最後にある、本棚と机が夕日に映える様子を描いた表現から、お互いが成長を通して不満や憤りを解消してきたことを説明させる問題です。物語文の最後の印象的な情景を説明させるのは本校の特徴ですが、このタイプはほかの問題のような、文中の要素を抽出してつなげれば答えが完成するものではありません。

ほかにも平成24年度第3問（今道友信『教えるこころ』）の問11など、本文の内容を踏まえて自分の意見を説明させる問題が出されます。難度の高い記述問題にしっかりと取り組む必要があります。

語彙を増やすために、問題文で不明な語句があった際には、自分で調べてノートにまとめる作業を習慣づけることも有効です。表現についての問題などでは若干違いがありますが、雙葉（東京）の、とくに各大問の最終記述問題は、記述力養成として活用することができます。

理科

試験時間が40分で大問数は4分野から1題ずつの4題となっています。小問数は40問弱で選択問題が大半を占めていますが、作図や記述問題も出題されているため、1問あたりの解答時間はあまり長くないと言えるでしょう。

●特徴的な問題　グリーンカーテンとニガウリに関する問題（平成24年度）、だ液アミラーゼがはたらく条件に関して、消化酵素の最適pHを問う問題（平成23年度）、ヒト、カエル、トカゲの肺の違いに関する問題（平成22年度）、アサガオの葉の光合成と呼吸に関する実験の問題（平成21年度）、池の中の生物に関する問題（平成20年度）などがありました。

●対策　全体的に基本的な難度の出題が多いので、まんべんなく基本知識の習得をすることが重要となります。その際、単なる暗記ではなく仕組みや理由を理解して覚えるよう、意識して取り組むことが大切です。生物知識は、細かい点まで注意して学習しておいてください。記述問題も多く出されますが、とくに難しい問題はないので、過去問を中心にひととおり練習しておけば十分でしょう。

社会

大問数が3～4題で、小問数が40問くらいとなっています。語句記述問題が大半を占めていて、そのほとんどが漢字指定です。平成24年度は記述問題が1問出題されています。

●特徴的な問題　資源の再利用に関して「都市鉱山」を問う問題や、ODAに関連して「世界銀行」を問う問題、NGOに関連して「国境なき医師団」を問う問題（平成24年度）。ペリーがアメリカから来航したときの航路を地図から選択する問題や、日本の自動車生産台数の変化、米、小麦、とうもろこしの生産量上位の国などを問う問題、時事的な問題として、米粉とマタニティマークを問う問題（平成23年度）。人権を題材とした問題で、ノーベル平和賞を受賞したミャンマーの女性の名前や、イスラム教の聖典の名称などを問う問題（平成22年度）などがありました。

●対策　3分野まんべんなく幅広く出題されるので、まずは基本知識を習得した上で基本的な用語、人名を漢字でしっかり書けるようにすること。また地図やグラフ、表からの読み取り問題が多いので、地図帳や歴史資料集をふだんから活用することが大切です。

通塾別学習対策

サピックス

算数●『デイリーサポート』のCプリントまで解けるようにしましょう。

国語●知識問題対策として『デイリーサピックス』以外の教材も活用しましょう。

理科●『デイリーサピックス』の★１の問題（できる範囲で★２も）を復習しましょう。

社会●マンスリーテストでは漢字指定の語句記述問題を重点的に復習すること。

日能研

算数●共通問題は完璧に解けるようにしましょう。

国語●カリキュラムテストの復習を通して、自分の言葉を使う記述問題の精度を上げましょう。

理科●カリキュラムテストは、さかのぼって何度も繰り返し復習しましょう。

社会●カリキュラムテストに出てくる語句は確実に漢字で書けるようにしましょう。

四谷大塚系

算数●『予習シリーズ』の全問題を解けるようにしましょう。

国語●『予習シリーズ』と『四科のまとめ』の演習をバランスよく重ねましょう。

理科●テキストの基本問題を全分野、何度も解き直しましょう。

社会●『四科のまとめ』などで一問一答形式の問題も活用し、全分野まんべんなく学習しましょう。

理科 求められる力

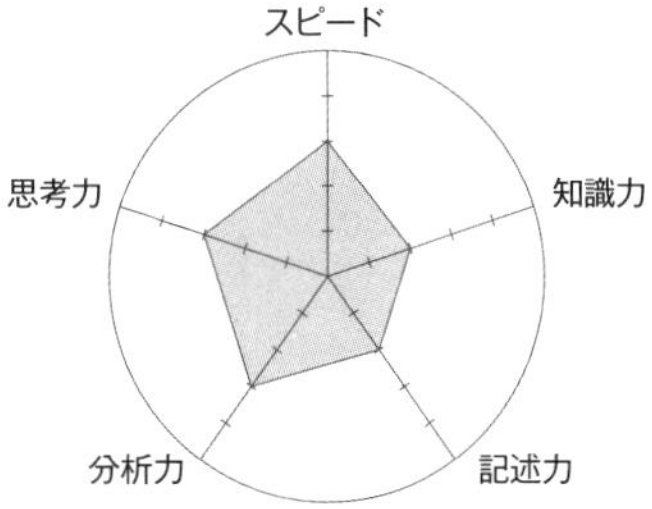

理科 出題形式の内訳と１問あたりの時間

内訳	H24	H23	H22	H21
大問数	4	4	4	4
小問数	35	34	36	33
選択	24	20	30	23
語句記述	2	3	2	3
文章記述	4	2	1	4
計算・数値記述	3	8	0	1
作図・その他	2	1	3	2
1問あたりの時間（秒）	68.6	70.6	66.7	72.7

社会 求められる力

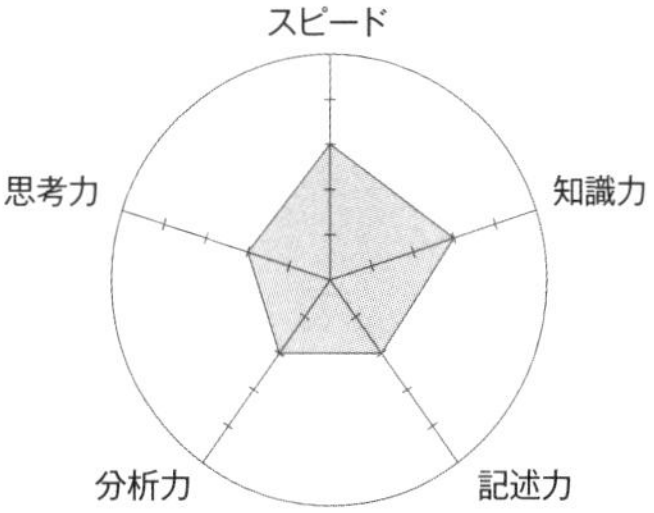

社会 出題形式の内訳と１問あたりの時間

内訳	H24	H23	H22	H21
大問数	3	3	3	3
小問数	40	40	40	42
選択	9	8	7	10
語句記述	29	32	31	30
文章記述	1	0	2	2
その他	1	0	0	0
1問あたりの時間（秒）	60.0	60.0	60.0	57.1

立教女学院中学校

東京都杉並区

内 外 (女)

試験日 2/1 発表2/2

	算	国	理	社
点*	60	60	40	40
分	40	40	30	30

面接あり（1月末に実施）

出願作戦

女子付属校の中でも抜群の人気を誇り、1回のみの受験となるので、1月中と2月2日以降で、確実な押さえを固める方針を立てる必要があります。

1月校では、栄東や開智だけでなく、西武文理、国府台女子、星野学園なども視野に入れましょう。

2日以降では、明治大明治や中央大附属などの大学付属校はもちろん、光塩女子、共立女子なども決して安全な選択とは言えません。富士見や恵泉女学園、東京女学館、三輪田などから、問題との相性も十分に考慮して選択を進めましょう。

＊伝統的なプロテスタント校であり、美しい校舎の雰囲気も相まって、多くの受験生から憧れの学校として高い人気を得ています。クリスマスの時期には中庭の大きなヒマラヤ杉に電飾が施され、美しい校舎がさらに際立ちます。

算数

●出題構成

試験時間は40分で、設問数は18問程度、難易度比率は標準75％、発展23％、思考力２％です。

過去10年間の合格者平均点は、60点満点中25～46点まで開きがあり、平成23・19・17年度は、発展問題が4割近く出題されるなど、年度によって難度にかなりばらつきがあります。平成25年度に90点満点へ変更。

●まず合格レベルを目指す

本校の問題構成は、小問集合と大問３題が基本的なスタイルです。

小問集合は、平成20年度より10問程度から8問程度へ変更されていますが、ひとひねりされた問題が多いこと、後半に発展問題が出題される点に変わりはありません。また大問構成の問題は、表、グラフの読み取りや推理など、苦手とする女子生徒が多い問題を標準レベルの設問で誘導しながら、最後は難しくなってい

*平成25年度に満点が変更（算国90点、理社60点へ）

分野別出題傾向

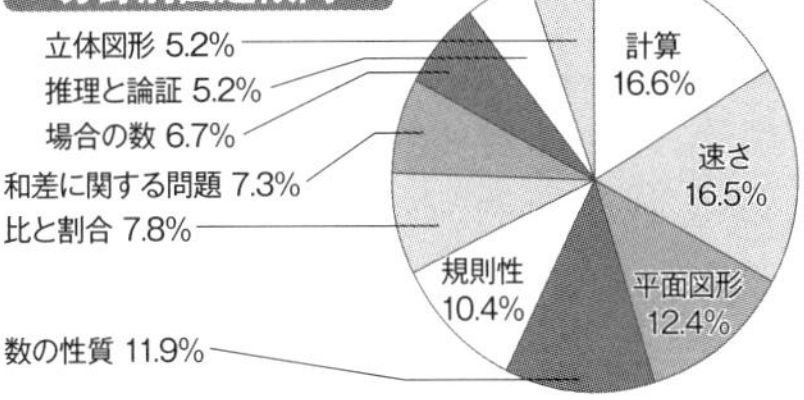

項目別出題ランキング

	項目	標準	発展	思考力	合計
1	旅人算	11	2	0	13
2	数表	7	3	1	11
3	相似形・面積比	10	1	0	11
4	四則混合計算	11	0	0	11
5	推理	6	3	1	10
6	還元算	8	1	0	9
7	計算の工夫	8	0	0	8
8	組み合わせ	4	3	0	7
9	数の性質	3	2	1	6
10	食塩水の濃さ	2	3	0	5

く構成です。このように、学校の偏差値と比べて問題のレベルが高いので、10月末頃までを目途に5年分程度の過去問を解いて、適性を判断してください。

とくに数的センスが問われる問題は、数の性質、規則性、場合の数、推理と論証などの単元で扱われることが一般的ですが、本校では速さなどの文章題や図形でも数的センスを問われるものが多く出されます。

平成21年度大問3の数を推理する問題は、本校の標準レベルです。難しいと感じる受験生はまだ合格レベルに達していないと思って、過去問演習に十分な時間を確保しましょう。

●さらに算数で得点を伸ばすには

前述のとおり合格者平均点は最高年度で46点（76・7%）。ただこの年度は特殊だったので通常は70%程度の得点で十分でしょう。問題文の長さ、設定の難しさを考えると、40分で解ききることは困難ですが、戦略を練って試験に臨めば70%以上の得点も可能です。

まず、解答用紙には答えだけを書く形式なので部分点は一切ありません。平成21年度大問4のように、正確に処理すれば正解できる問題では、ミスすることなく確実に得点しましょう。

大問で、前半部分は確実に得点しなくてはなりませんが、後半には〝捨て問〟と判断できる問題があります。こうした問題が、算数で差をつける上で鍵になります。

平成24年度大問4の信号の周期が関連する旅人算、平成20年度大問4や平成18年度大問3の誘導しながら図形の性質を問う問題、平成18・17年度のいずれも大問4の数を推理する問題、平成16年度大問4の複数のサイコロをつなぎ合わせた問題などがこのタイプ。これらの問題を含めて、問題の取捨選択を誤らず、試験時間内で実力を十分発揮する練習が必要になります。

国語

●問題文について

近年、説明文1題、物語文1題の出題構成です。

説明文は、標準からやや難しいレベルです。物語文は、等身大の子どもが主人公の作品が選ばれているので、取り組みやすく感じられるでしょう。海外作品の翻訳が扱われる年もありますが、翻訳特有の難しさは見られません。内容的には、世界平和や福祉、幸福観、言葉、子どもの抱える心の問題にまつわる文章が出題されています。

●設問について

40分の解答時間で、総問題数は20問程度です。平成25年度に90点満点へ変更。毎年、長文の中で漢字が7~8問、ごく一般的な記号選択や抜き出しなどの客観問題などが多く出題されます。人気や偏差値に比べて、基本的な内容の問題が多くあります。その分わずかなミスでも大きく足を引っ張ることになりかねないので、標準的な問題に対しては、どの分野も弱点がないという状態にすることが大切です。

また、本校の記述問題は、子どもにとってひどく難しいことを説明させる問題ではなく、取り組みやすい内容であることが多くなっています。しかし、書かせる分量は非常に多く、速読力と短時間で文章をまとめる力が必要です。

●対策

言語要素、抜き出し、記号選択などは、ごく標準的な問題なので、日常の学習や模試の内容を、丁寧に着実にこなすことが大切です。また前述のとおり、書かせる分量の多い記述問題が、本校の大きな特徴です。毎年2~3題の出題が続いています。

客観問題は比較的平易な問題が多いため、記述問題で差がつくでしょう。本校の記述問題は字数指定がないことが多いのですが、解答欄のスペースや問題の内容から見て、1回の試験で合計百数十字以上におよぶかという、かなりの量の文章を記述することが要求されます。解答時間は40分と短めなので、文章を書き慣れていて短時間で的確に内容をまとめられるかどうかが、攻略の鍵を握る重要なポイントになります。

説明文における記述問題では、筆者の主張の根幹にふれ、全文の内容理解にかかわるような記述が求められます。物語文では、登場人物の置かれた状況や、周囲の人との人間関係にふれながら、その心情に細やかに分け入るような内容を書かせる問題が多く見られま

問題文のジャンル別難易度と文章量

出題年	物語文	説明文	随筆文	その他
H24	標準（翻訳）	標準		
H23	標準	やや難		
H22	標準	標準		
H21	標準（翻訳）	標準		
H20	標準	標準		
H19	標準（翻訳）	標準		
H18	標準（翻訳）	標準		

求められる力

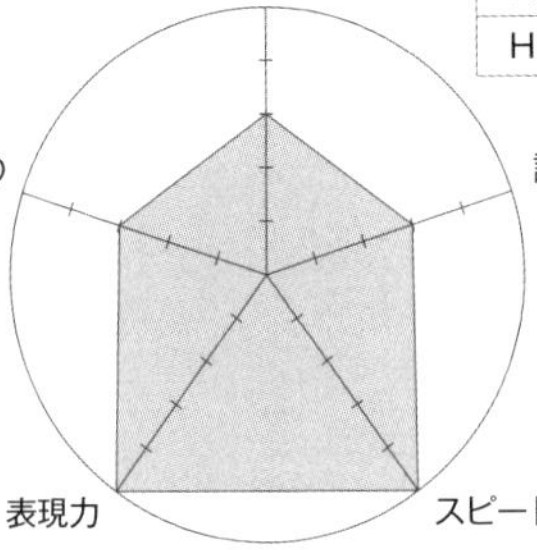

出題内容別の問題数

出題内容	問題数
漢字・知識・文法	9
客観問題・選択肢型	6
客観問題・書き抜き型	2
記述問題・60字未満	2
記述問題・60字以上	2
小問合計	21

す。いずれも、文章をいかに総合的に深く読めているかを試すような問題内容になっていることに注意しましょう。文章の内容自体は読み取れても、複数の要素を盛り込みながら、読み手に伝わる文章にまとめて説明するのは、小学生にとって決してやさしいことではありません。「文章は大体わかるけど、どう書けばいいかわからない」といった声がよく聞かれます。

対策としては、銀本や塾テキストから、標準よりやや上の難度の問題文の長文を選び、60～80字程度の記述問題に数多く取り組むのが有効です。問題に答えるには、どの部分を書けば十分な説明となるかを考えながら、文中の重要箇所に、まず線を引いていきます。

そして、自分の力で精一杯書いた解答文章と、模範解答の力を借りて訂正した後の文章の両方とも、声に出して読んでみましょう。そうすると、自分の解答に足りなかった点が明確にわかってきますし、よい書き方が頭に刻みつけられ、早く身につくことにもつながります。模範解答をよく読んで、これは使えると思われる表現を拾ってノートに書きためていくのも、表現の幅が増え、自然と文章力アップにつながるので、有効な勉強法であると言えます。

理科

試験時間は30分で、大問数は各分野から1題ずつの4題です。また解答形式は選択問題がほとんどとなっています。例年の傾向であった長文の問題文や応用的な内容がここ数年は減り、標準的な知識問題が中心となりつつあります。平成25年度に60点満点へ変更。

●特徴的な問題　発光ダイオードや手回し発電機、LED電球に関する問題（平成24年度）、森林の様子やはたらきに関する問題（平成23年度）、リュージュやスピードスケート、アイスホッケーなど冬季スポーツに関して、力学の基礎知識を幅広く問う問題（平成22年度）などがありました。

●対策　生物分野中心に模試などではあまり出題されないような細かい知識を問われることが多いため、まずは教科書の内容を丁寧に学習すること。身近な事象を題材にした問題も多く見られるので、教科書、参考書のコラムなどにも目を通しておくとよいでしょう。物理分野では少し癖のある問題が出題されているので、定番の問題ばかりでなく、発展的な問題も練習しておいてください。その際、間違えた問題は解説をきちんと読み、理解度を高めるよう心がけましょう。

社会

大問数が3～5題で小問数が40問くらいとなっています。解答形式は語句記述問題と選択問題が中心です。特徴として世界地理からの出題が多くなっています。平成25年度に60点満点へ変更。

●特徴的な問題　1998年に過去最多の33枚の三角縁神獣鏡が出土した場所（黒塚古墳）を選ぶ問題や、ODAを日本語で記述する問題、大日本帝国憲法時代の現在の国会にあたる機関を答える問題（平成24年度）。世界地理に関して、3つの文章からそれぞれどの国かを問う問題、都道府県や川についての5つの文章より、北から3つ目の都道府県の県庁所在地名を問う問題や、河口が日本海にあり、その河口に発展した都市の地名を問う問題（平成23年度）などがありました。

●対策　公民の資料の読み取り問題など難しい問題も多少ありますが、そこにあまり時間をかけず、確実に解ける問題をまずは押さえることが重要となります。また、世界各国や都道府県の特色をしっかり整理しておきましょう。地図帳で場所を確実に把握しておくとよいでしょう。

通塾別学習対策

サピックス

算数●『デイリーサポート』Dプリントまで解けるように。

国語●『デイリーサピックス』のA・Bテキストを網羅的に演習し、苦手分野をなくしましょう。

理科●授業の復習をしっかり行い、マンスリーテストの見直しをしましょう。

社会●世界地理に関しての問題はノートにまとめるようにしましょう。

日能研

算数●応用問題の前半部分までは解けるようにしましょう。

国語●『本科教室』に網羅的に取り組み、制限時間内で確実に解く練習をしましょう。

理科●『栄冠への道』の基本から発展問題までを繰り返し演習しましょう。

社会●白地図を利用し、世界地理の知識を整理しましょう。

四谷大塚系

算数●『予習シリーズ』の練習問題まで解けるようにすること。

国語●塾テキストを広く演習し、基礎的な問題で確実に得点できるようにしましょう。

理科● 授業の復習を中心に『予習シリーズ』の発展問題まで解きましょう。

社会●時事問題的に話題となっている世界都市の場所を地図で確認しましょう。

理科 求められる力

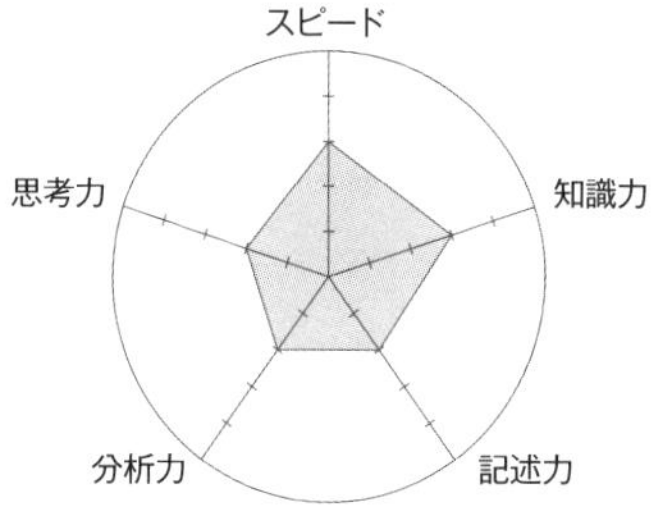

理科 出題形式の内訳と1問あたりの時間

内訳	H24	H23	H22	H21
大問数	4	4	4	4
小問数	27	29	26	29
選択	27	27	23	27
語句記述	0	0	0	1
文章記述	0	0	0	0
計算・数値記述	0	2	3	1
作図・その他	0	0	0	0
1問あたりの時間(秒)	66.7	62.1	69.2	62.1

社会 求められる力

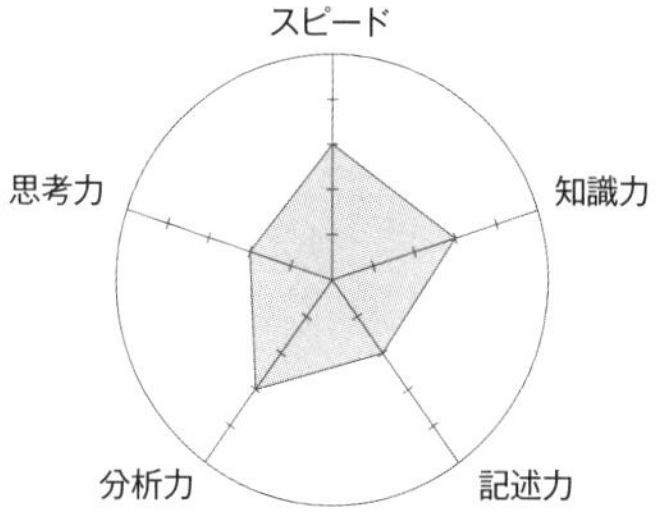

社会 出題形式の内訳と1問あたりの時間

内訳	H24	H23	H22	H21
大問数	4	5	4	3
小問数	47	43	42	41
選択	22	15	23	20
語句記述	23	28	19	21
文章記述	0	0	0	0
その他	2	0	0	0
1問あたりの時間(秒)	38.3	41.9	42.9	43.9

立教新座中学校

埼玉県新座市

内 外

試験日 1/25・2/4
発表1/26・2/5

面接なし

	算	国	理	社
点	100点	100点	50点	40点
時間	50分	50分	30分	30分

出願作戦

駒場東邦、武蔵をはじめとする最難関校、早稲田系や学習院中等科などの大学付属校を志望する受験生が多数受験してくるため、1月の第1回は激戦となります。

2月の第2回を受験する場合でも、1月だけでなく2月2日、3日で確実な学校を選択する必要があります。1月校では同じく人気の栄東、開智は厳しい戦いになるので、城北埼玉、西武文理なども候補としましょう。

2月校では城北や本郷との組み合わせが多く見られますが、成城や国学院久我山なども視野に入れる必要があります。

＊例年、卒業生の8割近くが立教大学へ推薦で進みます。立教大学の理系学部は理学部のみなので、医学部、建築学部などを志望する場合には、他大学受験となります。他大学進学クラスは高2から1クラス設置されています。

算数

●出題構成

第1回試験、第2回試験ともに、時間は50分で設問数は20問程度、難易度比率は標準80％、発展16％、思考力4％。解答形式は記述式が1問出題され、ほかは答えのみ。両回の難度は同程度です。

毎回、受験者平均点は50点程度と低めですが、合格するには70点程度の得点は必要でしょう。

●まず合格レベルを目指す

大問6題構成で難問は少なめですが、すべてがじっくりと考えさせる問題のため、時間に余裕はないでしょう。また、大問1は計算と小問集合4～7問程度の構成で、発展問題も出題されます。大問2以降で難しい問題もあるので、大問1で時間をかけすぎず、後半の問題を考える時間が確保できるように、過去問演習で問題の見きわめと時間配分を訓練しましょう。

大問2以降では左ページの円グラフと表のとおり、

数の性質、速さ、立体図形、平面図形、比と割合が中心です。その中で、速さは、歩数と歩幅や速さとグラフを含めすべて旅人算です。平成24年度第1回大問6の速さとグラフは一見難しそうですが、丁寧に整理すれば正解できるため、得点差がついたと思われます。

その他、平面図形は相似形・面積比や図形の回転・移動が中心で、立体図形では基本事項ながら切断も出題されています。いずれも標準問題とは言え、条件整理能力と計算処理能力が求められ、合否の鍵となる問題です。塾教材の応用問題などで対応可能なので、十分な演習量を積んでおきましょう。

分野別出題傾向

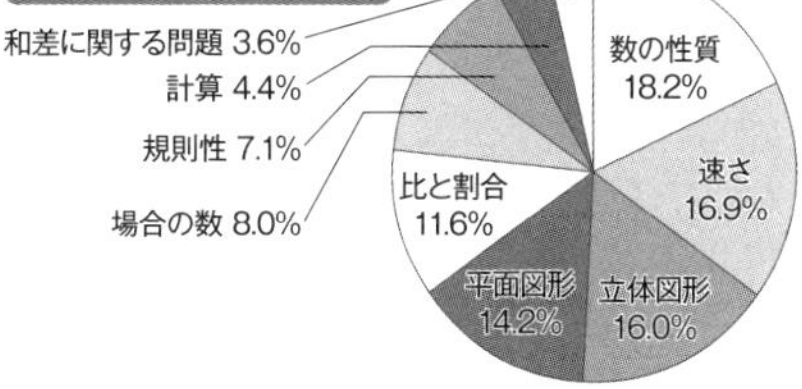

項目別出題ランキング

	項目	標準	発展	思考力	合計
1	旅人算	17	3	0	20
2	数の性質	7	6	3	16
3	相似形・面積比	12	3	0	15
4	場合の数	6	3	4	13
5	立体図形の切断	9	2	0	11
6	四則混合計算	9	0	0	9
6	図形の回転・移動	9	0	0	9
8	公倍数・公約数	5	3	0	8
9	水量変化とグラフ	6	2	0	8
10	小数・分数	6	1	0	7
10	表面積	6	1	0	7

●さらに算数で得点を伸ばすには

平成24年度は、両回ともに難問はなくなりましたが平均点に変化はなく、算数が得意な受験生が優位に立てます。図形問題が高得点獲得の鍵です。

まず平面図形では、平成24年度第1回大問1・(4)の電灯を利用した影、平成24年度第2回大問4のおうぎ形の回転・移動、平成22年度第1回大問3の補助線の引き方がポイントとなる問題、平成22年度第2回大問6と平成21年度第1回大問2の凹凸のある図形の内外を円が移動する問題、平成20年度第2回大問3の三角形の中に正六角形を書いた問題などでの得点が重要になります。

立体図形では、平成24年度第1回大問4と、平成20年度第1回大問4と第2回大問6の切断、そして平成22年度第1回大問6の複雑な求積は、演習量の差が得点差につながる問題でした。

また平成23年度は、第1回で1段ずつの断面図を書いて調べる問題、第2回で数の性質との関連から場合分けして調べていく問題と、いずれも思考力を要する難問が出ましたが、得点できるレベルです。

国語

●問題文について

平成21年度第1回は総文字数が1万字近くになるなど、非常に長い問題文が本校の特徴でしたが、その後、文字数減少の傾向にあり、平成24年度は、これまでになく短い文章が出題されました。ただし、文字数が減少しても文章の難度が高いことは変わりません。説明文は難しい語彙を含む抽象的な文章が展開し、随筆文では大人の視点が要求されます。物語文も大人が主人公の文章があり、難度の高い文章にいかに慣れておくかが、本校攻略の大きなポイントです。

●設問について

問題数は標準から少なめと言えます。出題割合は、客観問題書き抜き型と60字未満の記述問題が頻出です。60字未満の記述は問題文から書くべき内容を見つけられればほぼ正解になる問題が多いので、このタイプの問題は、文章の構成力や表現力が高く求められることはありません。ただし、平成22年度以降は第2回で自分の考えを書かせる記述問題が出題されているので、十分に練習を積む必要があります。また、書き抜き問題は難問ぞろいです。

●対策

本校の国語は、問題文が難しいだけでなく、大人の視点がなければ太刀打ちできないような問題があり、漢字は小学校配当外からも出題されるなど、語彙とスピードが要求される難問が多く見られます。受験者平均点が50％前後の回が多いこともうなずけます。ただし、60字未満の記述問題は問題文に明確な根拠が示されていることが多いので、難しい書き抜き問題は抜かしてでも、そうした問題でどれだけ確実に得点できるかが、攻略の鍵になります。

文章の難度は高めですが、その内容が正確に把握できさえすれば、取り組みやすい問題が多くあります。

例えば平成24年度第1回第2問（立花隆『ひこばえ』）は、東日本大震災で被災した人々の中から、必ず生まれてくる若い世代を「ひこばえ（樹木の切り株や根元から生えてくる若芽）」に重ね合わせるという、静かな語り口調ながら、読み手に深く訴えてくる文章でした。小学生には実感をもって受け取ることが難しい内容でしたが、ひこばえに託された意味を理解できれば、選択肢問題はすべて正解できるようになっています。難しい文章でもひるまず、粘り強く取り組む意識を持つことが大切です。

問題文のジャンル別難易度と文章量

出題年	物語文	説明文	随筆文	その他
H24①	標準		やや難	
H24②	標準	難		
H23①	標準	やや難		
H23②		※	やや難	
H22①		難 ★	やや難	
H22②	やや難 ★	難 ★		
H21①	難 ★		難	
H21②	やや難		やや難 ★	

求められる力

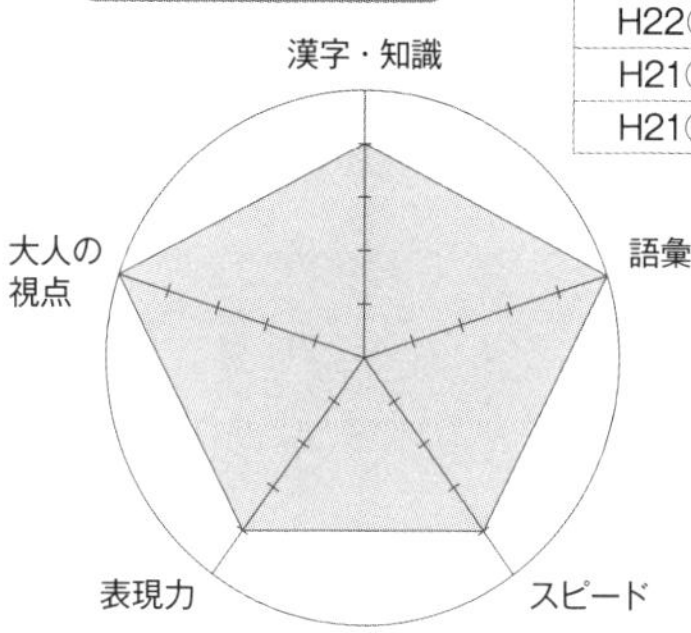

出題内容別の問題数

出題内容	問題数
漢字・知識・文法	11
客観問題・選択肢型	7
客観問題・書き抜き型	4
記述問題・60字未満	4
記述問題・60字以上	1
小問合計	27

また、平成22年度からは第2回で、自分の意見を書かせる記述問題が出されています。全体の問題数が少ないとは言え、難度の高い文章を読み取る時間が必要なので、記述問題にどれだけの時間が割けるかを早めに把握しておきましょう。問題内容は、平成23年度第2回第2問（舎川《とねがわ》雅子『蜘蛛《くも》のモクちゃん』）問8で、「待つ」とはどういうことかを、自身の経験を踏まえて記述させる、といった自由度の高いものです。フェリス、浅野、光塩女子といった学校の記述問題も活用しましょう。

文章の文字数は、今後の傾向の変化に注意しなくてはなりませんが、まずは難しい内容をしっかり読み取る力をつけましょう。難度が高いとされる塾のテキストの文章に優先して取り組むと有効です。その他、早稲田、渋谷教育幕張、中央大附属など他校の説明文を類題として活用しましょう。

漢字、書き抜き問題での得点が難しい分、記述問題では80％の得点が目標になります。記述問題に十分な時間を使って部分点を確保するために、難しい書き抜き問題に時間をかけすぎないよう、1問あたりの制限時間を決めておくことも有効です。

理科

大問数が4題、小問数が30問程度、試験時間30分となっています。比較的難度の高い計算問題やグラフ作成問題に特徴がある試験です。各分野からまんべんなく出題されていますが、実験結果から考察させる問題が多く見られます。

●**特徴的な問題**　2つのものの速さの合成、分解に関する問題（平成24年度第2回）、「はやぶさ」「みちびき」を題材にした、人工衛星に関する問題（平成23年度第1回）、気体の圧力と体積の関係や、気体の水への溶け方について問う問題（平成23年度第2回）、カイコガに関して、幼虫の様子を問う問題や、オスがメスを識別する方法を考察する問題（平成22年度第1回）などがありました。

●**対策**　化学分野の計算問題、グラフ作成問題の難度が高いので、気体・水溶液、溶解度、中和反応などの演習を十分行うこと。実験結果から分析、考察するタイプの問題は、類題演習をして経験を積むとよいでしょう。計算問題が難しめなことを考慮すると、30分という試験時間はあまり余裕がないため、過去問練習を通じて時間配分に慣れることも大切となります。

社会

大問数は年度によって違いがありますが、小問数は40～50問で大きな差はありません。3分野からバランスよく出題され、時事問題もあります。解答形式は記号選択問題と語句記述問題が大半を占め、ほかに1行程度の記述問題が出されます。

●**特徴的な問題**　東海地震、南海地震、関東大震災、阪神淡路大震災の中からプレートの境界で発生した地震でないものを選択する問題（平成24年度第1回）、為替相場制に関して固定為替相場制の時の1ドルが360円であったこと、その後の制度を「変動為替相場制」と記述させる問題（平成24年度第2回）、廃藩置県から8年後に、はじめて県が置かれたのはどの県かを問う問題（平成23年度第1回）、3つの国立公園に関する文章から、それぞれがどれにあたるかを地図中の12個の国立公園から選択する問題（平成23年度第2回）などがありました。

●**対策**　すべての分野において幅広く知識を身につけることが重要となります。一問一答形式の問題集を繰り返し演習するとよいでしょう。またふだんから地図や統計資料集を活用することも不可欠となります。

通塾別学習対策

サピックス

算数●『デイリーサポート』のDプリントまで解けるようにしましょう。

国語●『デイリーサピックス』のBテキストの問題を制限字数つきですべて解く練習をしましょう。

理科●難度の高い計算、作図問題に積極的にあたりましょう。

社会●テキストの短文記述問題の模範解答と自分の答案を比較しましょう。

日能研

算数●応用問題の前半部分まで解けるようにしましょう。

国語●塾教材だけでなく、他校の過去問での類題演習を早期にはじめましょう。

理科●テキストのほかに市販の問題集などで作図問題に取り組みましょう。

社会●『メモリーチェック』で全分野の基本知識を整理すること。

四谷大塚系

算数●『予習シリーズ』の練習問題まで解けるように。

国語●週テストの記述問題で、短い字数で内容をまとめる練習をしましょう。

理科●気体・水溶液、溶解度、中和などの計算問題を重点的に演習しましょう。

社会●テキストに出てくる統計、資料は、その概要を自分なりにまとめてみましょう。

理科 求められる力

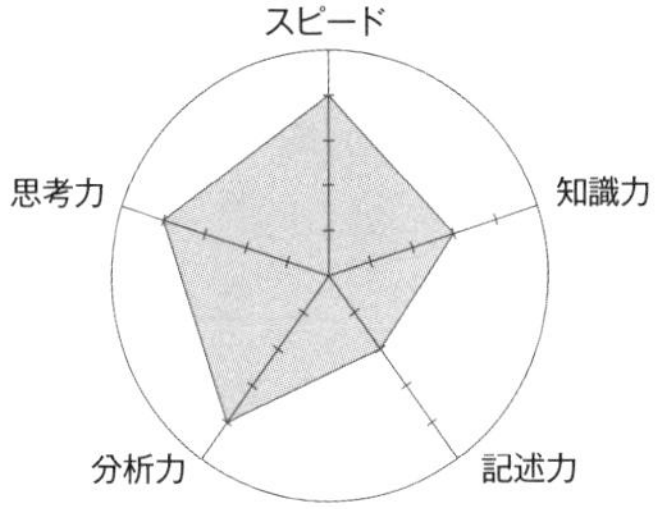

理科 出題形式の内訳と1問あたりの時間

内訳	H24①	H24②	H23①	H23②	H22①	H22②
大問数	4	4	4	4	4	4
小問数	26	36	40	46	31	47
選択	20	28	31	32	26	37
語句記述	2	2	0	2	0	6
文章記述	0	1	0	1	0	0
計算・数値記述	3	4	8	10	4	4
作図・その他	1	1	1	1	1	0
1問あたりの時間(秒)	69.2	50.0	45.0	39.1	58.1	38.3

社会 求められる力

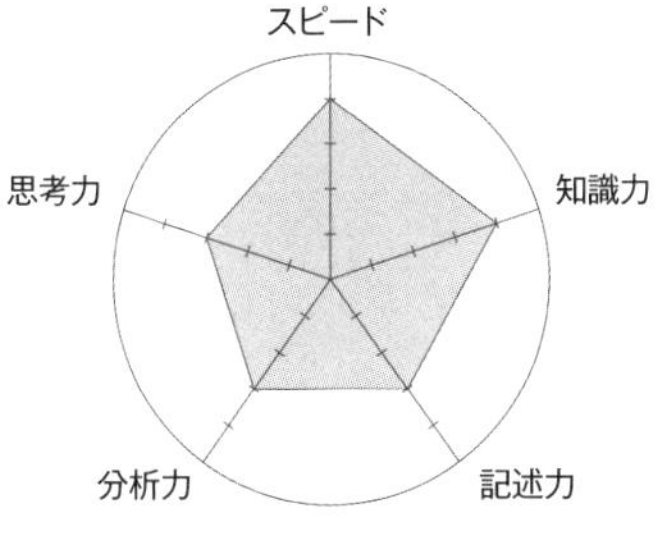

社会 出題形式の内訳と1問あたりの時間

内訳	H24①	H24②	H23①	H23②	H22①	H22②
大問数	3	6	5	6	3	3
小問数	44	44	42	38	47	42
選択	16	16	18	15	21	24
語句記述	27	25	23	19	25	17
文章記述	1	3	1	4	1	1
その他	0	0	0	0	0	0
1問あたりの時間(秒)	40.9	40.9	42.9	47.4	38.3	42.9

早稲田中学校

東京都新宿区

試験日 2/1・3
発表2/2・4

面接なし

算	国	理	社
60点	60点	40点	40点
50分	50分	30分	30分

出願作戦

2月3日の第2回は1日に最難関校を受験した層が併願してくるケースが多く、非常に厳しい戦いになります。第1回、第2回ともに受験する場合には、必ず1月か2月2日に結果を出しておく必要があります。

1月校では市川、栄東、立教新座との併願が多く見られますが、西武文理、城北埼玉まで視野を広げましょう。2月校で2日に城北、本郷との併願が多くありますが、両校とも人気校なので、1日の午後に東京都市大付属などを組み入れることも有効です。明治大中野、高輪なども候補に入れましょう。

＊早稲田大学への推薦進学者は約50％で、他大学への進学にも力を入れています。中高の6年間は、自分の進路を熟慮する貴重な時間であるとの考えがあります。平成24年度には約３００人の卒業生から国公立に55人、医学部に24人が現役合格しています。

算数

●出題構成

試験時間は50分で、設問数は15問程度、難易度比率は標準69％、発展26％、思考力5％、解答形式は答えのみです。両回試験に大きな問題レベルの差はありませんが、合格者平均点は第1回の約70％に対して、第2回は約80％の年度が多く、受験者層のレベルの高さがうかがえます。

●まず合格レベルを目指す

平面図形、立体図形、速さの出題比率が高めですが、全体的に典型題の応用問題で構成されていて、出題傾向やレベルは一定です。過去問を繰り返し解き、解答に至るまでの考え方を頭に叩き込むことで、合格レベルに到達することが可能です。

ただ典型題とはいえ、応用問題のみで構成されているので、大手塾の偏差値60（サピックスは55）以上の学力がまずは必要になります。

平面図形は図形の回転・移動が頻出。計算処理に時間がかかる難問なので、まずは正六角形の分割を含めた相似形・面積比、円とおうぎ形、角度は十分な演習量を積んでおきましょう。

その他、出題比率の高い立体図形は、水量変化とグラフ、立体図形の切断が中心。速さは旅人算と流水算が中心で、速さの大半は比を利用する問題です。

決して難問ではありませんが、塾教材のみの学習では手薄な上、練習量によって差がつく問題構成です。

分野別出題傾向

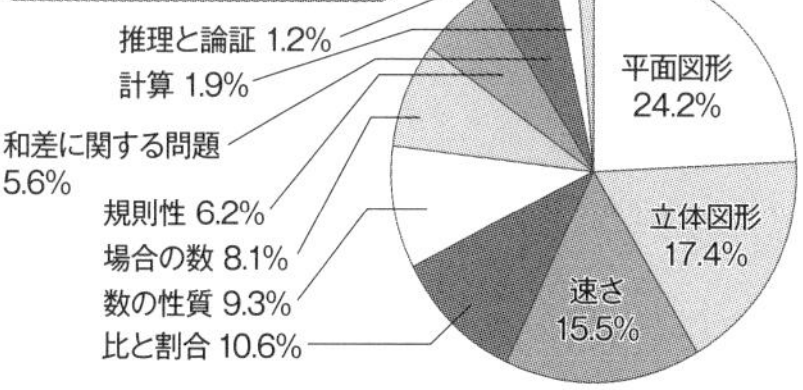

項目別出題ランキング

	項目	標準	発展	思考力	合計
1	場合の数	7	2	4	13
2	図形の回転・移動	7	5	1	13
3	旅人算	7	6	0	13
4	水量変化とグラフ	7	2	0	9
5	円とおうぎ形	6	2	0	8
6	数の性質	3	2	2	7
7	立体図形の切断	2	5	0	7
8	相似形・面積比	6	1	0	7
9	角度	2	4	0	6
10	流水算	6	0	0	6

過去問演習のほか、『難問題集』（四谷大塚）や、『でる順』（旺文社）など市販の問題集を1冊仕上げましょう。

●さらに算数で得点を伸ばすには

最近の傾向として、平成23年度第1回大問4や、平成22年度第1回大問5のように、複雑で計算処理に手間がかかる図形の回転・移動の問題が、出されています。またその他の大問も、平成24年度第1回大問3、動く歩道の旅人算や、平成24年度第2回大問3の調べ上げ、大問4の旅人算など、根気が必要な問題も常に出され続けています。

50分という試験時間の中で処理するには厳しい問題のレベルと分量です。合格者平均点から推測すると、第2回を第二志望としている受験生は、過去問演習を中心とした対策をもとに、80％前後得点していることが考えられます。最難関校を併願している受験生と対等に戦うには、速さ、平面図形、立体図形、場合の数を中心に、過去問と同程度の難度の高い問題で演習するとよいでしょう。

具体的には、海城や巣鴨の問題が、本校の受験を突破するために必要な視点を養うことができるので、ぜひ解いてみましょう。

国語

●問題文について

近年では、長文問題は物語文が1題と説明文が1題の計2題という構成です。説明文は、言葉に関する内容の文章がよく出題されています。物語文は青少年が主人公の文章がよく扱われます。主人公の目を通して周囲の大人の世界をかいま見たり、自己を見つめたりするような文章も多く、必ずしも単純で子どもっぽい内容ではないので注意が必要です。

●設問について

解答時間は50分で、長文読解が2題出題されています。客観問題が中心ですが、30〜45字程度の記述問題も見られます。読む分量が長く、まぎらわしい選択肢などもあるので注意が必要です。漢字は標準からやや難しいレベル。長文問題の中で、言葉の意味を問う選択肢問題が毎年出されます。

全体的に、問題の難度は標準からやや難しいレベルです。総問題数が20問程度と少なめなので、ひとつのミスが合否に大きく影響すると考えられます。バランスのとれた学力と、十分な注意力が必要です。

●対策

抜き出し、選択肢問題、空欄補充などが多く、30〜50字程度の記述問題も3問前後出されます。平成23年度には記述の問題の字数が短くなりましたが、平成24年度には再び50字を超える問題が見られました。指定語を使って説明する問題が多いことも特徴です。漢字は3〜4問、言葉の意味や四字熟語などを選択肢から選ばせる問題が2〜4問程度、出題されています。知識問題は一見あまり多くないようですが、総問題数が20問程度なので、一定のウエイトが置かれていることがわかります。日頃から辞書をよく引いて、漢字と言葉の意味はノートに書き取って繰り返し復習し、確実に得点できる力をつけましょう。

説明文は、はっきりした論理的な文章が出題されていますが、文章中に小学生には難しい言葉が見られます。対策として、語彙を増やしていくと同時に、知らない言葉でも意味を類推して文章を読み進められる、柔軟な対応力を身につけることが必要です。

問題形式を見ると客観問題の割合が多く、接続詞や空欄補充、重要表現の抜き出し、本文内容に関する選択肢問題が出題されています。一般的な塾テキストや入試対策問題集、模試を通じて、日々の学習やテスト

問題文のジャンル別難易度と文章量

出題年	物語文	説明文	随筆文	その他
H24①	難	難		
H24②	難	難（講演）		
H23①	やや難			やや難（短歌と解説文）
H23②	難	難		
H22①	やや難	※		
H22②	標準			やや難（言語に関する問答）
H21①	やや難	難		
H21②	やや難	難		

求められる力

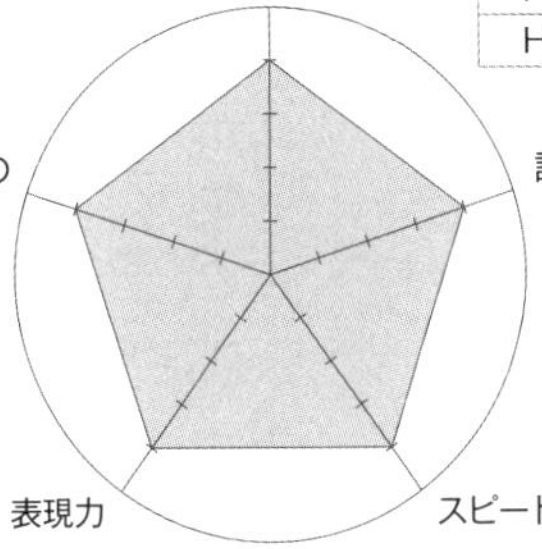

出題内容別の問題数

出題内容	問題数
漢字・知識・文法	6
客観問題・選択肢型	6
客観問題・書き抜き型	3
記述問題・60字未満	3
記述問題・60字以上	0
小問合計	18

直しを丁寧に行うことが有効な対策となります。

本校の読解に関する選択肢問題では、本文の読み取りはもちろん、選択肢そのものへの理解も試されます。例えば、平成23年度第2回問4（内田樹《たつる》『街場のメディア論』平成22年）は、「本棚」の機能についての内容一致選択でした。本文中に「選書と配架（本の並べ方）におのれの知的アイデンティティ（理想の自分）がかかっている」「いつの日かこの本を死活的に必要とする人間になりたい」という表現があり、これらの箇所を踏まえてウの「本棚の持ち主に自分はどのような人間になるべきかを言い聞かせる機能」を選びます。この問題では、選択肢の表現が本文の表現と意識的に変えられているため、本文の内容が概ね理解できていても、ウを選択するのに戸惑う受験生が多いと考えられます。

本校ではこのように、選択肢の真意を見抜き、選択肢同士を厳密に区別することが求められる問題があります。そのため、表面的な言葉の一致や違いに惑わされないよう十分な注意が必要です。間違えた問題は、なぜこの選択肢が正解でほかは誤りなのかという理由をメモし、選択肢を選び取る確かな基準を打ち立てることを心がけましょう。

理科

大問数が4題で、試験時間は30分です。小問数は25問前後で選択問題が中心となっていますが、計算問題が多い点に注意が必要です。この物理、化学の計算問題は難度が高いものも含まれているので、十分な演習が必要となります。

●**特徴的な問題**　生物観察の方法やモンシロチョウの育ち方に関する問題（平成24年度第1回）、河岸段丘の断面図から、段丘面と段丘崖がどのような順番でできたかを問う問題（平成23年度第1回）、金魚と遺伝のきまりについての問題（平成23年度第2回）、フナのからだのつくりとはたらきについての問題（平成22年度第1回）などがありました。

●**対策**　短い試験時間の中で、難度の高い計算問題を含めて25問前後を解答するだけのスピードが必要です。まずはいろいろなタイプの計算問題を解き、スピードの向上を図りましょう。実験、観察に関する問題は非常に多く出題されており、それにともない生物に関してさまざまな知識が問われます。頻出の植物、動物分野は、実験、観察に関する問題から環境問題や時事問題まで、できる限り準備をしておきましょう。

社会

大問数が3～4題で歴史、地理分野からの出題が多くなっています。選択問題と語句記述問題がほとんどで、文章記述は例年1問程度です。世界地理に関する出題頻度も高いので、この点注意しましょう。

●**特徴的な問題**　南アルプスと呼ばれる山脈が通っている都道府県をすべて答える問題や、邪馬台国畿内説の根拠になっている遺跡の名前を選ぶ問題（平成24年度第1回）。世界自然遺産がある都道府県を北から順に答える問題（平成24年度第2回）。中国や朝鮮半島の都市の中から新潟市と同じ緯度にあるものを選ばせる問題、大化の改新からポツダム宣言までの13種の歴史資料について幅広く問う問題（平成23年度第1回）。札幌市とほぼ同緯度に位置するフランスとスペインの国境となっている山脈を選択する問題（平成23年度第2回）などがありました。

●**対策**　世界地理は地図帳を利用しながらひとつひとつ確実に押さえること、時事問題に関連した出題も多いのでニュース、新聞などを上手に活用すること、歴史分野は歴史資料を題材とするケースが多いのでふだんからあらゆる歴史資料に目を通しておくこと。

通塾別学習対策

サピックス

算数●『デイリーサポート』Dプリントまでと、立体図形の切断プリントを学習しましょう。

国語●『デイリーサピックス』のA・Bテキストともに正確に解けるようにしましょう。

理科●マンスリーテストで頻出分野を徹底的に復習しましょう。

社会●『ウィークリーサピックス』の総完成などをまとめるようにしましょう。

日能研

算数●頻出単元の応用問題までを解けるようにしましょう。

国語●カリキュラムテストの直しの際、間違えた理由によく注意しましょう。

理科●『ランキング』シリーズなどで実践的な問題演習に慣れましょう。

社会●『栄冠への道』の資料を題材とした問題は書き込みなどで見やすくしましょう。

四谷大塚系

算数●『予習シリーズ』の練習問題までを解き、頻出単元は『難問問題集』も解きましょう。

国語●『予習シリーズ』や週テストの直しの際、解答解説を詳細に読みましょう。

理科●『四科のまとめ』で苦手分野を徹底的に復習しましょう。

社会●『予習シリーズ』では章末のコラム的な情報にまで目を通しましょう。

理科 求められる力

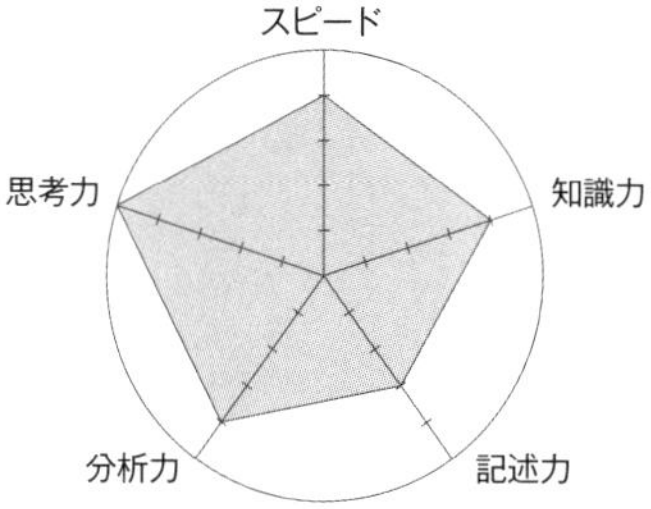

理科 出題形式の内訳と１問あたりの時間

内訳	H24①	H24②	H23①	H23②	H22①	H22②
大問数	4	4	4	4	4	4
小問数	25	22	24	21	28	24
選択	11	12	11	14	22	15
語句記述	4	1	2	2	0	1
文章記述	0	0	1	0	1	2
計算・数値記述	9	9	10	5	4	6
作図・その他	1	0	0	0	1	0
1問あたりの時間（秒）	72.0	81.8	75.0	85.7	64.3	75.0

社会 求められる力

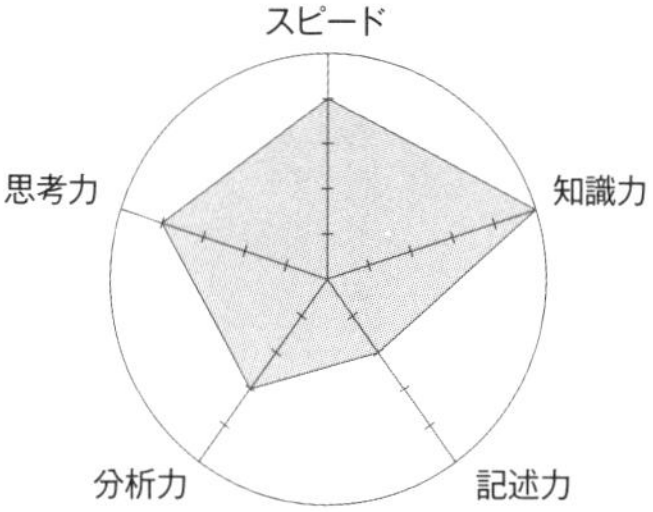

社会 出題形式の内訳と１問あたりの時間

内訳	H24①	H24②	H23①	H23②	H22①	H22②
大問数	4	3	3	3	3	3
小問数	39	37	34	33	40	40
選択	24	21	22	17	15	22
語句記述	14	15	11	15	24	18
文章記述	1	1	1	1	1	0
その他	0	0	0	0	0	0
1問あたりの時間（秒）	46.2	48.6	52.9	54.5	45.0	45.0

早稲田実業学校中等部

東京都国分寺市

大 外

試験日 2/1 発表2/2

面接なし

算	100点 60分
国	100点 60分
理	50点 30分
社	50点 30分

出願作戦

明治大明治や青山学院などの大学付属校との併願が見られますが、人気校なので、大学付属校以外も視野に入れる必要があります。とくに女子は定員約40人と男子約80人の半数なので、吉祥女子、晃華学園などを視野に、より慎重に選択すべきです。男子では本郷、城北はリスクが高いので、国学院久我山や、明治大中野なども検討しましょう。

1月校では、男女ともに栄東、市川、男子では立教新座、女子では浦和明の星が挙がりますが、厳しい戦いになるので、開智や、女子では淑徳与野などを含めて考えましょう。

＊ほぼ全員が早稲田大学へ推薦入学します。他大学を受験する場合、早稲田大学のＡＯ入試以外は早稲田大学への推薦入学権利がなくなります。課外活動は奨励されていますが、プロ野球の斎藤佑樹選手も卒業まで学業面で特別扱いはされなかったそうです。

算数

●出題構成

試験時間は60分で、設問数は16問程度、難易度比率は標準61％、発展26％、思考力13％で、解答形式は答えのみです。

毎年、難問が多数出されていて、受験者平均点は平成24年度（59・5点）を除くと40点台が大半です。合格には65点程度必要と推測されます。

●まず合格レベルを目指す

合格ラインに届くかどうかは、大問1と大問2でどれだけ得点できるかにかかっていると言えます。実際に多数の合格者を輩出している塾の早実クラスでは、大問1と大問2の対策に大半の時間を割いて、授業と演習が行われています。

その大問1は、計算問題と速さ、比と割合、場合の数などの小問集合で構成されており、速さ、比と割合はすべての特殊算から幅広く出題されています。一般的には難しい問題に分類されるものが大半ですが、合格するには絶対に正解しなくてはなりません。

大問2は、出題比率が約28％と非常に高い、平面図形が頻出です。平面図形は、標準問題と発展問題の大問がそれぞれ1題ずつ出ることが多く、大問2では相似形・面積比をはじめ、本校の頻出テーマである正六角形に関する問題も多く見られます。

まずは、ここまでの問題をしっかり得点できる学力を養いましょう。

分野別出題傾向

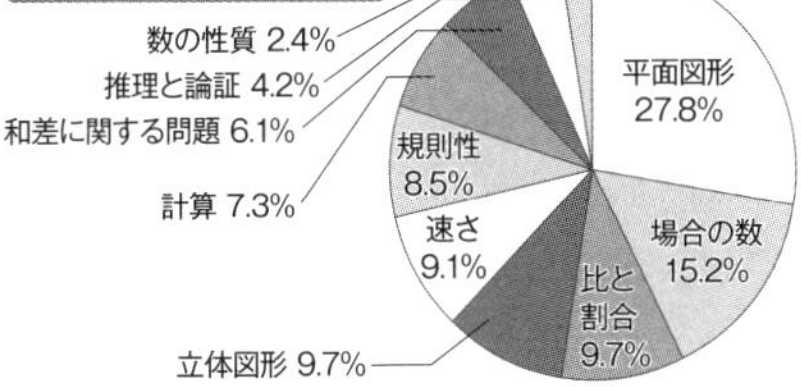

項目別出題ランキング

	項目	標準	発展	思考力	合計
1	相似形・面積比	19	10	0	29
2	場合の数	13	3	8	24
3	図形の回転・移動	5	1	4	10
4	推理	0	5	2	7
5	還元算	6	1	0	7
6	立体図形の切断	3	3	0	6
7	規則性	2	0	3	5
8	つるかめ算	3	0	2	5
9	食塩水の濃さ	2	3	0	5
10	点の移動	3	2	0	5

●さらに算数で得点を伸ばすには

平成24年度は取り組みやすい構成でしたが、平成23年度以前は、中学入試問題の中でも指折りの難しさでした。しかし、合格するには高得点は必要ないことを肝に銘じておきましょう。

具体的に、平成19年度までは非常に時間のかかる思考力問題が出題されていましたが、過去問演習の際に、それらを解く必要はまったくないと思います。すべての過去問を解けるようにする学習ではなく、全体を通して難しい問題が並んでいる中で、どうやって70点を取るか、しっかり戦略を練ることが大切です。そのためには、平成18年度大問5のように時間がかかる調べ上げの問題は無視して、出題比率の高い、相似形・面積比を利用する平面図形、比と割合や速さで、応用問題レベルの典型的な問題までを解けるようになっておきましょう。

類似校としては、豊島岡女子がレベルや構成バランスの点からよい練習になると思います。問題集の応用問題や豊島岡女子の問題が解けるようになれば、十分に合格レベルです。これらを超えるレベルの問題は捨てても大丈夫だと、自信を持って試験に臨むことができるでしょう。

国語

●問題文について

物語文では、児童向け作品が出ることもありますが、総じて大人向けの文章が多く見られます。本校試験では会話が極度に少ないまま展開する文章や、人物の幻想が入り混じった文章など、受験生の理解力を試すような一筋縄ではいかない問題文が見られます。どんな内容にも柔軟に入り込めるよう、十分な演習を積みましょう。説明文も難度が高く語彙力が必要です。説明文が物語文より長いこともあるので、その都度、時間配分に注意することが重要です。

●設問について

総問題数は、平成20年度には60問強と多めでしたが、基本的には45~50問程度です。解答時間60分と長めですが、文章量が多く、速読力と問題処理速度が要求される試験です。読解問題は2題で、説明文と物語文（平成20年度は随筆文）が各1題出されています。漢字・言語知識はやや難しいレベルです。

近年、記述問題はほぼなく、記号選択と書き抜き、空欄補充がほとんどを占めています。客観問題の形式をフルに活かした多様な出題によって、文学的・情緒的な面と、論理的な読解力が余すところなく試されるテストとなっています。記述がきわめて少ないものの、全体の難度は高いテストです。

●対策

言語知識問題は漢字、慣用句、ことわざ、カタカナ語、文法識別などが出されています。漢字は、「形相」の読みを答えさせるなどやや難しいレベルなので、よく準備しましょう。数は少ないながら、文学史で石川啄木や宮沢賢治などの作品が問われています。

読解問題では、接続詞、内容一致選択、脱文を本文中に戻す問題、段落内容の理解など多岐にわたる出題の中でも、書き抜き問題の多さが目をひきます。それは、本文の内容について書かれた短い説明文の中に空欄があり、本文中の言葉を抜き出して補い、説明文を完成させるというタイプです。日頃から本文に空欄があったら、まずは選択肢に頼らず自分で推測し、想起力を高めることが、本校試験への対策となります。

本校の書き抜き問題では、例えば、「敵意をもっているらしくみえても、荒々しい風景の奥には、貴重な宝か隠されているかも知れないからである」（内藤濯《あろう》『星の王子さまとわたし』平成18年。引用ママ）という文章で、「荒々しい」（問題では「あらあらしい」）を空

問題文のジャンル別難易度と文章量

出題年	物語文	説明文	随筆文	その他
H24	やや難	難		
H23	やや難	やや難		
H22	やや難	やや難		
H21	標準	難		
H20		やや難	やや難	
H19	標準	やや難		
H18	難	難 ★		

求められる力

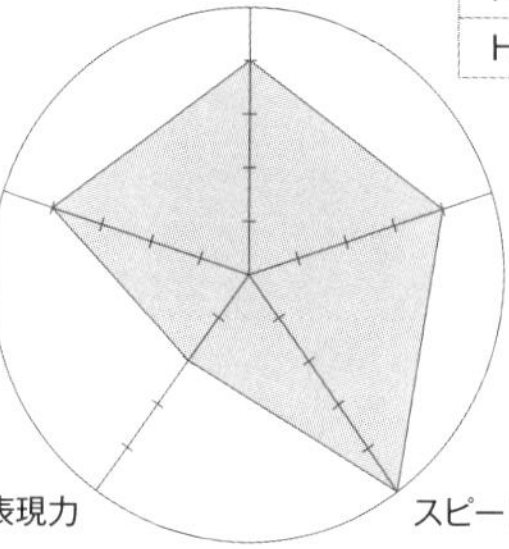

出題内容別の問題数

出題内容	問題数
漢字・知識・文法	12
客観問題・選択肢型	15
客観問題・書き抜き型	20
記述問題・60字未満	1
記述問題・60字以上	0
小問合計	48

欄にして、本文中の言葉を抜き出して補うという問題が出されています（平成19年度大問2）。答えは、「あらあらしい」ですが、空欄直前の「ても」という逆接が風景にかかるのではなく、その後ろ全体に対しての逆接としてはたらいていることを見抜けないと、正解できません。このように表現の持つ意味に対して、論理的に向かい合う姿勢がしばしば要求されます。

また説明文のテーマは、広い意味で社会や理科に関わるものが多く、内容理解では論理性を問う問題が頻繁に出題されています。過去問を徹底的に解いて、正解した問題も含めてどんな解答が要求されているかをよく分析して臨む必要があります。文章レベルが高く、客観問題の多い他校の過去問を解くこともよい練習になります。

客観問題がほとんどである本校の入試ですが、問題文のレベルが高く、かつ数多くの書き抜きを短時間で処理させる試験に対応するには、言葉の使い回し方をよく知り、前後の言葉とのつながりや言葉同士の相性を敏感に感じ取る必要があります。本番では客観問題を多く解くことになりますが、日頃の勉強では内容を限定しすぎず、表現力養成を含む全分野に取り組んで底力をつけることが、最終的に勝利を招きます。

理科

試験時間が30分で大問数が3～4題となっています。解答形式は選択問題中心ですが、年度によっては計算問題の比率がやや高くなる場合もあります。小問数はそれほど多くはありませんが、計算に時間をとられすぎないように、注意する必要があります。

●**特徴的な問題**　さまざまな発電方法の特徴に関する問題（平成24年度）、2枚の鏡による像や、反射光の進み方を考えて、場所による明るさの違いを考察する問題（平成23年度）、物体の運動と光の速さについての実験結果と、そこから導いた原理を題材に考察する問題（平成22年度）などがありました。

●**対策**　物理、化学分野で複雑な計算問題があるので、計算力を高めること。また時事問題や環境問題が取り上げられることも多いので、時事問題用の資料集をよく読んでおくとよいでしょう。難度の高い問題がありますが、知識として知っているかを問うばかりでなく、科学的に考えて答えを推測するような問題も見られます。入試対策問題集などを使ってさまざまな問題に取り組み、教科書に載っていないような知識を増やすと同時に科学的思考力を養いましょう。

社会

大問数が3～4題、小問数が30～40問となっています。解答形式は記号選択と語句記入、数行程度の記述式です。社会の総合的な知識力と、スピード力が要求される問題となっています。

●**特徴的な問題**　「エルニーニョ現象」を答える問題や、日本向けの魚介類の輸出が原因でインドネシアで起こっている環境破壊を具体的に記述する問題（平成24年度）。飛鳥～室町時代にあたる歴代の中国の王朝名を問う問題や、沖縄返還の年号、普天間基地を問う問題、チリ地震に関してチリの位置や、地震によって発生した津波が日本に到達するまでにかかった時間を選択する問題（平成23年度）。選挙権を18歳に下げた場合、社会に与える影響が大きいと考えられているが、どのような影響をおよぼすか、高齢化に伴い高齢者福祉施設などではどのような問題が起きているか、を記述する問題（平成22年度）などがありました。

●**対策**　日本のみではなく世界で起きていることへの関心を持ち続けることが大切です。また表やグラフを複数使用する出題が多いので、類題演習を通してこのタイプの問題に十分慣れましょう。

通塾別学習対策

サピックス

算数●『デイリーサポート』Dプリントまでは、完璧に解けるようになりましょう。

国語●『デイリーサピックス』のAテキストや模擬テストを使って客観問題の力を高めましょう。

理科●『デイリーサピックス』の発展問題まで取り組みましょう。

社会●テキストの統計の表をノートなどにまとめ直すと効果的。

日能研

算数●共通問題と応用問題の前半部分までは解けるようにしましょう。

国語●銀本で、制限時間を短めに設定して、空欄補充、書き抜きを多く解きましょう。

理科●銀本や『ランキング』シリーズなどで応用問題の演習に時間をかけましょう。

社会●『本科教室』以外の教材も利用し、統計資料には十分慣れましょう。

四谷大塚系

算数●『予習シリーズ』の練習問題レベルまで解けるようにしましょう。

国語●『演習問題集』のすみずみの問題にまで取り組み、書き抜きを得意にしましょう。

理科●『予習シリーズ』の内容を固めて、ほかの上位校の過去問も演習に取り入れましょう。

社会●総合回や組分けテストの復習をしっかり行いましょう。

理科 求められる力

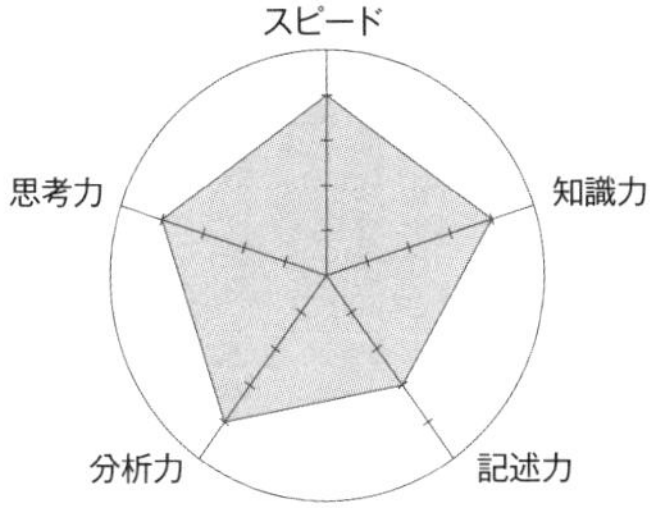

理科 出題形式の内訳と1問あたりの時間

内訳	H24	H23	H22	H21
大問数	4	4	3	4
小問数	26	23	27	28
選択	24	16	26	16
語句記述	1	3	1	2
文章記述	0	0	0	1
計算・数値記述	0	4	0	9
作図・その他	0	0	0	0
1問あたりの時間（秒）	69.2	78.3	66.7	64.3

社会 求められる力

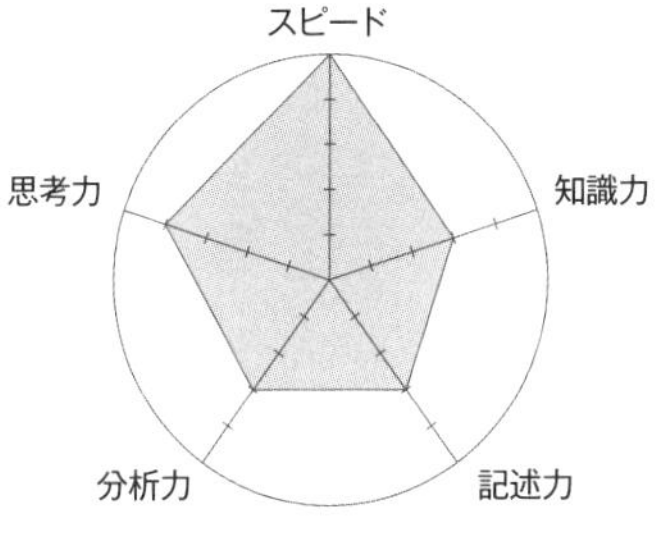

社会 出題形式の内訳と1問あたりの時間

内訳	H24	H23	H22	H21
大問数	4	3	3	3
小問数	30	48	45	33
選択	18	26	14	17
語句記述	11	21	25	13
文章記述	1	1	6	3
その他	0	0	0	0
1問あたりの時間（秒）	60.0	37.5	40.0	54.5

早稲田大学高等学院中学部

東京都練馬区

内 外

試験日 **2/1** 発表2/3

面接あり

科目	配点	時間
算	100点	50分
国	100点	50分
理	80点	40分
社	80点	40分

出願作戦

平成22年の開校当初から高い人気を得ている学校なので、1月校からの慎重な併願校選びが必要になります。地域柄、立教新座や栄東との併願が多く見られますが、いずれも難関校なので、できれば開智、西武文理、城北埼玉まで視野を広げる方がよいでしょう。

2月校では、城北や本郷などとの併願も見られますが、いずれも2日以降は難化するので、より安全に、国学院久我山、成城なども考慮に入れるとよいでしょう。また大学付属校との併願では、明治大中野、法政大を候補としましょう。

＊平成24年度の新入生は3期生になります。卒業生のほぼ全員が早稲田大学に進学します。また本校の校歌は大学と同じ「都の西北」です。早稲田、早稲田実業の入試では行われない面接が、本校では実施されます。3～5人のグループ面接で、時間は約15分間です。

算数

●出題構成

試験時間は50分で設問数は12～15問、難易度比率は標準62%、発展25%、思考力13%です。

解答形式は記述式が数題ありますが、スペースは小さめで、簡単な式を書く程度です。

平成23・22年度は標準問題が大半の構成でしたが、平成24年度は一気に難度が上がりました。

●まず合格レベルを目指す

本校はまだ歴史が浅いためデータが少ないのですが、今のところ数の性質、推理と論証を除く単元から出題されています。試験時間50分に対して問題数は少なめなので、じっくり解いても時間が足りないということはないでしょう。平成23年度の大問4・⑵の図形が移動する道順、平成22年度の大問4・⑵の切断した立体図形の求積以外は取り組みやすかったため、平成23・22年度は高得点勝負であったと思われます。しかし、平成24年度は大問1・(3)の通過算や、大問3の正三角形の回転など、正確な条件把握や作図、計算が必要な問題中心の構成となったので、平均点は大幅に低下したでしょう。

過去3回の試験を見渡して、計算問題と小問集合で構成されている大問1を含め、正確な計算力を要求している問題が出されています。平成24年度も難度は上がりましたが、ほかの早稲田系列校と比較して、手がつけられない、あるいは複雑な調べ上げなどの難問はなく誰もが取り組めるレベルであり、正確さが鍵を握る程度にとどめられています。

したがって難問まで学習する必要はありませんが、塾教材や『でる順』（旺文社）など市販の問題集での演習では、丁寧に状況整理する習慣をつけましょう。

分野別出題傾向

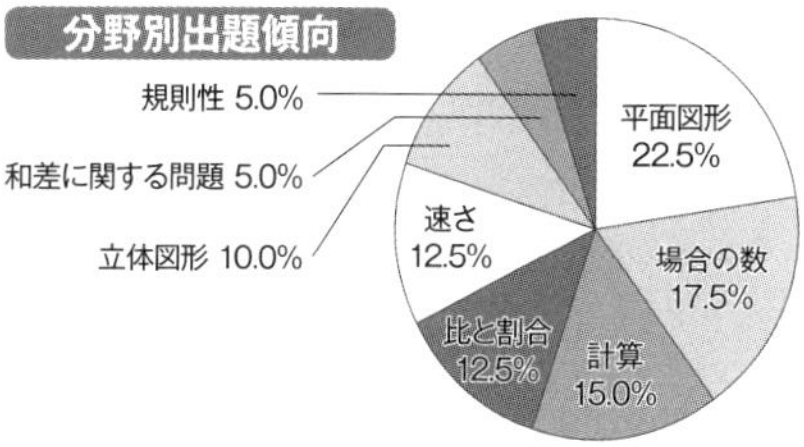

項目別出題ランキング

	項目	標準	発展	思考力	合計
1	場合の数	3	0	4	7
2	図形の回転・移動	2	4	0	6
3	還元算	1	2	0	3
4	四則混合計算	2	1	0	3
5	通過算	3	0	0	3
6	点の移動	0	1	1	2
7	水量変化とグラフ	1	1	0	2
8	つるかめ算	2	0	0	2
8	割合の三用法	2	0	0	2
8	旅人算	2	0	0	2
8	図形の規則性	2	0	0	2

＊過去3年間（H22～H24）×2回分の小問から算出。

●さらに算数で得点を伸ばすには

3カ年の分析からは、平面図形、場合の数、比と割合、速さ、立体図形など、一般的に出題比率の高い単元を中心に構成されていることがわかります。

しかし、今後入試を重ねていくと出題単元も広がり、構成比率も変化していくことと思われます。まずは、現段階での出題比率にとらわれることなく、全単元を通して応用問題まで解く学力を養いましょう。

とくに、平成24年度大問3の平面図形の回転、平成23年度大問2で出題された水量変化とグラフなどの立体図形、前述の平成22年度大問4などは、近年多くの学校で取り上げられた問題でもあり、今後も出題が予想されます。

また本校は3年分の過去問しかないため、平成24年度のような、試験時間中にじっくり考えさせる問題に対応するには、平成24・23年度の開成や駒場東邦の問題に取り組むとよいでしょう。

国語

●問題文について

説明的文章1題と文学的文章1題の構成です。

説明的文章は、平成24年度に、人を救うなどの目的で道徳的につく嘘の可否について、哲学者の考えを紹介したものが出題されました。物事の差異をひとつひとつ明確にして読み進めることで、はじめて内容が理解されるようなハイレベルな問題文でした。

文学的文章は尾崎一雄、島崎藤村、中戸川吉二と近代の作家の自伝的な文章からの出題が続いています。年代が古く小学生には見慣れない言葉もあり、文脈から意味を類推する力が必要です。

●設問について

長文問題の中で漢字、部首、四字熟語、反義語、言葉の意味などさまざまな内容が問われていて、言葉の知識に重きが置かれた問題構成です。レベルの高い内容もあるので、日頃から言語知識の強化に努めましょう。文章の量は多めで、選択肢や問題文に難解な表現が含まれることがあります。読解問題では40~60字程度の記述問題や、見出しをつける問題が見られます。

試験内容は開校初年度とさほど変わっていません。問題の出題方式もそれほど変わりませんが、問題文の難度が、とくに説明的文章において徐々に上がってきています。

●対策

本校の読解問題では、本文に空欄が多く設けられ、論理的な読解力とともに、読み取った内容を適切な言葉で表現する力を試そうとする問題が目立ちます。

特徴的な問題として、平成23年度大問1・問4が挙がります。真理を推論する方法についての説明的文章でした。

問4では、本文に実例が書かれている「後件肯定」のほかに、「前件肯定」「前件否定」「後件否定」という3つの推論方法が出てきますが、後者3つについては文中に説明がなく、それぞれ何を意味するかがわからないため、一見するとひどく難しい問題に思えます。しかし本文中の「後件肯定」の例をよく読んで理解し、かつ選択肢や問題そのものの内容をしっかり踏まえれば、ほかの3つの推論方法の内容もわかるようになっています。

問4・(1)は選択肢問題ですが、選択肢のひとつに「このコップがアルミ製ならば、磁石につかない。／このコップは磁石につかない。／∴（ゆえに）このコップ

問題文のジャンル別難易度と文章量

出題年	物語文	説明文	随筆文	その他
H24	やや難	難		
H23	やや難	難		
H22		やや難	標準	
H21				
H20				
H19				
H18				

求められる力

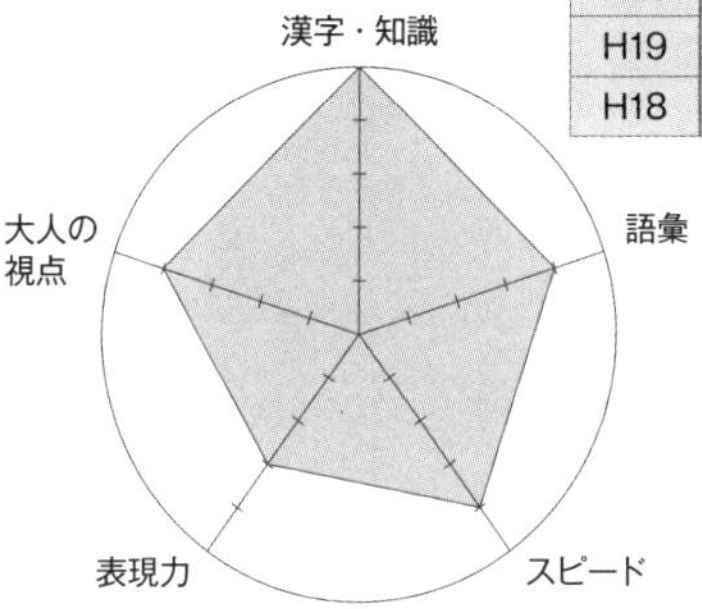

出題内容別の問題数

出題内容	問題数
漢字・知識・文法	13
客観問題・選択肢型	13
客観問題・書き抜き型	1
記述問題・60字未満	4
記述問題・60字以上	1
小問合計	32

はアルミ製である」というものがあります。アルミだけでなくプラスチックやガラスのコップも磁石にはつかないという知識があれば、この選択肢が矛盾を含んでいるとわかります。その他の選択肢もしっかりと見れば、正解に近づくだけでなく、4つの推論方法の内容区別ができるようになっているのです。

(2)は(1)を踏まえて、後件肯定以外で「誤った結論を導く場合がある推論の方法」を説明する問題でした。実例が示されていて、そこに3つの推論方法を当てはめるのですが、(1)で推論方法の内容がわかっていれば難しい作業にはなりません。

このように、本校が求めているのは、物事をいろいろな角度から眺め、一部理解できない部分があっても負けずに粘り強く考えることで問題を解く糸口を見出す力であり、そこが特徴的と言えます。

日頃から科学本などの読書を通じて、論理的な道筋を楽しみながら追いかける習慣を身につけることは、有効な対策となります。新設校で過去問が少ないので、ほかの難関男子校の過去問などから、比較的複雑な内容で読解に論理力を要するタイプの文章を選んで解き、思考する力と書く力をともに鍛えていくとよいでしょう。

理科

平成22年度に新規募集が開始された本校ですが、平成23年度より大問数が10題から4題と大きく変わりました。ただ、それぞれの大問をⅠ、Ⅱと分けて複数の単元から出題している場合もあり、幅広い内容を問う傾向は変わっていません。

●特徴的な問題　硬貨に使われている金属を調べる実験に関する問題（平成24年度）。地層のできる順番や、太陽の高度についての問題（平成23年度）。台風の風向や動きについての問題、河岸段丘のでき方に関する問題（平成22年度）などがありました。

●対策　すべての分野の典型的な問題演習を繰り返し、苦手分野をつくらないようにすることが大切です。また実験器具の使い方や実験器具を書かせる問題なども出題されているので、必ず押さえておきましょう。平成24年度はそれまで見られなかった時事問題が大きく取り上げられたり、文章記述問題が出されたりと、出題傾向が定まっていないようにも見受けられます。どのような問題があっても対応できるよう、基礎の徹底と問題演習の量の確保を心がけてください。

社会

大問数が6題、小問数が50～55問となっています。選択問題と語句記入問題が中心ですが、100字程度の記述問題もあります。また時事問題も細かく出されているので、その点注意が必要です。

●特徴的な問題　2011年にタイで洪水が起こった河川や、充電池に必要なレアメタル（リチウム）を答える問題、災害時に自動車の大渋滞が重大な二次災害を引き起こすが、それを自動車の構造上の原因から100字以内で記述する問題（平成24年度）。海岸の砂浜が減った理由を説明する記述問題（平成23年度）、災害と水道のレバーに関して、水の出し入れをレバーの上下でする蛇口が多くなってきた理由を説明する記述問題（平成22年度）。時事問題では、ユーロ圏の「PIGS」のSはどこの国かを問う問題（平成24年度）。ハブ空港といわれる空港のある韓国の都市を問う問題（平成23年度）などがありました。

●対策　まず知識力を高め、そして記述力を高める訓練が重要となります。また漢字指定の問題も多くあるので重要語句は漢字でしっかり書けるようにすること、時事問題対策を十分行うことが必要となります。

通塾別学習対策

サピックス

算数●『デイリーサポート』Cプリントまでは完璧に解けるようにしましょう。

国語●『デイリーサピックス』はすべて解き、解答と正解をよく比較すること。

理科●マンスリーテストの解き直しを何度も行うと効果的。

社会●『サピックス重大ニュース』で時事問題を細かいところまで確認し、問題演習もしましょう。

日能研

算数●共通問題は完璧に解けるようにしておきましょう。

国語●銀本で他校の問題にも幅広く取り組むなど、演習量を増やしましょう。

理科●カリキュラムテストの間違った問題は確実に解けるまで復習しましょう。

社会●重要用語、人名は漢字で確実に書けるよう、『メモリーチェック』の演習を進めましょう。

四谷大塚系

算数●『予習シリーズ』の練習問題まで完璧に解けるように。

国語●記述問題に注意し、『予習シリーズ』や『四科のまとめ』で知識を重点的に演習しましょう。

理科●『予習シリーズ』と週テストの復習を中心に学習を進めましょう。

社会●『四科のまとめ』で地理分野を中心に記述問題対策もしっかり行いましょう。

理科 求められる力

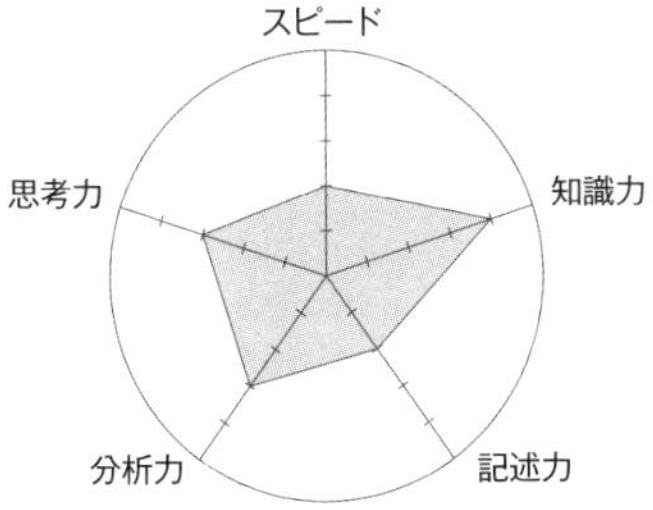

理科 出題形式の内訳と1問あたりの時間

内訳	H24	H23	H22	H21
大問数	4	4	10	
小問数	45	38	35	
選択	26	19	18	
語句記述	9	4	4	
文章記述	1	0	0	
計算・数値記述	8	13	12	
作図・その他	1	2	1	
1問あたりの時間（秒）	53.3	63.2	68.6	

社会 求められる力

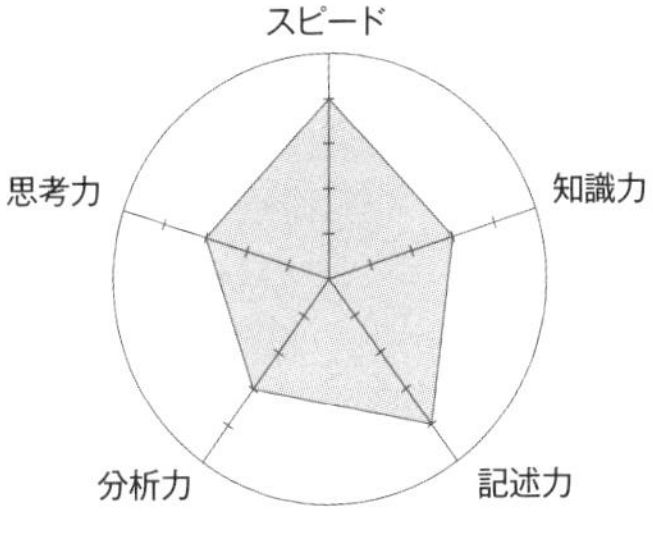

社会 出題形式の内訳と1問あたりの時間

内訳	H24	H23	H22	H21
大問数	6	6	6	
小問数	55	50	50	
選択	26	15	22	
語句記述	26	31	24	
文章記述	3	4	4	
その他	0	0	0	
1問あたりの時間（秒）	43.6	48.0	48.0	

著者プロフィール……**中学受験鉄人会**（ちゅうがくじゅけんてつじんかい）
中学受験専門のプロ家庭教師会として首都圏にて指導を展開。受験生の父母支援サイト「中学受験！パパとママの勉強部屋」や、メールマガジン、ツイッターを通じて発信される受験情報やアドバイスには定評がある。中学受験に特化したプロ家庭教師会のパイオニア的存在として、NHK・TBS・毎日新聞・プレジデントファミリーなど各メディアでの紹介も多い。
公式ホームページ　http://www.chugakujuken.net/
公式ツイッター　https://twitter.com/chugakujuken/
「中学受験！パパとママの勉強部屋」
http://www.papamama.chugakujuken.net/

執筆担当プロ家庭教師……**石井彩子**（いしい　あやこ）
早稲田大学第一文学部卒。東京大学大学院人文社会系研究科修士課程修了。
岡田大介（おかだ　だいすけ）
ラ・サール中学校高等学校出身。関西学院大学経済学部卒。
貝塚正輝（かいづか　まさてる）
筑波大学附属駒場中学校高等学校出身。慶應義塾大学経済学部卒。
小林真理子（こばやし　まりこ）
法政大学工学部建築学科卒。
早乙女明（さおとめ　あきら）
慶應義塾大学法学部法律学科卒。
中島淳（なかじま　あつし）
東京大学農学部農業経済学科卒。
細川次郎（ほそかわ　じろう）
東京大学法学部卒。東京大学大学院法学政治学研究科修士課程修了。

中学受験《ちゅうがくじゅけん》ー偏差値《へんさち》ではなく「合格力《ごうかくりょく》」で決《き》まる!

鉄人の志望校別攻略法

2012年7月20日　初版発行

著　者　中学受験鉄人会

発行者　株式会社 晶文社

東京都千代田区神田神保町1-11

(03)3518-4940(代表)・4942(編集)

URL　http://www.shobunsha.co.jp

カバー&表紙デザイン　田中康史

編集協力　株式会社メディアユニオン

印刷　株式会社ダイトー　製本　ナショナル製本協同組合

ISBN 978-4-7949-9469-1 C0037　Printed in Japan